ZERTIFIKAT B1

Deutschprüfung für
Jugendliche und Erwachsene

Prüfungsziele
Testbeschreibung

Manuela Glaboniat

Michaela Perlmann-Balme

Thomas Studer

UNIVERSITAS
FRIBURGENSIS

GOETHE
INSTITUT

D1438324

Hueber Verlag

IMPRESSUM

Gesamtkoordination: Michaela Perlmann-Balme, Goethe-Institut, Abteilung Sprache,
Zentrale, München

Autoren und Autorinnen: Manuela Glaboniat, Michaela Perlmann-Balme, Thomas Studer
unter Mitarbeit von: Naomi Shafer, Eva Wiedenkeller

Projektmitarbeiter/-innen und Co-Autoren/Autorinnen:
Team Goethe-Institut: Christof Arndt, Stefanie Dengler, Julia Guess, Roland Meinert,
Ursula Schmitz
Team ÖSD: Helga Lorenz-Andreasch, Brigitte Mitteregger, Bettina Wohlgemuth-Fekonja
Team Universität Freiburg/Schweiz: Naomi Shafer, Eva Wiedenkeller

Wissenschaftliche Begleitung: Prof. Dr. Rüdiger Grotjahn, Universität Bochum;
Prof. Dr. Günther Schneider, Universität Freiburg/Schweiz (Emer.); Prof. Dr. Günther Sigott,
Universität Klagenfurt; Michael Corrigan, Cambridge English Language Assessment

Fachliche Beratung der Wortschatzliste: Anne Bergmann, Langenscheidt-Verlag;
Kathrin Kunkel-Razum, Duden Redaktion; Annette Kuppler, Klett-Verlag;
Andreas Tomaszewski, Hueber-Verlag

Redaktion: Christof Arndt, Mirka Mainzer

Gestaltung: Felix Brandl Graphik-Design, München

© 2013 Goethe-Institut und ÖSD

3. 2. 1. | Die letzten Ziffern
2017 16 15 14 13 | bezeichnen Zahl und Jahr des Druckes.
Alle Drucke dieser Auflage können, da unverändert,
nebeneinander benutzt werden.
1. Auflage
© 2013 Hueber Verlag GmbH & Co. KG, 85737 Ismaning, Deutschland
Covergestaltung: Sieveking, München
Druck und Bindung: Himmer AG, Augsburg
Printed in Germany
ISBN 978-3-19-031868-1

Inhalt

Grußwort

In Zeiten, in denen Sprachnachweisen und -prüfungen eine immer größere Bedeutung zukommt, ist es eine besondere Verpflichtung für Prüfungsanbieter, den Lernenden immer wieder neue, dem modernen Stand der Fachdiskussion entsprechende Prüfungen anzubieten. Insofern ist es äußerst begrüßenswert, dass mit dem *Zertifikat B1* eine neue Prüfung vorliegt, die den diesbezüglichen Ansprüchen gerecht wird.

Ganz besonders freue ich mich darüber, dass damit die im Jahre 1995 begonnene trinationale Kooperation im Bereich der Zertifizierung von Deutschkenntnissen weitergeführt und sogar intensiviert wird.

Diese Zusammenarbeit zwischen den Ländern Österreich, Deutschland und der Schweiz ist aus mehreren Blickwinkeln sehr wichtig und richtungsweisend:

Zum einen wird durch diese Kooperation das Signal gesetzt, dass es ein Anliegen der Institutionen aller drei Länder ist, die Verbreitung der deutschen Sprache gemeinsam zu fördern.

Zum anderen wird über das Konzept der Plurizentrik die Varianz der deutschen Standardsprache in Deutschland, Österreich und der Schweiz bewusst gemacht und seitens der Kooperationspartner eine gegenseitige Toleranz und Akzeptanz im Hinblick auf die Varietäten vorgelebt. Das *Zertifikat B1* bekennt sich zu diesem plurizentrischen Prinzip und stellt sicher, dass die drei Standardvarietäten des Deutschen als gleichberechtigt, gleichwertig und somit auch gleich korrekt nebeneinander stehen.

Zusammenfassend wird hier also im Einklang mit den europäischen Grundsätzen, aber auch mit den von den beteiligten Institutionen mitgetragenen D-A-CH-Prinzipien, eine Sprache gemeinsam gefördert und gleichzeitig auf ihre Vielfalt Rücksicht genommen.

Somit ist das *Zertifikat B1* – neben anderen, ebenfalls in diesem Kontext erwähnenswerten gemeinsamen Projekten wie die Übersetzung des *Gemeinsamen europäischen Referenzrahmens für Sprachen* oder die Publikationen *Profile Deutsch* und *Mündlich* – ein weiteres Resultat gelungener Kooperation im Bereich der Sprach- und Kulturarbeit der drei Länder Österreich, Deutschland und der Schweiz.

Ihr
Mag. Hanspeter Huber
Sektion für Internationale Angelegenheiten und Kultus
im Österreichischen Bundesministerium für Unterricht, Kunst und Kultur

Grußwort

Wir alle verfügen über ein individuelles Sprachenprofil. Dieses setzt sich zusammen aus verschiedenen Sprachen und unterschiedlichen Graden von Sprachbeherrschung. Jemand, der Deutsch als Fremdsprache lernt, versteht vielleicht die Hauptinformationen einer Fernsehsendung über aktuelle Ereignisse, kann aber nur kurze, einfache Notizen schreiben. Die verschiedenen Fertigkeiten werden von einem Individuum oft in unterschiedlichem Mass beherrscht. Das *Zertifikat B1* setzt erstmals dieses Konzept der partiellen Kompetenzen im Bereich der internationalen Prüfungen für Deutsch als Fremdsprache um. Die Prüfung kann in den Fertigkeitsbereichen abgelegt werden, in denen jemand über das Sprachkompetenzniveau B1 verfügt. In unserem Beispiel im Hörverstehen, nicht aber im Schreiben.

Somit wird den individuellen Kompetenzprofilen und dem effektiven Bedarf an Sprachkompetenz Rechnung getragen. Ziel des heutigen Sprachenlernens ist nicht mehr die sogenannt „muttersprachlich korrekte" Beherrschung mehrerer Sprachen. Das Sprachniveau der einzelnen Sprachen und Fertigkeitsbereiche richtet sich vielmehr nach der Anwendungssituation. Beruflich ist beispielsweise die schriftlich korrekte Korrespondenz in einer Sprache das primäre Ziel, privat wird in einer andern Sprache auf einem einfachen Sprachniveau gechattet. Entsprechend dem Bedarf entwickelt sich jedes Sprachkompetenzprofil laufend weiter. In unserer auf Mobilität und Kommunikation ausgerichteten, mehrsprachigen Welt sind gemeinsame Referenzen erforderlich. Bei aller Individualität der Sprachkompetenzprofile müssen Sprachkompetenzen vergleichbar sein. Mit dem *Gemeinsamen europäischen Referenzrahmen* für Sprachen hat sich ein entsprechendes Orientierungssystem etabliert. Dieses ermöglicht die Entwicklung transparenter und kohärenter Beurteilungssysteme. Als Exponent dieses Systems ist das *Zertifikat B1* beispielsweise kompatibel mit den in Deutschland, Österreich und der Schweiz verwendeten Europäischen Sprachenportfolios.

Der Ansatz des *Zertifikats B1* vermag in diesem Sinne wegbereitend sein für die Valorisierung mehrsprachiger Kompetenzen und für künftige Mehrsprachigkeits-Prüfungen.

Dr. Sandra Hutterli
Leitung Koordinationsbereich Obligatorische Schule und Sprachenverantwortliche
Schweizerische Konferenz der kantonalen Erziehungsdirektoren (EDK)

Grußwort

Warum legen Menschen heute Sprachprüfungen ab? Welche Anforderungen an eine moderne Deutschprüfung stellen diejenigen, denen die Prüfungsergebnisse vorgelegt werden? Sehr vielfältige, denn die Lebensentwürfe und Berufs- und Bildungsziele der Lernenden sind so unterschiedlich wie ihre Biografien. Jeder hat eigene Stärken, unterschiedliche Bedürfnisse und Ansprüche. Der eine möchte vor allem schriftliche Geschäftskorrespondenz in der Fremdsprache Deutsch führen, während der andere Präsentationen zu halten hat. Das modulare System des *Zertifikats B1* trägt dieser Bedürfnisvielfalt Rechnung. So kann ein Prüfungsmodul abgelegt werden, das andere jedoch noch zurückgestellt oder gar nicht erst versucht werden. Dies bietet jedem Teilnehmenden die Möglichkeit einer maßgeschneiderten, effizienten und damit ökonomischen Prüfungsvorbereitung.

Von hoher Bedeutung ist auch das Erfolgserlebnis, das mit dem Bestehen einer Prüfung verbunden ist. Wir dürfen nicht vergessen, dass die Prüfungsteilnahme in aller Regel freiwillig stattfindet. Viel Selbstmotivation und Arbeit sind notwendig, um sich auf eine erfolgreiche Teilnahme vorzubereiten. Daher kann es nicht Ziel einer Prüfung sein, das Augenmerk auf das zu legen, was Teilnehmende nicht können. Das *Zertifikat B1* verfolgt hingegen einen positiven Ansatz. Bei Nichtbestehen eines Prüfungsmoduls gehen Prüfungsteilnehmende nicht wie früher üblich leer aus. Es trägt vielmehr dem in der Fremdsprachendidaktik seit vielen Jahren geforderten Profilgedanken Rechnung. Deutschlernende erhalten eine Zertifizierung ihrer Stärken. Dieser positive Ansatz kommt auch den Bedürfnissen von zukünftigen Arbeitgebern entgegen.

Es ist mir daher eine große Freude, Ihnen dieses Handbuch zum *Zertifikat B1* vorstellen zu dürfen. Sie finden darin eine Erklärung aller fachlichen Hintergründe dieser modernen Deutschprüfung.

Johannes Ebert
Generalsekretär des Goethe-Instituts

Zu diesem Buch

Das vorliegende Handbuch wendet sich in erster Linie an Prüfende, Lehrpersonen und Kursträger, die Unterricht in Deutsch als Fremdsprache anbieten und Teilnehmende auf das *Zertifikat B1* vorbereiten wollen. Es beschreibt in allen Einzelheiten, wie die Prüfungsmaterialien entwickelt werden, wie sie aufgebaut sind und welche Ziele ihnen zugrunde liegen.

■ Kapitel 1 beschreibt die wichtigsten Kennzeichen der Prüfung. Es gibt in Kurzform eine an Prüfungsteilnehmende, anerkennende Institutionen und Abnehmer gerichtete Charakterisierung der Prüfung.

■ Kapitel 2 erläutert die Entstehung der Prüfung. Es gibt einen Einblick in den Prozess der Prüfungsentwicklung und -erstellung, erläutert, welche Entwicklungsschritte unternommen wurden, um die aktuellen europäischen Qualitätsstandards einzuhalten. Es beschreibt das methodische Vorgehen, das angewendet wurde, um die Prüfung auf das externe Referenzsystem des *Gemeinsamen europäischen Referenzrahmens für Sprachen* zu positionieren.

■ Kapitel 3 erläutert, was über die beiden Zielgruppen der Prüfung, Erwachsene und Jugendliche ab 12 Jahren, bekannt ist, welche besonderen Bedürfnisse diese jeweils haben und in welcher Weise die Prüfung diesen Bedürfnissen Rechnung trägt.

■ Kapitel 4 definiert detailliert, was gemäß dem *Gemeinsamen europäischen Referenzrahmen für Sprachen* auf der Stufe B1 unter selbstständiger Sprachbeherrschung zu verstehen ist und wie diese Definition in der Prüfung umgesetzt wird. Es macht detaillierte Angaben darüber, was Prüfungsteilnehmende für die Kompetenzstufe B1 verstehen und sprachlich produzieren können sollen. Zudem enthält das Kapitel eine Erläuterung darüber, welche sprachlichen Mittel zur Bewältigung der Prüfungsaufgaben notwendig sind, und zeigt dies exemplarisch.

■ Kapitel 5 erläutert die Konzeption der Prüfung und das ihr zugrunde liegende theoretische Konstrukt. Letzteres basiert auf den die aktuelle Fachdiskussion in der Fremdsprachendidaktik prägenden Konzepten des kommunikativen Ansatzes, der Handlungsorientierung und der von sprachlich Handelnden eingesetzten Strategien.

■ Kapitel 6 beschreibt die vier Module der Prüfung: das jeweilige Konstrukt, die Prüfungsziele und -formen der einzelnen Aufgaben sowie die zugrunde liegenden Kann-Beschreibungen. Es erklärt, welche Art von Aufgaben im *Zertifikat B1* verwendet werden und erläutert anhand von Beispielen, welche produktiven Leistungen Teilnehmende erbringen müssen, um die Prüfung zu bestehen.

■ Kapitel 7 erläutert, in welcher Form die Prüfungsergebnisse ausgedrückt und mitgeteilt werden.

■ Kapitel 8 enthält eine Auflistung des Wortschatzes und der grammatikalischen Strukturen, die in der Deutschprüfung *Zertifikat B1* verwendet werden. Diese Listen sind als Arbeitsinstrument für Experten und Expertinnen gedacht, die z. B. Testaufgaben oder Lehrmaterialien erstellen. Anhand dieser Inventare können sie das sprachliche Niveau ihrer Prüfungs- oder Testvorbereitungsaufgaben abgleichen. Deutschlehrenden können der Wortschatz und die Strukturen als Orientierungshilfe für die Prüfungsvorbereitung dienen. Allerdings sind die Listen nicht als Lehr- oder Lerngrundlage oder für die Prüfungsvorbereitung im Unterricht anzusehen.

Manuela Glaboniat
Michaela Perlmann-Balme
Thomas Studer

1 Zertifikat B1 im Überblick

Träger

Das *Zertifikat B1* wurde gemeinschaftlich von den drei folgenden Institutionen entwickelt: dem Goethe-Institut, Zentrale, Bereich 41, der Universität Freiburg (Schweiz), Bereich Mehrsprachigkeitsforschung und Fremdsprachendidaktik, Deutsch als Fremdsprache sowie dem Österreichischen Sprachdiplom Deutsch (ÖSD), Klagenfurt/Wien.

Art der Prüfung

Das *Zertifikat B1* dient zur Feststellung allgemeinsprachlicher Kenntnisse des Deutschen. Diese Feststellungsprüfung wird weltweit nach einheitlichen Standards durchgeführt. Die Prüfung verwendet gedruckte Prüfungsunterlagen, das heißt, sie wird nicht als elektronische Prüfung durchgeführt.

Bedeutung

Das *Zertifikat B1* wird zentral erarbeitet, hergestellt und versandt. Es ersetzt an Prüfungszentren des Goethe-Instituts und des ÖSD ab Februar 2013 das *Zertifikat Deutsch*.

Zielgruppen

Das *Zertifikat B1* richtet sich an erwachsene Lernende sowie jugendliche Lernende des Deutschen als Fremdsprache auf fortgeschrittenem Sprachniveau. Für Teilnehmende an den Modulen für Erwachsene gilt ein Mindestalter von 16 Jahren. Für Teilnehmende im Alter von 12 bis 16 Jahren steht eine Jugendvariante zur Verfügung. Das Prüfungsformat entspricht dem der Erwachsenenprüfung.

Voraussetzung

Das *Zertifikat B1* ist allen Interessenten zugänglich, die über fortgeschrittene Kenntnisse der deutschen Sprache verfügen, unabhängig davon, ob sie vorher einen Sprachkurs besucht haben oder nicht. Im Rahmen von Intensivkursen lassen sich die für die Prüfung notwendigen Kenntnisse und Fähigkeiten in circa 500 Unterrichtseinheiten zu jeweils 45 Minuten erwerben. Voraussetzung für eine Teilnahme ist die Kenntnis der lateinischen Schrift.

Sprachniveau

Mit dem *Zertifikat B1* weisen Teilnehmende Deutschkenntnisse auf der dritten Stufe der sechsstufigen Kompetenzskala des *Gemeinsamen europäischen Referenzrahmens* – B1 – nach. Die Stufe B bezeichnet die Fähigkeit zur selbstständigen Sprachverwendung. Mit erfolgreichem Bestehen des *Zertifikats B1* weisen Teilnehmende nach, dass ihnen die in Deutschland, Österreich und der Schweiz verwendete deutsche Standardsprache geläufig ist. Sie zeigen, dass sie diese funktional verwenden und ihre Belange im privaten, gesellschaftlichen, akademischen und beruflichen Leben adäquat ausdrücken können.

Grundlagen

Die Prüfung basiert auf dem in Form dieses Handbuchs vorliegenden Prüfungszielkatalog, der maximal mögliche Ziele vorgibt. Sie ist dem kommunikativen und handlungsorientierten Lehr- und Lernansatz verpflichtet. Die Prüfungsteilnehmenden bewältigen als sprachlich Handelnde kommunikative Aufgaben in den vier Fertigkeitsbereichen Leseverstehen, Hörverstehen, schriftliche Interaktion/Produktion und mündliche Interaktion/Produktion.

Prüfungsform, Module, Dauer

Die Prüfung wird als Papier-und-Stift-Version durchgeführt. Sie besteht aus drei schriftlichen Modulen und einem mündlichen Modul, die jeweils einzeln im Rahmen einer Gruppenprüfung durchgeführt werden.

Die schriftliche Prüfung prüft die Fertigkeiten Hörverstehen, Leseverstehen sowie schriftlicher Ausdruck. In den Modulen *Hören* und *Lesen* sollen Teilnehmende mündliche und schriftliche deutsche Texte verstehen. Zu den verschiedenen Texten lösen sie jeweils 30 Aufgaben durch Markieren. Im Modul *Schreiben* verfassen sie drei kurze Texte. Hinsichtlich der standardsprachlichen und landeskundlichen Orientierungen werden die Lebensverhältnisse in Deutschland, Österreich und der Schweiz zugrunde gelegt.

Modul/Fertigkeit	Teile/Aufgaben	Items	Punkte	Minuten
Lesen	5	30	100	65
Hören	4	30	100	40
Schreiben	3		100	60
Sprechen	3		100	15

Das Modul *Sprechen* wird in der Regel in einer Paarprüfung mit zwei Teilnehmenden und zwei Prüfenden abgelegt. In Ausnahmefällen, wenn nur ein einzelner Prüfungsteilnehmender sich anmeldet oder bei ungeraden Teilnehmerzahlen, wird das Modul *Sprechen* als Einzelprüfung abgelegt.

Prüfungsergebnisse und Zeugnis

Die Teilnehmenden erhalten bei Bestehen eines Moduls jeweils eine Zeugnisurkunde. Um ein Modul zu bestehen, müssen mindestens 60 von maximal 100 Punkten erreicht werden. Auf dem Zeugnis werden alle bestandenen Module mit den erreichten Punkt- bzw. Prozentzahlen ausgewiesen. Außerdem findet sich auf dem Zeugnis eine Erläuterung der Leistungen, die für die Niveaustufe B1 kennzeichnend sind. Für nicht bestandene Module erhalten Prüfungsteilnehmende ein Protokoll der Leistungen mit Angabe der erreichten Prozentzahlen als Teilnahmebestätigung. Werden alle vier Module an einem Prüfungstermin bzw. innerhalb einer Frist von einem Jahr abgelegt und bestanden, erhält der/die Prüfungsteilnehmende (gemäß der jeweiligen Prüfungsordnung der Prüfungsanbieter Goethe Institut oder ÖSD) ein Zeugnis, das alle vier Module ausweist.

Prüfungsorte und -termine

Die Prüfung wird weltweit nach einheitlichen Standards durchgeführt und ausgewertet. Als Prüfungszentren dienen vom Goethe-Institut oder vom ÖSD autorisierte Prüfungspartner.

2 Entwicklung des Zertifikats B1

2.1 Testentwickler

Das Goethe-Institut, das ÖSD und der Bereich Mehrsprachigkeitsforschung und Fremd-
sprachendidaktik/Deutsch als Fremdsprache der Universität Fribourg teilten sich die
Entwicklungsarbeit zu gleichen Teilen.

Goethe-Institut

Das Goethe-Institut e. V. widmet sich im Auftrag der Bundesrepublik Deutschland der
Pflege der deutschen Sprache im Ausland sowie der internationalen kulturellen Zusammenarbeit. In seiner Zentrale entwickelt es seit 1961 in Zusammenarbeit mit Partnern Sprachprüfungen für Deutsch als Fremd- bzw. Zweitsprache. Damit gehört das Goethe-Institut
zu den erfahrensten Einrichtungen für Prüfungen in deutscher Sprache. Seine Zertifikate
sind an deutschen Hochschulen, bei Arbeitgebern und öffentlichen Institutionen weltweit
anerkannt. Das Goethe-Institut bietet inzwischen auf allen Niveaustufen des *Gemeinsamen
europäischen Referenzrahmens für Sprachen* Prüfungen an, die an die Bedürfnisse von
Jugendlichen und Erwachsenen angepasst sind. Derzeit umfasst das Prüfungsportfolio
vier Prüfungen für Jugendliche auf den Stufen A1 bis B2 sowie sechs allgemeinsprachliche
Prüfungen für Erwachsene. Diese legen jährlich etwa 160.000 Teilnehmende in mehr als
80 Ländern in über 350 Prüfungszentren ab. Das Goethe-Institut ist Gründungsmitglied der
Association of Language Testers in Europe (ALTE).
Nähere Informationen: www.goethe.de/pruefungen

Österreichisches Sprachdiplom Deutsch (ÖSD)

Das Österreichische Sprachdiplom Deutsch (ÖSD) ist eine 1994 eingerichtete, ursprünglich
von österreichischen Ministerien initiierte Prüfungsinstitution, die weltweit standardisierte
Prüfungen für Deutsch als Fremd- bzw. Zweitsprache anbietet. Die ÖSD-Prüfungen werden
kursunabhängig nach einheitlichen Maßstäben durchgeführt und orientieren sich an den
Niveaubeschreibungen des *Referenzrahmens* bzw. in Hinblick auf die sprachlichen Mittel
(Wortschatz), Themen und Strukturen an *Profile Deutsch*. Das ÖSD versteht sich als ein
kommunikativ orientiertes Prüfungssystem und geht grundsätzlich in allen Prüfungen von
einer plurizentrischen Sprachauffassung aus, d. h., die Standardvarietäten der deutschsprachigen Länder – **Ö**sterreich, **S**chweiz, **D**eutschland (= ÖSD) – werden als gleichwertig
berücksichtigt. Angeboten werden derzeit weltweit an über 300 Prüfungszentren sechs
Prüfungen für Erwachsene auf den Niveaustufen A1 bis C2 sowie drei auf den Niveaus A1
bis B1 für Kinder bzw. Jugendliche. Das Österreichische Sprachdiplom ist Mitglied der
Association of Language Testers in Europe (ALTE).
Nähere Informationen: www.osd.at

Universität Freiburg, Schweiz

Der Entwicklungspartner Universität Freiburg, Schweiz bietet ein BA- und MA-Studienpro-gramm für Deutsch als Fremd- und Zweitsprache *(Unifri-DaF)*. Eine Besonderheit dieses Programms ist die Akzentuierung von Fragen der Mehrsprachigkeit in Lehre und Forschung. Schwerpunkte der Forschung sind die Entwicklung, Diagnose und Steuerung einer mehrsprachigen und plurikulturellen Kompetenz, wobei die Beurteilung von Sprach-kompetenzen, darunter die Testforschung und hier besonders qualitative und quantitative Untersuchungen zur Validität von Testaufgaben, eine bedeutende Rolle spielen. Der größere Teil dieser Forschung findet am Freiburger Institut für Mehrsprachigkeit (IFM) statt, dem auch das nationale wissenschaftliche Kompetenzzentrum für Mehrsprachigkeit angegliedert ist. Finanziert wird diese Forschung teils durch den Schweizerischen National-fonds, teils durch Drittmittel, besonders solche der öffentlichen Hand. An der trinationalen Kooperation im Bereich der Zertifikate für Deutsch als Fremdsprache ist *Unifri-DaF* seit 1996 beteiligt und arbeitete in diesem Rahmen u. a. an der Revision und Fortschreibung des *Zertifikats Deutsch (ZD)* sowie an der Entwicklung und Fortschreibung des *Zertifikats Deutsch für Jugendliche (ZD j)* mit.
Nähere Informationen: www.institut-mehrsprachigkeit.ch/de/forschung

Folgende allgemeinsprachliche Feststellungsprüfungen für Deutsch als Fremdsprache werden vom Goethe-Institut und dem ÖSD für junge und erwachsene Lernende angeboten:

Niveau GER	Erwachsene	Junge Lernende
A1	*Goethe-Zertifikat A1* *Start Deutsch 1* *ÖSD A1-Grundstufe Deutsch 1*	*Goethe-Zertifikat A1* *Fit in Deutsch 1* *ÖSD-KID 1*
A2	*Goethe-Zertifikat A2* *Start Deutsch 2* *ÖSD A2-Grundstufe Deutsch 2*	*Deutsches Sprachdiplom 1* *Fit in Deutsch 2* *ÖSD-KID 2*
B1	*Goethe-Zertifikat B1* *ÖSD-Zertifikat B1*	*Goethe-Zertifikat B1* *ÖSD-Zertifikat B1*
B2	*Goethe-Zertifikat B2* *ÖSD B2-Mittelstufe Deutsch*	*Goethe-Zertifikat B2*
C1	*Goethe-Zertifikat C1* *ÖSD C1-Oberstufe Deutsch*	
C2	*Goethe-Zertifikat C2* *Großes Deutsches Sprachdiplom*	

Abbildung 1: Deutschprüfungen für junge und erwachsene Lernende des Goethe-Instituts und des ÖSD

2.2 Referenzsystem und Bezugspunkte

Die Entwicklung des *Zertifikats B1* greift auf eine Reihe von Referenzprojekten zurück, die von europäischer Dimension und zum Teil über die Sprache Deutsch hinaus von Bedeutung sind. Die internationalen Qualitätsstandards (vgl. 2.3) verlangen, diese Referenzen zu benennen und zu berücksichtigen:

> Wenn Ihre Prüfung sich auf ein externes Referenzsystem bezieht (z. B. den *Gemeinsamen europäischen Referenzrahmen*), stellen Sie sicher, dass Sie diesen Bezug durch ein angemessenes methodisches Vorgehen nachweisen.[1]

2.2.1 GEMEINSAMER EUROPÄISCHER REFERENZRAHMEN FÜR SPRACHEN UND MANUAL

Von zentraler Bedeutung für die Entwicklung des *Zertifikats B1* ist der *Gemeinsame europäische Referenzrahmen für Sprachen (GER)*. Er liefert zum einen über die einzelne Sprache hinaus transparente, Vergleiche ermöglichende Konzepte mit Optionen dafür, was unter Lernen, Lehren und Beurteilen von Fremdsprachen zu verstehen ist. Gemeinsam für alle Fremdsprachen ist der handlungs- und aufgabenorientierte Ansatz, demzufolge Sprachlernende als in sozialen Kontexten sprachlich Handelnde gesehen werden. Im Zentrum steht die Bewältigung kommunikativer Aufgaben durch die Lernenden. Pragmatische und soziokulturelle Aspekte der Sprache wie auch der Umgang mit verschiedenen Textsorten rücken in den Mittelpunkt. Zum anderen liefert der *Referenzrahmen* ein System von Stufen für die Zuordnung von Kompetenzen und Leistungen. Das Niveau B1[2] der vorliegenden Neuentwicklung *Zertifikat B1* ist angesiedelt auf der dritten Stufe des sechsstufigen Modells, das von den Stufen A1 (*Breakthrough*), A2 (*Waystage*), B1 (*Threshold*), B2 (*Vantage*), C1 (*Effective Operational Proficiency*) bis hin zu der Stufe C2 (*Mastery*) reicht. Der *Referenzrahmen* bildet sprachliches Können in sog. Kann-Beschreibungen ab. Dabei handelt es sich um empirisch validierte, positiv formulierte Sätze, die ausdrücken, was Lernende auf jeder der beschriebenen Stufen im Hinblick auf sprachliches Handeln zu leisten imstande sind.[3]

Der Einfluss des *Referenzrahmens* auf die Entwicklung des *Zertifikats B1* zeigt sich bereits bei der Einteilung der Prüfung in die vier Module *Lesen*, *Hören*, *Schreiben*, *Sprechen*, die jeweils eine Fertigkeit überprüfen: Leseverstehen, Hörverstehen, schriftlicher Ausdruck und mündlicher Ausdruck. Jede dieser Fertigkeiten kann als Modul einzeln abgelegt werden. Vor allem in der Definitionsphase der Projektentwicklung, wo es um die Validität bzw. die Aussagekraft der Prüfungsmodule ging, wurden wichtige Entscheidungen getroffen. So wurde zum Beispiel kein eigenes Modul Sprachbausteine definiert. Auf eine fertigkeitsunabhängige Überprüfung von sprachlichem Wissen in Form von Wortschatz- und Grammatikkenntnissen, die im *Zertifikat Deutsch* noch vorgesehen war, wurde verzichtet. Die Handlungs- bzw. Realitätsorientierung der Aufgaben wurde in der Testentwicklung bei der Wahl der Textsorten und Situierungen umgesetzt. Prüfungsteilnehmende sollen nachweisen, dass sie auch mit authentischen Textsorten wie zum Beispiel Anzeigen, Hausordnungen, Radiosendungen und dergleichen umgehen können, dass sie Texte bewältigen und diesen z. B. gezielt Informationen entnehmen können, auch dann, wenn die Texte

---

[1] Die ALTE-Standards, an denen sich die hier berichteten Entwicklungsarbeiten wesentlich orientieren, sind in derzeit 22 Sprachen auf der ALTE Homepage abrufbar (http://www.alte.org/setting_standards/minimum_standards).

[2] Vgl. Baldegger et al. (1980); van Ek/Trim (1991).

[3] North (2000); Schneider/North (2000).

eine Fülle von unbekannten Wörtern enthalten, wie das in der Alltagswirklichkeit auch der Fall ist.

Der modulare Ansatz des *Zertifikats B1* trägt dem Portfolio-Gedanken[4] insofern Rechnung, als Lernende ihre Fertigkeiten gesondert nachweisen können. Ein/-e Sprachenlernende/-r, der/die in den rezeptiven Fertigkeiten das Niveau B1 erreicht, in den produktiven aber nur A2, erhält über seine/ihre Kompetenz auf dem Niveau B1 einen Nachweis in Form eines Zeugnisses, den er/sie seinem/ihrem Portfolio hinzufügen kann. Dieses Verfahren wird den individuellen Ansprüchen und Zielen der einzelnen Lernenden gerecht, sorgt für Transparenz und mithin für Erfolgserlebnisse auf Lernerseite.

Manual

Der *Referenzrahmen* versteht sich, wie der Titel andeutet, als Empfehlung. Er ist keine „Bauanleitung" zur Anfertigung von Sprachprüfungen. Um bereits existierende Prüfungen und neue Entwicklungen in angemessener Weise auf das Referenzsystem zu beziehen, gibt der Europarat ein sogenanntes *Manual* heraus.[5] Darin werden u. a. die methodischen Schritte zur Verortung einer Sprachprüfung auf die Niveaustufen beschrieben:

- *Familiarisation* (Vertrautmachung),
- *Specification*,
- *Training*,
- *Standardisation, Standard Setting, Benchmarking*

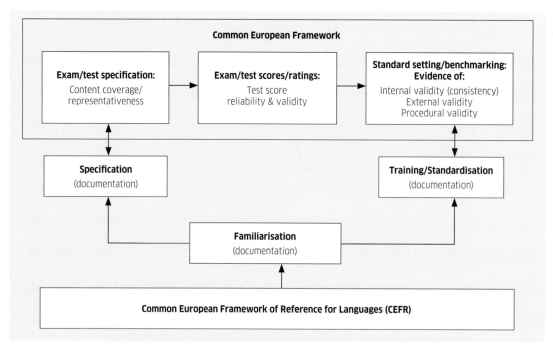

Abbildung 2: Validity Evidence of Linkage of Examination/Test Results to the CEFR (Council of Europe 2009, S. 8)

Eine ausführliche Darstellung zur Durchführung dieser Phasen bei der Entwicklung des *Zertifikats B1* findet sich in Kapitel 2.4.

---

4 Das *Europäische Sprachportfolio* (zuerst 2001) versteht sich als Anwendung des *Referenzrahmens*. Es soll ausschließlich den Lernenden selbst dienen und bietet ihnen die Möglichkeit, die erworbenen Fähigkeiten Dritten zu präsentieren. Es besteht aus dem Sprachenpass, der vor allem Zertifikate und formelle Nachweise enthält und einen Überblick über die sprachlichen Kompetenzen der/des Inhabers/-in gibt, der Sprachenbiografie in Form einer Dokumentation der einzelnen Phasen und Erfahrungen des Sprachenerwerbs eines/-r Lernenden sowie dem Dossier, das Arbeitsproben aufbewahrt, die im Zusammenhang mit den Spracherwerbsprozessen entstanden sind. Genauere Informationen: http://www.coe.int/t/dg4/education/elp/Default_en.asp

5 Council of Europe (Hg.) (2009).

2.2.2 *PROFILE DEUTSCH, LINGUALEVEL,* ILLUSTRATIVE BEISPIELE

Profile Deutsch

Während der *Referenzrahmen* und das *Europäische Sprachenportfolio* sprachenüber-greifend konzipiert sind, leistet *Profile Deutsch* (2002) die Konkretisierung der Niveau-beschreibungen des *Referenzrahmens* für die deutsche Sprache. Dieses in trinationaler Kooperation (D, A, CH) entwickelte Arbeitsinstrument besteht aus einem Buch und einer Datenbank in Form einer CD-Rom, gedacht für Lehrer/-innen, Institutsleiter/-innen und Entwickler/-innen von Curricula und Tests für Deutsch als Fremdsprache. Ausgehend von den Kompetenzbeschreibungen des *Referenzrahmens* werden die dafür erforderli-chen bzw. empfohlenen sprachlichen Mittel im Bereich Wortschatz (Sprachhandlungen, allgemeine Begriffe, thematischer Wortschatz) sowie die Kompetenzen in den Bereichen Grammatik, Texte und Strategien beschrieben bzw. aufgelistet. Diese sprachlichen Mittel orientieren sich an den Bedürfnissen von Erwachsenen.

Bei der Entwicklung von *Zertifikat B1* war *Profile Deutsch* vor allem im Hinblick auf eben diese sprachlichen Mittel und die von den Lernenden anzuwendenden kommunikativen Lern- und Prüfungsstrategien Basis für die Definition des Sprachniveaus der Prüfungs-aufgaben. So wird von den Prüfungsteilnehmenden im Modul *Sprechen* beispielsweise verlangt, miteinander eine Geburtstagsfeier für einen Freund zu planen. Hier kommen in *Profile Deutsch* aufgelistete sprachliche Mittel wie „einen Vorschlag machen/ablehnen", „Zustimmung ausdrücken" zum Einsatz, verbunden mit kommunikativen Strategien wie „Gesprächsstrukturierung", „Kooperation" oder „Bitte um Klärung". Dieser alltagsnahe Einsatz von Sprachhandlungen bzw. Strategien, der authentische Kommunikation ausmacht, entspricht dem handlungs- und aufgabenorientierten Ansatz des *Referenzrah-mens*. Näheres hierzu wird in den Kapiteln 4 und 5 dieses Handbuchs erläutert.

Lingualevel

Während sich *Profile Deutsch* an den sprachlichen Bedürfnissen von Erwachsenen in der Sprache Deutsch orientiert, geht es beim Schweizer Projekt *lingualevel* um die Beurteilung sprachlicher Kompetenzen von jungen Lernenden. Für die Beurteilung dieser Kompetenzen bietet *lingualevel* validierte Kompetenzbeschreibungen (in der Kann- und in der Ich-Kann-Form), kommunikative Testaufgaben für die vier Fertigkeiten (einschließlich kalibrierter Beurteilungskriterien für die produktiven Fertigkeiten), C-Tests sowie Referenzleistungen für das Schreiben und das Sprechen an, die kommentiert und den Niveaus A1 bis B2 des *Referenzrahmens* zugeordnet sind. Eine Besonderheit der *lingualevel*-Instrumente ist der durchgängige Niveau-Bezug, wobei die vier Hauptniveaus A1 bis B2 auf empirischer Basis in Feinniveaus unterteilt (A1.1, A1.2 …) und an den kogni-tiven Entwicklungsstand und Erfahrungshorizont von Schülerinnen/Schülern angepasst wurden.[6]

Damit stehen Niveaubeschreibungen zur Verfügung, die für junge Lernende inhaltlich relevant sind, und es ist möglich, auch kleine Lernfortschritte motivierend zu beurteilen. Für die Jugendvariante des *Zertifikats B1* ist *lingualevel* damit ein wichtiges Referenz-projekt. Direkt verwertbar für das *Zertifikat B1* waren die sprachenübergreifend ange-legten Kompetenzbeschreibungen.

---

6   Nähere Informationen: www.lingualevel.ch; Lenz / Studer (2007; 2004).

Illustrative Beispiele produktiver Leistungen

Die Abteilung für Sprachenpolitik des Europarates ist nicht nur Initiatorin für den *Referenzrahmen* selbst, diese Abteilung stellt auf ihren Internetseiten auch Beispiele von schriftlichen und mündlichen Leistungen in mehreren europäischen Sprachen zur Verfügung, die die sechs Niveaustufen des *Referenzrahmens* illustrieren.[7]

Diese Beispiele wurden bei der Definition der Anforderungen auf dem Niveau B1 für das *Zertifikat B1* herangezogen. Dasselbe gilt für die unter dem Titel *Mündlich* veröffentlichten Beispiele mündlicher Produktion und Interaktion für die Sprache Deutsch (Bolton et al. 2008). Eines der dort veröffentlichten einundzwanzig Beispiele sprachlicher Leistungen befindet sich auf der DVD mit Trainingsmaterialien zum *Zertifikat B1*, die zur Aus- und Fortbildung von Beurteilenden des *Zertifikats B1* eingesetzt wird (van der Werff 2012). Dieses sog. *Benchmarking-Beispiel* wurde von zwei Dutzend Experten aus den deutschsprachigen Ländern sowie aus dem europäischen Raum der Niveaustufe B1 zugeordnet. Es diente damit als Vergleichspunkt für die Prüfungsleistungen zum *Zertifikat B1*.

Dieselbe Funktion erfüllen die Beispiele mündlicher Produktion und Interaktion von jugendlichen Lernenden zwischen 13 und 18 Jahren auf der Stufe B1 bzw. B1+, die unter Leitung des *Centre International d'études pédagogiques* (CIEP) 2008 entstanden und im Rahmen eines Seminars von circa zwanzig Experten, darunter Vertreter von Cambridge ESOL, der Universität von Perugia, des Instituto Cervantes und der Stiftung Eurozentren, der Niveaustufe B1 zugeordnet worden waren.[8]

2.3 Qualitätsstandards

Jedes Mitglied der internationalen Vereinigung von Prüfungsinstitutionen ALTE unterzeichnete den *ALTE Code of Practice* (1994) und verpflichtete sich mit dieser Unterschrift dazu, die niedergelegten Richtlinien zur Qualitätssicherung einzuhalten. Das bedeutet, dass alle Mitglieder, also auch das Goethe-Institut und das ÖSD, in ihrer Funktion als Prüfungsanbieter, sich dazu verpflichten, bei der Prüfungsentwicklung, Durchführung und Logistik, Bewertung und Benotung, Analyse sowie Kommunikation der Ergebnisse mit Beteiligten 17 Mindeststandards zu berücksichtigen. Die Einhaltung dieser Standards wird durch sog. ALTE Audits überprüft. Somit ist gewährleistet, dass das *Zertifikat B1* nicht nur für den Zweck angemessen und auf dem neuesten Stand der Fachdiskussion ist, sondern auch, dass Prüfungsteilnehmende fair behandelt werden.

Die trinationale Kooperation der drei Partner orientierte sich bei der Entwicklung vom *Zertifikat B1* in allen Phasen der Prüfungserstellung und -abwicklung an den 17 Mindeststandards der ALTE, worauf in Kapitel 2.4 noch näher eingegangen wird. Die bewährte Zusammenarbeit der drei Partner hat zudem auch in diesem Projekt wertvollen Erfahrungsaustausch und Transfer von Fachwissen gefördert sowie moderne Methoden der Testvalidierung erprobt und weiterentwickelt, wie im Folgenden näher erläutert wird.

---

[7] Diese Videos sind abrufbar unter: http://www.coe.int/t/dg4/education/elp/elp-reg/CEFR_materials_EN.asp.

[8] Beispiele für die 6 Niveaustufen des *Gemeinsamen europäischen Referenzrahmens für Sprachen* sind abrufbar unter: http://www.coe.int/t/dg4/education/elp/elp-reg/CEFR_speaking_EN.asp#TopOfPage.

Mindeststandards zur Sicherstellung von Qualität in Prüfungen der ALTE

Prüfungsentwicklung

1. Stellen Sie sicher, dass Ihre Prüfung sich auf ein theoretisches Konstrukt bezieht, z. B. auf ein Modell der kommunikativen Kompetenz.
2. Beschreiben Sie die Ziele der Prüfung sowie die Verwendungssituationen und die Adressaten, für die die Prüfung geeignet ist.
3. Definieren Sie die Anforderungen, die Sie an die Auswahl und das Training von Testkonstrukteuren stellen. Beziehen Sie das Urteil von Experten in Form von Gutachten sowohl in die Prüfungsentwicklung als auch in die Revision ein.
4. Stellen Sie sicher, dass die verschiedenen Testsätze einer Prüfung, die an unterschiedlichen Terminen eingesetzt werden, vergleichbar sind. Dies betrifft sowohl den Prüfungsinhalt und die Durchführung als auch die Notengebung, die Festsetzung der Bestehensgrenze und die statistischen Werte der Aufgaben.
5. Wenn Ihre Prüfung sich auf ein externes Referenzsystem bezieht (z. B. den *Gemeinsamen europäischen Referenzrahmen*), stellen Sie sicher, dass Sie diesen Bezug durch ein angemessenes methodisches Vorgehen nachweisen.

Durchführung und Logistik

6. Stellen Sie sicher, dass alle Prüfungszentren, die Ihre Prüfung durchführen, anhand von klaren und transparenten Kriterien ausgewählt werden und dass ihnen die Prüfungsordnung bekannt ist.
7. Stellen Sie sicher, dass die Prüfungsunterlagen in einwandfreier Form und auf sicherem Postweg an die lizenzierten Prüfungszentren verschickt werden, dass die Organisation der Prüfungsdurchführung einen sicheren und nachvollziehbaren Umgang mit allen Prüfungsunterlagen erlaubt und dass die Vertraulichkeit aller Daten und Unterlagen garantiert ist.
8. Stellen Sie sicher, dass Ihre Organisation der Prüfungsdurchführung eine angemessene Unterstützung der Kunden vorsieht (z. B. Telefon-Hotline, Internet-Service).
9. Gewährleisten Sie die Sicherheit und Vertraulichkeit der Prüfungsergebnisse und Zeugnisse sowie aller damit verbundenen Daten. Stellen Sie sicher, dass Sie die gültigen Datenschutzbestimmungen einhalten und dass Sie die Kandidat(inn)en über ihre Rechte – auch hinsichtlich Einsicht ihrer Prüfungsunterlagen – informieren.
10. Stellen Sie sicher, dass Sie bei der Durchführung Ihrer Prüfungen Vorkehrungen treffen für Kandidat(inn)en mit Behinderungen.

Bewertung und Benotung

11. Stellen Sie sicher, dass die Bewertung der Leistungen der Kandidat(inn)en so korrekt und zuverlässig ist, wie die Art der Prüfung es erforderlich macht.
12. Stellen Sie sicher, dass Sie einen Nachweis darüber erbringen können, wie die Bewertung durchgeführt wird, wie die Zuverlässigkeit der Bewertung hergestellt wird und wie Informationen über die Qualität der Prüfenden/Bewertenden zum schriftlichen und mündlichen Ausdruck erfasst und analysiert werden.

Analyse der Ergebnisse

13. Führen Sie Erprobungen mit einer repräsentativen und angemessenen Population durch, um Daten zur Prüfung zu erhalten und zu analysieren. Weisen Sie nach, dass die Ergebnisse der Teilnehmer/-innen eine Folge ihrer Leistungsfähigkeit sind und nicht durch andere Faktoren verursacht werden, wie z. B. Muttersprache, Herkunftsland, Geschlecht, Alter und ethnische Zugehörigkeit.
14. Stellen Sie sicher, dass die Erprobungsdaten für die statistischen Analysen (z. B. um die Schwierigkeit und die Trennschärfe der einzelnen Items und die Reliabilität sowie den Messfehler der gesamten Prüfung zu ermitteln) mithilfe von repräsentativen und angemessenen Populationen gewonnen werden.

Kommunikation mit Beteiligten

15. Stellen Sie sicher, dass Sie den Kandidat(inn)en und den Prüfungszentren die Prüfungsergebnisse schnell und auf klare Weise mitteilen.
16. Informieren Sie Ihre Kunden (Testzentren, Kandidat(inn)en) über den angemessenen Einsatz der Prüfung, die Prüfungsziele, den Nachweis, den die Prüfung erbringt, und über die Reliabilität der Prüfung.
17. Stellen Sie Ihren Kunden klare Informationen zur Verfügung, die es ihnen ermöglichen, die Ergebnisse zu interpretieren und den Leistungsnachweis angemessen zu verwenden.

Abbildung 3: Mindeststandards zur Sicherstellung von Qualität in Prüfungen der ALTE

2.4 Arbeitsschritte

2.4.1 ENTWICKLUNG DES PRÜFUNGSFORMATS

Bei der Entwicklung des Testformats *Zertifikat B1* wurde nach folgenden methodischen Schritten vorgegangen. Diese Schritte zusammen begründen die Validität der Prüfung im Sinne des „Validation Argument" von Michael Kane (2008; vgl. auch Bachman / Palmer 2010).

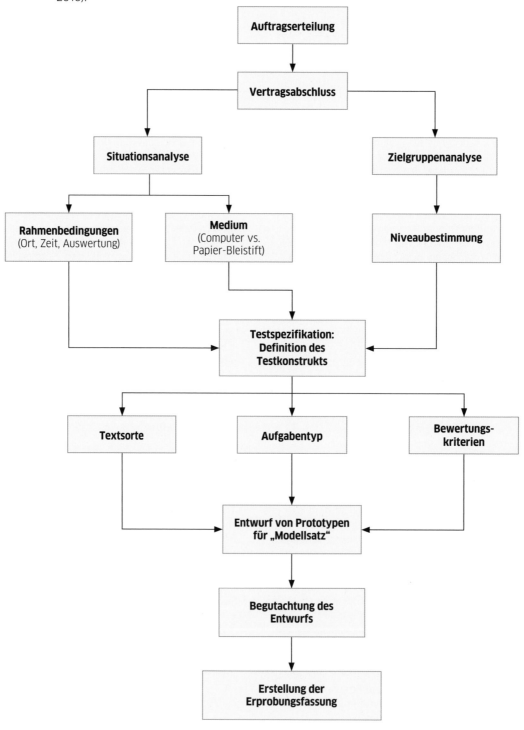

Abbildung 4: Arbeitsschritte der Testentwicklung

Auftrag, Vertragsabschluss

Ziel des Auftrags, der intern von den Leitungen der beteiligten Organisationen ausging, war die Bereitstellung einer weltweit eingesetzten Deutschprüfung, die dem Stand der Fachwissenschaft entspricht. Das *Zertifikat Deutsch* war zum Zeitpunkt der Auftragserteilung seit zehn Jahren auf dem Markt und entsprach besonders nach Einführung und Rezeption des *Gemeinsamen europäischen Referenzrahmens* nicht mehr den Anforderungen einer methodisch abgesicherten Orientierung am Niveau B1.

Situations- und Zielgruppenanalyse

Die neue Sprachprüfung sollte flexibler auf dem internationalen Markt einsetzbar sein. Lernende haben unterschiedliche Bedürfnisse: Nicht jede/-r Teilnehmende braucht alle Fertigkeiten auf gleich hohem Niveau und zur gleichen Zeit. Erreicht wird eine stärkere Umsetzung des Kompetenzprofils der Teilnehmenden durch Modularisierung: In der neuen B1-Prüfung können die vier Fertigkeiten separat oder – wie bisher – als Gesamtprüfung abgelegt werden.

Eine Analyse der Zielgruppen an den Prüfungszentren des Goethe-Instituts und des ÖSD ergab, dass der Bedarf an Prüfungen für jüngere Lernende in den letzten Jahren weltweit immer stärker gewachsen ist. Daher sollten nicht nur Erwachsene, sondern auch Jugendliche ein modernes Prüfungsangebot zur Verfügung haben.

Rahmenbedingungen, Medium

Die Papier-und-Bleistift-Version bleibt aufgrund der Tatsache, dass die technische Zuverlässigkeit einer computerbasierten Prüfungsdurchführung weltweit noch nicht garantiert werden kann, auch bei dieser neuen Prüfung angeraten. Für die Prüfungsdurchführung sollten bei der neuen Prüfung dieselben Rahmenbedingungen gelten wie beim *Zertifikat Deutsch*. Die Partner haben sich entschlossen, die trinational einheitliche Qualität bei der Prüfungserstellung und -durchführung, der Bewertung und Benotung der Leistungen der Prüfungsteilnehmenden, der Analyse der Ergebnisse und bei der Kommunikation mit Beteiligten zu gewährleisten. Eine Varianz bei der Durchführung in Zentren des ÖSD und des Goethe-Instituts ist gemäß der neuen Prüfungsordnung und Durchführungsbestimmungen (DFB)[9] nicht möglich.

Niveaubestimmung

Die Anpassung an die Niveaus des *Referenzrahmens* geschieht auf der methodischen Basis des *Manuals for Relating Language Examinations to the Common European Framework of Reference for Languages* des Europarates (Council of Europe 2009). Neben dem konsequenten Heranziehen der Deskriptoren bei der Konzeption der Testaufgaben und der Bewertungskriterien kommt dem *Standard Setting* für die rezeptiven und dem *Benchmarking* für die produktiven Teile eine entscheidende Rolle zu (vgl. 2.4.5).

---

9   Abrufbar auf der Homepage des Goethe-Instituts unter: http://www.goethe.de/pruefungen
     bzw. des ÖSD unter: http://www.osd.at.

Testspezifikation, Definition des Testkonstrukts

Folgende Ziele wurden bei der Konzeption verfolgt[10]:

- Authentizität und Zielgruppenadäquatheit: Die Prüfung orientiert sich bei der Wahl der Themen, Textsorten und Aufgaben an den sprachlichen Alltagsbedürfnissen von Lernenden in den deutschsprachigen Ländern und weltweit. Teilnehmende sollen zeigen können, dass sie den vielfältigen Anforderungen der realen Welt gewachsen sind.
- Validität: Mit den methodischen Schritten der Testerstellung und -auswertung und den Maßnahmen zur Testvalidierung (Kapitel 2.4), der genauen Beschreibung des Prüfungsniveaus (Kapitel 4) sowie der Definition der Konstrukte für die vier Module (Kapitel 6) soll sichergestellt werden, dass die Testresultate aussagekräftig sind und möglichst eindeutig interpretiert werden können.
- Reliabilität: In der Prüfung soll eine größtmögliche Zahl an unabhängigen Messungen vorgenommen werden, um verlässliche Aussagen über das sprachliche Können der Teilnehmenden machen zu können. Bei der Bewertung der produktiven Leistungen soll durch den Einsatz von jeweils zwei zertifizierten Bewertenden ein hohes Maß an Verlässlichkeit der Ergebnisse erzielt werden.
- Wash-Back: Bei der Wahl der Themen, Textsorten und Aufgaben wurde berücksichtigt, dass die Prüfung einen positiven Einfluss auf die Inhalte von vorbereitenden Sprachkursen und Lehr-Lern-Materialien haben soll.
- Praktikabilität: Die Wahl der Prüfungsformen berücksichtigt die Durchführungs-bedingungen in weltweit mehr als 700 Testzentren.

Die Erarbeitung des Testkonstrukts legte die theoretischen Grundlagen der neuen Prüfungen. Die technischen Einzelheiten zu diesem Konstrukt sind in den sog. Testspezifikationen niedergelegt. Das trinational verabschiedete Testformat wurde schließlich in Form eines Modelltests[11] veröffentlicht. Der Modellsatz ist der erste Prüfungssatz und damit der Prototyp. Er wurde wegen vielfältiger Änderungen zweimal erprobt. Nach diesem Muster wurden alle weiteren Testversionen erstellt.

Entwurf von Prototypen

Für die Auswahl der Testmaterialien, also der zugrundegelegten Texte und Situierungen, waren die Testentwickler/-innen der drei beteiligten Institutionen verantwortlich.
Die Testmaterialien wurden aus einer breiten Auswahl von relevanten Quellen entnommen. Dazu zählen Internet, Zeitungen, Zeitschriften, Broschüren und Radiosendungen. Für die Auswahl der Materialien erhielten die Testautorinnen und -autoren detaillierte Vorgaben, die folgende Aspekte umfassen:

- zu prüfende Fertigkeiten
- sprachliche Komplexität
- Themen
- kulturspezifische Besonderheiten

Das Erstellen von ersten Prüfungsaufgaben wurde von ausgebildeten Testautorinnen und -autoren mit Lehrerfahrung in Kursen auf der Niveaustufe B1, teilweise auch mit Erfahrung als Lehrwerksautoren durchgeführt. Sie haben mehrheitlich bereits Prüfungsaufgaben für das *Zertifikat Deutsch* erstellt.

---

[10] Vgl. dazu auch die Kriterien für die Nützlichkeit von Prüfungen in Bachman/Palmer (1996).

[11] Abrufbar auf der Homepage des Goethe-Instituts bzw. des ÖSD unter: http://www.goethe.de/pruefungen, http://www.osd.at

2.4.2 QUALITATIVE SCHRITTE ZUR OPTIMIERUNG DES TESTFORMATS

Das neu entwickelte Testformat, d. h. der Prototyp, wurde einer Reihe von routinemäßigen Schritten unterzogen, die darauf abzielen, das Testformat zu optimieren. Einige Schritte davon sind qualitativer Art, andere setzen quantitative Methoden ein. Ein erster, besonders wichtiger Schritt der qualitativen Verbesserung ist die Begutachtung der Testentwürfe.

Expertengutachten

Die erste Runde der Begutachtung der konzipierten Aufgaben wurde von den Projektpartnern vorgenommen, die zweite von drei externen Gutachtern aus den drei deutschsprachigen Ländern: Rüdiger Grotjahn von der Universität Bochum, Günther Sigott von der Universität Klagenfurt und Günther Schneider von der Universität Fribourg. Die externen Experten bestätigten den modularen Aufbau, die grundsätzliche Entscheidung für verschiedene geschlossene Aufgabenformate und die Bewertungsverfahren. Gleichwohl schlugen sie eine Reihe von Änderungen vor, die die Instruktionen, einzelne Items sowie die Textsorten betrafen.

Beim Modul *Lesen* machten sie auf die Möglichkeit des Ratens bei den Richtig/Falsch-Aufgaben aufmerksam. Zudem fehlte im Erstentwurf ein instruktiver Text. Hinsichtlich der Ratewahrscheinlichkeit wurde versucht, die Anzahl der Richtig/Falsch-Aufgaben zu reduzieren, gleichzeitig aber die Konzentration und Leseleistung nicht unnötig anzuheben. Das Projektteam entschloss sich nach Erprobung dazu, den Anteil von binären Aufgaben unter 50 Prozent zu setzen. Bei der jeweils hohen Zahl von 30 Items in jedem der beiden Module *Lesen* und *Hören* scheint dieser Anteil vertretbar. Selbst wenn die Ratewahrscheinlichkeit eines einzelnen Richtig/Falsch-Items bei 50 Prozent liegt, ist nicht davon auszugehen, dass Teilnehmende in der Prüfungssituation die Hälfte von 13 bzw. 12 Items richtig erraten werden.

Beim Modul *Hören* schlugen die Experten vor, auf „druckreifes Sprechen" in einzelnen Aufnahmen zugunsten einer realistischen Sprechweise zu verzichten.

Beim Modul *Schreiben* lehnten sie eine Aufgabe zum gesteuert-gelenkten Schreiben mit längeren Lücken ab und plädierten stattdessen für drei freie Schreibaufgaben. Beide Vorschläge setzte das Projektteam um. Wegen des hohen kognitiven Anspruches aufseiten der Prüfungsteilnehmenden, sich in drei unterschiedliche Schreibsituationen hineinzudenken, entschieden die Partner, auf Alternativmöglichkeiten bei den einzelnen Aufgaben zu verzichten.

Beim Modul *Sprechen* konzentrierte sich die Diskussion auf Aufgabe 2 (Vortrag). Dazu wurde eine Befragung der Teilnehmenden über die Angemessenheit dieser Aufgabenform für Schüler/-innen angeregt. Diese Anregung wurde in einer Erprobung umgesetzt. Filmaufnahmen mit Jugendlichen belegen, in welchem Maße diese fähig sind, das Format „Präsentation" umzusetzen. Sie finden sich im Trainingsmaterial für Prüfende.

Bezüglich der Praktikabilität von Aufgabe 2 wurde die Art der Aufgabenblätter als Einzelfolien oder Aufgabenblatt erprobt. Außerdem wurde diskutiert, ob die Kandidat/-innen ihre Notizen (aus der Vorbereitungsphase) beim Vortragen verwenden dürfen. Trotz Bedenken, dass möglicherweise zu viel abgelesen würde, schien es als kognitiv zu anspruchsvoll und eher unrealistisch, einen Vortrag ganz ohne Notizen zu halten.

Qualitative Validierung des Moduls *Lesen*

Um zu überprüfen, ob die Teilnehmenden beim Bearbeiten des Moduls *Lesen* des *Zertifikats B1* so vorgehen, wie von den Testentwicklern intendiert, wurde dieser Prüfungsteil prozessorientiert validiert. Die qualitative Erprobung hatte zum Ziel zu untersuchen, welche kognitiven Prozesse, Lesestile und Lösungsstrategien von den Teilnehmenden während des Aufgabenlösens aktiviert werden, um zur richtigen Antwort zu gelangen. An der Untersuchung nahmen neun 19- bis 51-jährige Lernende von Deutsch als Fremdsprache mit französischer, englischer bzw. spanischer Erstsprache teil. In Einzelsitzungen bearbeiteten sie die fünf Aufgaben und dreißig Items des Modellsatzes für Erwachsene (Version von Januar 2011). Dabei verbalisierte jede Person die Gedanken, die ihr während des Aufgabenlösens durch den Kopf gingen. Diese simultanen, selbstadressierten Think-aloud Protocols (Ericsson/Simon 1993) wurden durch Stimulated Recalls (Gass/Mackey 2000) ergänzt, d. h., direkt nach dem Bearbeiten des Moduls wurden die neun Untersuchungsteilnehmenden auf der Basis ihrer ausgefüllten Kandidatenblätter noch mündlich zu ihrem Lösungsvorgehen befragt. Die introspektiven verbalen Daten, die durch das laute Denken und die unmittelbare Retrospektion erhoben worden waren, wurden detailliert transkribiert und qualitativ analysiert.

Eine vergleichende Analyse der Transkripte der neun Untersuchungspersonen erlaubte es schließlich, verschiedene Phasen, Teilschritte und Arten des Lesens und Lösens der Aufgaben zu rekonstruieren. Daraus ließen sich nicht nur testtheoretisch relevante Implikationen ableiten, sondern es resultierten auch praktische Vorschläge zur Gestaltung und Anordnung der Aufgaben und Anweisungen des Moduls *Lesen*. So wurden beispielsweise bei drei Aufgaben die Anweisung und Situierung anders gegliedert, in einer weiteren Aufgabe wurde die Anordnung und Reihenfolge von Text und Items verändert und allgemein wurden die Beispiel-Items grafisch deutlicher hervorgehoben.[12]

Qualitative Validierung des Moduls *Hören*

Um zu untersuchen, welches Testformat sich am besten eignet, das globale Verstehen von wichtigen Argumenten und Informationen zu überprüfen, wurden im Teil 4 des Moduls *Hören* zwei verschiedene Testformate einem sog. Try out unterzogen.

Gegenübergestellt wurden dabei einerseits das Format Richtig/Falsch, andererseits das Format der Zuordnung von Aussagen zu Sprechenden. Als Textbasis für die Aufgabe wurde eine kontroverse Diskussion mit klaren Meinungsunterschieden gewählt. Die Vorannahme der Untersuchung lag darin, dass das Zuordnungsformat bezüglich seiner Authentizität dem Richtig/Falsch-Format überlegen sein würde, weil die Anlage der Aufgabe u. a. die häufige und alltägliche Situation widerspiegelt, dass jemand einer anderen Person erzählt, wer bei einer Diskussion bzw. einem Gespräch welche Hauptargumente eingebracht hat. An der Untersuchung nahmen 40 Teilnehmende verschiedener Institutionen (drei Universitäten und Sprachschulen in Österreich und der Schweiz) teil. Die Teilnehmenden erhielten einen Aufgabenbogen, welcher jeweils eine Reihe von Richtig/Falsch-Items und Zuordnungsitems umfasste, wobei es zwei Varianten des Bogens gab (Variante A mit der Reihenfolge Richtig/Falsch und anschließend Zuordnungsitems, Variante B mit den Item-Gruppen in umgekehrter Reihenfolge). Der Hörverstehenstest wurde in gewohnter Weise durchgeführt und die Teilnehmenden wurden anschließend dazu befragt, wie sie die Schwierigkeit der Formate einschätzten, welche Items sie subjektiv leichter lösen konnten und wie sie zu ihren Lösungen gekommen waren (Beschreibung des Lösungswegs). Die letzte Frage sollte zeigen, ob die Formate wirklich geeignet waren, um den intendierten Hörstil (globales Hören) zu testen.

Sowohl die quantitative als auch die qualitative Auswertung der Ergebnisse sprach dafür, grundsätzlich das Zuordnungsformat beizubehalten, weil es sich zur Erfassung des globalen Hörverstehens als besser geeignet erwies. Kritisch zu betrachten war dabei jedoch die Tatsache, dass den Teilnehmenden die Zuordnung in vielen Fällen leicht fiel und sie die Items aufgrund von Weltwissen und bestimmten nicht-sprachlichen Strategien lösen konn-

---

12 Shafer (2011).

ten anstatt aufgrund des Verstehens des Textes. Als Konsequenz aus diesem Befund wurde beschlossen, auf kontroverse Diskussionen mit klaren Rollenverteilungen als Grundlage für die Aufgabe zu verzichten. Stattdessen sollten Gespräche gewählt werden, bei denen nicht von vornherein klare Positionen der jeweiligen Gesprächsteilnehmenden ausgemacht werden können.

Qualitative Validierung der Module *Lesen* und *Hören* mit muttersprachlicher Vergleichsgruppe

Um zusätzliche Evidenz für die Validität der Hör- und Leseaufgaben zu erhalten, wurden diese zwei Module einer deutschsprachigen Vergleichsgruppe zur Bearbeitung vorgelegt. Ziel dieser explorativen Untersuchung war es, Hinweise auf etwaige testformatbedingte Schwierigkeiten der Aufgaben (konstrukt-irrelevante Varianz) zu erhalten. Für die Exploration des Lösungsverhaltens und -erfolgs von Muttersprachlern wurden zwanzig deutschsprachige Erwachsene aus Österreich und der Schweiz gebeten, die Hör- und Leseaufgaben eines Erprobungssatzes zu bearbeiten (EP1: Version von September 2011). Ebenso konnten sich die Untersuchungsteilnehmenden nachträglich mündlich oder schriftlich zu ihrem Vorgehen äußern und die bearbeiteten Aufgaben kommentieren.

Eine vergleichende Analyse der Beobachtungen erlaubte es, konkrete Vorschläge für die Revision des Erprobungssatzes, für die Konstruktion neuer Aufgaben und für die Durchführung der Prüfung zu formulieren. Beispielsweise wurde im Modul *Hören* bei einer Aufgabe die Zeit für das vorgängige Lesen der Items erhöht, weil die vorgesehene Zeit selbst für Muttersprachler knapp war. Auch bekundeten die Befragten Mühe, die Stimmen der Sprechenden in der trialogischen Hör-Aufgabe zu unterscheiden. Dieser Befund wurde zum Anlass genommen, die Transkripte für die Höraufnahmen so zu gestalten, dass die drei Gesprächsteilnehmenden vermehrt direkt mit ihrem Namen angesprochen werden.

Validierung der Beurteilungskriterien zum Schreiben

Um besser zu verstehen, wie Bewertungskriterien beschaffen sein müssen, damit sie möglichst faire, objektive und reliable Beurteilungen ermöglichen und zu aussagekräftigen Leistungsbewertungen führen, wurden die von den drei Partnern entwickelten Bewertungskriterien einer empirischen Untersuchung unterzogen. Überprüft werden sollte u. a., wie gut sich die Bewertungskriterien von den Bewertenden anwenden lassen und ob sich eine hohe Übereinstimmung zwischen den Bewertenden ergibt *(Inter-Rater-Reliabilität)*. In der Untersuchung beurteilten 24 Bewertende schriftliche Leistungen zu den drei Schreibaufgaben. 12 dieser Bewertenden waren erfahrene Bewertende des Goethe-Instituts und des ÖSD, die anderen 12 Bewertenden setzten sich aus Experten/-innen aus Deutschland, Österreich und der Schweiz zusammen, die sich eher theoretisch mit Beurteilungsskalen und -kriterien beschäftigen, beispielsweise im Rahmen von Skalenkonstruktionsarbeiten.

Um die Stärken und Schwächen der Prüfungskriterien erfassen zu können, wurde in der Untersuchung ein zweiter, in Form und Inhalt anders konzipierter Bewertungsraster kontrastiv eingesetzt, wobei dieselben Bewertenden in zwei zeitlich verschobenen Phasen mit beiden Rastern arbeiteten. Zusätzlich zu den Bewertungsarbeiten wurden diese gebeten, die Anwendbarkeit der Kriterien in einem Fragebogen einzuschätzen.

Erste Befunde dieser Untersuchung flossen in den Entwicklungsprozess der Kriterien ein und trugen dazu bei, die Qualität der Bewertungskriterien sowie der Trainingsmaterialien für Bewertende zu optimieren.

2.4.3 ITEMERPROBUNG

Ein wichtiger Schritt zur Qualitätsverbesserung der Testentwürfe ist die Erprobung. Erprobungen und statistische Analysen sichern das Funktionieren sowie die Stabilität und Konsistenz der Prüfungen. Die Testentwürfe werden unter Prüfungsbedingungen bei Prüfungspartnern im In- und Ausland erprobt. Jede Erprobung wird mit circa 200 Teilnehmenden durchgeführt. Die Ergebnisse dieser Erprobungen werden analysiert und ausgewertet. Als Ergebnis der Auswertung werden einzelne unbefriedigende Aufgaben modifiziert oder, falls erforderlich, verworfen und ersetzt.

Der Modelltest, d. h. der Prototyp, wurde zweimal erprobt. Die erste Erprobung wurde 2011 durchgeführt, die zweite 2012. Nach der ersten Erprobung des Prototyps wurde das Testkonstrukt verabschiedet, jedoch wurden einzelne Aufgaben umgearbeitet. Letzteres zusammen mit dem Austausch von nicht-optimalen Beispielen führte dazu, dass sich das Projektteam zu einer zweiten Erprobung entschloss.
Durchgeführt wurden die beiden Erprobungen der rezeptiven Module *Lesen* und *Hören* an Prüfungszentren des Goethe-Instituts und des ÖSD. Die produktiven Module wurden an den Universitäten Fribourg und Klagenfurt sowie an Sprachlernzentren des Goethe-Instituts in Russland erprobt. Bei der Auswahl der Zentren wurde darauf geachtet, dass eine repräsentative geografische Streuung gewährleistet war.

Erprobungsorte Testversionen Erwachsene				
Almaty	Amman	Ankara	Athen	Bangalore
Bangkok	Bratislava	Buenos Aires	Bukarest	Casablanca
Damaskus	Düsseldorf	Fribourg	Göttingen	Hanoi
Istanbul	Izmir	Kairo	Kiew	Klagenfurt
Krakau	Krasnojarsk	Ljubljana	Lomé	Lyon
Madrid	Mexiko	Monza	Moskau	München
Mumbai	Nairobi	Neu Delhi	Parma	Pilsen
Rabat	Rom	Sarajevo	Seoul	Sofia
Taipei	Teheran	Thessaloniki	Tiflis	Tomsk
Tunis	Wien	Warschau	Wolgograd	Wroclaw
Yaoundé	Zagreb			

Die Jugendvariante wurde darüber hinaus in Partner-Schulen des Goethe-Instituts und des ÖSD an folgenden Orten erprobt:

Erprobungsorte Testversionen Jugendliche				
Amsterdam	Bogota	Bologna	Dolny Kubin	Florenz
Genua	Gölcük	Guatemala Ciudad	Izmir	Ljubljana
Mailand	Neu Delhi	New York	Odessa	Piacenza
Rom	Saratow	Sudbury	Tianjin	Trento
Triest	Xi´An			

Lesen, Hören

Bei den Erprobungen wurden alle Lösungen der Teilnehmenden aufgezeichnet und anschließend statistisch analysiert. Zusätzlich wurden die erprobenden Lehrkräfte um qualitative Einschätzung der Prüfungsaufgaben in Form eines Fragebogens gebeten. Die folgenden Ergebnisse entstammen der Auswertung dieser *Fragebögen für Prüfende* und beziehen sich auf die erste Erprobung des Modellsatzes 2011. Ausgewertet wurden Rückläufe von 34 Lehrkräften aus 12 Prüfungszentren. Die Auswertung der Fragebogen-Daten ergab eine insgesamt positive Aufnahme durch Lehrkräfte und Teilnehmende vor Ort:

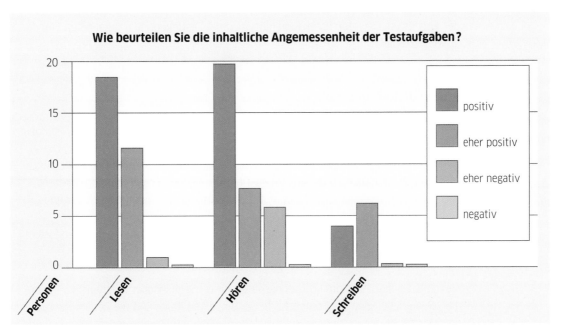

Abbildung 5: Inhaltliche Angemessenheit der Testaufgaben (schriftliche Befragung, n=34)

Die Ergebnisse der Teilnehmenden entsprachen mehrheitlich den Erwartungen der durchführenden Lehrkräfte. Die Arbeitsanweisungen wurden als prägnant und verständlich empfunden. Als Begründung für „eher negativ" bei der Frage nach der „Inhaltlichen Angemessenheit" nannten Lehrkräfte zum Modul *Lesen*, dass die Formate weit vom Unterricht entfernt seien. Beim Hören kritisierten sie bei einzelnen Aufgaben den zu starken Schweizer Akzent. Bei der Radiodiskussion waren die Sprechenden nicht klar genug voneinander zu unterscheiden. Lehrkräfte, die beim *Lesen* und *Hören* mehr Zeit forderten, begründeten dies mit der Vielzahl an Themen und Texten, die bei Teilnehmenden zu Konzentrationsschwierigkeiten führte. Die Lesezeit für die Aufgabenstellungen vor dem Hören wurde als zu kurz empfunden. Konsequenz dieser Rückmeldung war die Verlängerung der Bearbeitungszeit in den Modulen *Lesen* und *Hören*.

Schreiben

Ein Ergebnis der Lehrergutachten zum Schreiben war, dass 60 Minuten zum Verfassen von drei Aufgaben als zu kurz empfunden wurden. Zwei der drei Aufgaben hatten sich in der Erprobung bewährt. Aufgabe 3 wurde hinsichtlich der Situierung so verändert, dass die Teilnehmenden nicht mehr in der Vergangenheit schreiben, einen konkreten Adressaten für ihr Entschuldigungsschreiben haben und die Sie-Form verwenden müssen.
Zur Erprobung der Aufgaben und der Kriterien wurden zwei Sets von Leistungsbeispielen angefertigt. Ziel war eine Verbesserung der Kriterien, eine Erhebung der Bewertungszuverlässigkeit sowie der Zuverlässigkeit zwischen Bewertenden (*Inter-Rater-Reliability*).

Sprechen

Zur Erprobung der Aufgaben, der Durchführungspraxis und der Kriterien wurden zwei Sets von Filmaufnahmen angefertigt. Nach den ersten Aufnahmen wurden sieben Leistungsbeispiele bewertet, kommentiert und die Bewertungen miteinander verglichen. Ziel war eine Verbesserung der Kriterien und eine Erhebung der Bewertungszuverlässigkeit. Anschließend wurden die Aspekte „Rückmeldung geben" und „Stellen einer Frage" (Teil 3) klarer gefasst sowie die Zahl der Folienabbildungen reduziert. Die Partner bewerteten – im Rahmen der Erstellung von zweiten Filmaufnahmen für die Trainingsmaterialien für Bewertende – fünf mündliche Prüfungen und tauschten ihre Ergebnisse untereinander aus. Wieder ging es um die Inter-Rater-Reliability und die Festlegung der geeigneten Standards für die Bewertung.

2.4.4 STATISTISCHE ANALYSE

Neben der Erprobung der Praktikabilität und Akzeptanz bei den betroffenen Teilnehmenden bestand das Hauptziel der Erprobung in der Gewinnung quantitativer Daten. Durch Analyse der Teilnehmerantworten ließ sich feststellen, wie viel Prozent der Erprobungspopulation ein bestimmtes Item richtig gelöst hatten. Neben der Berechnung der Item-Schwierigkeit ging es darum, die Qualität der Items in Bezug zu leistungsstarken und leistungsschwachen Teilgruppen zu setzen, d. h. die Trennschärfe zu erheben. Die Ergebnisse der quantitativen Analysen bilden die Basis für die Erfüllung des Standards 14 der *ALTE Mindeststandards*.

> Stellen Sie sicher, dass die Erprobungsdaten für die statistischen Analysen (z. B. um die Schwierigkeit und die Trennschärfe der einzelnen Items und die Reliabilität sowie den Messfehler der gesamten Prüfung zu ermitteln) mithilfe von repräsentativen und angemessenen Populationen gewonnen werden (vgl. Kapitel 2.3).

Ziel dieses Projektschrittes ist es zu garantieren, dass die vorgelegte Prüfung wirklich dem Niveau B1 entspricht. Das bedeutet, dass alle Prüfungsergebnisse zum internationalen Bezugspunkt *Gemeinsamer europäischer Referenzrahmen für Sprachen* in Relation zu setzen sind. Letzteres wird beim *Zertifikat B1* dadurch gewährleistet, dass die Bestehensgrenzen der Module *Lesen* und *Hören*, d. h. die Anzahl der Items, die richtig gelöst sein müssen, damit diese Testmodule als bestanden gewertet werden, in Beziehung zu dem sog. *ALTE Can do Project* gesetzt werden.[13] Jede Version der B1-Module soll – abgesehen von einer durch Messfehler verursachten Marge – dieselbe Schwierigkeit haben, sodass alle mit diesen Testversionen geprüften Teilnehmenden dieselben Anforderungen zu erfüllen haben. Im Sinne einer Qualitätssicherung sollte entschieden werden, welche Testitems in die Druckfassung des Modellsatzes aufgenommen werden bzw. welche Änderungen ggf. an Aufgaben vorgenommen werden. Die Module wurden einer Rasch-Analyse unterzogen. Dabei wurden Anker-Items eingesetzt. Durch den Anker ist es möglich, eine zutreffende Niveaubestimmung der neuen Testaufgaben unabhängig von der relativen Stärke oder Schwäche der Probanden zu gewährleisten. Jedes Item erhält in diesen Analysen eine errechnete Schwierigkeitseinschätzung. Dabei werden für jedes Item von jeder analysierten Testversion dieselben Anker als Bezugspunkt eingesetzt und es werden dieselben Bestehensgrenzen gesetzt.

---

[13] Vgl. Europarat (2001), Appendix D, S. 232-244.

Die folgende Abbildung zeigt das Ergebnis der ersten Erprobung. Am rechten Rand wurden die möglichen Notenstufen markiert: 60 %, 70 %, 80 % und 90 %. Die Zahlen auf der rechten Seite der senkrechten Linie bezeichnen die analysierten Items, ihre Position auf der Schwierigkeitsskala und ihre relative Position zueinander sowie ihre relative Position zu den Erprobungsteilnehmenden. Diese werden durch „#" auf der linken Seite der senkrechten Linie symbolisiert, wobei jeder „#" für mehr als einen Teilnehmenden steht.

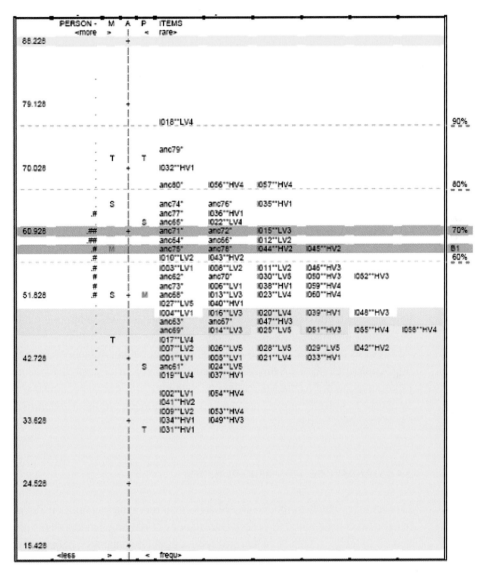

Abbildung 6: Ergebnis der ersten Erprobung der rezeptiven Aufgaben

Im Anschluss an diese Analyse wurden die Testitems sortiert nach solchen, die als in der Schwierigkeit angemessen eingeschätzt und solchen, die als zu schwierig oder leicht betrachtet werden. Letztere wurden an die Testredaktion zur redaktionellen Bearbeitung zurückgegeben. Ziel dieses Arbeitsschrittes ist es, den Schwierigkeitsgrad durch Austausch von schwierigen Wörtern oder syntaktischen Konstruktionen, unklaren Bezügen und Ähnlichem zu verbessern. Zielmarke sind jeweils die Margen, die durch das *ALTE Can Do Project* gesetzt werden. Die Grafik zeigt, dass einige Lese-und Höritems statistisch als zu leicht eingeschätzt wurden. Das gilt für den Bereich unterhalb 42.728. Das „M" auf der Itemseite bezeichnet den „Mean", d. h. den mittleren Schwierigkeitsgrad. Die Grafik zeigt, dass dieser mittlere Schwierigkeitsgrad der Items relativ zur Bestehensgrenze etwas tiefer liegt als die mittlere Personenfähigkeit, gekennzeichnet durch den Mean auf der Personenseite. Die Fähigkeit der Personen ist also etwas höher als die Schwierigkeit der Items. Der angestrebte Schwierigkeitsgrad der Stufe B1 liegt geringfügig über der 60-Prozent-Marke. Berücksichtigt man allerdings die normalen Standardabweichungen bzw. den berechenbaren Messfehler, dann erweist sich diese Diskrepanz als akzeptabel.

Neben den Rasch-Analysen wurden auch klassische Itemanalysen vorgenommen. Letztere helfen dabei, Items, die noch nicht gut genug funktionieren, zu verbessern. So können durch Betrachtung der Attraktivität von Multiple-Choice-Optionen für Teilnehmergruppen mit höherer oder niedrigerer Fähigkeit Aufschlüsse über die Effektivität einzelner Items gewonnen werden. Wenn ein Distraktor, also eine in dieser Aufgabe falsche Wahlmöglichkeit, überhaupt nicht gewählt wurde, dann ist das Item möglicherweise zu einfach. Eine „Reparatur" dieses Distraktors kann den gewünschten Schwierigkeitsgrad des Items bewirken.

Neben der Anzahl von richtigen Lösungen wurde die Trennschärfe der Items untersucht, also wie häufig starke oder schwache Teilgruppen der Erprobungspopulation bestimmte Items richtig gelöst haben. Items sollten einen Point-Biserial-Wert zwischen 0.25 und 0.8 aufweisen. Point Biserial ist eine Korrelation der Ergebnisse aller Teilnehmenden bei einem Item im Vergleich zu dem Ergebnis eines/einer Kandidaten/Kandidatin im Gesamttest. Verglichen wird die sog. High-scoring-Gruppe (etwa oberes Drittel bezogen auf ihre Testergebnisse) und die Low-scoring-Gruppe (etwa unteres Drittel).

Die zusammen mit dem Antwortverhalten zu den Items der Erprobungsteilnehmenden gesammelte Information über ihren biografischen Hintergrund (siehe Kapitel 3) wird ebenfalls analysiert. Damit soll gewährleistet werden, dass die tatsächlichen Erprobungsteilnehmenden von Version zu Version mit der angestrebten Zielgruppe hinsichtlich bestimmter Merkmale vergleichbar sind.

Als Ergebnis dieser statistischen Analysen ist festzuhalten: Aufgaben, die aufgrund der Erprobungsergebnisse ausgewählt werden, stehen in Einklang mit den Rückmeldungen der Erprobungszentren (Lehrergutachten und Kandidatenrückmeldungen) und genügen den statistischen Anforderungen – gemäß den Auswertungen aus der *Validation Unit* bei Cambridge ESOL und gemäß *ALTE Standards*.

2.4.5 STANDARD SETTING, BENCHMARKING

Ein wichtiger Schritt zur nachvollziehbaren Positionierung der Prüfung *Zertifikat B1* auf der entsprechenden Stufe des *Referenzrahmens* ist das sog. Standard Setting, das am 15. und 16. Oktober 2012 in München stattfand. Daran teilgenommen haben ausgewiesene Testexpertinnen und -experten, Sprachlehrende und Repräsentanten von Hochschulen, Politik und Bildung. Insgesamt waren 45 Expertinnen und Experten aus zehn Ländern anwesend. Das Programm wurde nach den im *Manual for Relating Language Examinations to the Common European Framework of Reference for Languages* des Europarats vorgeschlagenen Schritten durchgeführt (zum Manual vgl. Kapitel 2.2.1).

Ziel des *Standard Settings* war es nachzuweisen, dass die Prüfungsanforderungen und die damit erhobenen Kandidatenleistungen mit der Definition des angestrebten Niveaus im *Referenzrahmen* kompatibel sind, und festzustellen, wo die Bestehensgrenze gezogen werden muss (Cut-off). Vor Einführung des *Referenzrahmens* wurde diese Bestehensgrenze in Testinstitutionen traditionell bei 50 oder 60 von 100 gesetzt, heute wird sie durch Standard Setting ermittelt. Eineinhalb Tage lang wurden die Aufgabenstellungen und die Erprobungsergebnisse diskutiert. Zum Leseverstehen und Hörverstehen lagen statistische Daten aus der Itemanalyse vor. Zum schriftlichen Ausdruck und mündlichen Ausdruck gab es Beispiele, die das Anforderungsniveau der Aufgaben belegen. Diese Beispiele wurden begutachtet und auf ihre Schwierigkeit hin eingeschätzt. Zudem wurden Teilnehmerleistungen aus der Erprobung mit bereits standardisierten Beispielen auf der Niveaustufe B1 verglichen.

Lesen und Hören

Ziel der Arbeitsgruppe „*Lesen* und *Hören*" war es nachzuweisen, dass die Anforderungen der Prüfung mit der Definition des angestrebten Niveaus im *Gemeinsamen europäischen Referenzrahmen für Sprachen (GER)* vereinbar sind. Es ging außerdem darum, die Bestehensgrenzen (Cut-offs) der Prüfungsmodule Lesen und Hören zu bestimmen. Hierbei wurde nach der sog. Bookmark-Methode vorgegangen.

Vorgelegt wurden zwei Booklets mit je 30 Items zum Modul *Lesen* bzw. zum Modul *Hören*. Die Items waren nicht nach der normalen Abfolge in der Prüfung angeordnet, sondern nach ihrem statistischen Schwierigkeitswert und zwar aufsteigend, beginnend mit dem leichtesten Item. Jedes Item wurde auf einer Extra-Seite dargestellt, auch wenn mehrere Items zu einem Text gehörten. Die Juroren hatten die Aufgabe, in den Item-Booklets auf derjenigen Seite eine Markierung anzubringen, wo ihrer Meinung nach der Übergang zwischen A2 und B1 anzusetzen ist. Dabei sollten sich die Juroren einen Testkandidaten vorstellen, dessen Fähigkeit am „unteren Ende von B1" zu verorten ist.
Dieser Testkandidat wird als mindestkompetente Person bezeichnet. Die Juroren gingen davon aus, dass die mindestkompetente Person alle Items, die *vor* der markierten Seite im Item-Booklet liegen, mit Antwortwahrscheinlichkeit von 0.67 oder höher richtig lösen würde.
Die Arbeit in den Gruppen vollzog sich in drei Phasen:
In der ersten Phase stand das auch für Fachleute immer wieder notwendige Vertrautmachen mit den Niveaustufen des *Referenzrahmen* im Mittelpunkt. Nachdem ein Vertrautmachen mit dem B1-Niveau allgemein bereits in der Gesamtgruppe vorgenommen worden war, konzentrierte sich die Gruppe „*Lesen* und *Hören*" auf die Deskriptoren mit Relevanz für diese beiden Fertigkeiten. In der zweiten Phase wurden die Teilnehmenden mit den Prüfungsaufgaben der Module *Lesen* und *Hören* vertraut gemacht. Die Juroren lösten die Aufgaben unter Prüfungsbedingungen und glichen dann ihre Antworten mit dem Lösungsschlüssel ab. Als dritte Phase folgte das eigentliche Standard Setting in zwei Runden. In Runde 1 beurteilten die Juroren die Items in Einzelarbeit und setzten die Markierung im Item-Booklet. Die Ergebnisse dieser 1. Runde wurden zur Auswertung aufgezeichnet, in der Gruppe präsentiert und als Input für die Diskussion in Teilgruppen verwendet. Ziel dieser Diskussionen war es, die Einzelvoten zu begründen und so vor allem die Juroren, deren Werte stärker vom Rest der Teilgruppe abwichen, zur Reflexion anzuregen. In Runde 2 setzten die Juroren wieder individuell ihre Markierung im Item-Booklet oder übernahmen ihre Markierung aus der 1. Runde. Die Ergebnisse der 2. Runde wurden zur Auswertung aufgezeichnet und in der Gruppe präsentiert.
So wurde für jeden Juror der Punktwert festgestellt, den Teilnehmende mindestens erreichen müssen, um die Module *Lesen* und *Hören* zu bestehen. Der Durchschnitt aller so ermittelten Werte ergibt den Cut-Score der gesamten Jurorengruppe. Er wird als von der Gruppe empfohlene Bestehensgrenze festgeschrieben.

Schreiben

Ziel dieser Arbeitsgruppe war es nachzuweisen, dass die Prüfungsanforderungen und die damit erhobenen Leistungen im Modul Schreiben mit der Definition des angestrebten Niveaus im *Gemeinsamen europäischen Referenzrahmen für Sprachen (GER)* kompatibel sind. Es ging außerdem darum, die Bestehensgrenze des Moduls *Schreiben* für das *Zertifikat B1* zu bestimmen. Vorgelegt wurden je zehn Leistungsbeispiele zu sechs Schreibanlässen, d. h. zu zwei Anlässen pro Aufgabe. Die Juroren entschieden, welche Leistungsbeispiele zur schriftlichen Produktion auf die Niveaustufe B1 zu verorten sind bzw. ob das Niveau B1 erreicht wurde. Eingangs wurde klargestellt, dass es sich beim Benchmarking nicht um eine detaillierte Bewertung der Beispiele handelt, sondern lediglich um die Identifikation des Niveaus. Die Juroren gaben ihre Urteile anonym ab, d. h. jeder Juror hatte eine Nummer. Die Arbeit in Gruppen vollzog sich in drei Phasen. Auch hier stand als erste Phase das auch für Fachleute immer wieder notwendige Vertrautmachen mit dem *Referenzrahmen* im Mittelpunkt. Die Gruppe konzentrierte sich dabei auf die Fertigkeit Schreiben und die Deskriptoren mit Relevanz für die schriftliche Produktion.

Darauf folgte als zweite Phase das Training der Niveaubestimmung. Anhand von zwei Leistungsbeispielen des Europarats übten die Gruppenteilnehmenden die Methode der Zuordnung der Niveaustufen. Sie entschieden für jedes Beispiel, ob es klar auf Niveau B1, klar unter Niveau B1 oder in der Mitte einzustufen ist. Die Ergebnisse der ersten Einschätzung wurden im Plenum besprochen.

Als dritte Phase folgte das eigentliche Benchmarking in zwei Runden. In Runde 1 wurden zu jeder Aufgabe jeweils zehn Leistungsbeispiele eingestuft. Die Leistungsbeispiele wurden zuerst in Einzelarbeit beurteilt und die Ergebnisse dieser 1. Runde aufgezeichnet. Die Ergebnisse der Auswertung wurden in der Gruppe präsentiert, und auf dieser Grundlage wurde in zwei separaten Teilgruppen von jeweils sieben bzw. acht Juroren diskutiert. Ziel dieser Diskussion war es, die Einzelvoten zu begründen und so vor allem die Juroren, deren Werte stärker vom Rest der Teilgruppe abwichen, zu einer Reflexion zu motivieren. In Runde 2 wurden noch einmal die Aufgabe 1 sowie zehn weitere Leistungsbeispiele bewertet, jeweils wieder zunächst in Einzelarbeit und nach Darlegung der Ergebnisse in zwei Teilgruppen. So wurde für jeden Juror festgestellt, welche Leistungsbeispiele auf B1 eingestuft und somit als den Mindestanforderungen für das Niveau B1 entsprechend klassifiziert wurden. Da es sich nicht um Bewertungen für eine Zeugnisvergabe handelte, musste keine Einigung erzielt werden. Individuelle Bewertungen konnten als solche stehen bleiben bzw. ausgewiesen werden.

Sprechen

Ähnlich wie in den anderen Fertigkeiten wurde in der Arbeitsgruppe *Sprechen* in folgenden Phasen gearbeitet: Vertrautmachen mit den Deskriptoren „Mündliche Interaktion allgemein" sowie mit der Tabelle 3 „Qualitative Aspekte des mündlichen Sprachgebrauchs " gemäß *Gemeinsamem europäischen Referenzrahmen für Sprachen* (Europarat 2001, S. 38), Vorgabe von je vier verschiedenen kalibrierten Beispielen zur Produktion und Interaktion, die im Auftrag des Europarats von Juroren eingestuft worden waren und schließlich Benchmarking der Kandidatenleistungen nach Vertrautmachen mit der Aufgabenstellung.

Bewertet wurden insgesamt 22 Kandidatenleistungen, davon jeweils 11 für die Produktion und 11 für die Interaktion. Die gezeigten mündlichen Kandidatenleistungen im *Zertifkat B1* waren in der Zentrale des Goethe-Instituts und an der Alpen-Adria-Universität Klagenfurt aufgenommen worden. Es handelte sich um Teilnehmende aus Deutschkursen am Goethe-Institut München und der Universität Klagenfurt sowie um Schüler der Mittelschule an der Führichstraße München. Eingangs wurde wie in der Gruppe *Schreiben* klargestellt, dass es sich beim Benchmarking nicht um eine detaillierte Bewertung der Beispiele handelt, sondern lediglich um die Identifikation des Niveaus. Die Urteile der Juroren erfolgten in Stationen und wurden anonym abgegeben, d. h. jeder Juror hatte eine Nummer. Die Juroren nahmen zunächst ihre globale Einstufung und danach die analytische Einstufung vor. Das Ergebnis der globalen Niveaubestimmung vor der Diskussion wurde bekannt gemacht; anschließend wurde eine Diskussion über die Abweichungen geführt. Es erfolgte eine zweite Runde.

So wurde für jeden Juror festgestellt, welche Leistungsbeispiele auf B1 eingestuft und somit als den Mindestanforderungen für das Niveau B1 entsprechend klassifiziert wurden. Wie beim Schreiben galt auch hier: Da es sich nicht um Bewertungen für eine Zeugnisvergabe handelt, musste keine Einigung erzielt werden. Individuelle Bewertungen konnten als solche stehen bleiben bzw. ausgewiesen werden.

2.4.6 ERSTELLUNG DER TESTVERSIONEN

Gemäß Minimalstandard 4 der ALTE müssen die Testversionen miteinander vergleichbar sein:

> Stellen Sie sicher, dass die verschiedenen Testsätze einer Prüfung, die an unterschiedlichen Terminen durchgeführt werden, vergleichbar sind. Dies betrifft sowohl den Prüfungsinhalt und die Durchführung als auch die Notengebung, die Festsetzung der Bestehensgrenze und die statistischen Werte der Aufgaben (vgl. Kapitel 2.3).

Die Vergleichbarkeit der Prüfungssätze ist ein zentrales Desiderat und eine ständige Herausforderung für jede Testinstitution. Denn von einer Prüfung werden von Prüfungsereignis zu Prüfungsereignis immer wieder neue Versionen, d. h. Zusammenstellungen von Aufgaben eingesetzt. Dies geschieht um sicherzustellen, dass die Prüfungssätze den Teilnehmenden nicht bereits vor dem Prüfungstermin bekannt sind.

Technische Grundlage für die Vergleichbarkeit des Prüfungsinhalts von Version zu Version ist der Einsatz einer Itembank. Dort lagern die Testaufgaben. Durch gezielte Auswahl wird verhindert, dass in einem Testsatz beispielsweise nur Aufgaben zum Thema Arbeit und Arbeitssuche vorkommen. Die Aufteilung des Tests in viele kleine Bausteine und weniger zusammenhängende Itembündel erleichtert dieses Verfahren.

Abläufe der trinationalen Testproduktion

Am Prozess der Itemproduktion sind Testautoren/-autorinnen, Gutachter/-innen und zuständige Redakteure/-innen beteiligt. Alle an der Redaktion des *Zertifikats B1* Beteiligten sind durch langjährige Erfahrung mit dem Niveau B1 vertraut. Ihre Erfahrung haben sie bei der Erstellung von Items und Testversionen für das *Zertifikat Deutsch* gesammelt:
aus Deutschland: Stefanie Dengler, Michaela Perlmann-Balme, Ursula Schmitz
aus Österreich: Manuela Glaboniat, Helga Lorenz, Bettina Wohlgemuth-Fekonja
aus der Schweiz: Naomi Shafer, Thomas Studer, Eva Wiedenkeller

Materialien für die Testproduktion

Zertifikat B1-Testautor/-innen erhalten als Arbeitsinstrumente zur jeweiligen Prüfung die *Anleitung für Testautoren und -autorinnen*, in der inhaltliche und technische Einzelheiten enthalten sind. Als Maßgabe für die sprachliche Grundlage entsprechend dem Niveau B1 erhalten sie außerdem *Profile Deutsch*. Darin werden Wortschatz, Grammatik, Sprachhandlungen und Strategien niveaubezogen definiert. Schließlich erhalten sie einen Zugang zur Itembank und damit ein sog. Template, d. h. eine formale Vorlage für die Items.

Testentwürfe werden durch mehrere (mindestens zwei) fachlich versierte Gutachter/-innen mithilfe einer Checkliste eingeschätzt. Diese bringen spezifische Kenntnisse für das jeweilige Sprachniveau, die Zielgruppe und die Fertigkeiten mit. Sie haben entweder selber bereits als Testautoren und -autorinnen oder als Kursleiter/-innen in der jeweiligen Zielgruppe gearbeitet. Als Arbeitsinstrument erhalten Testgutachter/-innen das Gutachten-Formular (Checkliste, „Vetting-sheet").

Ein trinational zusammengesetztes Redaktionsteam führt Testredaktionssitzungen zur Verabschiedung der Erprobungs- und Endfassungen durch. Das Redaktionsteam entscheidet, ob ein Item angenommen, abgelehnt oder zur Überarbeitung vorgesehen wird. Ist eine Überarbeitung notwendig, nimmt das Redaktionsteam diese entweder sofort vor oder – bei mehr Zeitbedarf – gibt sie bei den Testautoren und -autorinnen in Auftrag (zweite Überarbeitung). Ergebnis der Sitzung ist eine verabschiedete Erprobungs- oder Endfassung. Der/Die Prüfungsreferent/-in veranlasst die Einlagerung der verabschiedeten Items in der sog. Erprobungs-Itembank. In der Itembank werden die Namen des/der Testautors/-autorin, des/der Gutachters/Gutachterin und des Redaktionsteams gespeichert.

Qualitätssicherung

Das folgende Schema erläutert die Schritte der Qualitätssicherung im Erstellungsprozess, nach dem alle Items entstehen.

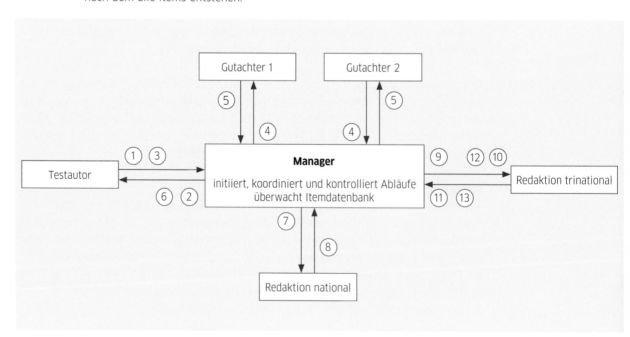

Abbildung 7: Item-Erstellungsprozess

1 Der/Die Testautor/-in liefert einen Text und damit einen Themenvorschlag (ohne Item) als Entwurf an den/die Verantwortliche/-n (Manager/-in) in den drei beteiligten Ländern.

2 Der Manager entscheidet über Eignung von Text und Thema und gibt diese Entscheidung als Rückmeldung an den/die Testautor/-in.

3 Der/Die Testautor/-in bearbeitet den angenommenen Text und konstruiert Items auf Basis der Anleitung für Testautoren und -autorinnen. Er/Sie nimmt mit einer kleinen Gruppe von Probanden ein sog. Trialling vor und überprüft damit grobe Verständnisprobleme, überarbeitet danach ggf. die Items und erstellt den Entwurf 1, der in der Itembank gespeichert wird.

4+5 Der/Die Manager/-in in den Ländern beauftragt zwei externe Gutachter/-innen (1 und 2) damit, den Entwurf 1 zu begutachten.

6 Auf Basis dieser Rückmeldungen überarbeitet der/die Testautor/in den Erstentwurf (Überarbeitung 1) und erstellt den verbesserten Entwurf 2, den er/sie wiederum in der Itembank ablegt.

7 Der/Die Manager/-in im jeweiligen Land leitet diesen Entwurf 2 an die nationale Testredaktion weiter.

8 Diese prüft Entwurf 2 und hat pro Item drei Entscheidungsoptionen: Akzeptieren oder Verwerfen des Items bzw. Bezeichnen des Überarbeitungs-bedarfs.

9 Auf Basis dieser Rückmeldung von der nationalen Testredaktion überarbeitet der/die Testautor/-in die Items (Überarbeitung 2) und leitet seinen/ihren Entwurf 3 an den/die Manager/-in in den Ländern weiter.

10 Der/Die Manager/-in in den Ländern legt den Entwurf 3 mit akzeptierten und überarbeiteten Items der trinationalen Redaktion vor.

11 Die trinationale Redaktion prüft, modifiziert und konfektioniert alle Entwürfe 3 und erstellt daraus eine Erprobungsfassung für die einzelnen Module.

12 Die Items werden nun an repräsentativ ausgewählten Proband/-innen erprobt. Die Erprobungsresultate aller Items (Schwierigkeit und Diskrimination) werden zusammen mit dem Item in der Itembank gespeichert.

13 Die trinationale Redaktion begutachtet die Erprobungsresultate. Pro Item hat sie wieder drei Entscheidungsoptionen: Akzeptieren oder Verwerfen des Items bzw. Bezeichnen des Überarbeitungsbedarfs. Die trinationale Redaktion erstellt aus der Itembank die Druckfassung der Module und übergibt diese an den/die Manager/-in in den Ländern für den Echteinsatz in den jeweiligen Prüfungszentren.

3 Zielgruppe

Die vorliegende Beschreibung dient als Nachweis für den Mindeststandard 2 der ALTE:

> Beschreiben Sie die Ziele der Prüfung sowie die Verwendungssituationen und die Adressaten, für die die Prüfung geeignet ist (vgl. Kapitel 2.3).

Zusammensetzung

Die Zusammensetzung der Zielgruppe für das *Zertifikat B1* wurde im Zuge der Erprobung der Prüfungsaufgaben im Jahr 2011 ermittelt. Bei der Fortschreibung der Prüfungsversionen wird darauf geachtet, dass die Erprobungsteilnehmerschaft („sample") ähnlich zusammengesetzt ist wie die hier beschriebene Population.

Zusammen mit den zu erprobenden Prüfungsaufgaben wurde der „Fragebogen für Erprobungsteilnehmende" ausgegeben. Der Fragenbogen erhebt Daten zur Person und zur Motivation. Die darin gesammelten Daten werden zusammen mit den Lösungen der Teilnehmenden ausgewertet. Dies ermöglicht eine detaillierte Beschreibung der Zielgruppe der Prüfung.

An der ersten Erprobung des Modellsatzes nahmen 291 Personen teil. Die zweite Erprobung wurde mit 218 Personen durchgeführt. Die vorliegenden Ergebnisse fassen die Erprobungen von insgesamt acht Prüfungsversionen zusammen. Sie umfassen 1688 Teilnehmende.

Prüfungsorte

Die erwachsenen Erprobungsteilnehmenden waren zur überwiegenden Mehrheit Kursteilnehmende an Goethe-Instituten oder Zentren des ÖSD bzw. jeweils deren Prüfungspartner. Sie besuchten in der Regel einen Sprachkurs, der auf das Niveau B1 vorbereitet. Diese Sprachkurse fanden in Europa, Asien, Afrika und Amerika an den in Kapitel 2.4.3 bereits genannten Orten statt: Die Jugendvariante wurde darüber hinaus in sog. Partner-Schulen (PASCH) erprobt, an den ebenfalls bereits in Kapitel 2.4.3 erwähnten Orten.

Alter

Die Zielgruppe ist in ihrer Altersstruktur heterogen zusammengesetzt. Die Mehrheit der Erprobungsteilnehmenden mit circa 50 Prozent war zwischen 20 und 30 Jahre alt. Eine mit 32 Prozent große Teilzielgruppe waren junge Erwachsene zwischen 16 und 20 Jahren. Demgegenüber waren 14 Prozent der Teilnehmenden zwischen 30 und 50 Jahre alt.

Muttersprache

Ebenfalls vielgestaltig ist der sprachliche Hintergrund der Teilnehmenden. Die Erprobungsteilnehmenden gaben eine Vielzahl unterschiedlicher Muttersprachen an. Die teilnehmer-
stärkste darunter ist mit 8 Prozent Griechisch, gefolgt von Türkisch mit 7 Prozent und
Spanisch und Bulgarisch mit jeweils 6 Prozent.

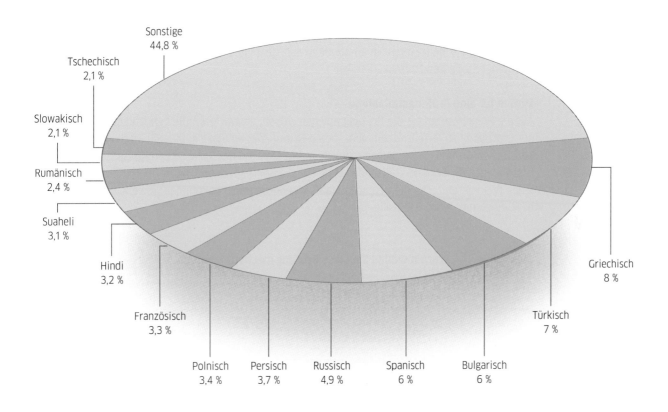

Abbildung 8: Erstsprachen der Erprobungsteilnehmenden (schriftliche Befragung, N = 1688))

Geburtsland

Bei den Geburtsländern der Erprobungsteilnehmenden war kein einzelnes Land besonders
stark vertreten. Eine Reihe von Ländern befand sich in den Regionen Südosteuropa,
Nordafrika und Nahost sowie Osteuropa und Zentralasien: Marokko (10 %), Griechenland
(7 %), Türkei, Indien und Bulgarien (6 %). Das entspricht weitgehend den Teilnehmerländern
des *Zertifikats Deutsch*, das vor allem in Griechenland, Kamerun, Indien, Frankreich,
der nicht-deutschsprachigen Schweiz, Tschechien und Marokko abgenommen wurde.

Fremdsprachen

86 Prozent der Erprobungsteilnehmenden beherrschen Englisch, 24 Prozent Französisch.
Deutsch ist für circa 10 Prozent erste Fremdsprache, für circa 21 Prozent zweite und für
circa 14 Prozent dritte Fremdsprache.

Schulbildung

B1-Lernende in der Fremdsprache Deutsch bringen eine hohe Schulbildung mit. Mehr
als die Hälfte geben an, die Schule länger als zwölf Jahre besucht zu haben, 28 Prozent
bringen 12 Jahre Schulbildung mit. Geht man weltweit mehrheitlich von einer 12-jährigen
Schulbildung vor dem Eintritt in ein Studium aus, dann sind wohl die meisten Lernenden
Hochschul-Studenten bzw. Akademiker.

Motive für eine Prüfungsteilnahme

Auf die Frage, warum sie die Prüfung ablegen wollen, antworteten die Teilnehmenden an
der Erprobung zu jeweils einem gerundeten Drittel „wegen eines geplanten Studiums", „aus
beruflichen Gründen" und „aus persönlichem Interesse an der Sprache und Kultur". Da die
Erprobungen im Ausland stattfanden, spielten die Begründungen „Um in Deutschland zu
leben (Visum)" und „Um die deutsche Staatsangehörigkeit zu bekommen" jeweils keine
bzw. eine untergeordnete Rolle.

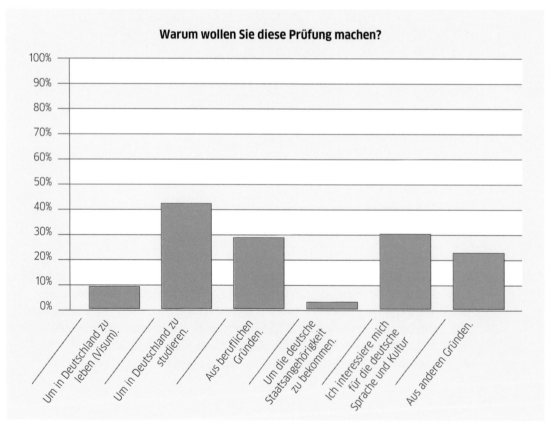

Abbildung 9: Prüfungsmotive der Erprobungsteilnehmenden (schriftliche Befragung, n = 1688; Mehrfachnennungen möglich)

Eine Erhebung des Prüfungsgrundes bei Leitern/-innen der Spracharbeit in den Erprobungszentren ergab, dass es den Student/-innen immer häufiger um sog. Credit Points oder ECTS-Punkte geht, die durch Vorlage eines Zertifikates erlangt werden können.

Die Erwachsenen-Zielgruppe setzt sich also zusammen aus Lernenden weltweit, die über eine hohe Schulbildung verfügen. Variablen wie Alter, Geschlecht und Zahl der Schuljahre scheinen keinen direkten Einfluss auf die Testresultate zu haben. Bei Teilnehmenden mit 12 oder mehr Schuljahren zeigen sich zwar erwartungsgemäß bessere Leistungen als bei solchen mit nur 10 Jahren. Es wurde aber auch sichtbar, dass von den wenigen Teilnehmenden, die nur eine maximal 6-jährige Schulbildung aufwiesen, durchaus hohe Erfolge erzielt wurden. Hinsichtlich der Leistungsverteilungen zwischen Männern und Frauen ergab sich ebenfalls ein ausgeglichenes Bild. Bezogen auf alle Erprobungsteilnehmende waren die Ergebnisse der Geschlechter relativ gleich verteilt.

Prototypische Teilnehmende

Der Prototyp eines/einer Teilnehmenden, der/die eine Prüfung auf B1 ablegen möchte, ist also zwischen 20 und 30 Jahren alt, lernt Deutsch nach Englisch, verfügt über eine Hochschulbildung oder strebt diese an und braucht das *Zertifikat B1* langfristig gesehen aus beruflichen Gründen.

.4 Sprachniveau B1

Der Prüfung *Zertifikat B1* liegt das Kompetenzniveau B1 nach dem *Gemeinsamen europäischen Referenzrahmen für Sprachen (GER)* zugrunde. Dort wird die sprachliche Kompetenz von Lernenden sowohl global als auch im Detail durch die Beschreibung von einzelnen sprachlichen Aktivitäten und Fertigkeiten definiert. Die Prüfungsaufgaben des *Zertifikats B1* wurden auf Grundlage dieser Kompetenzbeschreibungen entwickelt. Das Testformat deckt jedoch nicht alle Kann-Beschreibungen des *Referenzrahmens* ab, da nicht alle sprachlichen Handlungen in Prüfungsaufgaben realisierbar sind, und umgekehrt die Kann-Beschreibungen des *Referenzrahmens* ein Niveau nicht erschöpfend beschreiben, sondern dieses beispielhaft illustrieren.

Die Niveaustufen B1 und B2 stehen im *Referenzrahmen* für „selbstständige Sprachverwendung" und sind somit nach unten hin abgegrenzt zu den Stufen A1 und A2, die die „Elementare Sprachverwendung" beschreiben, sowie nach oben begrenzt durch die Niveaustufen C1 und C2, die als „Kompetente Sprachverwendung" bezeichnet werden. Die Globalbeschreibung der Niveaustufe B1 – selbstständige Sprachverwendung – im *Referenzrahmen* lautet wie folgt (Europarat 2001, S. 35):

B1 – selbstständige Sprachverwendung[14]
- Kann die Hauptpunkte verstehen, wenn klare Standardsprache verwendet wird und wenn es um vertraute Dinge aus Arbeit, Schule, Freizeit usw. geht.
- Kann die meisten Situationen bewältigen, denen man auf Reisen im Sprachgebiet begegnet.
- Kann sich einfach und zusammenhängend über vertraute Themen und persönliche Interessensgebiete äußern.
- Kann über Erfahrungen und Ereignisse berichten, Träume, Hoffnungen und Ziele beschreiben und zu Plänen und Ansichten kurze Begründungen oder Erklärungen geben.

---

[14] Diese Beschreibung dient lediglich dem allgemeinen Überblick. In Kapitel 6 werden die für die jeweiligen Fertigkeiten und Aufgaben relevanten Kann-Beschreibungen im Einzelnen angeführt.

Lernende der Stufe B1 werden im *Referenzrahmen* charakterisiert durch die „Fähigkeit, Interaktion aufrechtzuerhalten und in einem Spektrum von Situationen auszudrücken, was man sagen möchte" sowie durch die „Fähigkeit, sprachliche Probleme des Alltagslebens flexibel zu bewältigen" (Europarat 2001, S. 42 ff.). Im Unterschied zu den Niveaus A1 und A2 sind Sprechende auf Niveau B unabhängiger von Hilfestellungen der Gesprächspartner/-innen. Es kann daher auch auf weniger bekannte Gesprächsverläufe reagiert werden. In der Rezeption zeichnen sich die Lernenden durch die Fähigkeit aus, die Hauptpunkte von Texten oder Gesprächen zu verstehen, die zwar noch aus dem vertrauten Themenbereich stammen, sich jedoch nicht mehr auf den engeren persönlichen Bereich beziehen müssen. Allerdings muss auf der Stufe B1 eine gewisse Vertrautheit mit den Themen vorhanden sein, um die Kommunikationsaufgabe bewältigen zu können.

4.1 Kontext, Themen, Kommunikationsbereiche und Aktivitäten

Um die sprachlichen Anforderungen des Niveaus B1 näher darzustellen, empfiehlt der *Referenzrahmen* (Europarat 2001, S. 51ff) u. a. eine detaillierte Beschreibung folgender Parameter:

- Kontext der Sprachverwendung, der sich v.a. durch die Angabe von Lebensbereichen (Domänen) und Situationen ergibt
- Themen der Kommunikation
- Kommunikative Aufgaben und Ziele
- Kommunikative Aktivitäten
- Kommunikative Sprachprozesse
- Texte

Im Folgenden werden die allgemeinen Parameter 1 bis 4 (Kontext der Sprachverwendung, Themen der Kommunikation, Kommunikative Aufgaben und Ziele, Kommunikative Aktivitäten) bearbeitet. Parameter 3 (Kommunikative Aufgaben und Ziele) wird in Kapitel 4.2.3 eher allgemein und detailliert in Kapitel 6 unter den jeweiligen Modulen *Lesen*, *Hören*, *Schreiben* und *Sprechen* behandelt. Ebenso werden die Parameter 5 (Kommunikative Sprachprozesse) und 6 (Texte) an den entsprechenden Stellen in Kapitel 6 berücksichtigt.

Damit wird für das *Zertifikat B1* ein maximaler Zielkatalog definiert, aus dem für jede Prüfungsversion ein illustrativer, den Bedürfnissen der Zielgruppe entsprechender Ausschnitt ausgewählt wird. Diese Festlegungen gelten sowohl für die Erwachsenen- als auch für die Jugendvariante des *Zertifikats B1*.

4.2.1 KONTEXT DER SPRACHVERWENDUNG: LEBENSBEREICHE UND SITUATIONEN

Aus den im *Referenzrahmen* angeführten sprachlichen und kommunikativen Lebensbereichen bzw. Domänen (Europarat 2001, S. 52f) werden bei der Prüfung *Zertifikat B1* vorwiegend Themen und Situationen aus privatem (halb-)öffentlichem sowie aus dem Bildungsbereich behandelt; auf einer allgemeinen, alltäglichen Ebene wird zudem der berufliche Bereich berührt. Bei der Jugendvariante bewegen sich die Domänen im privaten, öffentlichen und schulischen Bereich.

Wie im *Referenzrahmen* angeführt (Europarat 2001, S. 53f) können jedem Lebensbereich unterschiedliche Situationen zugeordnet werden, die wiederum nach folgenden Kategorien unterteilbar sind:

- Orte und Zeiten
- Institutionen oder Organisationen
- Beteiligte Personen
- Objekte
- Ereignisse
- Operationen
- Texte

Das *Zertifikat B1* orientiert sich grundsätzlich an der im *Referenzrahmen* vorliegenden Liste (Europarat 2001, S. 54) und hält sich bei der konkreten Auswahl der Situationen an die Bedürfnisse der in Kapitel 3 beschriebenen Zielgruppe.

4.1.2 PRÜFUNGSTHEMEN

Die folgende Liste enthält eine Zusammenstellung von relevanten Themen, in denen die Prüfungsteilnehmenden rezeptiv oder produktiv handeln können sollen.
Die Themenliste des *Zertifikats B1* geht von der im *GER* angeführten Themenliste (Europarat 2001, S. 58) aus. Weitere Bezugswerke sind

- *Zertifikat Deutsch*. Lernziele und Testformat (Weiterbildungs-Testsysteme GmbH et al. 1999, S. 94ff)
- *Profile Deutsch*. Thematischer Wortschatz A1 – B2 (Glaboniat et al. 2005, S. 216ff)
- *Deutsch-Test für Zuwanderer* (Perlmann-Balme, Plassmann, Zeidler 2009, S. 86ff)

Ausgewählt wurden die Themen im Hinblick auf ihre Relevanz für die Kommunikation der unter Kapitel 3 charakterisierten Zielgruppe.

1	Personalien, Informationen zur Person
2	Wohnen
3	Umwelt
4	Reisen und Verkehr
5	Verpflegung
6	Einkaufen
7	Dienstleistungen
8	Körper, Gesundheit und Hygiene
9	Wahrnehmung, Motorik
10	Arbeit/Beruf
11	Ausbildung und Schule
12	Fremdsprachen
13	Freizeit und Unterhaltung
14	Persönliche Beziehungen und Kontakte

Abbildung 10: Prüfungsthemen

Eine differenziertere Auflistung der einzelnen Themenbereiche findet man in *Profile Deutsch* unter den jeweiligen Themenüberschriften (vgl. Glaboniat et al. 2005, S. 216 ff). So fallen z. B. in den Themenbereich 1) *Personalien, Informationen zur Person* oder den Themenbereich 12) *Ausbildung und Schule* jeweils folgende Subthemen:

Personalien, Informationen zur Person	**Ausbildung und Schule**
Name, Anredeform und Dokumente	**Schule und Studium**
Adresse	Schule allgemein
Telekommunikation	Bildungsweg und Personen
Geburtsdaten	Schulen und Schultypen
Alter	Unterricht
Geschlecht	Schulaktivitäten
Familienstand	Weiterbildung und Kurse
Staatsangehörigkeit und Nationalitäten	Universität
Herkunft	Schulutensilien
Beruf und Tätigkeit	
Familie	**Unterrichtsfächer**
Interessen	Aktivitäten im Unterricht
etc.	Bezeichnungen von Unterrichtsfächern
	Prüfungen und Diplome
	Tests und Prüfungen
	Noten und Diplome

Abbildung 11: Beispiele für Themenbereiche und Subthemen

Bei der Auswahl für die Prüfungsaufgaben wird darauf geachtet, dass die Themen den Bedürfnissen der oben beschriebenen Zielgruppe entsprechen und kein Fachwissen oder spezifisches Weltwissen vorausgesetzt wird. Die Inhalte werden soweit wie möglich geschlechtsneutral ausgewählt und sollen nicht bestimmte Teilzielgruppen bevorzugen.

Landeskundliche Aspekte spielen im *Zertifikat B1* in Hinblick auf die Authentizität der Texte und Aufgabenstellungen eine Rolle. Landeskundliches Wissen ist jedoch, sofern es unvermeidliche Voraussetzung ist, beim Lese- und Hörverstehen nicht lösungsrelevant und soll bei der schriftlichen und mündlichen Interaktion/Produktion nicht in die Leistungsbeurteilung einfließen. Auch interkulturelle Kompetenzen werden nicht explizit getestet; sie sind aber für die produktiven Prüfungsleistungen dann wichtig, wenn sie sprachlich fassbar werden. Konkret ist das z. B. im Modul *Schreiben* in Aufgabe 3 der Fall, wo die Teilnehmenden beispielsweise eine Entschuldigung schreiben oder schriftlich um einen Termin bitten sollen. Für erfolgreiche Schreibhandlungen dieser Art sind soziokulturelle Kompetenzen notwendig, und entsprechend ist die soziokulturelle Angemessenheit der Leistung ein Bewertungskriterium (vgl. Kapitel 6.3.3).

4.1.3. KOMMUNIKATIVE AUFGABEN UND ZIELE, KOMMUNIKATIONSBEREICHE

In engem Zusammenhang mit den genannten Parametern *Lebensbereich*, *Situation* und *Thema* stehen die kommunikativen Aufgaben und Ziele, die die Lernenden zu bewältigen haben (Europarat 2001, 59 f). Diese Aufgaben und Ziele kann man unterschiedlichen Kommunikationsbereichen zuordnen, die unabhängig von thematisch definierten Kontexten bei der Realisierung kommunikativer Ziele eine große Rolle spielen. Für das *Zertifikat B1* sind folgende „übergreifende" Kommunikationsbereiche relevant (vgl. Glaboniat et al. 2005, S. 223 ff):

Übergreifende Kommunikationsbereiche

Informationsaustausch
Mitteilung, Frage, Antwort, Ausdruck kognitiver Einstellungen, Frage nach kognitiver Einstellung

Bewertung, Kommentar
Meinungsäußerung, Beurteilung von Zuständen, Ereignissen, Handlungen, Rechtfertigung, Bitte um Stellungnahme, Konsens – Dissens, Ausdruck persönlicher Einstellungen und Werthaltungen, Frage nach persönlichen Einstellungen und Werthaltungen

Gefühlsausdruck

Handlungsregulierung
Aufforderung, Erlaubnis – Erlaubnisverweigerung, Konsultation, Angebot, Einwilligung – Weigerung, Ausdruck handlungsbezogener Einstellungen und Voraussetzungen

Soziale Konventionen
Kontaktaufnahme, Kontaktbeendigung, Stabilisierung von Kontakten

Redeorganisation und Verständigungssicherung
Wechselrede, Verständigungssicherung, Redestrukturierung[15].

Abbildung 12: Übergreifende Kommunikationsbereiche

Wie in Kapitel 4.3.2.1 exemplarisch gezeigt wird, findet man in *Profile Deutsch* zu diesen Kommunikationsbereichen jeweils entsprechende, d. h. für das Niveau B1 ausgewählte Sprachhandlungen. Daher wird an dieser Stelle auf eine nähere Ausführung verzichtet (vgl. dazu auch Kapitel 4.3.1).

Besonders häufig kommen diese Kommunikationsbereiche im Modul *Sprechen* zur Geltung. Beispielsweise verlangt Aufgabe 1 von den Prüfungsteilnehmenden, dass sie gemeinsam etwas planen, etwa einen Krankenhausbesuch. Zur Lösung dieser Aufgabe müssen die Interaktionspartner die Kommunikationsbereiche *Informationsaustausch* und *Handlungsregulierung* antizipieren sowie zugehörige sprachliche Mittel aktivieren und einsetzen (vgl. Kapitel 4.3).

---

[15] Je nach Perspektive lässt sich der Kommunikationsbereich ‚Redeorganisation und Verständnissicherung' auch als Aspekt von strategischen Kompetenzen modellieren (vgl. Kapitel 5.3).

4.1.4. KOMMUNIKATIVE SPRACHAKTIVITÄTEN

Aus den im *Referenzrahmen* genannten kommunikativen Sprachaktivitäten Rezeption, Produktion, Interaktion und Sprachmittlung werden im *Zertifikat B1* die Aktivitäten Rezeption schriftlich und mündlich (s. Module *Lesen* und *Hören*), Produktion schriftlich und mündlich (s. Module *Schreiben* und *Sprechen*) sowie Interaktion schriftlich und mündlich (s. Module *Schreiben* und *Sprechen*) überprüft.
Bei der Entwicklung der Testaufgaben wurden vor allem die Skalen aus dem *Referenzrahmen*, Kapitel 3 bis 5 (Europarat 2001, S. 33f) als Zielvorgabe herangezogen. In diesen Skalen geht es um die Fragen:

- *Was* können Prüfungsteilnehmende auf der Stufe B1?
- *Welche Aktivitäten* sind typisch für dieses Niveau?

Es wurde nur mit ganzen Niveaustufen gearbeitet. Die in einigen Skalen vorhandene Unterteilung in einen oberen und einen unteren Bereich der Stufe, die in der Literatur als B1+ bzw. B1.1 und B1.2 benannt ist, wurde für die Skalierung im *Zertifikat B1* nicht eingesetzt. In den einzelnen Modulen und Prüfungsaufgaben stehen die folgenden Aktivitäten im Zentrum:

Modul	Aufgabe	Aktivitäten im *Gemeinsamen europäischen Referenzrahmen*
Hören	1	Ankündigungen, Durchsagen und Anweisungen verstehen
	2	Als Zuhörer im Publikum verstehen
	3	Gespräche zwischen Muttersprachlern verstehen
	4	Radiosendungen und Tonaufnahmen verstehen
Lesen	1	Korrespondenz lesen und verstehen
	2, 4	Information und Argumentation verstehen
	3	Zur Orientierung lesen
	5	Schriftliche Anweisungen verstehen
Schreiben	1	Interaktion: Persönliche Mitteilung zur Kontaktpflege
	2	Produktion: Persönliche Meinung zu einem Thema äußern
	3	Interaktion: Persönliche Mitteilung zur Handlungsregulierung
Sprechen	1	Interaktion: Mündliche Interaktion allgemein
	2	Produktion: Vor Publikum sprechen
	3	Interaktion: Formelle Diskussion und Besprechungen

Abbildung 13: Kommunikative Sprachaktivitäten

Ausgangspunkt für die Entwicklung der Bewertungskriterien zu den Modulen *Schreiben* und *Sprechen* waren vor allem die Skalen aus Kapitel 5 des *Referenzrahmens* (Europarat 2001, S. 103 ff). In diesen Skalen geht es um die Frage:

■ *Wie gut* können Prüfungsteilnehmende etwas auf der jeweiligen Stufe?

Modul	Kriterium	Deskriptoren im *GER*
Schreiben	Erfüllung	Soziolinguistische Angemessenheit
	Kohärenz	Kohärenz und Kohäsion
	Wortschatz	Wortschatzspektrum
		Wortschatzbeherrschung
	Strukturen	Grammatische Kompetenz
		Beherrschung von Orthografie
Sprechen	Erfüllung	Soziolinguistische Angemessenheit
	Interaktion	Interaktion
	Wortschatz	Wortschatzspektrum
		Wortschatzbeherrschung
	Strukturen	Grammatische Kompetenz
	Aussprache	Beherrschung der Aussprache und Intonation

Abbildung 14: Qualitative Aspekte des Sprachgebrauchs zur Entwicklung der Bewertungskriterien im *Zertifikat B1*

4.2 Sprachliche Mittel

Ausgehend von den Niveaubeschreibungen des *Referenzrahmens* wurden für die Prüfung *Zertifikat B1* korrespondierend zu den Themen und Aufgaben in den einzelnen Modulen verbindliche Inventarlisten zu Wortschatz und Strukturen erstellt (Glabionat et al. 2012). Diese Inventare stellen eine Auflistung der spezifisch für die Prüfung erforderlichen sprachlichen Mittel dar und sind daher in erster Linie für Prüfende und Testautor/-innen gedacht, können aber auch Unterrichtenden als Orientierung bei der Prüfungsvorbereitung nützen. Keinesfalls sind diese Inventarlisten als Unterrichts- oder Vorbereitungsmaterial für Lehrende oder Lernende gedacht. Daher sind die Einträge in den Wortlisten auch „nur" alphabetisch geordnet und nicht – wie in sprachhandlungsorientierten Unterrichtskonzepten üblich – in allgemeine und thematische Begriffe unterteilt oder mit eigenen Listen zu Sprachhandlungen und Intentionen verbunden. Auch die Grammatikangaben beschränken sich auf systematische Übersichtstabellen.

Ein Grund für diese auf prüfungsrelevante Inhalte beschränkte Auflistung der Inventare liegt darin, dass

a) die grundsätzlichen kommunikativen Konzepte in Hinblick auf das Zusammenspiel der verschiedenen Aspekte (z. B. linguistische, pragmatische, soziolinguistische etc.) mittlerweile ausreichend im *Referenzrahmen* (und anderen Publikationen und Lehrwerken) beschrieben sind und

b) spezifisch für die deutsche Sprache eine allgemeinere und umfassendere, d. h. auch stärker lernziel- bzw. unterrichtsorientierte und didaktische Aufbereitung der kommunikativen Mittel für das Niveau B1 in *Profile Deutsch* zu finden ist.

4.2.1 REFERENZLISTEN IN PROFILE DEUTSCH

Im Folgenden soll anhand des Moduls *Sprechen* exemplarisch gezeigt werden, wie *Profile Deutsch* z. B. im Bereich der Sprachhandlungen oder Textsorten ergänzend zu den Inventarlisten *Wortschatz* und *Strukturen* zu nutzen ist. Zunächst ein allgemeiner Überblick:

Gemeinsamer europäischer Referenzrahmen für Sprachen Kann-Beschreibung	
Profile Deutsch	**Zertifikat B1**
Generelle Übersicht über das Niveau B1	**Prüfungsziele und Inventare des *Zertifikats B1***
Kann-Beschreibungen B1/GER	prüfungsrelevante Kann-Beschreibungen B1/GER, vgl. *Handbuch Zertifikat B1 Prüfungsziele* (Kapitel 6)
Allgemeine Begriffe Thematischer Wortschatz inkl. Wortfelder und D-A-CH-Fenster	Alphabetischer Wortschatz und Wortgruppen vgl. Kapitel 8
Sprachhandlungen	s. unten (Beispiel *aus PD*)
Grammatik (systematisch und funktional)	Grammatik Übersicht vgl. Kapitel 9
Informationen zu Textsorten und Textmuster	s. unten (Beispiel *aus PD*)
Zertifikat B1 Testaufgabe	

Abbildung 15: Komplementarität von *Profile Deutsch* und *Zertifikat B1* – Überblick

Wenn also in Hinblick auf die Ausrichtung (Beschreibung von Prüfungszielen) und Zielgruppe dieses Handbuchs (Testautoren und -autorinnen, Prüfende) lediglich die prüfungsrelevanten Inventare (alphabetischer Wortschatz und Grammatikübersicht) aufgelistet sind, so geschieht das aus Gründen der Komplementarität.

Folgende Aufgaben sind im Modul *Sprechen* zu erfüllen (vgl. Kapitel 6.4):

Aufgabe / Aktivität	Texttyp / Format
1: Interaktion mündlich: Gemeinsam etwas planen und aushandeln	Gespräch / Teilnehmende planen etwas, wobei sie sich an vier Leitpunkte halten
2: Produktion mündlich: In einem Monolog ein Thema präsentieren	Vortrag / Teilnehmende tragen eine Präsentation zu fünf vorgegebenen Folien vor
3: Interaktion mündlich: Situationsadäquat reagieren	Gespräch / Teilnehmende geben einander ein Feedback zur Präsentation bzw. reagieren darauf und stellen einander je eine Frage bzw. reagieren darauf

Abbildung 16: Aufgaben im Modul *Sprechen* des *Zertifikats B1*

Folgende Sprachhandlungen können für Aufgabe 1 relevant sein:

Informationsaustausch	
Mitteilung 　　feststellen, behaupten 　　beschreiben 　　erklären 　　an etwas erinnern 　　hypothetisch sprechen	Bewertung, Kommentar 　　Meinungsäußerung 　　Meinungen, Ansichten ausdrücken
Frage 　　Informationen erfragen 　　sich vergewissern	Beurteilung von Handlungen 　　positiv bewerten 　　dankend anerkennen 　　bedauern
Antwort 　　bejahen 　　verneinen 　　Auskunft geben als Antwort 　　Nichtwissen ausdrücken	Rechtfertigung 　　begründen, rechtfertigen Bitte um Stellungnahme 　　Meinungen erfragen 　　um Beurteilung bitten 　　Zustimmung suchen
Ausdruck kognitiver Einstellungen 　　Wissen ausdrücken 　　Vermutungen ausdrücken 　　Zweifel ausdrücken 　　Nichtwissen ausdrücken	Konsens - Dissens 　　zustimmen, beipflichten 　　widersprechen 　　korrigieren 　　einwenden

Informationsaustausch (Fortsetzung)

Ausdruck persönlicher Einstellungen und
Werthaltungen
    Vorliebe ausdrücken
    Geringschätzung,
    Missfallen ausdrücken

Gefühlsausdruck
    Mitgefühl ausdrücken
    Hoffnung ausdrücken

Handlungsregulierung
    Aufforderung
    auffordern zu gemeinsamem Handeln
    bitten
    vorschlagen

Konsultation
    um Vorschläge bitten
    um Rat fragen

Angebot
    anbieten, etwas zu tun

Einwilligung – Weigerung
    vereinbaren
    Angebote annehmen
    Angebote ablehnen
    zögern

Redeorganisation und Verständigungssicherung
    Wechselrede
    ums Wort bitten
    jemanden unterbrechen
    anzeigen, dass man weitersprechen
    will
    Aufmerksamkeit des Hörers suchen
    das Wort überlassen, übergeben
    zum Sprechen auffordern
    Zuhören signalisieren

Verständigungssicherung
    rückfragen
    um Wiederholung bitten
    Nicht-Verstehen signalisieren
    um sprachliche Erklärungen bitten
    um Explizierung, Kommentierung bitten
    Verstehen signalisieren
    kontrollieren, ob man akustisch ver-
    standen wird
    kontrollieren, ob Inhalt verstanden wird

Redestrukturierung
    Äußerung einleiten
    zögern, nach Worten suchen
    um Ausdruckshilfe bitten
    sich korrigieren
    umschreiben
    aufzählen
    Beispiel geben
    Thema wechseln
    betonen, hervorheben
    zusammenfassen
    Äußerung abschließen

Abbildung 17: Aufgabe 1 *Sprechen:* relevante Sprachhandlungen aus *Profile Deutsch*

Folgende Sprachhandlungen können für Aufgabe 2 relevant sein:

Informationsaustausch

Mitteilung
    feststellen, behaupten
    beschreiben
    erklären
    an etwas erinnern
    hypothetisch sprechen

Frage
    Informationen erfragen
    sich vergewissern

Antwort
    bejahen
    verneinen
    Auskunft geben als Antwort
    Nichtwissen ausdrücken

Ausdruck kognitiver Einstellungen
    Wissen ausdrücken
    Vermutungen ausdrücken
    Zweifel ausdrücken
    Nichtwissen ausdrücken

Bewertung, Kommentar
    Meinungsäußerung
    Meinungen, Ansichten ausdrücken

Rechtfertigung
    begründen,
    rechtfertigen

Ausdruck persönlicher Einstellungen und Werthaltungen
    Vorliebe ausdrücken
    Geringschätzung,
    Missfallen ausdrücken

Redeorganisation und Verständigungssicherung
    Verständigungssicherung
    kontrollieren, ob man akustisch verstanden wird
    kontrollieren, ob Inhalt verstanden wird

Redestrukturierung
    Äußerung einleiten
    sich korrigieren
    umschreiben
    aufzählen
    Beispiel geben
    betonen, hervorheben
    zusammenfassen
    Äußerung abschließen

Abbildung 18: Aufgabe 2 *Sprechen:* relevante Sprachhandlungen aus *Profile Deutsch*

Folgende Sprachhandlungen können für Aufgabe 3 relevant sein:

Informationsaustausch

Mitteilung
erklären

Frage
Informationen erfragen
sich vergewissern

Antwort
bejahen
verneinen
Auskunft geben als Antwort
Nichtwissen ausdrücken

Bewertung, Kommentar
Meinungsäußerung
Meinungen, Ansichten ausdrücken

Beurteilung von Handlungen
positiv bewerten
dankend anerkennen
bedauern

Rechtfertigung
begründen, rechtfertigen

Bitte um Stellungnahme
Meinungen erfragen
um Beurteilung bitten
Zustimmung suchen

Konsens - Dissens
zustimmen, beipflichten
widersprechen

Abbildung 19: Aufgabe 3 *Sprechen:* relevante Sprachhandlungen aus *Profile Deutsch*

Profile Deutsch enthält auch Angaben zu den in der Prüfung vorkommenden Textsorten. Als Beispiel dient hier die Textsorte Präsentation bzw. Referat.

Referat

Kurzcharakterisierung

Ein Referat richtet sich an ein halb-öffentliches Publikum und informiert über ein vorher bekannt gegebenes Thema in einer festgelegten Zeitspanne.

Referate sind in der Regel sachbezogen, die Informationsdichte ist relativ hoch, es gibt wenig Redundanz. Als Anschauungsmittel dienen häufig Handouts, Folien sowie Ton-, Video- oder Computereinspielungen. Ein Referat sollte inhaltlich und sprachlich gut vorbereitet sein (Stichwortkonzept oder auch ausformulierter Text). Verwendete Zitate werden vollständig und genau wiedergegeben, d. h. wörtlich vorgelesen (mit Angabe der Autoren und/oder der Quellen). Der Referent berücksichtigt schon in der Vorbereitung Hörerkreis und Situation.

Aufbau

Ein Referat folgt einer Gliederung, die den Hörern zu Beginn oder auf einem Handout bekannt gegeben wird. Es beginnt meist mit einem Überblick über die zu behandelnden Schwerpunkte (Einleitung). Nach der Einführung in die Thematik werden Überlegungen und Erfahrungen, Literaturrecherchen oder Forschungsergebnisse vorgestellt (Hauptteil). Ein Referat wird mit einer Zusammenfassung der wichtigsten Aussagen zum Thema (Thesen) beendet. Meist schließt sich eine Diskussion an.

Abbildung 20: Textsorten aus *Profile Deutsch*, Beispiel *Referat*

4.2.2 ABLEITUNG REFERENZRAHMEN – PROFILE DEUTSCH – ZERTIFIKAT B1

Zusammenfassend lässt sich der Zusammenhang zwischen *GER*, *Profile Deutsch* und *Zertifikat B1* in Hinblick auf das Konstrukt und das Niveau der Prüfung folgendermaßen darstellen:

Gemeinsamer europäischer Referenzrahmen für Sprachen (GER)

definiert **allgemein** sprachliche Aktivitäten und Kompetenzen in einer breit angelegten Palette von Situationen und Themen für **alle** europäischen Sprachen als Fremdsprachen auf **allen** Sprachniveaus (A1 bis C2) und für eine allgemeine und breit angelegte Gruppe von erwachsenen Lernenden.

Profile Deutsch (PD)

setzt die allgemeinen Beschreibungen des Referenzrahmens für die Sprache **Deutsch** um, d. h. es liefert die für die Erfüllung der jeweiligen Kompetenzbeschreibungen notwendigen sprachlichen Mittel (Sprachhandlungen, allgemeiner und thematischer Wortschatz, Grammatik) in **deutscher Sprache** für eine allgemeine und breit angelegte Gruppe von Lernenden.

Zertifikat B1 / Prüfungsziele

definiert ausgewählte Prüfungsziele für die beschriebenen Zielgruppen auf dem Niveau B1 und enthält dafür relevante Inventare (Wortschatzliste, Grammatik).

Zertifikat B1 / Testformat

überprüft den Kernbereich der Prüfungsziele für die beschriebenen Zielgruppen auf dem Niveau B1.

Abbildung 21: Zusammenhang *GER*, *Profile Deutsch* und *Zertifikat B1*

5 Konzeption der Prüfung

Die Prüfung *Zertifikat B1* basiert auf dem handlungsorientierten Ansatz des *Referenzrahmens*. In diesem Ansatz werden Sprachenlernende – und Sprachverwendende allgemein – als individuell und gesellschaftlich Handelnde betrachtet, die kommunikative Aufgaben (*tasks*) bewältigen müssen.

Zur Konzeption einer Sprachprüfung gemäß den Qualitätsstandards der ALTE gehört der Nachweis über deren theoretische Grundlagen. Minimalstandard 1 der ALTE verlangt von Prüfungsentwicklern:

> Stellen Sie sicher, dass Ihre Prüfung sich auf ein theoretisches Konstrukt bezieht,
> z. B. auf ein Modell der kommunikativen Kompetenz (vgl. Kapitel 2.3).

In den folgenden Abschnitten werden die zentralen Konzepte *Kommunikative Kompetenz*, *Handlungsorientierung* und *Strategien* genauer beschrieben. Die Konzepte *Lebensbereiche*, *Themen*, *Handlungsfelder* und *sprachliche Aktivitäten* wurden in Kapitel 4 im Zusammenhang mit dem Sprachniveau der Prüfung dargestellt. Eine genauere Darstellung der Konstrukte für die Module *Lesen*, *Hören*, *Schreiben* und *Sprechen* finden sich in den Kapiteln 6.1 bis 6.4.

5.1 Kommunikative Kompetenz

Ziel des *Zertifikats B1* ist es, kommunikative Kompetenz auf dem Niveau B1 zu überprüfen. Dazu werden kommunikative Aufgaben gestellt, zu deren Bewältigung sprachliche Aktivitäten realisiert werden müssen. Auf der Grundlage dieser Realisierungen wird festgestellt, ob Lernende die für das Niveau B1 typischen kommunikativen Kompetenzen und Strategien gelernt und/oder erworben haben.

Im Bereich der kommunikativen Kompetenz stützt sich das *Zertifikat B1* auf eine Reihe von Modellen, insbesondere auf die Modelle von Canale/Swain (1980; Canale 1983), Bachman/Palmer (2010, 1996; Bachman 1990) und Weir (2005) sowie auf das Modell des *Referenzrahmens* (2001). Sieht man von Einzelheiten ab, so besteht ein weitgehender Konsens dieser Modelle darin, dass kommunikative Kompetenz die folgenden Teilkompetenzen umfasst:

- grammatisches Wissen
- lexikalisches Wissen
- Text(sorten)wissen
- funktionales Wissen
- soziolinguistisches Wissen

Das Text(sorten)wissen wird bei Bachman/Palmer (2010, S. 44 ff) im Rahmen eines erweiterten Abschnitts über „knowledge of genres" verstärkt berücksichtigt.

Bei der Bewältigung der Aufgaben der Prüfung *Zertifikat B1* müssen die Teilnehmenden auf diese Teilkompetenzen zurückgreifen. Beispielsweise sollen sie beim Lesen eines Textes nicht nur die Wörter verstehen und beim Schreiben einer E-Mail nicht nur regelkonforme Sätze bilden können. Vielmehr müssen sie beim Lesen auch wissen, wie beispielsweise ein Stelleninserat oder eine Hausordnung organisiert sind. Bei der Mail-Korrespondenz müssen sie wissen, was soziolinguistisch angemessene Ausdrucksweisen sind. Bei einer Präsentation vor Publikum müssen sie wissen, wie diese sprachlich zu organisieren und das Publikum anzusprechen ist. Die Prüfungsteilnehmenden benötigen also neben sprachlichem Wissen im engeren Sinne insbesondere text- und gesprächs-organisatorisches sowie pragmatisches und soziolinguistisches Wissen.

5.2 Handlungsorientierung

Gemäß *Referenzrahmen* (vgl. Europarat 2001, S. 21) umfasst die Bewältigung kommunikativer Aufgaben die Realisierung sprachlicher Aktivitäten wie z. B. Hören oder Schreiben, um Texte über bestimmte Themen aus verschiedenen Lebensbereichen („domains", z. T. auch Handlungsfelder) zu produzieren und/oder zu rezipieren. Dabei laufen neurologische und physiologische Sprachprozesse ab. Beim Realisieren sprachlicher Aktivitäten greifen die Lernenden in verschiedenen Kontexten und unter spezifischen situativen Bedingungen auf eine Vielzahl von Kompetenzen zurück, darunter allgemeine und kommunikative Sprach-kompetenzen (vgl. Kapitel 5.1), und setzen spezifische Strategien ein (vgl. Kapitel 5.3). Handlungsziele werden umgesetzt in Prüfungsaufgaben, deren Lösbarkeit nicht allein durch Sprachwissen bestimmt wird, sondern durch die Fähigkeit, Wissenselemente und Kompetenzen situationsangemessen zu aktivieren und zu kombinieren. Das Sprachmaterial, das Voraussetzung für die Aufgabenlösung ist, findet sich in den Listen zu Strukturen und Wortschatz (vgl. Kapitel 8 und 9) sowie in *Profile Deutsch* zu Sprachhandlungen, Themen und Textsorten. Die dort versammelten Einträge definieren die Obergrenze dessen, was Teilnehmende auf der Spracherwerbsstufe B1 können sollten. Die Inventare er-läutern also die kommunikativen Aktivitäten durch konkrete sprachliche Mittel, die man zu ihrer Bewältigung benötigt.

5.3 Strategien

Sowohl in den Modellen von Bachman/Palmer (2010, 1996; Bachman 1990, S. 85) als auch im *Referenzrahmen* spielen Strategien eine prominente Rolle, und zwar nicht nur in ihrer bekannten Funktion als „Lückenbüßer", also als Kompensationsstrategien, z. B. um Lücken in der eigenen Ausdrucksfähigkeit durch Anwendung von Paraphrasen und Synonymen zu überbrücken, sondern weit grundsätzlicher als Fähigkeit, die Komponenten der Sprachkompetenz im Sprachgebrauch zielbezogen zu mobilisieren und einzusetzen.

Bei einer Strategie handelt es sich um eine Art Gelenkstelle zwischen den Kompetenzen der Lernenden und dem, was sie mit diesen Kompetenzen in spezifischen Kontexten tun können. Im Bereich des Fremdsprachenlehrens und -lernens werden für gewöhnlich folgende Strategien unterschieden:
- kognitive (Informationsverarbeitung),
- metakognitive (Planung, Überwachung und Evaluation) und
- soziale (Kommunikation mit anderen).

In *Profile Deutsch* werden die folgenden beiden Gruppen unterschieden:
- kommunikative Strategien bzw. Sprachverwendungsstrategien und
- Lern- und Prüfungsstrategien

Die Prüfung *Deutsch-Test für Zuwanderer* legt den Fokus auf mündliche Prüfungsstrategien und listet bei den Inventaren (Perlmann-Balme et al. 2009, dort Kapitel 8.3) zum einen Diskursstrategien auf, die dazu dienen, Redebeiträge zu organisieren, also z. B. einen Beitrag einzuleiten oder abzuschließen, und zum anderen Strategien der Verständnissicherung (z. B. um Verständnishilfen bitten oder diese anbieten).
Ergänzend zu diesen Quellen werden im vorliegenden Handbuch Beispiele für strategische Kompetenzen auf dem Niveau B1 aus dem *Referenzrahmen* angeführt. Dies dient auch der noch präziseren Beschreibung des Sprachniveaus, das in der Prüfung *Zertifikat B1* erwartetet wird (vgl. Kapitel 4.1), denn im *Referenzrahmen* sind Beispiel-Strategien, anders als in den Modellen von Bachman, auch konkret und in der gleichen Weise ausformuliert und sogar skaliert wie die kommunikativen Aktivitäten selbst. Gruppiert sind die Strategien im *Referenzrahmen* gemäß dessen System von kommunikativen Aktivitäten. Unterschieden werden Strategien in den Bereichen
- Rezeption,
- Produktion,
- Interaktion
- Sprachmittlung.

Illustriert werden hier die für das Niveau B1 relevanten Auszüge aus diesen drei Bereichen (Europarat 2001, S. 70-89):

Rezeption

Hinweise identifizieren/erschließen

Kann in Texten mit Themen aus dem eigenen Fach- oder Interessensgebiet unbekannte Wörter aus dem Kontext erschließen.

Kann die Bedeutung einzelner unbekannter Wörter aus dem Kontext erschließen und die Satzbedeutung ableiten, sofern das behandelte Thema vertraut ist.

Produktion

Planen

Kann neue Ausdrücke und Kombinationen von Ausdrücken einüben und ausprobieren und um Rückmeldung dazu bitten.

Kann planen, wie er/sie die wichtigsten Punkte, die er/sie vermitteln will, am besten zum Ausdruck bringt, wenn er/sie alle verfügbaren Mittel einsetzt und die Aussage den verfügbaren Ausdrucksmitteln entsprechend begrenzt.

Kompensieren

Kann die Merkmale von konkreten Dingen beschreiben, wenn ihm/ihr das entsprechende Wort nicht einfällt.

Kann ausdrücken, was er/sie meint, indem er/sie ein Wort mit einer ähnlichen Bedeutung verwendet und näher bestimmt (z. B. „ein Bahnhof für Flugzeuge").

Kann ein einfaches Wort verwenden, das etwas Ähnliches bedeutet wie das, was er/sie ausdrücken will, und eine „Verbesserung" herausfordern. Kann ein Wort aus der Muttersprache mit zielsprachlicher Aussprache verwenden und nachfragen, ob es verstanden wird.

Kontrolle und Reparaturen

Kann Fehler bei Zeitformen oder bei Ausdrücken, die zu Missverständnissen führen, korrigieren, sofern die Gesprächspartner signalisieren, dass es ein Problem gibt.

Interaktion

Sprecherwechsel

Kann in ein Gespräch über ein vertrautes Thema eingreifen und dabei eine angemessene Wendung benutzen, um zu Wort zu kommen.

Kann ein einfaches, direktes Gespräch über vertraute oder persönlich interessierende Themen beginnen, in Gang halten und beenden.

Kooperieren

Kann auf ein Grundrepertoire von Sprachmitteln und Strategien zurückgreifen, um zum Fortgang eines Gesprächs oder einer Diskussion beizutragen.

Kann den Stand einer Diskussion zusammenfassen und so zur Fokussierung eines Gesprächs beitragen.

Kann Teile von dem, was jemand gesagt hat, wiederholen, um das gegenseitige Verstehen zu bekräftigen und zur Weiterführung eines Gedankens beizutragen.

Kann andere auffordern, sich am Gespräch zu beteiligen.

Um Klärung bitten

Kann andere bitten zu erklären oder genauer zu erläutern, was sie gerade gesagt haben.

Diese Beispiele illustrieren, dass Kommunikations- und Kompensationsstrategien nicht einfach im Sinne eines Defizitmodells aufgefasst werden sollten, d. h. als eine Möglichkeit, sprachliche Defizite oder fehlgeschlagene Kommunikation auszugleichen. Vielmehr setzen auch Muttersprachler regelmäßig kommunikative Strategien aller Art ein, um „ans Ziel zu kommen", d. h. um kommunikative Aufgaben erfolgreich zu lösen.

Für das *Zertifikat B1* sollten Teilnehmende über strategische Kompetenzen auf dem Niveau B1 verfügen. Ein Fortschritt im Sprachenlernen zeigt sich nämlich nicht nur darin, dass Lernende fähig sind, an beobachtbaren sprachlichen Aktivitäten teilzunehmen. Er zeigt sich besonders auch darin, dass die Lernenden bei der Bewältigung kommunikativer Aufgaben Strategien einsetzen. Nicht zuletzt ist der Einsatz von Strategien ein Meilenstein auf dem Weg zu größerer Selbstständigkeit beim (fremd-)sprachlichen Handeln.

5.4 Plurizentrik

Das Prinzip der Plurizentrik entspricht der Intention des Europarates und damit dem der Prüfung zugrunde liegenden *Gemeinsamen europäischen Referenzrahmen für Sprachen* (GER). Es geht darum, die Vielfalt der Sprachen zu bewahren und bewusst zu machen. Indem die Prüfung die Standardvarietäten der deutschen Sprache berücksichtigt, leistet sie auch einen Teil zur Bewusstmachung und Bewahrung dieser Varietäten und hat für Deutschlernende landeskundliche Bedeutung.

Die deutsche Sprache ist, wie beispielsweise auch das Englische und viele andere Sprachen, eine plurizentrische Sprache mit mehreren Standardvarietäten, die in verschiedenen Ländern verwendet werden. Es gibt im deutschsprachigen Raum nationale Unterschiede, die nach Staatsgrenzen (Deutschland, Österreich, Schweiz) abgegrenzt werden können. Außerdem gibt es regionale Unterschiede (z. B. Bairisch in Süddeutschland und Österreich, Alemannisch in der Schweiz und in Westösterreich).

Die Prüfung *Zertifikat B1* möchte dieser nationalen Vielfalt Rechnung tragen, indem in die Prüfungen Texte aus Deutschland, Österreich und der Schweiz Eingang finden[16]. Gemäß der aktuellen Forschung wird im Folgenden zwischen „Gemeindeutsch" und „Standardvarietäten" unterschieden (vgl. Ammon 1995). Man geht davon aus, dass mehr als 90 Prozent des gesamten Sprachmaterials der deutschen Sprache deckungsgleich, also „gemeindeutsch" sind. Die Unterschiede sind in der mündlichen Kommunikation, der Aussprache und der Betonung am deutlichsten wahrnehmbar. Varianz findet sich außerdem im Wortschatz, in der Grammatik, in der Orthografie sowie in der Pragmatik. Die konkreten sprachlichen Unterschiede zwischen den drei deutschen Standardvarietäten werden als „Varianten" bezeichnet; ihre Zugehörigkeit wird mit den Abkürzungen D (Deutschland), A (Österreich) und CH (Schweiz) markiert.

Das *Zertifikat B1* verfolgt einen plurizentrischen Ansatz. Dieser soll die Lernenden befähigen, ihren Kommunikationsradius auf das gesamte deutschsprachige Gebiet auszudehnen. Keinesfalls soll die Berücksichtigung der Standardvarietäten das Erlernen der deutschen Sprache erschweren oder verkomplizieren. Die Hinweise zu den Varietäten sollen den Lernenden die Möglichkeit geben, Sprecher/-innen bzw. Texte aus den verschiedenen Sprachregionen zu verstehen oder sich auf den Aufenthalt in einem bestimmten deutschsprachigen Gebiet vorzubereiten.

---

[16] Die folgenden Ausführungen basieren u. a. auf Zertifikat Deutsch Lernziele und Testformat 1999, Glaboniat et al. 2005, S. 79ff., Ammon 1995 und Ammon et al. 2004.

Im Folgenden finden sich hierzu Beispiele, die für die Prüfung *Zertifikat B1* von Bedeutung sind.

Rezeption

Die Plurizentrik kommt im *Zertifikat B1* dadurch zur Geltung, dass bei den Hörtexten Sprecher/-innen aus Deutschland, Österreich und der Schweiz eingesetzt werden. Sie alle sprechen Standardsprache, die jedoch entsprechend der oben angeführten Unterschiede durch ihre Herkunft bedingt variiert. Da die Standardsprache in Deutschland durch die Zahl der Sprachverwendenden und ihre räumliche Ausdehnung weiter verbreitet ist als die österreichische und schweizerische, bietet das Modul *Hören* mehr bundesdeutschen Standard an. Die Lesetexte werden aus Medien aller drei Länder ausgewählt.

Produktion

Was die produktive Verwendung von Varietäten betrifft, gilt bei der Bewertung der mündlichen und schriftlichen Leistungen das Prinzip der Gleichwertigkeit und Toleranz. Grundsätzlich soll von Bewertenden jede Standardvariante als gleichwertig akzeptiert werden, auch wenn beispielsweise bei einer Prüfungsdurchführung in Deutschland oder Österreich eine Schweizer Standardvariante verwendet wird. Die produktive Verwendung von Standardvarianten durch die Prüfungsteilnehmenden soll nicht zu Sanktionen führen.

Wortschatz

Varianten wie *Velo* (CH) für *Fahrrad* oder *Jänner* (A) für *Januar*. Die für das *Zertifikat B1* relevanten Varianten sind in den Wortlisten mit entsprechenden Hinweisen aufgelistet.

Grammatik

Eine Rolle in der schriftlichen und mündlichen Produktion spielt die unterschiedliche Perfektbildung der Verben *stehen*, *sitzen*, *liegen* (A mit *sein* statt mit *haben*). Die für das *Zertifikat B1* relevanten Varianten sind in der Grammatikübersicht mit entsprechenden Hinweisen versehen.

Orthografie

Als einzige Besonderheit gilt, dass in der Schweiz kein „ß", sondern konsequent ein Doppel-s verwendet wird.

Aussprache

Allgemein ist für A und CH (bzw. den süddeutschen Sprachraum) z. B. die nicht stimmhafte Aussprache des „s" im Anlaut (z. B. in *Sonne*) typisch. Auf Wortebene gibt es einige Unterschiede, z. B. bei Wörtern mit „ch-" im Anlaut, z. B. *Chemie* oder *China* (A: „Kina", norddeutsch: „Schina", CH: „China" mit „ach"-Laut) oder in der Endsilbe „-ig" (z. B. *lustig*: süddeutsch, A, CH: „lustig", norddeutsch: „lustich"). Außerdem werden manche Wörter unterschiedlich betont, z. B.: Betonung der Wörter *Kaffee*, *Telefon*, *Sakko* (A meist auf der letzten Silbe, sonst auf der ersten Silbe) oder Betonung mancher Fremdwörter wie *Asphalt*, *Balkon* oder Akronyme wie *CD*, *WC* (in der CH auf der ersten, sonst auf der zweiten Silbe).

Pragmatik

Im Bereich der Höflichkeitskonventionen, bei der Verwendung von Grußformeln und im Umgang mit Titeln gibt es ebenfalls Unterschiede. So werden beispielsweise in Österreich (akademische) Titel häufiger verwendet als in den anderen deutschsprachigen Ländern, z. B. als Anrede „Guten Tag, Herr Doktor!" oder als fester Bestandteil des Namens „Das ist Herr Diplom-Ingenieur Riedel."

6 Beschreibung der Prüfungsmodule

Während Kapitel 5 den theoretischen Rahmen und das allgemeine Konstrukt des *Zertifikats B1* aufzeigt, werden in den Kapiteln 6.1 bis 6.4 die vier Module der Prüfung – *Lesen*, *Hören*, *Schreiben* und *Sprechen* – detailliert beschrieben. Die vier Abschnitte folgen einer einheitlichen Struktur, um eine bessere Übersicht und Vergleiche zwischen den Modulen zu ermöglichen. Bei jedem Modul wird (1), in fertigkeitenspezifischer Differenzierung des allgemeinen theoretischen Rahmens, das Konstrukt erläutert, das der Aufgabenkonstruktion zugrunde liegt. Dazu gehört auch eine genauere Beschreibung des B1-Niveaus für die Module *Lesen*, *Hören*, *Schreiben* und *Sprechen*. Dies wird mittels Kompetenzbeschreibungen des *Referenzrahmens* realisiert, um die Niveau-Erwartung so transparent wie möglich zu machen. Anschließend werden (2) die Prüfungsziele und -formen vorgestellt, die für die Module festgelegt wurden, und zwar zuerst in Form eines Überblicks über das jeweilige Modul und dann auch im Einzelnen für alle Aufgaben des Moduls. Die Aufgaben selbst werden anhand von Beispielen aus dem Modellsatz erklärt und bei den produktiven Fertigkeiten mit Leistungen aus der Erprobung illustriert. Schließlich wird (3) erläutert, wie die Teilnehmerleistungen ausgewertet und bewertet werden.

6.1 Modul Lesen

6.1.1 TESTKONSTRUKT

Lesen ist eine rezeptive Sprachaktivität, bei der schriftliche Texte vom Leser visuell empfangen und kognitiv verarbeitet werden (Europarat 2001, S. 74). Der Begriff Lesen bezieht sich sowohl auf den Vorgang oder Prozess des Lesens (Verstehen) als auch auf das Ergebnis oder Produkt des Lesens (Verständnis). Lesen setzt u. a. visuelle, orthografische, lexikalische, grammatische, pragmatische und soziolinguistische Fähigkeiten und Kenntnisse voraus (Ehlers 1998, 2006; Lutjeharms 2010).
Aus funktionaler, handlungsorientierter Sicht kann man Lesen mit dem *Referenzrahmen* als soziale, kommunikative Sprachaktivität beschreiben, die zum Ziel hat, eine Aufgabe zu bewältigen. Dazu zählen zum Beispiel die folgenden Absichten:

- sich in der Zeitung über Aktualitäten informieren
- in einem Lexikoneintrag Informationen über einen Dichter nachschlagen
- in einem Fahrplan die nächsten Verbindungen suchen
- die Installations-Anweisungen eines Computerprogramms befolgen
- ein literarisches Werk zur Unterhaltung lesen

Lesen in dieser Perspektive ist eine soziale, kommunikative Sprachverwendung zur Bewältigung von Situationen und Aufgaben, denen man im alltäglichen persönlichen, öffentlichen, beruflichen oder schulischen Leben begegnet.

Demgegenüber wird Lesen aus psycholinguistischer Sicht als konstruktive kognitive Interaktion zwischen Leser und Text modelliert. Indem textbasierte (bottom-up) und wissensgeleitete (top-down) kognitive Prozesse „im Kopf" von Lesenden interagieren, wird Information verarbeitet, ein mentales Modell des Gelesenen aufgebaut, neues Wissen geschaffen und (idealerweise) in bestehendes Wissen integriert. Das Modell des Lesens von Khalifa/ Weir (2009, S. 43) beispielsweise umfasst drei Komponenten: einen zentralen Prozessor, Wissensressourcen und einen Monitor. Im Prozessor durchläuft der visuelle Input von der Worterkennung über die syntaktische Satzanalyse bis hin zur Bildung eines mentalen Modells sieben Verarbeitungsstufen, die zum Teil gleichzeitig aktiv sind. Die einzelnen Prozesse greifen auf verschiedene Wissensressourcen zu, z. B. auf lexikalische, syntaktische, inhaltlich-thematische und textsortenbezogene. Im Monitor werden u. a. die Ziele des Lesens festgelegt: Abhängig davon, ob zum Beispiel ein globales oder ein detailliertes Verständnis erreicht werden soll, wird der Text unterschiedlich gelesen – auch unterschiedlich schnell und unterschiedlich genau. Auszugehen ist somit davon, dass die einzelnen Verarbeitungsprozesse und Ressourcen je nach Leseziel unterschiedlich relevant sind. Wie viel man von einem Text aufnimmt bzw. was genau man davon versteht, hängt also mit den Lesezielen zusammen und damit, auf welche Weise man liest. Kommunikative Leseziele sind beispielsweise das Erfassen der globalen Aussage einer Zeitungsmeldung, das Auffinden spezifischer Details auf einem Plakat oder das Nachvollziehen von Details eines Arbeitsvertrages. Solchen Zielen lassen sich – schwerpunktmäßig – verschiedene mentale Prozesse zuordnen:

- Erfassen der globalen Aussage – überfliegendes Lesen;
- Auffinden spezifischer Details – selektives (und genaues) Lesen;
- Nachvollziehen von Details – sorgfältiges (und genaues) Lesen.

Mit Weir (2005) können diese mentalen Prozesse als Lesestile begriffen und in zwei Hauptgruppen eingeteilt werden: Sorgfältig-genaues Lesen *(careful reading)* hat ein detailliertes, umfassendes Verständnis eines Textes oder eines Satzes zum Ziel. Diese tiefe Verarbeitungsebene erreicht man durch ein relativ langsames, gründliches, lineares, schrittweises Vorgehen. Beim erkundend-selektiven Lesen *(expeditious reading)* will man möglichst schnell und effizient ganz bestimmte Textstellen auffinden und verstehen. Dazu liest man einen Text nicht von A bis Z, sondern sucht darin gezielt nach spezifischen Informationen oder Wörtern.

Welcher Text wie genau gelesen wird, wird auch von der Textsorte mitbestimmt: Ein Verzeichnis wird schnell und in der Regel auswählend gelesen, ein Vertrag tendenziell sorgfältig und genau.

Basierend auf der funktional-handlungsorientierten und der psycholinguistischen Modellierung des Lesens setzt das *Zertifikat B1* ein integratives Testkonstrukt des Lesens an. Das bedeutet, dass für die Aufgabenkonstruktion die folgenden Parameter angesetzt und zielgruppenspezifisch sowie niveaubezogen spezifiziert werden:

- Kontexte des Lesens: Lebensbereiche, Handlungsfelder, Situationen und Themen
- Lesetätigkeiten bzw. -aktivitäten: Korrespondenz lesen; zur Orientierung lesen, schriftliche Anweisungen, Information und Argumentation verstehen
- Texttypen/Textsorten: narrative, deskriptive, argumentative, instruktive sowie diskontinuierliche Texte
- Verstehensziele: globales, detailliertes und selektives Verstehen in Bezug auf Hauptpunkte und Einzelheiten
- Lesestile: sorgfältig-genaues und erkundend-selektives Lesen auf Text- und Satzebene

Während die Kontexte des Lesens, die Leseaktivitäten, die Textsorten und bis zu einem gewissen Grad auch die Verstehensziele von außen, also durch die Testkonstrukteure und -konstrukteurinnen gesetzt und gezielt variiert werden können, ist das bei den Lesestilen im Grunde nicht möglich: Hier kann man seitens der Testautoren und -autorinnen nur die Intention haben, dass ein Text z. B. „gescannt" und nicht genau gelesen werden soll. Ob die Prüfungsteilnehmenden dann auch erwartungsgemäß reagieren, ob sie also den Text tatsächlich schnell und nicht genau lesen, lässt sich nur auf empirischem Weg genauer feststellen (vgl. dazu Kapitel 2.4.2, Optimierungsschritt „Qualitative Validierung des Moduls *Lesen*"). Deshalb wird unten von *intendierten* Lesestilen gesprochen.

Lesefähigkeit auf Niveau B1

Den Niveaubeschreibungen des *Referenzrahmens* folgend können Lesende auf dem Niveau B1 „Texte verstehen, in denen vor allem sehr gebräuchliche Alltags- oder Berufssprache vorkommt." (Europarat 2001, S. 36) Dabei bezieht sich die Verstehensfähigkeit auf ein breites Spektrum von Handlungsfeldern und Textsorten, umfasst globale, detaillierte und selektive Verstehensziele und verlangt den Einsatz verschiedener Lesestile. So können B1-Lesende beispielsweise „unkomplizierte Sachtexte […] mit befriedigendem Verständnis lesen", in „unkomplizierten Zeitungsartikeln die wesentlichen Punkte erfassen" und „in klar geschriebenen argumentativen Texten die wesentlichen Schlussfolgerungen erken-nen." (Europarat 2001, S. 74-76). Voraussetzung hierfür ist jeweils, dass die Themen ver-traut sind und/oder mit den eigenen Interessen in Zusammenhang stehen. Weiter können B1-Lernende „Ereignisse, Gefühle und Wünsche" in privater Korrespondenz ebenso verste-hen wie „klar formulierte, unkomplizierte Anleitungen zur Bedienung eines Geräts", und sie können auch „Informationen aus verschiedenen Texten oder Textteilen zusammentragen, um eine bestimmte Aufgabe zu lösen" (Europarat 2001, S. 75-76).
Im Unterschied zu den Niveaubeschreibungen für A2 können die Texte auf dem B1-Niveau länger und müssen die Inhalte weniger genau voraussagbar sein. Andererseits reicht der Lesewortschatz noch nicht aus, um längere, komplexere Texte und solche mit nicht ver-trauten Themen genauer zu verstehen. Dies sind Merkmale der Lesekompetenz auf dem Niveau B2.

ZERTIFIKAT B1

6.1.2 PRÜFUNGSZIELE UND -FORMEN

Die folgende Tabelle zeigt, wie die Parameter des Testkonstrukts in Aufgaben umgesetzt wurden. Sie informiert über die Antwortformate der Aufgaben sowie über die Anzahl der Items respektive Punkte und die vorgesehene Bearbeitungszeit pro Aufgabe:

Teil	Aktivität	Texttyp	Intendierter Lesestil	Verstehens-ziel	Format	Items/ Punkte	Zeit
1	*Korrespon-denz verstehen*	narrativ-deskriptiv	sorgfältig-genau	Hauptpunkte und wichtige Einzelheiten	Richtig/Falsch	6	10'
2	*Information und Argumentation verstehen*	deskriptiv-explikativ	selektiv und sorgfältig-genau	Hauptaussage und wichtige Einzelheiten	Mehrfach-auswahl (3-gliedrig)	6	20'
3	*Zur Orientierung lesen*	diskonti-nuierliche Kurztexte	suchend, selektiv und sorgfältig-genau	Hauptinfor-mationen und wichtige Einzelheiten	Zuordnung	7	10'
4	*Information und Argumentation verstehen*	argumen-tativ	suchend und sorgfältig-genau	Hauptaussagen, Standpunkte und Meinungen	Ja/Nein	7	15'
5	*Schriftliche Anweisungen verstehen*	instruktiv	selektiv und sorgfältig-genau	wichtige Einzelheiten	Mehrfach-auswahl (3-gliedrig)	4	10'

Abbildung 22: Modul *Lesen*: Prüfungsziele und -formen

Insgesamt umfasst das Modul *Lesen* fünf Aufgaben. Diese Aufgaben überprüfen unterschiedliche Aspekte der fremdsprachlichen Lesefertigkeit, um eine breitere Konstruktabdeckung zu erreichen: Die Prüfungsteilnehmenden treten mit unterschiedlichen Kontexten, Lesetätigkeiten, Textsorten, Verstehenszielen und intendierten Lesestilen in Kontakt. Sie sollen zeigen, dass sie (nah-)authentische deutschsprachige Texte aus dem persönlichen, öffentlichen, zum Teil auch beruflichen oder schulischen Alltag lesen und je nach Aufgabe global, im Detail oder selektiv verstehen können, indem sie unterschiedliche Lesestile aktivieren, wobei sorgfältig-genaues Lesen ebenso überprüft wird wie erkundend-selektives. Berücksichtigt werden narrative Texte wie E-Mails oder Blog-Beiträge, deskriptiv-explikative Texte wie Zeitungsartikel oder andere Presseberichte, diskontinuierliche Kurztexte wie Anzeigen und Inserate, instruktive Informationstexte wie Hausordnungen oder Anleitungen sowie argumentative Kurztexte wie Leserbriefe oder Forums-Beiträge. Die Texte sollen z. B. zur Orientierung oder zum Verstehen von Informationen, Argumenten und Anweisungen oder in der Rolle als Empfänger/-in von privater Korrespondenz gelesen werden. Die Antwortformate, die jeweilige Anordnung von Lesetexten und Items sowie die Bearbeitungszeiten wurden so festgelegt, dass sie die intendierten Lesestile begünstigen (vgl. Kapitel 2.4.2).

Für die Bearbeitung der fünf Aufgaben bzw. der 30 Items stehen insgesamt 65 Minuten zur Verfügung, wobei das Übertragen der Lösungen auf den Antwortbogen Teil der Prüfungszeit ist. Die bei den einzelnen Aufgaben angegebene Bearbeitungszeit versteht sich als Orientierung, d. h. die genaue Einteilung der Prüfungszeit ist Sache der Prüfungsteilnehmenden. Ebenso entscheiden die Teilnehmenden selbst über die Reihenfolge, in der die Aufgaben gelöst werden. Hilfsmittel wie Wörterbücher oder die Benutzung des Mobiltelefons sind nicht gestattet.

Jede Aufgabe besteht aus einer Anleitung, ggf. einer Situierung, aus einem oder mehreren Inputtext(en) unterschiedlicher Länge sowie aus drei bis sieben zugehörigen Fragen (Items). Die Items der Aufgaben 1 bis 4 beginnen mit je einem Beispiel, in Aufgabe 5 wurde auf ein Beispiel-Item verzichtet.

Sprache, Strukturen und Wortschatz der Aufgaben entsprechen dem Niveau B1 des *Referenzrahmens*. Im Einzelnen bedeutet das: In den Items und an lösungsrelevanten Textstellen ist der Prüfungswortschatz durch die Wortliste definiert (vgl. Kapitel 8). An nicht direkt lösungsrelevanten Textstellen kann der Wortschatz über die Wortliste hinausgehen. Dabei wird erwartet, dass die Teilnehmenden ihre strategischen Kompetenzen einsetzen (vgl. Kapitel 5.3) und unbekannten Wortschatz über Wortbildung erschließen (vgl. Kapitel 8).

Erfolgreich Teilnehmende weisen mit dem *Zertifikat B1* nach, dass sie (nah-)authentische Texte aus dem gesamten deutschsprachigen Raum verstehen können. Daher stammen die Texte im Modul *Lesen* aus Deutschland, Österreich und der deutschsprachigen Schweiz. Allerdings wird die deutsche Standardvarietät in den Lesetexten stärker berücksichtigt, weil sie weiter verbreitet ist als die österreichische und die Schweizer Standardvarietät. Wie beim *Hörverstehen* wird auch bei der Konstruktion und Erprobung der Aufgaben zum *Leseverstehen* darauf geachtet, dass plurizentrische Varianten das Verstehen nicht erschweren. Im plurizentrischen Ansatz geht es darum, die natürliche Variation der deutschen Standardsprache zu zeigen (vgl. Kapitel 5.4) und nicht darum, den Lernstoff unnötig zu vergrößern.

Auf das Schriftbild der Lesetexte wirken sich die nationalen Varietäten generell nur minimal aus (z. B. doppeltes „s" statt „ß" in Texten aus Schweizer Quellen, vgl. im Modelltest Aufgabe 4, Leserbrief 23). In den Bereichen Wortschatz und Grammatik können vereinzelt Varianten vorkommen, so etwa der Ausdruck *Bankomatkarte* im österreichischen Blogeintrag in Aufgabe 1. In Aufgabe 2 stammt der erste Text aus einer deutschen Zeitung, der zweite Text wurde einer Schweizer Broschüre entnommen, weshalb darin von einer Rundfahrt mit dem *Velo* – wie man das *Fahrrad* in der Schweiz nennt – die Rede ist. Obwohl sich die Korrespondenz Velo-Fahrrad aus dem Text erschließen lässt und obwohl diese nationale Standardvariante in der Wortliste aufgeführt ist, wird *Velo* in diesem Lesetext zusätzlich mit einem Stern markiert und erklärt.

Teil 1

SusannesAlltagsBlog.at
Mein Alltag, meine Gedanken, mein Leben ...

Donnerstag, den 23. Juni

Was mir heute passiert ist, das glaubt mir keiner: Als ich zu Mittag nichts ahnend in der Küche beim Kochen stand, läutete mein Handy. Eine Frauenstimme erklärte mir, dass meine Brieftasche in der Bankfiliale abgegeben worden war und ich sie dort abholen könnte. Mir wurde ganz heiß – mir war noch gar nicht aufgefallen, dass sie fehlte. Und ich hatte ja auch noch relativ viel Bargeld eingesteckt! Schnell holte ich meine Handtasche hervor und suchte nach der Brieftasche. Es stimmte! Auch nach längerem Kramen in der Tasche konnte ich sie nicht finden. Mein Geld war tatsächlich verschwunden! Ich machte mich also auf den Weg zur Bank und überlegte, wo ich meine Brieftasche liegen gelassen hatte: Sicherlich im Supermarkt an der Kasse. Jedenfalls kam ich bei der Bank an und war schon gespannt darauf zu erfahren, wo meine Brieftasche gefunden worden war und natürlich, ob etwas fehlte. Die Bankangestellte teilte mir mit, dass ein junger Mann die Brieftasche abgegeben hatte. Er hatte sie auf dem Parkplatz vor dem Supermarkt gefunden und wollte sie eigentlich ins Fundbüro bringen – wie man es in so einem Fall eben macht. Der Weg dorthin war für ihn zu weit und so suchte er nach einer anderen Möglichkeit, mir die Brieftasche zurückzugeben. Das muss man sich einmal vorstellen: Er war so clever, dass er auf der Bankomatkarte nach meinem und dem Namen meiner Bank suchte ... Die Bank würde ja die Kontaktdaten zu meinem Namen haben und könnte mich so anrufen. Er fuhr in die nächste Filiale meiner Bank und dank der Computervernetzung der Filialen konnte meine Telefonnummer schnell herausgefunden werden. Da stand ich nun mit meiner Brieftasche, die mir beim Verlassen des Supermarktes aus der Handtasche gerutscht sein muss. Zum Glück war alles noch da! Ich bin sooo froh, dass diese Episode so gut ausgegangen ist. Nun weiß ich leider gar nicht, wie ich dem ehrlichen Finder danken kann. Vielleicht liest er ja diesen Blogeintrag oder es liest ihn jemand, dem er die Geschichte erzählt hat: „Vielen, vielen Dank, lieber Finder!"

Bis bald,
eure Susanne

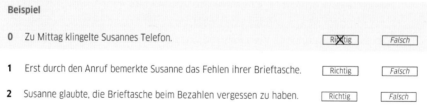

Beispiel

0 Zu Mittag klingelte Susannes Telefon. [Ri**X**tig] [Falsch]

1 Erst durch den Anruf bemerkte Susanne das Fehlen ihrer Brieftasche. [Richtig] [Falsch]

2 Susanne glaubte, die Brieftasche beim Bezahlen vergessen zu haben. [Richtig] [Falsch]

Kann-Beschreibung

Kann die Beschreibung von Ereignissen, Gefühlen und Wünschen in privaten Briefen gut genug verstehen, um regelmäßig mit einem Brieffreund/einer Brieffreundin zu korrespondieren (Europarat 2001, S. 75).

Prüfungsziel und -form

Die Prüfungsteilnehmenden lesen einen längeren, narrativ-deskriptiven Text aus dem persönlichen Lebensbereich sorgfältig-genau, um die Hauptpunkte und wichtige Einzelheiten zu verstehen. Beim Text handelt es sich z. B. um einen Blog-Beitrag oder um einen eher informell verfassten Brief, eine E-Mail, oder einen Erlebnisbericht o. Ä. im Umfang von 300 bis 350 Wörtern. Die Teilnehmenden sollen die wichtigsten Informationen und Emotionen, die beschrieben werden, genau verstehen.

Nach dem Lesen bewerten die Teilnehmenden sechs Aussagen zum Text als richtig oder falsch (Items 1 bis 6). Dafür ist eine Bearbeitungszeit von circa zehn Minuten vorgesehen.

Teil 2   Arbeitszeit: 20 Minuten

Lesen Sie den Text aus der Presse und die Aufgaben 7 bis 9 dazu.
Wählen Sie bei jeder Aufgabe die richtige Lösung [a], [b] oder [c].

Das Dorf Feldheim in Brandenburg macht sich unabhängig von Öl und Kohle.

Ein Dorf für grüne Energie

Seit Kurzem deckt das Dorf seinen kompletten Strombedarf und drei Viertel des Wärmebedarfs durch moderne Energien. „Das funktioniert mithilfe einer modernen Anlage für Bio-Gas", erklärt der Diplom-Physiker Eckhard Meier. „Da kommen Abfall von den Tieren, Getreide und Holz rein und werden erwärmt. Ein Motor verbrennt das Gas und erzeugt dabei Wärme. Der Motor treibt dann einen Generator an, der Strom produziert."
Entstanden ist die Idee des „Bio-Energiedorfs" an der Universität Göttingen. Ziel der Wissenschaftler war es zu zeigen, dass es

möglich ist, ein Dorf komplett mit erneuerbaren Energien zu versorgen und damit einen Beitrag zum Klimaschutz zu leisten. Tatsächlich: Die Bio-Gasanlage erzeugt jährlich doppelt so viel Strom wie die Gemeinde verbraucht. Der Rest wird in das Stromnetz abgegeben und kostenlos anderen Dörfern zur Verfügung gestellt. Passt das Konzept auch für andere Dörfer? „Im Prinzip schon", meint Eckhard Meier. Die technischen Anlagen könnten an anderen Orten genauso aufgebaut werden – der Raumbedarf ist gering. Man benötigt allerdings vor allem eines: aktive und begeisterte Einwohner!

aus einer deutschen Zeitung

---

0   Die Bio-Gasanlage ...   [a] gehört Eckhard Meier.
                                       [b] gibt es seit einem Dreivierteljahr.
                                       ☒ produziert Strom und Wärme.

7   In diesem Text geht es um ... [a] die neue Technologie von Eckhard Meier.
                                        [b] die umweltfreundliche Stromproduktion in Feldheim.
                                        [c] einen Studiengang an der Universität Göttingen.

Kann-Beschreibung

Kann in unkomplizierten Zeitungsartikeln zu vertrauten Themen die wesentlichen Punkte erfassen (Europarat 2001, S. 76).

Prüfungsziel und -form

Diese Aufgabe hat zum Ziel, das Verstehen von Information und Argumentation zu überprüfen. Dazu lesen die Teilnehmenden zwei kürzere, deskriptiv-explikative Sachtexte aus dem öffentlichen, ggf. beruflichen oder schulischen Bereich selektiv und sorgfältig-genau, um die Hauptaussage und wichtige Einzelheiten zu verstehen. Die Texte, die z. B. aus einer Zeitung, Zeitschrift oder Broschüre stammen, sind beide je 160 bis 180 Wörter lang und behandeln Sachthemen von allgemeinem Interesse.
Als Antwort kreuzen die Teilnehmenden bei drei dreigliedrigen Mehrfachauswahlfragen pro Text die richtige Lösung an (Text 1: Items 7 bis 9, Text 2: Items 10 bis 12). Während das jeweils erste Item (Item 7 respektive 10) auf die Hauptaussage oder eine globalere Information zielt, fokussieren die beiden folgenden Items (Items 8 und 9 sowie 11 und 12) wichtige Einzelheiten. Der zeitliche Richtwert für die Bearbeitung der gesamten Aufgabe beträgt 20 Minuten. Pro Text sind also circa zehn Minuten Arbeitszeit vorgesehen.

Teil 3   Arbeitszeit: 10 Minuten

Lesen Sie die Situationen 13 bis 19 und die Anzeigen A bis J aus verschiedenen deutschsprachigen Medien. Wählen Sie: Welche Anzeige passt zu welcher Situation? Sie können **jede Anzeige nur einmal** verwenden. Die Anzeige aus dem Beispiel können Sie nicht mehr verwenden. Für *eine* Situation gibt es **keine passende Anzeige**. In diesem Fall schreiben Sie **0**.

Nach dem Ende Ihres gemeinsamen Deutschkurses möchten einige Ihrer Kolleginnen und Kollegen weiter Deutsch lernen und suchen dafür passende Möglichkeiten.

Beispiel

0   Mario möchte in Wien einen Sommersprachkurs besuchen.   Anzeige: i

---

13   Leon möchte im Sommer im Tourismus-Bereich arbeiten, um sein Deutsch zu verbessern.   Anzeige: _____

Sprache und Kultur in Wien Deutschkurse ganzjährig! Spezialangebote für den Sommer. Infos unter: www.sprache-kultur@aon.at ⊠	**Neues Computerprogramm** **von DIGITAL LEARNING** Für Büromanagement und Buchhaltung in englischer und deutscher Sprache. Ab sofort im Buchhandel erhältlich Infos: software@digital-learning.net j

Kann-Beschreibung

Kann in einfachen Alltagstexten wie Briefen, Informationsbroschüren und kurzen offiziellen Dokumenten wichtige Informationen auffinden und verstehen (Europarat 2001, S. 75).

Prüfungsziel und -form

Bei dieser Aufgabe werden die Teilnehmenden mit sieben verschiedenen, alltäglichen Situationen konfrontiert. Die Situationen sind Teil eines umfassenderen Szenarios, das durch die einleitende Situierung beschrieben wird. In Kenntnis der sieben Situationen sollen zehn kurze Anzeigen mit einem Gesamtumfang von 310 bis 330 Wörtern durchgesehen und diejenigen erkannt werden, die zu den Situationen passen. Mit dieser Aufgabenstellung ist zuerst suchendes und selektives und dann sorgfältig-genaues Lesen intendiert. Ziel ist es, schnell einen Überblick über die Anzeigen zu gewinnen und anschließend diejenigen genauer zu lesen, die für die einzelnen Situationen infrage kommen.

Überprüft wird das Verstehen mit einem Zuordnungsformat: den sieben Situationen (Items 13 bis 19) soll die jeweils passende Anzeige (Anzeigen a bis j) zugeordnet werden. Für eine Situation gibt es keine passende Anzeige. Alle Anzeigen können nur einmal verwendet werden. Das bedeutet, dass insgesamt drei Anzeigen „zu viel" respektive für die Situationsvorgaben nicht relevant sind. Die Bearbeitungszeit für diese Aufgabe beträgt circa zehn Minuten.

Teil 4   Arbeitszeit: 15 Minuten

Lesen Sie die Texte 20 bis 26. Wählen Sie: Ist die Person **für ein Verbot**?

*In einer Zeitschrift lesen Sie Kommentare zu einem Artikel über das Verbot von Videospielen,
in denen viel Gewalt vorkommt (sogenannte „Killerspiele").*

Beispiel			**20** Stefan	Ja	Nein	**24** Jonny	Ja	Nein
0 Niko	X	Nein	**21** Dagmar	Ja	Nein	**25** Robert	Ja	Nein
			22 Kathleen	Ja	Nein	**26** Marinette	Ja	Nein
			23 Marius	Ja	Nein			

LESERBRIEFE

Beispiel Man hat bis jetzt nicht wissenschaftlich gezeigt, dass sogenannte Gewaltspiele einen Einfluss auf das Verhalten von Jugendlichen haben? So ein Blödsinn! Ist doch logisch, dass so massive Bilder die Gedanken beeinflussen! Für mich ist klar: Durch solche Spiele kann viel Unglück und Schaden entstehen, die müssen weg!
Niko, 52, Saarbrücken

21 Wer entscheidet letztlich darüber, welche Spiele man nicht braucht? Dürfen diese Menschen dann auch darüber entscheiden, welche Bücher, Filme oder Musik wir nicht brauchen? Viel wichtiger ist es doch, dass Kinder und Jugendliche lernen, selbst zwischen virtueller und realer Gewalt zu unterscheiden!
Dagmar, 23, Leipzig

22 „Töten auf Probe" soll erlaubt sein? Das bedeutet: Mal schnell zu üben, wie man jemanden umbringt, ist eine Freizeitbeschäftigung. Wie zynisch kann man sein? Nicht jeder wird zum Glück zum Monster, der sich mit so viel Gewalt und Zerstörung beschäftigt. Die Einstellung dahinter ist aber Ausdruck einer unglaublichen Gleichgültigkeit. Das muss man stoppen, und zwar schnell.
Kathleen, 49, Cuxhaven

Kann-Beschreibung

Kann in klar geschriebenen argumentativen Texten die wesentlichen Schlussfolgerungen erkennen [und] bei der Behandlung eines Themas die Argumentation erfassen, wenn auch nicht unbedingt im Detail (Europarat 2001, S. 76).

Prüfungsziel und -form

Bei dieser Aufgabe müssen sieben Texte gelesen werden, die sich auf ein aktuelles, kontroverses Thema wie z. B. die Diskussion um das Verbot von Videospielen, in denen Gewalt dargestellt wird, beziehen. Die Texte mit einer Gesamtlänge von 400 bis 430 Wörtern können sprachlich anspruchsvoller sein und sollen „erwartungsgeleitet" gelesen werden, d. h. entschieden werden muss, ob die Kommentierenden eine Pro- oder eine Kontra-Position vertreten. Die Positionen werden mehr oder weniger explizit artikuliert. In Text 22 („Das muss man stoppen, und zwar schnell.") wird die Haltung der Autorin sofort klar. In anderen Fällen wird die Position implizit ausgedrückt und muss über Indizien erschlossen werden, was genaueres Verstehen von wichtigen Einzelheiten voraussetzt. Ein Beispiel dafür ist Text 21: Die These in diesem Text, wonach Jugendliche lernen sollten, selbst zwischen virtueller und realer Gewalt zu entscheiden, ist ein Indiz für die Schlussfolgerung, dass die Autorin das Verbot ablehnt.
Überprüft wird das Verstehen bei dieser Aufgabe durch ein einfaches Ja-Nein-Format, das mit den verlangten Alternativ-Entscheidungen kohärent ist. Für die Bearbeitung der Aufgabe sind 15 Minuten veranschlagt.

Teil 5 Arbeitszeit: 10 Minuten

Lesen Sie die Aufgaben 27 bis 30 und den Text dazu.
Wählen Sie bei jeder Aufgabe die richtige Lösung ⓐ, ⓑ oder ⓒ.

Sie informieren sich über die Hausordnung des Dresdner Berufsbildungszentrums BZW, in dem Sie einen Kurs gebucht haben.

27 Fahrräder ...

ⓐ dürfen nicht mit zur Schule gebracht werden.
ⓑ dürfen auf den Schulhof gestellt werden.
ⓒ müssen in einen speziellen Raum gestellt werden.

HAUSORDNUNG

Unterrichtszeiten: Die vereinbarten Unterrichtszeiten sind verbindlich. Ist die Lehrperson zehn Minuten nach Unterrichtsbeginn nicht da, informiert die Klassenvertretung das Sekretariat.

Ordnung: In sämtlichen Räumen und Anlagen unserer Schule ist auf Ordnung und Sauberkeit zu achten. Schulräume, Einrichtungen und Anlagen sind sorgfältig zu benützen. Außerhalb der Unterrichtszeiten dürfen sich Lernende nicht in den Klassenräumen aufhalten. Es ist untersagt, in den Klassenräumen etwas an die Wände zu kleben oder zu schreiben und Schulmöbel in andere Räume zu bringen. Mitarbeitende und Lernende, die Schäden feststellen, melden diese dem Sekretariat.

Störungen: Mitarbeitende und Lernende sorgen dafür, dass der Schulbetrieb nicht gestört wird.

Alkohol- und Drogenkonsum: Konsum von Alkohol, illegalen Drogen sowie anderen psychoaktiven Substanzen ist auf dem gesamten Schulareal und während schulischer Veranstaltungen (einschließlich aller Pausen) verboten. In Ausnahmefällen kann die Schulleitung den Konsum von Alkohol erlauben.

Rauchen: Rauchen ist nur im Freien beziehungsweise in den dafür vorgesehenen Zonen gestattet. Wir bitten darum, die aufgestellten Aschenbecher zu benutzen.

Diebstahl: Es empfiehlt sich, Wertsachen und Bargeld sorgfältig aufzubewahren. Die Schule stellt den Lernenden und Mitarbeitenden kostenlos Schließfächer zur Verfügung. Für verlorene Schlüssel wird eine Gebühr von Euro 50,- erhoben. Die Schule übernimmt für Diebstähle keine Haftung.

Fundgegenstände: Fundgegenstände bitte im Sekretariat abgeben.

Parkplätze: Auf dem Schulareal stehen keine Gratis-Autoparkplätze zur Verfügung. Fahrräder müssen in den dafür vorgesehenen Fahrradkeller gebracht und abgeschlossen werden. Mopeds und Motorräder sind auf dem Schulareal nicht erlaubt.

Kann-Beschreibung

Kann klar formulierte, unkomplizierte Anleitungen zur Bedienung eines Geräts verstehen (Europarat 2001, S. 76).

Prüfungsziel und -form

Ähnlich wie bei Aufgabe 4 geht es auch hier um erwartungsgeleitetes Lesen, was durch die Position der Items vor dem Text deutlich gemacht wird. Intendiert ist zunächst selektives, durch die Items gesteuertes Lesen. Unterstützt wird diese Leseart durch die im Text hervorgehobenen Stichworte („Unterrichtszeiten", „Ordnung" usw.), die eine rasche Orientierung erlauben. Gelesen werden soll dann sorgfältig-genau, um wichtige Einzelheiten zu verstehen. Textgrundlage ist ein ‚diskontinuierlicher' Informationstext mit instruktivem Charakter, wie z. B. eine Hausordnung oder eine Anleitung. Der Text ist circa 220 bis 240 Wörter lang.

Als Antwort kreuzen die Teilnehmenden bei vier dreigliedrigen Mehrfachauswahlfragen (Items 27 bis 30) die jeweils richtige Lösung an. Für die Bearbeitung dieser Aufgabe sind zehn Minuten vorgesehen.

6.1.3 BEWERTUNG

Die Teilnehmenden erhalten zusätzlich zum Aufgabenblatt einen Antwortbogen. Sie können ihre Lösungen sowohl zuerst auf dem Aufgabenblatt als auch gleich auf dem Antwortbogen markieren. Am Ende oder während der Prüfungszeit müssen die Teilnehmenden ihre Lösungen auf den Antwortbogen durch Markieren der vorgegebenen Felder übertragen. Der Antwortbogen wird im Prüfungszentrum ein Jahr lang archiviert. Die Markierungen werden entweder maschinell eingelesen oder an kleineren Prüfungszentren per Schablone ausgewertet. Um Lesefehler zu vermeiden, müssen die Markierungen genau nach den Anweisungen erfolgen, die auf dem Antwortbogen aufgedruckt sind. Das gilt besonders auch für Korrekturen, die die Teilnehmenden vornehmen (vgl. Abbildung 23).

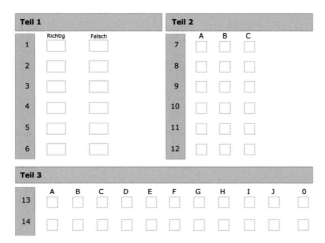

Abbildung 23: Antwortbogen zum Modul *Lesen* (Ausschnitt)

Jedes richtig gelöste Item des Moduls wird einheitlich mit einem Punkt bewertet. Es gibt keine Gewichtungen. Maximal können 30 Messpunkte erzielt werden. Das entspricht 100 Ergebnispunkten. Die folgende Umrechnungstabelle zeigt das Verhältnis von Mess- und Ergebnispunkten:

Messpunkte	30	29	28	27	26	25	24	23	22	21	20	19	18	17	16	15
Ergebnispunkte	100	97	93	90	87	83	80	77	73	70	67	63	60	57	53	50

Messpunkte	14	13	12	11	10	9	8	7	6	5	4	3	2	1	0
Ergebnispunkte	47	43	40	37	33	30	27	23	20	17	13	10	7	3	0

Abbildung 24: Mess- und Ergebnispunkte im Modul *Lesen*

Insgesamt können die Prüfungsteilnehmenden im Modul *Lesen* 100 Punkte erreichen. Um das Modul zu bestehen, müssen mindestens 60 Punkte erreicht werden.
Bei Bestehen des Moduls erhalten die Teilnehmenden ein Zeugnis, in dem die erreichten Ergebnispunkte respektive die jeweiligen Prozentzahlen ausgewiesen werden. Auf der Zeugnis-Rückseite findet sich eine Beschreibung der Leistungen, die für die Fertigkeit Leseverstehen auf der Niveaustufe B1 typisch sind. Prüfungsteilnehmende, die das Modul *Lesen* nicht bestanden haben, erhalten eine Teilnahmebestätigung mit Angabe der erreichten Prozentzahlen.

6.2 Modul Hören

6.2.1 TESTKONSTRUKT

Zwischen den Prozessen des Hörverstehens und des Leseverstehens (vgl. Kapitel 6.1) gibt es weitgehende Parallelen, wobei den sogenannten „Echtzeit-Prozessen" beim Hörverstehen noch größere Bedeutung zukommt als beim Leseverstehen (vgl. u.a. Nold/Rossa 2006, Weir 2005, Rost 2002, Buck 2001, Solmecke 2000). Das ist leicht nachvollziehbar, denn beim Hören ist die zu verarbeitende Information flüchtig und unterliegt nicht den gleichen Kontrollmöglichkeiten wie beim Lesen. Während beim Lesen schwierige Textstellen mehrmals oder besonders genau betrachtet oder aber übersprungen werden können, ergeben sich beim Hören rasch Verstehensprobleme, wenn z. B. schnell oder undeutlich gesprochen wird oder wenn kontextuelles Wissen fehlt. Das gilt für das Hören in der Erst- *und* in der Fremdsprache. Beim fremdsprachlichen Hörverstehen sind die „Echtzeit-Prozesse" allerdings besonders anfällig, weil die linguistischen Ressourcen in der Fremdsprache oft noch lückenhaft und/oder weniger schnell verfügbar sind als in der Erstsprache. Hinzu kommt, dass Strategien, die nötig sind, um das Hören an die Erfordernisse der Hörsituation, Hörtexte und Aufgabenstellungen anzupassen, nicht ohne Weiteres von der Erst- in die Fremdsprache transferiert werden können bzw. in der Fremdsprache oft erst bewusst gemacht und trainiert werden müssen.

Unter diesen Vorzeichen erstaunt es nicht, dass das Hörverstehen in der Fachliteratur vorwiegend in psycholinguistischer Perspektive modelliert wird (vgl. z. B. Joyce 2011). In diesen Modellen wird Hörverstehen als aktiver und konstruktiver Prozess der Bedeutungsfindung dargestellt, bei dem Hörtexte und Hörerwissen, vermittelt durch strategische Kompetenzen, in Interaktion treten. Ausgegangen wird dabei von einem (weitgehend parallel verlaufenden) Zusammenspiel von Bottom-up- und Top-down-Prozessen. Erstere umfassen die datengeleitete Informationsverarbeitung, bei der linguistische (phonologisch-prosodische, lexikalische und morpho-syntaktische) Signale des akustischen Datenstroms erkannt, kurzzeitig registriert und der weiteren Verarbeitung zugeführt werden. Dieses Erkennen bedarf auf Seiten der Hörer mentaler Ressourcen, die es gleichsam „von oben" (top-down) unterstützen. Solche Ressourcen sind das verfügbare und jeweils aktivierte Sprach-, Schema- und Weltwissen der Hörenden. Die „aufsteigenden" Prozesse treffen also auf „absteigende". Im Schnittpunkt der beiden Prozesse wird die Bedeutung des Gehörten sukzessive (re-)konstruiert und in verschiedenen Formen, sprachnahen und eher bildhaften, mental repräsentiert, wobei diese Repräsentationen durch neue Informationen laufend umgestaltet und erweitert werden.

Auszugehen ist freilich auch davon, dass der jeweilige Kontext des Hörens, beispielsweise die konkreten materiellen, sozialen und zeitlichen Bedingungen, einen erheblichen Einfluss auf das Verstehen hat. Dies verweist auf die Notwendigkeit, für das Konstrukt Hörverstehen neben psycholinguistischen auch soziolinguistische Modelle heranzuziehen. In soziolinguistischer Perspektive erscheinen Hörende als Sprachhandelnde, die auf rezeptive und interaktive Hörverstehenskompetenzen zurückgreifen, um mündliche kommunikative Aufgaben ihres Alltags, des öffentlichen und privaten ebenso wie des beruflichen und bildungsbezogenen, zu bewältigen. Die Aufgaben können z. B. darin bestehen, eine Ankündigung im Radio oder eine Durchsage auf dem Bahnhof zu verstehen. Oder es geht für die Lernenden darum, muttersprachliche Sprechende zu verstehen, sei es als Gesprächspartner in der direkten Interaktion, als Mithörende eines Gesprächs oder als Zuhörende im Publikum. Mit Bezug auf solche Aufgaben und Rollen definiert der *Referenzrahmen* das Hörverstehen als „rezeptive kommunikative Aktivität", die mit verschiedenen

Hör-Absichten verbunden ist. Solche Absichten sind:

> global verstehen (erfahren, was insgesamt gemeint ist), selektiv verstehen (eine ganz bestimmte Information erhalten), detailliert verstehen (das Gesprochene in allen Einzelheiten verstehen), Schlussfolgerungen ziehen können usw. (Europarat 2001, S. 71).

Deutlich wird in diesem Zitat allerdings auch, dass beim Hörverstehen – anders, als beim Leseverstehen – nicht klar zwischen Verstehenszielen oder -absichten (z. B. erfahren, was insgesamt gemeint ist) einerseits und der Art des Hörens bzw. den Hörstilen (z. B. global verstehen) andererseits unterschieden wird.[17] Es ist aber, besonders auch für die Fremdsprachendidaktik, wichtig, verschiedene Verstehensziele und mit ihnen korrespondierende Hörstile auseinanderzuhalten, denn die Anpassbarkeit von Hörstilen an die Gegebenheiten von Kontext und Situation ist ein Merkmal kompetenter Sprachverwendung schlechthin. So sollten Lernende je nach Verstehensziel einen Hörtext unterschiedlich genau verstehen können: Geht es darum zu erfahren, was das Thema eines Radiobeitrags ist, sollte anders gehört werden, als wenn das Verstehensziel darin besteht, einem Wetterbericht Informationen über das Regenrisiko von morgen zu entnehmen oder von einem Vortrag möglichst viel „mitzukriegen". Im ersten Fall ist globales Verstehen gefragt, im zweiten selektives und im dritten detailliertes.

Mit beeinflusst wird die Art des Hörens schließlich auch, wenngleich weniger deutlich als beim Lesen, von der Textsorte: Eine Wegerklärung muss z. B. in der Regel detailliert, eine Reportage dagegen nicht zwingend in allen Details verstanden werden.

Auf der Basis dieser Überlegungen werden im Testkonstrukt *Hören* des *Zertifikats B1* die folgenden Parameter angesetzt und zielgruppenspezifisch sowie niveaubezogen in Aufgaben spezifiziert:

- ■ Kontexte des Hörens: Handlungsfelder, Lebensbereiche, Situationen und Themen
- ■ Hörtätigkeiten bzw. -aktivitäten: Ankündigungen, Durchsagen und Anweisungen verstehen, als Zuhörer im Publikum verstehen, Gespräche zwischen Muttersprachlern verstehen, Radiosendungen und Tonaufnahmen verstehen
- ■ Texttypen: kurze und längere monologische und dialogische Texte mit verschiedenen Funktionen, darunter narrative, explikativ-deskriptive und argumentative
- ■ Hörstile – globales, selektives und detailliertes Verstehen – sowie Verstehensziele – Verstehen, was insgesamt gemeint ist, Verstehen von bestimmten Informationen und genaues Verstehen von Einzelheiten

Analog zum Modul *Lesen* sind zwar die Parameter Kontext, Aktivität und Texttyp sowie grundsätzlich auch der Parameter Verstehensziel einer gezielten Variation zugänglich, nicht aber der Parameter Hörstil: Zwar lässt sich eine Aufgabe so konstruieren, dass globales *Hören* nahegelegt wird, aber ob die Testteilnehmenden tatsächlich global hören und z. B. nicht detailliert, lässt sich im Einzelnen nicht vorhersagen bzw. ließe sich nur in empirischen Untersuchungen genauer feststellen. Das bedeutet, dass Testkonstrukteure und -konstrukteurinnen hinsichtlich des Hörstils auf Hypothesen angewiesen sind. Daher werden die Hörstile unten mit dem Prädikat „intendiert" versehen.

---

17 Begrifflich werden im Folgenden vereinfachend Verstehensziele und Hörstile auseinandergehalten, auch, um Kohärenz zum Modul *Lesen* herzustellen (vgl. dort: Verstehensziele und Lesestile). In der Fachliteratur und besonders in der didaktischen Literatur trifft man freilich auch auf andere Begriffe.

Hörfähigkeit auf Niveau B1

Gemäß *Referenzrahmen* (Europarat 2001, S. 71 f) können Lernende auf Niveau B1 „die Hauptpunkte verstehen, wenn [...] über vertraute Dinge gesprochen wird, denen man normalerweise bei der Arbeit, in der Ausbildung oder der Freizeit begegnet." Sie können „kurze Erzählungen verstehen" und sie können „unkomplizierte Sachinformationen über gewöhnliche alltags- oder berufsbezogene Themen verstehen und dabei die Hauptpunkte und Einzelinformationen erkennen". Weiter können sie „im Allgemeinen den Hauptpunkten von längeren Gesprächen folgen, die in ihrer Gegenwart geführt werden", „in groben Zügen unkomplizierte Vorträge zu vertrauten Themen verstehen" und „den Informationsgehalt der meisten Tonaufnahmen oder Rundfunksendungen über Themen von persönlichem Interesse verstehen". Voraussetzung für dieses Können ist aber in all diesen Fällen, dass deutlich artikuliert und in der Standardsprache gesprochen wird.

Im Gegensatz zu Lernenden auf Niveau A2 können B1-Lernende Hörtexte auch dann verstehen, wenn nicht besonders langsam gesprochen wird. Das Verstehen schnell gesprochener, längerer sowie inhaltlich und sprachlich komplexerer Texte und Redebeiträge gelingt aber erst auf den nächst höheren Niveaus.

6.2.2 PRÜFUNGSZIELE UND -FORMEN

Die folgende Tabelle zeigt, wie die Paramter des Testkonstrukts in Aufgaben umgesetzt wurden und informiert über die Formate der Aufgaben sowie über die Anzahl der Items bzw. Punkte und die Durchführungszeit pro Teil:

Teil	Aktivität	Texttyp	Intendierte Hörstile und Verstehensziele	Format	Items/ Punkte	Zeit
1	Ankündigungen, Durchsagen und Anweisungen verstehen	Monologische Kurztexte wie Ansagen, Durchsagen und Anrufbeantwortertexte	Globales und selektives Hören; Verstehen der Hauptaussage und wichtiger Einzelheiten	5 Texte, zweimal hören 2 Items pro Text Richtig/Falsch und Mehrfachauswahl (3-gliedrig)	10	ca. 10'
2	Als Zuschauer/ Zuhörer im Publikum verstehen	Monologische Texte wie Vortrag, Führung o.ä.	Selektives Hören; Verstehen von Hauptpunkten und wichtigen Einzelheiten	1 Text, einmal hören Mehrfachauswahl (3-gliedrig)	5	ca. 5'
3	Gespräche zwischen Muttersprachlern verstehen	Informelles Gespräch zwischen zwei Personen	Detailliertes Hören; Verstehen von Hauptpunkten und wichtigen Einzelheiten	1 Text, einmal hören Richtig/Falsch	7	ca. 5'
4	Radiosendungen und Tonaufnahmen verstehen	Diskussion am Radio mit drei Personen	Globales Hören; Verstehen von Hauptaussagen	1 Text, zweimal hören Zuordnung	8	ca. 12'

Abbildung 25: Prüfungsziele und -formen im Modul *Hören*

Das Modul *Hören* besteht aus insgesamt vier Teilen (Teil 1: fünf Texte, 10 Aufgaben, Teile 2 bis 4: je ein Text, zu 5, 7 und 8 Aufgaben) und 30 Items. Die Gesamtlänge des Tonträgers beträgt durchschnittlich 40 Minuten. Die Pausen sind hierbei bereits einkalkuliert. Am Ende des Moduls haben die Teilnehmenden fünf Minuten Zeit, die Lösungen auf die Antwortbögen zu übertragen, wobei das Übertragen der Lösungen auf den Antwortbogen Teil der Prüfungszeit ist. Hilfsmittel wie Wörterbücher oder die Benutzung des Mobiltelefons sind nicht gestattet.

Die einzelnen Aufgaben überprüfen unterschiedliche Aspekte der fremdsprachlichen Hörfähigkeit, um eine breitere Konstruktabdeckung zu erreichen: Die Prüfungsteilnehmenden werden in verschiedene Situationen versetzt, sie treten mit unterschiedlichen Hörerrollen, Hörtätigkeiten und Textsorten in Kontakt und sollen verschiedene Verstehensziele erreichen sowie dazu passende Hörstile anwenden. Sie sollen zeigen, dass sie von (nah-)authentischen, professionell gesprochenen deutschsprachigen Texten aus dem persönlichen, öffentlichen, zum Teil auch (allgemein gehaltenen) beruflichen oder schulischen Alltag Hauptpunkte, Hauptaussagen und wichtige Einzelheiten verstehen und dazu je nach Aufgabe verschiedene Hörstile aktivieren können, wobei globales und selektives Hören ebenso überprüft wird wie detailliertes. Berücksichtigt werden monologische und dialogische Texte sowie in Teil 4 ein multilogischer Text (Gespräch mit drei Personen), die zusammen ein breites Spektrum von Sprachfunktionen und Themen abdecken. Es gibt Kurztexte mit beschreibenden und auffordernden Elementen, einen vortragsähnlichen Monolog mit erklärenden Passagen, einen narrativ geprägten Alltagsdialog und eine meinungsbetonte Diskussion. Die Formate, insbesondere das jeweilige Sprechtempo und die Frage, ob ein Text einmal oder zweimal gehört werden kann, wurden in Bezug auf die Hörfähigkeit auf dem Niveau B1 (vgl. Kapitel 6.2.1) so festgelegt, dass die intendierten Hörstile begünstigt werden.

Jeder Teil besteht aus einer Anleitung, den Aufgaben und Items und dem (den) Hörtext(en). Ein Beispiel-Item ist den Prüfungs-Items dann vorangestellt, wenn ein Antwortformat eingeführt wird (Teil 1) oder wechselt (Teil 4). Die Teile 2, 3 und 4 umfassen auch eine Situierung, die es den Prüfungsteilnehmenden erlauben soll, sich in die jeweilige Hörerrolle einzudenken, das intendierte Verstehensziel zu erfassen und dazu passende Hörstile zu aktivieren. Teil 1 kommt ohne geschriebene Situierung aus, weil das jeweils erste Item zu jedem Kurztext auf globale(re)s Verstehen abzielt; verstanden werden soll z. B., ob es um die Verschiebung eines Termins, um Veranstaltungstipps oder um eine Information für eine Reisegruppe geht.

Sprache, Strukturen und Wortschatz sämtlicher Texte entsprechen dem Niveau B1 des *Referenzrahmens*. Im Einzelnen bedeutet das:

- In den Items und an lösungsrelevanten Stellen der Hörtexte ist der Prüfungswortschatz durch die Wortliste abgedeckt (vgl. Kapitel 8).
- An nicht direkt lösungsrelevanten Textstellen kann der Wortschatz über die Wortliste hinausgehen. Dabei wird erwartet, dass die Teilnehmenden ihre strategischen Kompetenzen einsetzen (vgl. Kapitel 5.3), wozu auch die Anpassung des Hörstils gehört.

Erfolgreich Teilnehmende weisen mit dem *Zertifikat B1* nach, dass sie (nah-)authentische Texte aus dem gesamten deutschsprachigen Raum verstehen können. Daher werden bei den Hörtexten Sprecher/-innen aus Deutschland, Österreich und der Schweiz eingesetzt. Sie alle sprechen Standardsprache, aber eine Standardsprache, die herkunftsbedingt variiert. Hörbar ist diese Variation primär im Bereich „Aussprache und Betonung". Zwar unterscheiden sich die drei nationalen Standardvarietäten auch – in insgesamt kleinem Umfang

– in den Bereichen Wortschatz, Grammatik und Pragmatik, aber diese Unterschiede kommen in den Hörtexten des *Zertifikats B1* kaum zum Ausdruck. Insbesondere wird bei den Höraufnahmen und bei der Aufgabenkonstruktion und -erprobung darauf geachtet, dass sich aufgrund der standardsprachlichen Variation keine Verstehensprobleme ergeben.

Da die Standardsprache in Deutschland gegenüber der österreichischen und schweizerischen durch ihre räumliche Ausdehnung weiter verbreitet ist, wird sie in den Hörtexten auch stärker berücksichtigt: Ein Orientierungswert für die Hörtexte ist eine ungefähre D-A-CH-Verteilung von 2:1:1. Das bedeutet, dass in der Prüfung die österreichische und die schweizerische Standardsprache zusammen höchstens mit einem ungefähren Anteil von 50 Prozent repräsentiert sind. Beispielsweise kommt der Sprecher von Aufgabe 4 in Teil 1 im Modellsatz aus der Schweiz. Hörbar ist das v. a. am **Ach**-Laut z. B. in „wi**ch**tig", „mögli**ch**e", der im deutschen und österreichischen Standard als **Ich**-Laut gesprochen wird, am **K**-Laut, den der Schweizer Sprecher wie in „Wecker" (affriziert) ausspricht (z. B. „1. **K**lasse", „Se**k**toren", „dan**k**en"), nicht wie im deutschen Standard behaucht, und daran, dass er Wörter wie *Intercity* oder *Lausanne* auf der ersten Silbe betont, nicht wie im österreichischen und deutschen Standard auf der letzten.

Teil 1

Sie hören nun fünf kurze Texte. Sie hören jeden Text **zweimal**. Zu jedem Text lösen Sie zwei Aufgaben.
Wählen Sie bei jeder Aufgabe die richtige Lösung.
Lesen Sie zuerst das Beispiel. Dazu haben Sie 10 Sekunden Zeit.

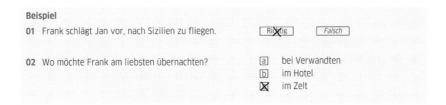

Beispiel
Sie hören eine Nachricht auf dem Anrufbeantworter.

Hallo Jan, hier ist Frank. Wir wollten doch im Sommer eine Woche ans Meer fahren. Ich bin gerade im Internet: im Juni gibt es noch günstige Flüge nach Sizilien. Die Übernachtung müssen wir noch klären. Meine Tante wohnt doch dort – bei ihr könnten wir vielleicht schlafen. Ansonsten bieten die hier auch noch billige Hotelzimmer an – oder wir gehen campen, das fände ich am besten. Ich schicke dir den Link, schau es dir doch mal an. Tschüs.

Kann-Beschreibungen

Im *Referenzrahmen* liegen für die Aufgabenstellungen dieses Teils keine spezifischen Deskriptoren für B1 vor, wohl aber für die angrenzenden Niveaus. Daher wird hier auch auf einen ALTE-Deskriptor für das Niveau B1 zurückgegriffen:

- ▨ Kann Ankündigungen und Mitteilungen zu konkreten und abstrakten Themen verstehen, die in normaler Geschwindigkeit in Standardsprache gesprochen werden (B2, Europarat 2001, S. 73).

- ▨ Kann das Wesentliche von kurzen, klaren und einfachen Durchsagen und Mitteilungen erfassen (A2, Europarat 2001, S. 73).

- ▨ Kann Anweisungen oder öffentliche Durchsagen verstehen (B1, Kann-Beschreibungen der ALTE, allgemeine Fähigkeiten).[18]

Prüfungsziel und -form

Die Prüfungsteilnehmenden hören fünf kurze Texte im Umfang von je 60 bis 90 Wörtern. Sie hören diese Texte zweimal und lösen zu jedem Text zwei Aufgaben. Bei den Texten handelt es sich um monologische Kurztexte wie Ansagen, Durchsagen und Anruf- beantwortertexte. Die intendierten Hörstile sind global (erstes Hören) und selektiv (zweites Hören). Damit sollen zwei verschiedene Verstehensziele erreicht werden: Das Verstehen einer globaleren Aussage oder einer Hauptaussage (erstes Item, überprüft durch das Richtig-Falsch-Format) und das Verstehen wichtiger Einzelheiten (zweites Item, überprüft durch ein dreigliedriges Auswahlformat). In dieser Weise sind zehn (2 x 5) Items zu bearbeiten. Vor dem jeweils ersten Hören der fünf Texte gibt es eine Pause von zehn Sekunden, damit die Aufgaben gelesen werden können.

---

18 online: http://www.alte.org/attachments/files/framework_german.pdf.

Teil 2

Sie hören nun einen Text. Sie hören den Text **einmal**. Dazu lösen Sie fünf Aufgaben.
Wählen Sie bei jeder Aufgabe die richtige Lösung a, b oder c.
Lesen Sie jetzt die Aufgaben 11 bis 15. Dazu haben Sie 60 Sekunden Zeit.

Sie nehmen an einer Führung durch das Münchner Stadtmuseum teil.

11 Das Museum ist ...

    a   sehr voll.
    b   teilweise geschlossen.
    c   ziemlich leer.

> Ich freue mich, Sie heute hier zu dieser Führung begrüßen zu dürfen und hoffe, Sie hatten bisher bereits einen schönen Aufenthalt hier bei uns in München. Mein Name ist Jan Kiefer und ich möchte Sie heute ein wenig in die Geschichte und die Besonderheiten der bayrischen Landeshauptstadt einweihen. Wir haben Glück, aufgrund des so wunderschönen Frühlingswetters sind die meisten Leute heute wohl eher im Biergarten zu finden und wir haben das Museum fast ganz für uns.
> Genießen Sie es und sehen Sie sich in Ruhe um, so wie jetzt ist es hier wirklich selten.

Kann-Beschreibung

Kann in groben Zügen kurze und unkomplizierte Vorträge zu vertrauten Themen verstehen, wenn deutlich und in der Standardsprache gesprochen wird (Europarat 2001, S. 73).

Prüfungsziel und -form

Die Prüfungsteilnehmenden hören einen monologischen Text von circa 400 Wörtern Umfang, z. B. einen Vortrag, eine Begrüßung oder eine Ankündigung bei einer Stadtführung. Sie hören den Text einmal und sollen Hauptpunkte und wichtige Einzelheiten verstehen. Dies soll durch selektives Hören erreicht werden. Vor dem Hören haben die Teilnehmenden 60 Sekunden Zeit, die insgesamt fünf Items zu lesen. In dieser Zeit kann, ausgehend von der klaren Situierung der Aufgabe, die Hörhaltung für selektives Hören aufgebaut werden. Das Verständnis wird durch fünf dreigliedrige Auswahl-Items überprüft.

Teil 3

Sie hören nun ein Gespräch. Sie hören das Gespräch **einmal**. Dazu lösen Sie sieben Aufgaben.
Wählen Sie: Sind die Aussagen ⌐ Richtig ⌐ oder ⌐ Falsch ⌐ ?
Lesen Sie jetzt die Aufgaben 16 bis 22. Dazu haben Sie 60 Sekunden Zeit.

Sie sind an einer Bushaltestelle und hören, wie sich ein Mann und eine Frau über ein Fest unterhalten.

16 Bei dem Fest wurde der Geburtstag von Annas Mann gefeiert.   ⌐ Richtig ⌐   ⌐ Falsch ⌐

Florian:	Hey, hallo Nadia!
Nadia:	*Hallo Florian, wie geht's?*
Florian:	Gut, danke und dir? Hey erzähl, warst du jetzt am Samstag auf diesem Fest?
Nadia:	*Ja, also es war ein Geburtstagsfest. Anna, die Freundin meiner Mutter, wurde 50. Ihr Mann ist Diplomat und die beiden haben ein großes Fest gemacht. Es waren an die 60 Leute eingeladen. – Schon sehr speziell, wie die wohnen.*
Florian:	Schön?

Kann-Beschreibung

Kann im Allgemeinen den Hauptpunkten von längeren Gesprächen folgen, die in seiner/
ihrer Gegenwart geführt werden, sofern deutlich artikuliert und in der Standardsprache
gesprochen wird (Europarat 2001, S. 72).

Prüfungsziel und -form

Der Hörtext in Teil 3 ist dialogisch strukturiert: Die Teilnehmenden hören ein längeres,
informelles Gespräch mit narrativen Episoden. Es kann sich um ein Gespräch zwischen
Freunden oder zwischen Personen handeln, die sich nicht kennen und die zufällig miteinander ins Gespräch kommen, z. B. bei einer Begegnung im Zug. Gesprochen wird über
alltägliche Themen und besondere Erlebnisse. Der Text ist circa 450 Wörter lang und wird
einmal gehört. Ziel ist auswählendes, aber detailliertes Hören, d. h. genaues Verstehen von
Hauptpunkten und wichtigen Einzelheiten. Analog zu Teil 2 wird die Aufgabe klar situiert,
und wiederum haben die Teilnehmenden 60 Sekunden Zeit, um die insgesamt sieben Items
vor dem Hören zu lesen. Dies soll es ihnen ermöglichen, sich in die Hörerrolle einzudenken
und den intendierten Hörstil zu aktivieren. Überprüft wird das Verständnis durch das
Richtig/Falsch-Format.

Teil 4

Sie hören nun eine Diskussion. Sie hören die Diskussion **zweimal**. Dazu lösen Sie acht Aufgaben.
Ordnen Sie die Aussagen zu: **Wer sagt was?**
Lesen Sie jetzt die Aussagen 23 bis 30. Dazu haben Sie 60 Sekunden Zeit.

Der Moderator der Radiosendung „Diskussion am Abend" diskutiert mit den Eltern Dana Schneider und Florian Bader zum Thema „Sollen kleine Kinder in die Kinderkrippe gehen?".

	Moderator	Dana Schneider	Florian Bader
Beispiel			
0 Für kleine Kinder sind die ersten drei Jahre sehr wichtig.	a	☒	c
23 Kinder lernen soziales Verhalten erst ab einem bestimmten Alter.	a	b	c

Moderator:	Liebe Hörerinnen und Hörer, hallo und willkommen bei der „Diskussion am Abend"! Das ist heute unser Thema. „Sollten Kinder in die Kinderkrippe gehen oder nicht?". Dazu haben wir Frau Dana Schneider eingeladen; sie hat zwei Kinder zu Hause, die 2 und 5 Jahre alt sind. Unser zweiter Studiogast ist Florian Bader, dessen 3-jährige Zwillinge seit einem Jahr in die Kinderkrippe gehen. Frau Schneider, Sie wussten schon vor der Geburt Ihrer Kinder, dass Sie sie nicht in die Kinderkrippe schicken würden. Warum?
Dana:	Weil die ersten drei Jahre für ein Kind von großer Bedeutung sind. In diesen drei Jahren brauchen Kinder eine feste Bezugsperson und ich würde nicht wollen, dass meine Kinder zur Erzieherin „Mama" sagen.
Moderator:	Tun Ihre Kinder das denn, Herr Bader?
Florian:	Nein, natürlich nicht. Unsere Kinder wissen genau, wer die „Mama" ist, nämlich meine Frau. Aber sie lernen, dass sie auch auf andere Leute hören müssen, und das ist für ihr soziales Verhalten bestimmt sinnvoll.

Kann-Beschreibung
Kann den Informationsgehalt der meisten Tonaufnahmen oder Rundfunksendungen über Themen von persönlichem Interesse verstehen, wenn deutlich und in der Standardsprache gesprochen wird (Europarat 2001, S. 73).

Prüfungsziel und -form
In Teil 4 hören die Teilnehmenden ein Gespräch oder eine Diskussion im Radio zwischen einem/einer Moderator/-in und zwei Gästen über ein alltägliches Thema wie z. B. die Frage, ob kleine Kinder in die Kinderkrippe gehen sollen. Der Text umfasst maximal 800 Wörter. Die Aufgabe besteht darin, Aussagen den am Gespräch Beteiligten zuzuordnen (nicht darin, die Richtigkeit dieser Aussagen zu überprüfen). Das Antwortformat ist also eine Zuordnung, und das intendierte Verstehensziel ist globaleres Verstehen auf der Ebene einzelner Sätze oder kurzer Passagen. Damit die Teilnehmenden die drei Personen des Gesprächs klar auseinanderhalten können, werden bei der Aufgabenkonstruktion und bei den Höraufnahmen zwei Maßnahmen getroffen: Zum einen wird auf deutliche Unterscheidbarkeit der Stimmen geachtet, zum anderen darauf, dass sich die Personen gelegentlich mit dem Namen ansprechen.
Der Text wird zweimal gehört. Vor dem Hören haben die Teilnehmenden 60 Sekunden Zeit, die insgesamt acht Items zu lesen, sich in die Hörkonstellation einzufinden und sich mit dem Thema des Gesprächs vertraut zu machen. Dabei werden sie von der Situierung der Aufgabe unterstützt.

6.2.3 BEWERTUNG

Die Teilnehmenden erhalten zusätzlich zum Aufgabenblatt einen Antwortbogen. Sie können ihre Lösungen sowohl zuerst auf dem Aufgabenblatt als auch gleich auf dem Antwortbogen markieren. Am Ende oder während der Prüfungszeit müssen die Teilnehmenden ihre Lösungen auf den Antwortbogen durch Markieren der vorgegebenen Felder übertragen. Der Antwortbogen wird im Prüfungszentrum ein Jahr lang archiviert. Die Markierungen werden entweder maschinell eingelesen oder an kleineren Prüfungszentren per Schablone ausgewertet. Um Lesefehler zu vermeiden, müssen die Markierungen genau nach den Anweisungen erfolgen, die auf dem Antwortbogen aufgedruckt sind. Das gilt besonders auch für Korrekturen (vgl. Abbildung 26).

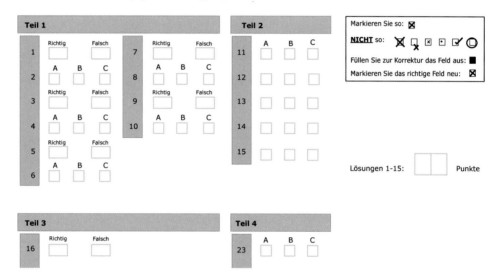

Abbildung 26: Antwortbogen Modul *Hören* (Ausschnitt)

Jedes richtig gelöste Item des Moduls wird einheitlich mit einem Punkt bewertet. Es gibt keine Gewichtungen. Maximal können 30 Messpunkte erzielt werden. Das entspricht 100 Ergebnispunkte. Die folgende Umrechnungstabelle zeigt das Verhältnis von Mess- und Ergebnispunkten:

Messpunkte	30	29	28	27	26	25	24	23	22	21	20	19	18	17	16	15
Ergebnispunkte	100	97	93	90	87	83	80	77	73	70	67	63	60	57	53	50

Messpunkte	14	13	12	11	10	9	8	7	6	5	4	3	2	1	0
Ergebnispunkte	47	43	40	37	33	30	27	23	20	17	13	10	7	3	0

Abbildung 27: Mess- und Ergebnispunkte im Modul *Hören*

Insgesamt können die Prüfungsteilnehmenden im Modul *Hören* 100 Punkte erreichen. Um das Modul zu bestehen, müssen mindestens 60 Punkte erreicht werden.
Bei Bestehen des Moduls erhalten die Teilnehmenden ein Zeugnis, in dem die erreichten Ergebnispunkte respektive die jeweiligen Prozentzahlen ausgewiesen werden. Auf der Zeugnis-Rückseite findet sich eine Beschreibung der Leistungen, die für die Fertigkeit Hörverstehen auf der Niveaustufe B1 typisch sind. Prüfungsteilnehmende, die das Modul *Hören* nicht bestanden haben, erhalten eine Teilnahmebestätigung mit Angabe der erreichten Prozentzahlen.

6.3 Modul Schreiben

6.3.1 TESTKONSTRUKT

Die Fertigkeit Schriftliche Interaktion/Produktion ist in den Neunzigerjahren als kontext-abhängiges Phänomen in den Blickpunkt gerückt. Schriftliche Interaktion/Produktion wird als soziales Handeln gesehen, das in einem bestimmbaren Kontext stattfindet. Nach Hayes (1996, S. 5) und Hamp-Lyons/Kroll (1997, S. 8) ist Schriftliche Interaktion/Produktion eine Handlung in einem Kontext, die einen Zweck verfolgt und die im Hinblick auf einen Emp-fänger formuliert ist. Der Schreibende verfolgt Ziele und hat ein bestimmtes Verhältnis zu der von ihm anvisierten Leserschaft. Mit dieser Leserschaft möchte er sein Wissen oder seine Meinung zu einem bestimmten Thema teilen. Es gibt zwar kein Schreiben oh-ne Rezipienten, jedoch ist nicht jedes Schreiben eine Interaktion zwischen Schreibenden und Lesenden, Sender und Empfänger im engeren Sinne. Auch bei Aufsätzen, Berichten oder schriftlichen Diskussionsbeiträgen wird für einen Leser geschrieben, doch ist dieser nur mehr oder minder implizit angesprochen. Der *Referenzrahmen* sieht daher außer der schriftlichen Interaktion auch die schriftliche Produktion vor.

Das der Prüfung *Zertifikat B1* zugrunde gelegte Konstrukt der Schriftlichen Interaktion/Produktion als kommunikative Sprachverwendung berücksichtigt kognitive bzw. psycho-linguistische Prozesse und kontextuelle Parameter. Diese Parameter sind:

- Rezipient: Hier geht es um das Verständnis des/der Schreibenden vom Wissen, von den Interessen und Erwartungen und den sprachlichen Konventionen, soweit diese bestimmbar sind.

- Schreibanlass: Hier geht es darum, welche Situation oder welches inhaltliche Anliegen das Schreiben motiviert.

- Textorganisation: Hier geht es darum, dass Schreibende (anders als bei der Rezeption) die Verbindungen zwischen ihren Schreibabsichten und den Gedanken, die sie durch ihr Schreiben transportieren, selbst organisieren.

- Wissen: Hier geht es um die Anforderungen, die Schreibaufgaben an das Wissen der Schreibenden stellen: hierzu gehören sowohl strukturelles als auch pragmatisches Wissen (Bachman/Palmer 1996), Sprach- und Diskurswissen, funktionales und soziolinguistisches Wissen als auch Inhaltswissen.

Dieser sozio-kognitive Ansatz richtet die Aufmerksamkeit sowohl auf kontextabhängige als auch auf kognitive Validität. Zur kognitiven Validität gehört, dass eine Definition der Schreibfähigkeit für eine weltweit durchgeführte Deutschprüfung Alter, Bildungsstand sowie Lese- und Schreibfähigkeit der Zielgruppe von erwachsenen bzw. jugendlichen Schreibenden in der Fremdsprache Deutsch berücksichtigt. Die Prüfung bietet Textsorten und Kontexte an, die der Zielgruppe im realen Alltag begegnen und ihr vertraut sind, beispielsweise Forumsbeiträge im Internet und kurze Mitteilungen per E-Mail. Kognitive Verarbeitungsprozesse finden nie in einem Vakuum statt, sondern werden durch die spezifischen kontextuellen Parameter bestimmt, die in der Anweisung dargelegt werden. Diese Parameter betreffen sowohl die sprachlichen und inhaltlichen Anforderungen, die für eine erfolgreiche Aufgabenbewältigung erfüllt sein müssen, als auch Besonderheiten der Aufgabensituierung. Zur kontextabhängigen Validität gehören das kommunikative Aufgabenziel, z. B. etwas berichten, eine Einladung aussprechen oder Ähnliches, und die Spezifizierung des Angesprochenen, z. B. ein Freund, eine Bekannte, eine Vorgesetzte oder Lehrkraft etc. Diese muss beispielsweise motivieren, warum in der Fremdsprache und nicht in der Muttersprache geschrieben wird. Schließlich gehören zur kontextabhängigen Validität die Prüfungsbedingungen, zum Beispiel die zur Verfügung stehende Zeit, die Länge, die Vertrautheit der Schreibenden mit den Kriterien, nach denen sie bewertet werden, beispielsweise die erwartete Länge, die erwartete Anrede und Grußformel.

Schreibfähigkeit auf Niveau B1

Schreibende auf Niveau B1 können gemäß der Definition des *Referenzrahmens* „unkomplizierte, zusammenhängende Texte zu mehreren vertrauten Themen aus […] ihrem Interessengebiet" produzieren, „wobei einzelne kürzere Teile in linearer Abfolge verbunden werden" (Europarat 2001, S. 67). Relevante Textsorten umfassen u. a.: „in einem üblichen Standardformat [verfasste] sehr kurze Berichte", „persönliche Briefe", „Notizen und Mitteilungen" usw., „eine Beschreibung eines realen oder fiktiven Ereignisses oder einer kürzlich unternommenen Reise" (Europarat 2001, S. 67-68; 86-87). B1-Lernende haben noch Schwierigkeiten bei der Planung eines längeren Textes, allerdings können sie bereits einen einfachen Text, der auf einen anderen Text Bezug nimmt, verfassen, wenn ihnen eine klar umrissene Anzahl an Inhaltspunkten vorgegeben wird. Sie sind sich zudem lexiko-grammatischer Abhängigkeiten bewusst und mitunter auch fähig zur Selbstkorrektur.

Für die Realisierung der Schreibleistungen, besonders in den Bereichen Wortschatz und Grammatik, kann sowohl die bundesdeutsche als auch die österreichische oder die Schweizer Standard-Varietät verwendet werden. Bei der Bewertung der Leistungen ist dies zu berücksichtigen, und Varianten dürfen nicht als Fehler gekennzeichnet werden. Im Schweizer Sprachraum ist beispielsweise die Verwendung von *telefonieren* mit Dativ kein Fehlgriff und sollte daher im bundesdeutschen und österreichischen Sprachraum nicht als Fehler bewertet werden. In gleicher Weise sollten z. B. bundesdeutsche Varianten, welche im österreichischen oder schweizerischen Sprachraum nicht verwendet werden, von Bewertenden dieser Länder nicht als Fehler sanktioniert werden.

Von Bewertenden im jeweils anderen Sprachraum, die nicht mit den anderen Varietäten vertraut sind, kann jedoch nicht erwartet werden, dass sie alle Phänomene der jeweils anderen Varietäten kennen. Da eine Variante, welche versehentlich als Fehlgriff gekennzeichnet wird, jedoch meist nicht ausschlaggebend für die Verständlichkeit des Textes ist, hat dies keinen entscheidenden Einfluss auf die Bewertung.

Auf das Schriftbild der Lesetexte wirken sich die nationalen Varietäten generell nur minimal aus. Ein Beispiel dafür ist das in der Schweiz verwendete doppelte *s* statt *ß*.

6.3.2 PRÜFUNGSZIELE UND -FORMEN

Teil	Aktivität	Texttyp	Domäne	Format	Zeit
1	Interaktion Persönliche Mitteilung zur Kontaktpflege	E-Mail informell	privat	Teilnehmende schreiben einen freien, Text (ca. 80 Wörter): beschreiben, begründen, machen einen Vorschlag	20
2	Produktion Persönliche Meinung zu einem Thema äußern	Gästebuch-, Forum- beitrag	öffentlich	Teilnehmende schreiben einen freien Text (ca. 80 Wörter): beschreiben, begründen, erläutern, vergleichen, rechtfertigen, äußern Meinung usw.	25
3	Interaktion Persönliche Mitteilung zur Handlungs- regulierung	Brief/E-Mail im (halb-) formellen Register (Sie-Form)	beruflich Ausbildung	Teilnehmende schreiben einen freien Text (ca. 40 Wörter): entschuldigen sich, bitten um einen Termin o. Ä.	15

Abbildung 28: Prüfungsziele und -formen Modul *Schreiben*

Die Prüfungsteilnehmenden stellen ihre Schreibfähigkeit auf Deutsch anhand von drei realitätsnahen Anlässen unter Beweis. Bei zwei der drei Aufgaben geht es um schriftliche Interaktion, in einer Aufgabe um schriftliche Produktion. Voraussetzung für die Bewältigung der Aufgaben ist das Erfassen der Situation in Bezug auf den Adressaten, die Schreibabsicht und die eigene Rolle als Verfasser. Die Prüfungsteilnehmenden zeigen, dass sie unterschiedliche Adressaten soziokulturell angemessen ansprechen können. Sie schreiben an Freunde und Bekannte im informellen Register, an eine anonyme Öffentlich-keit im neutralen Register, an ihnen persönlich bekannte Lehrpersonen oder Vorgesetzte im (halb-)formellen Register. Mitteilungen werden in der Regel als E-Mail geschrieben, Meinungsäußerungen als Eintrag in ein Online-Gästebuch oder Diskussionsforum an ein Leser- bzw. Hörerpublikum einer Fernseh- oder Radiosendung. Die zu produzierenden Texte sollen von mittlerer Länge sein, d. h. zwischen 40 und 80 Wörtern, die Gesamtlänge aller drei Texte soll bei circa 200 Wörtern liegen. In den drei Schreibprodukten sollen die Prüfungsteilnehmenden verschiedene sprachliche Aktivitäten bzw. Funktionen realisieren: Sie sollen ein reales oder fiktives Ereignis aus dem Alltag beschreiben, etwas begründen, einfache Informationen dazu geben oder erfragen, ihre Meinung zu einem Diskussions-punkt äußern, sich entschuldigen, Bitten vorbringen, einen Vorschlag machen und dergleichen mehr.

Aufgabe 1   Arbeitszeit: 20 Minuten

Sie haben vor einer Woche Ihren Geburtstag gefeiert.
Ein Freund/Eine Freundin von Ihnen konnte nicht zu Ihrer Feier kommen, weil er/sie krank war.
– Beschreiben Sie: Wie war die Feier?
– Begründen Sie: Welches Geschenk finden Sie besonders toll und warum?
– Machen Sie einen Vorschlag für ein Treffen.

> Schreiben Sie eine E-Mail (circa 80 Wörter).
> Schreiben Sie etwas zu allen drei Punkten.
> Achten Sie auf den Textaufbau (Anrede, Einleitung, Reihenfolge der Inhaltspunkte, Schluss).

Kann-Beschreibung

Kann in persönlichen Briefen und Mitteilungen einfache Informationen von unmittelbarer Bedeutung geben oder erfragen und dabei deutlich machen, was er/sie für wichtig hält (Europarat 2001, S. 86).

Prüfungsziel

In dieser Aufgabe geht es um die Gestaltung sozialer Kontakte im privaten Bereich. Kommunikationspartner sind Freunde und Bekannte. Die Teilnehmenden sollen in Bezug auf den privaten Charakter des Textes soziokulturell angemessene Anrede- und Grußformeln und ein geeignetes Register einsetzen, z. B. „Herzliche Grüße".
Ziele der Kommunikation sind: Beziehungen entwickeln und pflegen, Neuigkeiten mitteilen, Einladungen zu einer Feier oder gemeinsamen Aktivität aussprechen und darauf reagieren, Grüße aussprechen, Verabredungen treffen und darauf reagieren.
Die Prüfungsteilnehmenden sollen innerhalb des Schreibanlasses drei verschiedene Sprachhandlungen realisieren:

- ein Ereignis beschreiben (z. B. eine Geburtstagsfeier),
- etwas begründen (z. B.: Welches Geschenk war besonders schön?) und
- einen Vorschlag machen (z. B. für ein Treffen in der Zukunft).

Prüfungsform

Die Aufgabenstellung besteht aus einer Situierung und drei Handlungsanweisungen. Die Prüfungsteilnehmenden sollen einen der Situation angemessenen, zusammenhängenden, schriftlichen Text von circa 80 Wörtern auf einen Antwortbogen schreiben. Im Rahmen der 60-minütigen Arbeitszeit für das Modul ist die empfohlene Arbeitszeit für diese Aufgabe 20 Minuten.

Aufgabe 2 Arbeitszeit: 25 Minuten

Sie haben im Fernsehen eine Diskussionssendung zum Thema „Persönliche Kontakte und Internet" gesehen. Im Online-Gästebuch der Sendung finden Sie folgende Meinung:

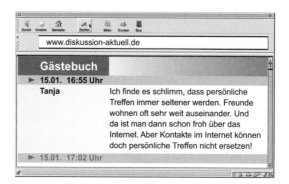

Schreiben Sie nun Ihre Meinung (circa 80 Wörter).

Kann-Beschreibung

Kann Informationen und Gedanken zu abstrakten wie konkreten Themen mitteilen, Informationen prüfen und einigermaßen präzise ein Problem erklären oder Fragen dazu stellen (Europarat 2001, S. 86).

Prüfungsziel

In dieser Aufgabe geht es um die Teilhabe am gesellschaftlichen Diskurs im öffentlichen Bereich. Kommunikationspartner ist eine anonyme Öffentlichkeit im Internet. Die Teilnehmenden sollen in neutralem Register in Bezug auf den öffentlichen Charakter des Textes schreiben. Ziel der Kommunikation ist es, Stellung zu einem Thema, das öffentlich diskutiert wird, zu nehmen. Die Prüfungsteilnehmenden schreiben einen Beitrag zu einem Diskussionsforum oder einen Eintrag in ein Online-Gästebuch, wie sie zu Rundfunk- und Fernsehsendungen im Internet vorkommen. Die eigene Meinung zum Diskussionsthema ist zu formulieren, mit Beispielen zu erläutern und zu begründen. Hierzu sollen Sprachhandlungen wie „seine Meinung bzw. Ansichten ausdrücken", „Vor- und Nachteile benennen" und „eigene Erfahrungen berichten" realisiert werden. Es geht um eine auf wenige Aspekte begrenzte Darlegung von Pro- und Contra-Aspekten.

Prüfungsform

Als Vorgabe enthält die Aufgabenstellung einen Text als Beispiel, z. B. einen Gästebucheintrag. Die Prüfungsteilnehmenden sollen zum vorgegebenen Thema in Form eines ähnlichen Beitrags von etwa doppelter Länge Stellung nehmen. Sie müssen jedoch nicht auf den vorgegebenen Beitrag reagieren. Die Prüfungsteilnehmenden sollen einen der Situation angemessenen, zusammenhängenden, schriftlichen Text von circa 80 Wörtern auf einen Antwortbogen schreiben. Im Rahmen der 60-minütigen Arbeitszeit für das Modul ist die empfohlene Arbeitszeit für diese Aufgabe 25 Minuten.

Aufgabe 3   Arbeitszeit: 15 Minuten

Ihre Kursleiterin, Frau Müller, hat Sie zu einem Gespräch über Ihre persönlichen Lernziele eingeladen. Zu dem Termin können Sie aber nicht kommen.

Schreiben Sie an Frau Müller. Entschuldigen Sie sich *höflich* und berichten Sie, warum Sie nicht kommen können.

> Schreiben Sie eine E-Mail (circa 40 Wörter).
> Vergessen Sie nicht die Anrede und die Grußformel am Schluss.

Kann-Beschreibung

Kann Notizen mit einfachen, unmittelbar relevanten Informationen für Freunde schreiben oder für Dienstleistende, Lehrende oder andere, mit denen er/sie im täglichen Leben zu tun hat, und kann das Wichtige darin verständlich machen (Europarat 2001, S. 87).

Prüfungsziel

Bei dieser Aufgabe geht es um die Handlungsregulierung im (halb-)formellen Bereich. Kommunikationspartner/-innen sind Lehrpersonen, Vorgesetzte und dergleichen. Ziele der Kommunikation sind: Verabredungen treffen und darauf reagieren, auf Stellenangebote reagieren usw. Beispiele sind: „sich schriftlich entschuldigen, wenn er/sie den Unterricht nicht besuchen kann", „auf einen einfachen, klaren Aushang an einem Schwarzen Brett, z. B. im Supermarkt oder an der Universität reagieren", „eine Dienstleistung anbieten", „eine ganz einfache Mitteilung schreiben und darin wichtige Auskünfte geben (z. B. Name, Erreichbarkeit per Telefon bzw. E-Mail)". Die Prüfungsteilnehmenden schreiben eine Mitteilung in Form einer E-Mail. Kommunikationspartner/-innen sind die eigene Lehrkraft, Kollegen/-innen, Vorgesetzte, potenzielle Arbeitgeber, Dienstleistende oder dergleichen, die man auf Deutsch im (halb-)formellen Register anspricht. Geforderte Sprachhandlungen sind z. B. Entschuldigungen, Terminvereinbarungen, Verabredungen etc. Demonstriert wird die Fähigkeit, Kommunikationspartner/-innen angemessen höflich anzusprechen.

Prüfungsform

Die Aufgabenstellung enthält eine Situierung, einen Ansprechpartner und die gewünschte Sprachhandlung. Die Prüfungsteilnehmenden sollen einen der Situation angemessenen, zusammenhängenden schriftlichen Text von circa 40 Wörtern auf einen Antwortbogen schreiben. Im Rahmen der 60-minütigen Arbeitszeit für das Modul ist die empfohlene Arbeitszeit für diese Aufgabe 15 Minuten.

6.3.3 BEWERTUNG

Der Bezug zu den Niveaustufen des *Referenzrahmens* wird durch die Aufgabenstellung und die qualitativen Kann-Beschreibungen hergestellt. Beispiele von bestandenen Schreibleistungen erläutern, zu welchen Ergebnissen die Anwendung des Bewertungs-Rasters in der Praxis führen soll. Diese erfordert eine sorgfältige Schulung der Bewertenden, in der anhand von Beispielen der richtige Einsatz des Rasters trainiert wird.

Kann-Beschreibungen zur Bewertung

Grundlage der Bewertung, wie gut Teilnehmende die Aufgaben bewältigen, ist der Beurteilungsraster mit den Beschreibungen sprachlichen Könnens in Tabelle 3 des *Referenzrahmens* (Europarat 2001, S. 37). Diese beziehen sich zwar auf die mündliche Kommunikation, wurden aber für die schriftliche Kommunikation adaptiert. Außerdem wurden weitere Deskriptoren herangezogen.

Die folgenden Kannbeschreibungen gelten für alle drei Aufgaben zum Schreiben.

Kriterium	Aufgabe	Deskriptoren im GER	Kannbeschreibung
Erfüllung	1, 2, 3	Genauigkeit	Kann die Hauptaspekte eines Gedankens oder eines Problems ausreichend genau erklären (Europarat 2001, S. 129).
			Kann das Wesentliche von dem, was er/sie sagen möchte, verständlich ausdrücken (Europarat 2001, S. 129).
		Soziolinguistische Angemessenheit	Ist sich der wichtigsten Höflichkeitskonventionen bewusst und handelt entsprechend (Europarat 2001, S. 122).
Kohärenz	1, 2, 3	Kohärenz und Kohäsion	Kann eine Reihe kurzer und einfacher Einzelelemente zu einer linearen, zusammenhängenden Äußerung verbinden (Europarat 2001, S. 125).
Wortschatz	1, 2, 3	Spektrum	Verfügt über einen ausreichend großen Wortschatz, um sich mithilfe von einigen Umschreibungen über die meisten Themen des eigenen Alltagslebens äußern zu können, wie beispielsweise Familie, Hobbys, Interessen, Arbeit, Reisen, aktuelle Ereignisse (Europarat 2001, S. 112).
		Beherrschung	Zeigt eine gute Beherrschung des Grundwortschatzes, macht aber noch elementare Fehler, wenn es darum geht, komplexere Sachverhalte auszudrücken oder wenig vertraute Themen und Situationen zu bewältigen (Europarat 2001, S. 113).
Strukturen	1, 2, 3	Grammatische Korrektheit	Kann sich in vertrauten Situationen ausreichend korrekt verständigen; im Allgemeinen gute Beherrschung der grammatischen Strukturen trotz deutlicher Einflüsse der Muttersprache. Zwar kommen Fehler vor, aber es bleibt klar, was ausgedrückt werden soll (Europarat 2001, S. 114).
			Kann ein Repertoire von häufig verwendeten Redefloskeln und von Wendungen, die an eher vorhersehbare Situationen gebunden sind, ausreichend korrekt verwenden (Europarat 2001, S. 114).
		Beherrschung der Orthografie	Kann zusammenhängend schreiben; die Texte sind durchgängig verständlich. Rechtschreibung, Zeichensetzung und Gestaltung sind exakt genug, so dass man sie meistens verstehen kann (Europarat 2001, S. 118).

Abbildung 29: Kriterium, Deskriptoren, Kannbeschreibung *Schreiben* im *GER*

Kriterien

Bewertet werden die drei produzierten Texte jeweils nach inhaltlichen und kommunikativen Aspekten in dem Kriterium „Erfüllung der Aufgabenstellung" und nach sprachlichen Aspekten in den drei Kriterien „Kohärenz", „Wortschatz" und „Strukturen". Die Prüfungsteilnehmenden zeigen bei der „Erfüllung der Aufgabenstellung", dass sie den Schreibauftrag richtig verstanden haben und effektiv umsetzen können. Dabei wird beurteilt:

- Wie umfassend und vollständig erfüllt die Schreibleistung die Aufgabe?
- Wie viele der Inhaltspunkte wurden klar verständlich umgesetzt?
- Wie gut sind die Sprachfunktionen (z. B. beschreiben, begründen, etwas vorschlagen in Aufgabe 1) im Hinblick auf die Kommunikation der geforderten Sprachhandlungen umgesetzt?
- Ist das Register angemessen im Hinblick auf den/die Kommunikationspartner und den Schreibanlass?
- Wird die Mitteilung zu Aufgabe 3 den Konventionen der Höflichkeit, Anrede, Gruß und Register in Bezug auf den Adressaten gerecht?

In Aufgabe 2 wird die Angemessenheit von Form und Umfang der Meinungsäußerung beurteilt.

Die sprachlichen Kriterien beantworten die Fragen:

- Wie angemessen ist die sprachliche Leistung bezogen auf die Organisation des Textes?
- In welchem Maß ist der Text mithilfe von Verknüpfungen der Sätze oder Satzteile effektiv strukturiert?

Bei „Wortschatz" geht es darum, welche sprachlichen Mittel verwendet werden und wie treffend und genau der sprachliche Ausdruck ist. Bei „Strukturen" wird bewertet, welche Strukturen verwendet werden und wie korrekt die verwendete Sprache im Hinblick auf Morphologie, Syntax, Orthografie und Interpunktion ist. Die Schreib-Leistungen werden mithilfe folgender Kriterien bewertet:

Bewertungskriterien Schreiben			A	B	C	D	E
AUFGABE 1	**Erfüllung**	Inhalt, Umfang, Sprachfunktionen (z. B. jemanden einladen, Vorschlag machen …)	alle 3 Sprachfunktionen inhaltlich und umfänglich angemessen behandelt	2 Sprachfunktionen angemessen **oder** 1 angemessen und 2 teilweise	1 Sprachfunktion angemessen und 1 teilweise **oder** alle teilweise	1 Sprachfunktion angemessen **oder** teilweise	Textumfang weniger als 50 der geforderte Wortanzahl **od** Thema verfehl
		Textsorte	durchgängig umgesetzt	erkennbar	ansatzweise erkennbar	kaum erkennbar	
		Register/ Soziokulturelle Angemessenheit	situations- und partneradäquat	noch weitgehend situations- und partneradäquat	ansatzweise situations- und partneradäquat	nicht mehr situations- und partneradäquat	
	Kohärenz	Textaufbau (z. B. Einleitung, Schluss …)	durchgängig und effektiv	überwiegend erkennbar	stellenweise erkennbar	kaum erkennbar	Text durchgängig unangemessen
		Verknüpfung von Sätzen, Satzteilen	angemessen	überwiegend angemessen	teilweise angemessen	kaum angemessen	
	Wortschatz	Spektrum	differenziert	überwiegend angemessen	teilweise angemessen **oder** begrenzt	kaum vorhanden	
		Beherrschung	vereinzelte Fehlgriffe beeinträchtigen das Verständnis nicht	mehrere Fehlgriffe beeinträchtigen das Verständnis nicht	mehrere Fehlgriffe beeinträchtigen das Verständnis teilweise	mehrere Fehlgriffe beeinträchtigen das Verständnis erheblich	
	Strukturen	Spektrum	differenziert	überwiegend angemessen	teilweise angemessen **oder** begrenzt	kaum vorhanden	
		Beherrschung (Morphologie, Syntax, Orthografie)	vereinzelte Fehlgriffe beeinträchtigen das Verständnis nicht	mehrere Fehlgriffe beeinträchtigen das Verständnis nicht	mehrere Fehlgriffe beeinträchtigen das Verständnis teilweise	mehrere Fehlgriffe beeinträchtigen das Verständnis erheblich	
AUFGABE 2	**Erfüllung**	Inhalt, Umfang, Meinungsäußerung	Meinungsäußerung inhaltlich und umfänglich angemessen	überwiegend angemessen	teilweise angemessen	kaum angemessen	Wie Aufgabe 1
		Register/ Soziokulturelle Angemessenheit	situations- und partneradäquat	noch weitgehend situations- und partneradäquat	ansatzweise situations- und partneradäquat	nicht mehr situations- und partneradäquat	
	Kohärenz Wortschatz Strukturen		Wie Aufgabe 1				
AUFGABE 3	**Erfüllung**	Mitteilung, Inhalt Register/ Soziokulturelle Angemessenheit	Mitteilung inhaltlich und soziokulturell angemessen	überwiegend angemessen	stellenweise angemessen	kaum angemessen	Wie Aufgabe 1
	Kohärenz Wortschatz Strukturen		Wie Aufgabe 1				

Abbildung 30: Bewertungskriterien Modul *Schreiben*

Bei den drei sprachlichen Aspekten werden jeweils Spektrum und Beherrschung betrachtet. Das bedeutet, dass zunächst darauf geachtet wird, wie effektiv, flexibel und differenziert die sprachlichen Mittel eingesetzt werden, und dann erst, inwiefern diese durch Fehlgriffe in ihrer Wirksamkeit beeinträchtigt sind.

Bei der Bewertung wird in erster Linie nicht auf die Fehler geachtet, sondern zunächst wird bewertet, was die Schreibleistung im positiven Sinne auszeichnet. Bei der Betrachtung der Fehler wird dann unterschieden zwischen kleineren formalen Fehlern, wie zum Beispiel einer falschen Artikelverwendung, die das Verständnis nicht oder kaum beeinträchtigen, und solchen Fehlern, die das Verständnis beeinträchtigen, wie zum Beispiel die Wahl einer falschen Konjunktion. Die Anzahl der Fehler ist bei dieser Betrachtung von sekundärer Bedeutung.

Die Bewertungsskala und die damit verbundenen Abstufungsmöglichkeiten sind fünfstufig. Die beiden oberen Stufen A und B bilden eine Schreibleistung ab, die dem Niveau B1 entspricht. A wird vergeben, wenn eine Schreibleistung eindeutig auf dem Niveau liegt, B, wenn sie einzelne Abstriche hat, zum Beispiel nicht alle Sprachhandlungen befriedigend erfüllt sind. Im Text der Bewertungskriterien werden diese Stufen durch die Attribute „angemessen" und „überwiegend angemessen" charakterisiert. Die Bewertungen C und D bilden eine Schreibleistung ab, die unter dem Niveau B1 anzusiedeln ist. Dabei wird C vergeben, wenn die Schreibleistung nur knapp unter der gewünschten B1-Schreibleistung liegt. D wird vergeben, wenn die Schreibleistung in diesem Kriterium deutlich unter der gewünschten B1-Schreibleistung liegt. Im Text der Bewertungskriterien werden diese Stufen durch die Attribute „stellenweise angemessen" bzw. „kaum angemessen" charakterisiert. Die Bewertung E wird gewählt, wenn die Schreibleistung aufgrund des nicht zur Aufgabe passenden Inhalts, der Kürze oder der mangelnden Verständlichkeit nicht bewertbar ist. Im Text der Bewertungskriterien wird diese Stufe durch die Attribute „Thema verfehlt" und „durchgängig unangemessen" charakterisiert. Die sichere Anwendung der Abstufungen, beispielsweise zwischen „überwiegend angemessen" und „angemessen", kann nur durch ein Bewertertraining erzielt werden.

Leistungsbeispiele

Aufgabe 1

Neben der inhaltlichen Aufgabenerfüllung wird bewertet, ob der Text eine geeignete Einleitung und einen Abschluss hat und ob die drei Sprachhandlungen zu einer kohärenten Nachricht verknüpft sind. Der Text sollte neben Hauptsätzen auch Nebensätze enthalten und die Satzanfänge sollten variieren. Die Übergänge von Satz zu Satz sollten durch kohäsive Elemente wie zum Beispiel Konjunktionen gestaltet sein. Hinsichtlich der Bewertung von Formulierungen, Orthografie und Interpunktion werden die Regeln des Briefes zugrunde gelegt. Idiosynkrasien wie durchgängige Kleinschreibung werden nicht akzeptiert. Spezifische Elemente der Textsorte E-Mail (z. B. die Adresse und der Betreff in entsprechenden Rahmen, Emoticons im Text) werden nicht erwartet. Anrede und Gruß werden, auch wenn das in der Realität oftmals weggelassen wird, erwartet.

Leistungsbeispiel *Geburtstag*

Modellsatz, Aufgabe 1

Liebe Reneta,

ich bin traurig, dass du nicht zum Beispielgekommen bist. Es war eine wirklich gute Party mit viel Freunde. Wir haben viel Alkohol getrunken und laut Musik gehören. Die Party hat um 10 Uhr begonnen und um 6 Uhr beendet.

Es war wirklich wunderschön.

Meine Freunde haben mir ein Geschenk geschenkt – Sony Playstation Portable. Es war das perfekte Geschenk. Ich bin ein großer Fan von Spielen aber ich hatte nicht genug Geld um einen früher zu kaufen.

Wann treffen wir uns? Wir haben uns von 3 Monate nicht getroffen. Wir müssen nächste Wochenende uns treffen. Hast du denn frei Zeit? Schreib mir bald.

Grüsse
Boris

Die Erfüllung der Aufgabe entspricht dem Niveau B1 voll, da die drei Sprachfunktionen (beschreiben, begründen, Vorschlag machen) angemessen behandelt sind, die informelle Anrede und Grußformel soziokulturell angemessen ist und der Text mit 107 Wörtern ausführlich genug ist. Verlangt sind nur circa 80 Wörter. Die Gliederung des Textes ist effektiv und klar: einleitende Bezugnahme auf den Schreibanlass und Verabschiedung. Positiv sind auch die abwechslungsreichen Satzanfänge und Bezugnahmen sowie der Einsatz von Verknüpfungsmitteln: *dass*; *und*; *aber*. Somit erfüllt die Leistung auch hinsichtlich des Kriteriums „Kohärenz" die Ansprüche des Niveaus B1. Unterhalb von Niveau B1 liegt die Leistung mit Bezug auf den verwendeten Wortschatz: Das Spektrum ist zwar angemessen (*laut Musik hören; wirklich schön; das perfekte Geschenk; Fan von; genug Geld*), doch stören Fehlgriffe wie *zum Beispiel gekommen; beendet; von 3 Monate* den Lesefluss. Noch niveaugerecht, wenn auch nicht optimal, ist die Leistung in Bezug auf die verwendeten sprachlichen Strukturen. Das Spektrum ist zwar angemessen, doch gibt es einige Regelverstöße, die die Kommunikation jedoch nicht behindern. Beispiele: die Partizipien *gehöre; getreffen*, die Deklination von Pronomen *einen* und die Adjektivdeklination: *viel; frei*.

Aufgabe 2

Bewertet wird wie in Aufgabe 1. Anrede und Gruß sind bei dieser Textsorte nicht typisch und werden nicht erwartet.

Leistungsbeispiel *Persönliche Kontakte und Internet*

Modellsatz, Aufgabe 2

> Wie Tania finde ich es schade, dass persönliche Treffen immer seltener werden. In eine Welt, wo die Leute immer sich beeilen, haben wir immer weniger Zeit für unsere Freunde. Wir laufen die ganze Tag von ein Teil von die Stadt zu ein ander, und wir sehen nich, dass wir, auf diese Art, persönliche Kontakten verlieren. Naturlich glaube ich nicht, dass Internet nur schlimm ist; zum Beispiel, ist es sehr wichtig wann Menschen sehr weit weg wohnen, in ein Paar Sekunden kommt ein E-Mail von Rome nach Melbourne, von Los Angeles nach Wien an.
> Was wir nich vergessen sollen ist dass persönliche Treffen konnen nich ersetzt werden.
> Jean

Die Erfüllung der Aufgabe entspricht dem Niveau B1. Die Darstellung der schriftlichen Meinungsäußerung ist angemessen: Der Text nimmt die Argumente der Vorlage auf und geht darauf ein. Der Text ist als Meinungsäußerung erkennbar: *wie Tanja find ich es schade; naturlich glaube ich nicht; was wir nich vergessen sollen.* Der Text ist mit 106 Wörtern bei verlangten 80 Wörtern ausführlicher als gefordert. Textaufbau bzw. Kohärenz entsprechen dem Niveau B1. Der Text weist eine durchgängig effektive und klare Gliederung auf: Einleitung und Abschluss sind erkennbar, die Übergänge zwischen den Argumenten sind gelungen. Positiv ist der Einsatz von Verknüpfungsmitteln wie den Konjunktionen *dass; und; wenn.* Auch der verwendete Wortschatz entspricht dem Niveau B1. Das Spektrum ist angemessen und differenziert, beispielsweise ist *sich beeilen* richtig verwendet. Die Wortschatzbeherrschung ist weitestgehend korrekt (*finde ich es schade; sich beeilen; was wir nicht vergessen sollen*). Vereinzelte Fehlgriffe irritieren nur wenig: *sehr weit weg wohnen; wann* statt *wenn.* Bei den Strukturen bleibt die Leistung etwas hinter den Ansprüchen von B1 zurück. Allerdings ist das Spektrum angemessen, sogar komplexe Strukturen sind vorhanden: *Wie Tania...; auf diese Art; Naturlich; zum Beispiel.* Stellenweise treten gehäuft Regelverstöße auf, die aber den Lesefluss nicht stören: *ein Teil von die Stadt zu ein ander, sollen* statt *sollten.*

Aufgabe 3:
Bewertet wird neben der inhaltlichen Umsetzung der Anweisung besonders die soziokulturelle Angemessenheit.

Leistungsbeispiel *Entschuldigung*

Modellsatz, Aufgabe 3

Liebe Frau Müller,
Es tut mir leid, dass ich zu Ihrem Gespräch über Ihre persönlichen Lernziele nicht kommen kann. Ich muss an diesem Tag in Deutschland meine Mutter besuchen. Sie ist im Krankenhaus Krank und muss operiert werden.

Mit Freundlichen Grüßen,
Jennifer M.

Die Erfüllung der Aufgabe entspricht dem Niveau B1. Die Sprachfunktionen Entschuldigung und Begründung werden erfüllt. Inhaltlich ist die Mitteilung überwiegend angemessen. Aus dem ersten Satz ergibt sich allerdings ein gravierender Bezugsfehler: Die Teilnehmende möchte *über Ihre persönlichen Lernziele*, also die Lernziele der Kursleitung sprechen, weswegen hier nicht die volle Punktzahl gegeben werden kann. In soziokultureller Hinsicht ist der Text durch die gewählten Grußformeln (*Liebe Frau Müller; Mit Freundlichen Grüßen*) angemessen. Die Textsorte E-Mail ist erkennbar. Mit 43 Wörtern ist der Text angemessen lang. Verlangt sind circa 40 Wörter. Die Gliederung ist effektiv und klar. Strukturierungsmittel werden durchgängig eingesetzt: Der Satzbau variiert in angemessener Weise, das Wortschatzspektrum ist flexibel und differenziert und wird fast durchgängig korrekt eingesetzt. Es gibt im Bereich Wortschatz nur einen Fehlgriff, der den Lesefluss jedoch nicht stört (*im Krankenhaus Krank*). Das Spektrum an Strukturen ist flexibel und differenziert (*dass ich ... nicht kommen kann, muss operiert werden*), in der Orthografie finden sich einzelne Fehlgriffe (*Krank; Freundlichen*), die den Lesefluss allerdings nicht behindern.

Durchführung der Bewertung

Die Bewertung erfolgt durch zwei geschulte und zertifizierte Bewertende, d. h. nicht maschinell. Eine genaue Beschreibung der Durchführung der Bewertung findet sich in den Durchführungsbestimmungen. Alle drei Leistungen werden auf dem von den Teilnehmenden beschriebenen Antwortbogen *Schreiben* von zwei Prüfenden unabhängig voneinander bewertet. Sie machen nacheinander ihre Korrekturzeichen auf dem Antwortbogen. Die Punktevergabe erfolgt auf der Basis der Kriterien und der jeweils fünf Stufen pro Kriterium. Um die Unabhängigkeit der Bewertungen zu gewährleisten, hält jeder der beiden Bewertenden seine Werte auf einem eigenen Bewertungsbogen fest. Hier besteht auch die Möglichkeit, kurze Kommentare zu den Leistungen, bezogen auf die einzelnen Bewertungskriterien, zu notieren.

Auf diese Weise kann der Zweitkorrektor eine sogenannte blinde Zweitkorrektur vornehmen, bei der er nicht durch die Punktevergabe durch den Erstkorrektor beeinflusst wird. Diese Doppelbewertung garantiert die Zuverlässigkeit und Fairness der Bewertung. Aus den Werten der beiden Bewertenden wird am Ende das arithmetische Mittel gebildet und in den Ergebnisbogen *Schreiben* eingetragen. Für den Fall, dass eine der beiden Bewertungen unter der Bestehensgrenze liegt, ist ein Einigungsgespräch der beiden Prüfenden durchzuführen. Für jede/-n Prüfungsteilnehmende/-n werden der Antwortbogen und die beiden Bewertungsbögen ein Jahr lang und der Ergebnisbogen zehn Jahre lang im Prüfungszentrum archiviert.

Abbildung 31: Bewertungsbogen Modul *Schreiben*

Ein Zählen der geschriebenen Wörter durch die Bewertenden ist ausschließlich dann notwendig, wenn die Leistung augenscheinlich unter 50 % des geforderten Textumfangs liegt. In diesem Fall, ebenso wie bei einer Verfehlung des Themas, wird das Kriterium „Erfüllung der Aufgabe" mit 0 Punkten bewertet. Damit ist die gesamte Aufgabe „nicht bestanden" und erhält 0 Punkte. Bei Vergabe von 0 Punkten bei einem anderen Kriterium wird die Gesamtpunktzahl gewertet.

Insgesamt können im Modul *Schreiben* maximal 100 Punkte erreicht werden.
Die drei Aufgaben werden unterschiedlich gewichtet: Aufgabe 1 und 2 mit jeweils maximal 40 Punkten, d. h. 40 Prozent Anteil am Ergebnis des Moduls, Aufgabe 3 mit maximal 20 Punkten, d. h. 20 Prozent Anteil am Ergebnis des Moduls. Bei jeder Aufgabe wird jedes der vier Kriterien („Erfüllung der Aufgabe", „Kohärenz", „Wortschatz", „Strukturen") mit jeweils maximal 10 bzw. im Fall von Aufgabe 3 mit 4 bzw. 6 Punkten bewertet.
Um das Modul zu bestehen, müssen mindestens 60 Punkte erreicht werden.
Bei Bestehen des Moduls erhalten die Teilnehmenden ein Zeugnis, in dem die erreichten Ergebnispunkte respektive die jeweiligen Prozentzahlen ausgewiesen werden. Auf der Zeugnis-Rückseite findet sich eine Beschreibung der Leistungen, die für die Fertigkeit Schreiben auf der Niveaustufe B1 typisch sind. Prüfungsteilnehmende, die das Modul *Schreiben* nicht bestanden haben, erhalten eine Teilnahmebestätigung mit Angabe der erreichten Prozentzahlen.

6.4 Modul Sprechen

6.4.1 TESTKONSTRUKT

Ähnlich wie die interaktive/produktive Fertigkeit Schreiben stellt auch die mündliche Interaktion/Produktion keine isolierte Fertigkeit dar, sondern ist eine, vordergründig mit Hörverstehen, aber auch mit anderen Faktoren in engem Zusammenhang stehende Kompetenz, die immer im Gesamtkontext der kommunikativen Situation betrachtet werden muss. Oft wird daher eher von „Mündlicher Sprachhandlungskompetenz" oder „Kommunikationsfähigkeit" gesprochen, womit die Fähigkeit gemeint ist, in realitätsnahen Situationen kommunikativ angemessen zu handeln. Viele Modelle kommunikativer Kompetenz stellen in ihrer Beschreibung das Mündliche in den Vordergrund. Schon Canale/Swain entwickelten 1980 auf Basis von Hymes' Konzept (Hymes 1972) ein Modell von kommunikativer Kompetenz, das mit besonderem Augenmerk auf das Mündliche die soziolinguistische, die strategische sowie die Diskurskompetenz neben die grammatische (linguistische) Kompetenz stellte.
Dieses Modell wurde von Bachman (1990) erweitert, der grundsätzlich zwischen organisatorischer Kompetenz (Grammatische Kompetenz und Textkompetenz) und pragmatischer Kompetenz (Soziolinguistische Kompetenz und illokutionäre Kompetenz) unterscheidet. Bei der Beschreibung letzterer beruft er sich vor allem auf frühere Sprechakttheorien bzw. auf funktionale Ansätze (Sprachfunktionen) und bezieht sich dabei ebenfalls verstärkt auf mündliche Kompetenzen. In Details abweichend, aber im Aufbau grundsätzlich ähnlich ist das Modell des europäischen *Referenzrahmens*, das bei der Definition des pragmatischen Bereichs ebenfalls das Mündliche betont, indem einerseits Diskurskompetenzen wie Flexibilität, Sprecherwechsel, Themenentwicklung und Kohärenz aufgezählt und andererseits auch unter den Sprachfunktionen v. a. Beispiele aus dem Mündlichen genannt werden. Schließlich bezieht sich auch der Szenario-Ansatz in der Lernzielbroschüre des *Zertifikats Deutsch* hauptsächlich auf mündliche Kommunikation (vgl. Weiterbildungs-Testsysteme GmbH et al. 1999, S.25 f).

All diesen Modellen gemeinsam ist ein weit gefasster Begriff kommunikativer Kompetenz, der versucht, der Vielschichtigkeit und Komplexität mündlicher Sprachhandlungskompetenz Rechnung zu tragen. Besonders deutlich wird die Komplexität mündlicher Produktions- und Interaktionskompetenz bei der Betrachtung des Sprechprozesses. In der Fachdiskussion wird üblicherweise zwischen drei Phasen der inhaltlich-sprachlichen Verarbeitung unterschieden (vgl. Levelt 1989, Scovel 1998, Bygate 2000): In Phase 1 wird der Inhalt einer Mitteilung geplant, in Phase 2 wird er im Geiste versprachlicht und schließlich in Phase 3 als hörbare Mitteilung artikuliert. In jeder dieser drei Phasen kann es zu Schwierigkeiten kommen: Schon die inhaltliche Planung einer Mitteilung hängt oft vom Verstehen des vorangegangenen Inputs durch den Gesprächspartner ab. Bei der Versprachlichung der Mitteilung in der Fremdsprache geht es v. a. um die Anforderungen, „richtige" lexikalische, stilistische und morpho-syntaktische Entscheidungen zu treffen. Phase 3 betrifft v. a. die Anforderungen in Bezug auf Aussprache, Intonation und Ähnliches.

In authentischer Interaktion können zwei weitere Aspekte eine erschwerende Rolle spielen und eine Herausforderung für die Gesprächspartner/-innen darstellen. Interaktion ist einerseits von Unvorhersehbarkeit geprägt – der Gesprächsverlauf kann durch das Gegenüber ständig verändert werden (vgl. Johnstone 2002) – und andererseits durch einen ständigen und raschen Rollenwechsel zwischen Sender und Empfänger. Dieser Aspekt der Simultanität, also der nahezu gleichzeitig gestellten Anforderungen zwischen Produktion und Rezeption, stellt im Vergleich zur zeitlich versetzten Verarbeitung in der schriftlichen Interaktion (z. B. Brief- oder E-Mail-Korrespondenz) deutlich höhere Ansprüche an sprachlich Handelnde. Zusätzliche Schwierigkeiten können sich auch in emotional begründeten Faktoren finden. Ein Beispiel dafür wäre – vor allem beim monologischen Sprechen – die Angst, vor Publikum zu sprechen oder durch Fehler in Sprachsystem und/oder Aussprache das Gesicht zu verlieren.

Ausgehend von diesen Fakten und den oben beschriebenen Modellen kommunikativer Kompetenz erfolgte die Entwicklung des Prüfungsmoduls *Sprechen* im *Zertifikat B1* nach folgenden Prinzipien und Überlegungen: Im Sinne einer möglichst hohen Konstruktvalidität sollte die mündliche Sprachhandlungsfähigkeit so *direkt* wie möglich überprüft werden. Es sollten möglichst plausible, für die Zielgruppe relevante bzw. für das Niveau B1 typische und authentische kommunikative Situationen und Aufgaben mit unterschiedlichen Schwerpunkten (Sprachfunktionen) formuliert werden. Gleichzeitig sollten Erfordernisse der Praktikabilität und der Testökonomie berücksichtigt werden. Die mündliche Prüfung sollte die Teilnehmenden grundsätzlich nicht überfordern, weder durch die Anzahl der Aufgaben noch durch die Dauer der Prüfung. Daher wurden bewusst insgesamt nur drei Prüfungsteile festgelegt, innerhalb derer möglichst viele Einzelaspekte und Prüfungsziele abgedeckt werden.

Erreicht wird dies u. a. durch

- einen Wechsel zwischen Interaktion (Aufgabe 1 und 3) und Produktion (Aufgabe 2),
- einen Wechsel zwischen den Domänen privat und (halb-)öffentlich,
- einen Wechsel zwischen (halb-)formellem und informellem Register,
- eine Aufnahme verschiedener Sprachfunktionen/Sprechhandlungen innerhalb der einzelnen Aufgaben, z. B. bei Aufgabe 2: informieren, berichten, Meinung äußern und argumentieren.

Das Testkonstrukt bzw. die Anforderungen und unterschiedlichen Aspekte mündlicher Kompetenz spiegeln sich nicht nur in den Prüfungsaufgaben, sondern auch in den Beurteilungskriterien wider. Da gerade die Beurteilung mündlicher Kompetenz schwierig ist, sind für die Qualität der Prüfung zusätzliche Faktoren wie intensives Prüfungs- und Beurteilungstraining und detaillierte Durchführungsbestimmungen besonders wichtig. Erst durch das Zusammenspiel all dieser Aspekte kann ein zufriedenstellendes Maß an Validität, Reliabilität und Objektivität gewährleistet werden.

Sprechfähigkeit auf Niveau B1

Sprechende auf dem Niveau B1 können gemäß der Definition des *Referenzrahmens* „[…] ohne Vorbereitung an Gesprächen über vertraute Themen teilnehmen, persönliche Meinungen ausdrücken und Informationen austauschen über Themen, die […]. sich auf das alltägliche Leben beziehen (z. B. Familie, Hobbys, Arbeit, Reisen und aktuelles Geschehen)." Sie können „[ihre] Meinung oder Reaktion klar machen, wenn es darum geht, ein Problem zu lösen oder praktische Fragen zu klären im Zusammenhang damit, wohin man gehen oder was man tun sollte" und sie können „[…] höflich Überzeugungen und Meinungen, Zustimmung und Ablehnung ausdrücken." (Europarat 2001, S. 81) Zudem können B1-Lernende eine „[…] vorbereitete, unkomplizierte Präsentation zu einem vertrauten Thema aus [ihrem] Fachgebiet so klar vortragen, dass man ihr meist mühelos folgen kann" sowie „… dem, was gesagt wird, im Allgemeinen folgen und, falls nötig, Teile von dem, was jemand gesagt hat, wiederholen, um gegenseitiges Verstehen zu sichern." (Europarat 2001, S. 38) Die Aussprache und Intonation betreffend, sprechen Lernende auf B1-Niveau verständlich und klar genug, dass das Gesagte trotz eines wahrnehmbaren Akzents nur vereinzelt wiederholt werden muss, um besser verstanden zu werden. Im Ausdruck kann es bei komplexeren Themen oder in weniger vertrauten Situationen noch zu elementaren Fehlern kommen, die das Verständnis allerdings nicht grundlegend stören. Die grammatischen Strukturen werden auf diesem Niveau bereits allgemein gut beherrscht.

6.4.2 PRÜFUNGSZIELE UND -FORMEN

Teil	Aktivität	Texttyp	Domäne	Format	Zeit pro Teilnehmer/in
1	Interaktion: Gemeinsam etwas planen und aushandeln	Gespräch	privat	Teilnehmende planen etwas, wobei sie sich an 4 Leitpunkte halten	2-3 Minuten
2	Produktion: In einem Monolog ein Thema präsentieren	Vortrag	(halb-) öffentlich	Teilnehmende tragen eine Präsentation zu 5 vorgegebenen Folien vor	3-4 Minuten
3	Interaktion: Situations-adäquat reagieren	Gespräch	(halb-) öffentlich	Teilnehmende geben einander ein Feedback zur Präsentation bzw. reagieren darauf und stellen einander je eine Frage bzw. reagieren darauf	1-2 Minuten

Abbildung 32: Prüfungsziele und -formen Modul *Sprechen*

Die Prüfungsteilnehmenden stellen ihre Sprechfähigkeit auf Deutsch anhand von drei realitätsnahen Sprechanlässen unter Beweis. In den drei Aufgaben sollen sie verschiedene sprachliche Aktivitäten bzw. Funktionen realisieren: Sie sollen gemeinsam eine Alltagssituation planen, ein Thema präsentieren, eine Rückmeldung zu einem gehörten Vortrag geben und eine Frage zum Thema stellen. Bei zwei der drei Aufgaben geht es um mündliche Interaktion, in einer Aufgabe um mündliche Produktion. Voraussetzung für die Bewältigung der Aufgaben ist das Erfassen der Situation in Bezug auf den/die Adressaten/Adressatin, die Sprechabsicht und die eigene Rolle als Kommunikationspartner/-in. Die Prüfungsteilnehmenden zeigen, dass sie unterschiedliche Adressaten soziokulturell angemessen ansprechen können. Sie sprechen mit dem/der Gesprächspartner/-in bei Aufgabe 1 in der Regel im informellen Register und richten sich bei den Aufgaben 2 und 3, bei der Präsentation und dem anschließenden Gespräch über den Vortrag, an die Prüfenden und den/die Gesprächspartner/-in in einem halb-öffentlichen Bereich im neutralen oder (halb-)formellen Register. Die produzierten mündlichen Leistungen sollen bei Aufgabe 1 etwa 2 bis 3 Minuten, bei Aufgabe 2 etwa 3 bis 4 Minuten und bei Aufgabe 3 etwa 1 bis 2 Minuten lang sein. Die Gesamtlänge der mündlichen Leistung soll bei circa 6 bis 7 Minuten pro Person liegen. Eine darüber hinausgehende Prüfungszeit ist im Sinne des Bereitstellens von bewertbaren Leistungen nicht notwendig. Der/Die Moderator/-in kann daher eine mündliche Prüfung nach 15 Minuten beenden.

Prüfungsform
Die mündliche Prüfung wird grundsätzlich als Paarprüfung, d. h. mit zwei Prüfungsteilnehmenden durchgeführt. Nur in Ausnahmefällen, z. B. wenn nur (noch) eine Person zu prüfen ist, kommt es zur Einzelprüfung. Die Aufgaben 1 und 3 sind dialogisch (interaktiv), die Aufgabe 2 ist monologisch (produktiv) angelegt.

Rolle der Prüfenden

Im Fall der Paarprüfung übernimmt jeweils eine/-r der Prüfenden (P1) die Rolle eines/einer Moderators/Moderatorin, der/die durch die Prüfung führt, während der/die andere Prüfende (P2) vorwiegend die Rolle eines/einer beobachtenden Assessors/Assessorin einnimmt. Im Fall einer Einzelprüfung übernimmt eine/-r der Prüfenden (P1) die Rolle des/der Moderators/Moderatorin und Assessors/Assessorin und der andere (P2) die Rolle des/der Gesprächspartners/Gesprächspartnerin (Interlokutor). Der/Die Moderator/-in macht seine/ihre Angaben gemäß der Hinweise zur mündlichen Prüfung, welche in den jeweiligen Prüferblättern abgedruckt sind.

Prüfungsvorbereitung

Die Prüfungsteilnehmenden haben vor Beginn der Prüfung fünfzehn Minuten Zeit, sich in einem dafür vorgesehenen Raum, unter Aufsicht und ohne Hilfsmittel, vorzubereiten. Aufgabe 1 ist vorgegeben. Für Aufgabe 2 können die Prüfungsteilnehmenden aus drei verschiedenen Themen ein Thema wählen. Aufgabe 3 kann nicht vorbereitet werden, da sie eine spontane Reaktion in der Prüfung erfordert. Die Prüfungsteilnehmenden können in der Vorbereitung Notizen zu den Aufgaben 1 und 2 machen.

Teil 1 Gemeinsam etwas planen

Ein Teilnehmer aus dem Deutschkurs hatte einen Unfall und liegt im Krankenhaus.
Diese Woche möchten Sie ihn besuchen und ein Geschenk von der ganzen Gruppe mitbringen.
Nächste Woche kann er das Krankenhaus verlassen. Da er allein lebt, wird er Hilfe brauchen.
Überlegen Sie, wie Sie ihn unterstützen können.

Sprechen Sie über die Punkte unten, machen Sie Vorschläge und reagieren Sie auf die Vorschläge
Ihres Gesprächspartners/Ihrer Gesprächspartnerin.
Planen und entscheiden Sie gemeinsam, was Sie tun möchten.

Besuch im Krankenhaus und Hilfe planen

- *Wann besuchen? (Tag, Uhrzeit?)*
- *Wie hinkommen?*
- *Was mitnehmen?*
- *Wie kann man helfen?*
  (vom Krankenhaus abholen, einkaufen, ...)
- *. . .*

Kann-Beschreibungen:
Kann seine/ihre Meinung oder Reaktion klar machen, wenn es darum geht, ein Problem zu
lösen oder praktische Fragen zu klären im Zusammenhang damit, wohin man gehen oder
was man tun sollte (Europarat 2001, S. 81).
Kann durch kurze Begründungen und Erklärungen die eigene Meinung verständlich
machen, wenn es z. B. um mögliche Lösungen oder um die Frage geht, was man als
Nächstes tun sollte (Europarat 2001, S. 83).

Prüfungsziel
Die Teilnehmenden sollen zeigen, dass sie in der Lage sind, in einer Alltagssituation
zielorientiert miteinander zu kooperieren. Sie sollen Vorschläge machen, ihre Meinung äu-
ßern sowie Zustimmung und Ablehnung ausdrücken.
In dieser Aufgabe geht es um die kommunikative Gestaltung sozialer Kontakte im privaten
Bereich. Kommunikationspartner/-innen sind Freunde/Freundinnen und Bekannte. Die
Teilnehmenden sollen gemeinsam mit dem/der Gesprächspartner/-in etwas planen. Ziele
der Kommunikation sind: Lösungen für eine Problemstellung finden, z. B. „Ort und Zeit
bestimmen", „Vorschläge für eine gemeinsame Aktivität machen und darauf reagieren",
„Verabredungen treffen und darauf reagieren". Als Hilfestellung gibt es vier Leitpunkte, die
bearbeitet werden sollen. Darüber hinaus können aber auch eigene Ideen eingebracht
werden. Zu einem gemeinsamen Konsens muss es dabei nicht unbedingt kommen.

Prüfungsform
Die Prüfung wird in einer Aufwärmphase mit 2 bis 3 Fragen des/der Moderators/Mode-
ratorin (P1) nach Name, Herkunftsland und Dauer des Deutschlernens eingeleitet. Dann
planen die Prüfungsteilnehmenden anhand der Vorgabe (Situierung und Notizblatt mit
vier Leitpunkten) und auch mit eigenen Ideen ein gemeinsames Vorhaben. Sie besprechen
die Vorgehensweise und reagieren dabei auf die Einwände des/der Gesprächspartners/
Gesprächspartnerin. Es wird erwartet, dass die Teilnehmenden Vorschläge machen, ihre
Meinung sagen und auf die Vorschläge des/der Gesprächspartners/Gesprächspartnerin zu-
stimmend oder ablehnend reagieren.

Thema A: Brauchen Kinder Mobiltelefone? (Erwachsene)

Teil 2 Ein Thema präsentieren

Sie sollen Ihren Zuhörern ein aktuelles Thema präsentieren. Dazu finden Sie hier fünf Folien.
Folgen Sie den Anweisungen links und schreiben Sie Ihre Notizen und Ideen rechts daneben.

Stellen Sie Ihr Thema vor. Erklären Sie den Inhalt und die Struktur Ihrer Präsentation.

_____
_____
_____
_____
_____

Berichten Sie von Ihrer Situation oder einem Erlebnis im Zusammenhang mit dem Thema.

_____
_____
_____
_____
_____

Berichten Sie von der Situation in Ihrem Heimatland und geben Sie Beispiele.

_____
_____
_____
_____
_____

Nennen Sie die Vor- und Nachteile und sagen Sie dazu Ihre Meinung.
Geben Sie auch Beispiele.

_____
_____
_____
_____
_____

Beenden Sie Ihre Präsentation und bedanken Sie sich bei den Zuhörern.

_____
_____
_____
_____
_____

Thema B: Sehen Kinder zu viel fern? (Erwachsene)

Teil 2 Ein Thema präsentieren

Stellen Sie Ihr Thema vor. Erklären Sie den Inhalt und die Struktur Ihrer Präsentation.

_____
_____
_____
_____
_____

Thema C: Ohne Früstück zur Schule (Jugendliche)

Teil 2 Ein Thema präsentieren

Stell dein Thema vor.
Erkläre den Inhalt und
die Struktur deiner
Präsentation.

_____

_____

_____

_____

_____

Kann-Beschreibung
Kann eine vorbereitete, unkomplizierte Präsentation zu einem vertrauten Thema aus
seinem/ihrem Fachgebiet so klar vortragen, dass man ihr meist mühelos folgen kann,
wobei die Hauptpunkte hinreichend präzise erläutert werden (Europarat 2001, S. 66).

Prüfungsziel
In Aufgabe 2 soll ein Thema präsentiert werden. Kommunikationspartner sind die beiden
Prüfenden und der/die Gesprächspartner/-in als Publikum. Die Teilnehmenden sollen in
neutralem Register in Bezug auf den (halb-)öffentlichen Charakter der Situation ein Thema
präsentieren. Ziel der Kommunikation ist, ein gewähltes Thema vorzustellen, dieses zu
strukturieren, eigene Erfahrungen einzubringen, die Situation im Heimatland mit Beispielen zu belegen, Vor- und Nachteile zu erläutern, die persönliche Meinung zum Thema zu
äußern und am Ende den Vortrag entsprechend abzuschließen. Hierzu sollen Sprachhandlungen wie von eigenen Erfahrungen berichten, Vor- und Nachteile benennen und seine
Meinung bzw. Ansichten ausdrücken, realisiert werden.

Prüfungsform
Die Prüfungsteilnehmenden haben in der Vorbereitung aus drei Themen ein Thema
gewählt. Mithilfe der fünf Folienabbildungen und der Arbeitsanweisungen auf dem
Arbeitsblatt präsentieren sie ihr Thema. Die Präsentation wird frei vorgetragen, die Teil-
nehmenden können ihre Notizen aus der Vorbereitung benutzen, sollen aber nicht vom
Blatt ablesen.

Aufbau der Präsentation:
1. Vorstellen des Themas mit eigenen Worten
2. Berichten von persönlichen Erfahrungen zum Thema
3. Darstellen der Situation im Heimatland mit Beispielen
4. Nennen von Vor- und Nachteilen mit Beispielen und Darstellen der persönlichen
   Meinung zum Thema
5. Abschließen der Präsentation

Während der Präsentation hören der/die zweite Prüfungsteilnehmende sowie die
Prüfenden gut zu und können Notizen machen. Nach Abschluss der Präsentation
des/der ersten Prüfungsteilnehmenden beginnt Aufgabe 3 für den/die zweite/-n
Prüfungsteilnehmende/-n, der eine Rückmeldung zur Präsentation gibt und eine Frage
dazu stellt. Der/Die zweite Prüfende (P2) stellt ebenfalls eine Frage.
Sobald Rückmeldung und Fragestellungen abgeschlossen sind, beginnt der/die zweite
Prüfungsteilnehmende mit seiner Präsentation (Aufgabe 2). Es folgt Aufgabe 3 für den/die
erste/-n Prüfungsteilnehmende/-n.

Teil 3   Über ein Thema sprechen

Nach Ihrer Präsentation:
Reagieren Sie auf die Rückmeldung und Fragen der Prüfer/-innen und des Gesprächspartners/
der Gesprächspartnerin.

Nach der Präsentation Ihres Partners/Ihrer Partnerin:
a)   Geben Sie eine Rückmeldung zur Präsentation Ihres Partners/Ihrer Partnerin
     (z. B. wie Ihnen die Präsentation gefallen hat, was für Sie neu oder besonders interessant war usw.).
b)   Stellen Sie auch eine Frage zur Präsentation Ihres Partners/Ihrer Partnerin.

Kann-Beschreibungen

Kann in einer Diskussion über Themen von Interesse persönliche Standpunkte und Meinungen äußern und erfragen (Europarat 2001, S. 81).

Kann die Standpunkte anderer kurz kommentieren (Europarat 2001, S. 83).

Kann eine kurze Geschichte, einen Artikel, einen Vortrag, ein Interview oder eine Dokumentationssendung zusammenfassen, dazu Stellung nehmen und Informationsfragen dazu beantworten (Europarat 2001, S. 84).

Prüfungsziel

In dieser Aufgabe geht es ebenfalls um die Teilnahme am gesellschaftlichen Diskurs. Die Prüfungsteilnehmenden sollen in neutralem Register reagieren. Ziel der Kommunikation ist es, einem Vortrag eines Prüfungsteilnehmenden zu folgen und im unmittelbaren Anschluss sowohl eine Rückmeldung zu geben als auch eine themenbezogene Frage zu stellen.

Prüfungsform

In der dritten Aufgabe werden beide Präsentationen besprochen. Die Prüfungsteilnehmenden äußern ihre Meinung dazu und stellen je eine Frage zur Präsentation. Der zweite Prüfende (P2) stellt ebenfalls eine Frage. In der Einzelprüfung bekommt der Prüfungsteilnehmende vom zweiten Prüfenden (P2) zwei Fragen gestellt. Die Rückmeldung kann dabei entfallen.

Aufgabe 1 Leistungsbeispiel: Paarprüfung
Prüfer 1 (P1), Prüfer 2 (P2), Lorenzo, Pia

Prüferinnen   Lorenzo und Pia

P1	Herzlich willkommen zum Zertifikat B1.
Lorenzo	Danke.
Pia	Danke.
P1	Mein Name ist Michaela Perlmann. Das ist meine Kollegin Stefanie Dengler.
P2	Guten Tag.
Lorenzo	Guten Tag.
Pia	Guten Tag.
P1	Und wie heißen Sie, bitte?
Pia	Ich heiße Pia.
P1	Aha, und Sie?
Lorenzo	Ich heiße Lorenzo.
P1	Aha. Pia, woher kommen Sie?
Pia	Ich komme aus Finnland.
P1	Mhm. Und wie lange lernen Sie schon Deutsch?
Pia	Ich habe Deutsch drei Monaten gelernt.
P1	Mhm. Hier in Deutschland?
Pia	Ja, hier in Deutschland, in München.
P1	Ah. In Finnland haben Sie noch kein Deutsch gelernt?
Pia	Nein.
P1	Aha, ja. Wie gefällt es Ihnen hier?
Pia	Es gefällt mir sehr gut.
P1	Ah, schön. Und Lorenzo, wie lange lernen Sie schon Deutsch?
Lorenzo	Ich lerne schon acht Jahren Deutsch.
P1	Acht Jahre?
Lorenzo	Ja.
P1	Aha.
Lorenzo	Ich komme aus der Schweiz und in der Schweiz sprechen wir auch Deutsch.
P1	Ah ja.
Lorenzo	Also muss ich sehr gut Deutsch lernen und sprechen.
P1	Das höre ich, dass Sie aus der Schweiz kommen, ja. Aha. Haben Sie da Deutsch in der Schule gelernt?
Lorenzo	Ja.
P1	Ah, mhm. Und wie lange sind Sie schon in München?
Lorenzo	Ich bin nur seit zwei Wochen.
P1	Ah ja, okay. Und gefällt es Ihnen bei uns?
Lorenzo	Ja, sehr viel.
P1	Das freut uns. Gut, beginnen wir jetzt mit dem Modul Sprechen. Diese Prüfung hat drei Teile. Wir beginnen jetzt mit Teil eins. Sie haben einen Kollegen aus dem Kurs, der

	ist im Krankenhaus. Der hatte einen Unfall und Sie möchten diesen Kollegen besuchen, zusammen. Und jetzt planen Sie diesen Besuch. Überlegen Sie: Was nehmen Sie mit? Wann wollen Sie hingehen? Und so weiter. Ja? Bitte beginnen Sie.
Lorenzo	Okay. Gut. Haben wir unsere Freund leider in Krankenhaus.
Pia	Ja, ja. So, wann möchtest du in Krankenhaus gehen?
Lorenzo	Ja, ich würde schon morgen gehen, wenn du frei bist?
Pia	Ah, leider nicht, morgen ist nicht gut.
Lorenzo	Ja, okay.
Pia	Aber vielleicht am am Frei Freitag?
Lorenzo	Ja, Freitag ist für mich auch gut, ja.
Pia	Okay.
Lorenzo	Okay. Nachmittag nach die Unterricht?
Pia	Ja, um fünf Uhr?
Lorenzo	Ja, das geht.
Pia	Ist das gut?
Lorenzo	Ja, ja.
Pia	Okay. Und … wir müssen etwas kaufen.
Lorenzo	Ja, ich glaube auch, er ist allein und dann, ja, will etwas. Vielleicht lesen, eine Zeitung?
Pia	Ja, vielleicht. Und Blumen? Ist das …
Lorenzo oder	Ja, okay, aber du, okay, schon gut. Gehen wir nur zwei
	mit mit alle andere Kameraden auch?
Pia	Ja, mm, was möchtest du machen?
Lorenzo	Können wir auch fragen vielleicht?
Pia	Ja, wir können das machen und …
Lorenzo	Ja, er wohnt allein zu Hause. Vielleicht er braucht ein bisschen Hilfe.
Pia	Ja, wir können ihm helfen, vom Krankenhaus abholen.
Lorenzo	Ja.
Pia	An Sonntag.
Lorenzo	Ja.
Pia	Am Sonntag.
Lorenzo	Okay.
Pia	Ja.
Lorenzo	Also, du denkst über eine Geschenk, okay?
Pia	Ja, ja ich kann das machen.
Lorenzo	Und dann spreche mit alle andere Kameraden.
Pia	Ja, ja.
Lorenzo	Wenn …
Pia	Super.
Lorenzo	Okay. Also Freitag haben wir gesagt?
Pia	Ja, Freitag und um fünf Uhr.
Lorenzo	Um fünf Uhr.
Pia	Ja.
Lorenzo	Perfekt.
Pia	Ja, perfekt.
P1	Aha.
Pia	So, bis Freitag.
Lorenzo	Okay, Freitag gehen wir.
P1	Aha, Sie sind fertig mit der Planung?
Lorenzo	Ja.
Pia	Ja.

Bewertung und Kommentar Leistungsbeispiele: Paarprüfung, Lorenzo und Pia

Aufgabe 1 Gemeinsam etwas planen: *Besuch im Krankenhaus und Hilfe planen*

In Aufgabe 1 erfüllt **Lorenzos** Leistung in allen vier Kriterien – Erfüllung der Aufgabe, Interaktion, Wortschatz und Strukturen – die Ansprüche des Niveaus B1. Hinsichtlich der Erfüllung der Aufgabe werden die Sprachfunktionen (Vorschlag, Zustimmung) inhaltlich und im Umfang angemessen behandelt. Im Gespräch gibt es klare Signale zur Einleitung, der Fortführung und zum Beenden des Gesprächs; die sprachliche Reaktionsfähigkeit während des Gesprächs ist sehr gut. Das Register ist situations- und partneradäquat, das Spektrum ist differenziert (*Ich würde gern schon morgen gehen*). Einzelne Fehlgriffe stören in diesem Fall nicht. Die Strukturen betreffend ist das Spektrum angemessen, allerdings stören einige Regelverstöße das Verständnis (*Gehen wir nur zwei; du denkst über eine Geschenk; nach die Unterricht; vielleicht er braucht*).

In Aufgabe 1 erfüllt **Pias** Leistung in allen vier Kriterien – Erfüllung der Aufgabe, Interaktion, Wortschatz und Strukturen – die Ansprüche des Niveaus B1. Hinsichtlich der Erfüllung der Aufgabe werden die Sprachfunktionen (Vorschlag, Zustimmung) inhaltlich und im Umfang angemessen behandelt. Die Interaktion funktioniert grundsätzlich gut, wobei anzumerken ist, dass der Gesprächspartner (Lorenzo) das Gespräch zu einem Großteil führt. Dennoch gibt es regen Sprecherwechsel und die Reaktionsfähigkeit ist angemessen. Das Register ist situations- und partneradäquat, jedoch weist das Spektrum wenig Differenzierung auf. Im Hinblick auf die Strukturen ist das Spektrum angemessen; die Fehlgriffe (*Und Blumen … ist das?; an Sonntag*) stören das Verständnis nicht.

Aufgabe 2 und 3 Leistungsbeispiel: Paarprüfung

Lorenzo   Pia

P1	Gut, okay. Ja, das war schon der erste Teil der Prüfung. Dann kommen wir jetzt zu Teil zwei und drei. Darin präsentieren Sie ein Thema. Ja, Sie haben jeder ein Thema ausgewählt und haben sich schon Notizen gemacht. Bevor Sie nun beginnen, habe ich einen Tipp für Sie: Bitte denken

Sie an eine Einleitung und einen Schluss und bitte lesen Sie nicht alles ständig vom Blatt ab. Sprechen Sie bitte frei. Ja? Wer von Ihnen möchte denn beginnen?

Pia	Ich kann das machen.
Lorenzo	Ja.
Pia	Okay.
P1	Ja. Bevor Sie beginnen, Sie hören jetzt bitte gut zu bei Pias Präsentation. Sie möchten nämlich hinterher eine Frage stellen. Überlegen Sie sich schon mal eine Frage. Ja?
Lorenzo	Ja, okay.
Pia	Okay.
P1	Bitte.
Pia	Okay. Mein Thema ist Kinder und Fernsehen und „Sehen Kinder zu viel fern?" und heutzutage das ist ein wichtige Thema. Und ich glaube, dass Kinder zu viel fernsehen und die Eltern sind gestresst und habe nicht so viel Zeit für die Kinder. So das ist leichter für die Eltern. Und in meine Heimat Kinder sehen zu viel fern, zum Beispiel nach der Schule Kinder machen nicht seine Hausaufgabe

	und sehen fern und ich denke, das ist nicht gut. Und … Vorteil ist, dass Kinder viele Sache lernen können durch Fernsehen, aber ist … die Kinder sehr aggressiv sind und weil sie so viel fernsehen. Und ja, das ist alles. Und haben Sie Fragen?
Lorenzo	Ja. Kann ich Frage stellen?
P1	Ja, bitte.
Lorenzo	Und du? Schaust du viel Fernsehen auch?
Pia	Nein. Ich schaue Nachrichten und vielleicht ein Stunde pro Tag und ich lese gern, aber ich sehe nicht fern so gern.
Lorenzo	Wenn du Kinder war, hast du hast du viel Fernseh geschaut?
Pia	Nein, ich spiele mit meine Freundin.
Lorenzo	Okay.
P1	Lorenzo, möchten Sie Pia noch ein Feedback geben, bitte?
Lorenzo	Ich glaube, sie hat sehr gut gemacht. Wir hatten auch nicht so viel Zeit zu vorbereiten, für mich war gut.
Pia	Dankeschön.
P1	Vielen Dank.
P2	Mhm, ich hab auch noch eine Frage, Pia. Sie sehen ja selber sehr wenig fern. Was denken Sie denn, wie viel sollten Kinder, können Kinder fernsehen so im Durchschnitt?
Pia	Vielleicht so ein Stunde pro Tag Maximum.
P2	Mhm. Und ab welchem, ab welchem Alter sollten sie? Sie haben ja gesagt, Schulkinder, nach der Schule schauen sie oft fern. Können auch schon kleine Kinder, dürfen die schon fern schauen?
Pia	Ja, aber es ist wichtig, dass die Eltern können schauen, was die Kinder machen und welche Sendungen die Kinder ansehen.
P2	Mhm. Dankeschön.
Pia	Danke.
P1	So, Lorenzo, jetzt sind Sie dran. Bitte präsentieren Sie Ihr Thema.
Lorenzo	Gut. Ich spreche über Handy und auch Kinden. Ich glaube, sprech ich auch, natürlich auch meine persönliche Erfahrungen, meine Meinung und die Vorteile und Nachteile, wie meine Kollegin. Also ich glaube, Handy für Kinder sind nicht so nötig. Ich habe auch, habe auch immer ein Handy gehabt, das muss ich sagen. Meine mein Vater verkauft Handy, also hab ich immer zu Hause Handy gesehen und Handy probiert. Aber ich glaube, gibt es verschiedene Möglichkeiten. Wenn ein Kind zum Beispiel viel zu Hause, weg von zu Hause ist, braucht er auch ein Handy, vielleicht Eltern anrufen, sagen „Ich komme ein bisschen später, ich komme, ich komme nicht." oder etwas so. Aber finde ich auch, dass vielen, vielen Ju … Kindern oder Junge haben ein Handy einfach zu haben, weil alle alle ein eine Handy haben und sie chatten oder sie schauen Foto oder … Einfach, es ist nicht wichtig für

sie Handy. Meine persönliche Erfahrung habe ich immer sehr Spo Sport gemacht, Fußball gespielt und ich war oft in der Schweiz, irgendwo in der Schweiz. Also musste ich zum Beispiel meine Mutter, meine Eltern erklären, warum ich zu spät kommen könnte oder ich weiß nicht, ich musste früher abfahren, einfach informieren meine Eltern, wo ich war und was ich machte. Und für mich war sehr wichtig. Aber auch hatte ich das Handy einfach, weil eine Mode ist, ein Handy sehr gut und neues Handy dabei haben. Das muss ich auch sagen. Also wie habe ich schon gesagt, Nachteile sind natürlich eine Handy immer dabei haben und immer schauen, auch in Unterricht vielleicht, hab ich schon einmal probiert, SMS schicken, während die Lehrerin spricht. Aber Vorteile gibt es auch natürlich: Informieren und jetzt können wir mit Sma Smartphone auch … Notizien, Zeitungen lesen, Buch auch lesen. Ist auch gut. Innovierung geht auch weiter. Ja, ich wäre auch fertig.

P1	Mhm, danke. Pia, möchten Sie ihm eine Rückmeldung geben und eine Frage stellen, bitte?
Pia	Ja, gerne. Sehr gut und ich habe eine Frage. Und benutzen Sie oft Handy?
Lorenzo	Oh ja, ich benutze viel Handy, ja.
Pia	Und was machs, was machen Sie mit dem Handy?
Lorenzo	Ich habe eine Smartphone. Also ich schreibe viele SMS, ich schicke viele SMS. Ich rufe auch meine meine Eltern wie meine Freunde und ich gehe auch in Internet Unterricht und Sportresultat schauen.
P1	Mhm. Danke.
P2	Danke für Ihre Präsentation. Sie haben ja schon sehr früh ein Handy bekommen und nutzen es sehr oft. Was denken Sie, was ist denn ein gutes Alter für ein Kind, um ein Handy zu bekommen?
Lorenzo	Also ich glaube, gibt es nicht eine richtige Alter. Ich würde vielleicht meine Kinder geben um zehn Jahr. Also, es bedeu … es bedeutet, was macht er? Zum Beispiel es ist immer oft weg zu Hause oder ist immer Nähe von Eltern, dann kann, muss schauen, sehen. Wenn der Kinder sehr gut in Sport ist und immer unterwegs also vielleicht auch ein bisschen früher. Aber ich glaube, es ist nicht so gut sehr sehr früh und früh für die Sechsjährige ein Handy geben.
P2	Mhm. Dankeschön.
Lorenzo	Bitte.
P1	Ja, vielen Dank an Sie beide. Das ist das Ende der Prüfung. Sehr interessant. Wir möchten uns jetzt verabschieden von Ihnen. Alles Gute und auf Wiedersehen.
P2	Vielen Dank. Auf Wiedersehen.
Lorenzo	Auf Wiedersehen.
Pia	Vielen Dank.

Aufgabe 2 Ein Thema präsentieren: *Brauchen Kinder Mobiltelefone?*

In Aufgabe 2 erfüllt **Lorenzos** Leistung in allen vier Kriterien – Erfüllung der Aufgabe, Kohärenz, Wortschatz und Strukturen – die Ansprüche des Niveaus B1. In Bezug auf die Erfüllung der Aufgabe werden drei Inhaltspunkte angemessen behandelt, ein Inhaltspunkt (Situation in meinem Heimatland) fehlt allerdings. Die Schlussformel ist relativ kurz. Die Präsentation weist einen logischen Aufbau und passende Überleitungen (*Das muss ich auch sagen*) auf und wird flüssig vorgetragen. Hinsichtlich des Wortschatzes ist das Register situations- und partneradäquat, und das Spektrum ist differenziert (*Das muss ich auch sagen*). Es kommt zu einzelnen Fehlgriffen (*Junge haben ein Handy*), die das Verständnis jedoch nicht stören. In Bezug auf die Strukturen ist das Spektrum angemessen. Positiv festzuhalten ist die Verwendung komplexer Satzgefüge, wenn es auch gleichzeitig zu einigen Regelverstößen kommt (*ich glaube gibt es; braucht er ein Handy, vielleicht Eltern anrufen; es ist nur wichtig für Handy zu haben; Einfach, es ist nicht wichtig für sie Handy.*).

Aufgabe 3 Über ein Thema sprechen

Lorenzo erfüllt alle Sprachfunktionen (Rückmeldung, Frage, Antwort) inhaltlich und im Umfang angemessen.

Aussprache

Es gibt keine auffälligen Abweichungen.

Aufgabe 2 Ein Thema präsentieren: *Sehen Kinder zu viel fern?*

In Aufgabe 2 erfüllt **Pias** Leistung in den vier Kriterien – Erfüllung der Aufgabe, Kohärenz, Wortschatz und Strukturen – noch die Ansprüche des Niveaus B1. In Bezug auf die Erfüllung der Aufgabe werden die einzelnen Inhaltspunkte sehr knapp behandelt (Einführung und Vor-/Nachteile jeweils mit einem Satz), ein Inhaltspunkt (Meine persönlichen Erfahrungen) fehlt. Für eine Präsentation ist der Beitrag insgesamt zu kurz. Der logische Aufbau der Präsentation ist erkennbar, allerdings werden nur wenige Nebensätze und kaum Verknüpfungen verwendet. Im Hinblick auf den Wortschatz ist das Register situations- und partneradäquat, aber das Spektrum ist begrenzt. Zudem wird vieles wiederholt. Fehlgriffe gibt es dabei kaum. In Bezug auf die Strukturen ist das Spektrum angemessen. Die auftretenden Regelverstöße stören das Verständnis nicht (*aber ist … die Kinder sehr aggressiv sind und weil sie so viel fernsehen; Kinder machen seine Hausaufgaben*).

Aufgabe 3 Über ein Thema sprechen

Pia erfüllt alle Sprachfunktionen (Rückmeldung, Frage, Antwort) inhaltlich und im Umfang angemessen.

Aussprache

Es gibt deutlich wahrnehmbare Abweichungen, die die Kommunikation jedoch nicht stören. Die Satzmelodie weist eine starke muttersprachliche Färbung auf und einzelne Laute werden falsch ausgesprochen (*Deuts, Ssule, mussen*). Des Weiteren werden einige Vokale zu kurz ausgesprochen (*ser, habben, sähhen*).

Ergebnisbogen Lorenzo und Pia

Ins Feld AntBo-Nr. bitte die Set-Nummer der Antwortbögen (Nr. im blauen Kasten unten rechts) eintragen.

Teilnehmende/r 1

AntBo-Nr. 000000
PTN-Nr. 0000000
Nachname LORENZO

Kommentar	Bewertung (A B C D E)	Kriterium
Kommentar: Gehen wir nur zwei, über eine Geschenk, nach die Unterricht	8 [X] / 6 / 4 / 2 / 0	**Aufgabe 1** Erfüllung
	4 [X] / 3 / 2 / 1 / 0	Interaktion
	8 [X] / 6 / 4 / 2 / 0	Wortschatz, Register
	8 / 6 [X] / 4 / 2 / 0	Strukturen
Kommentar: ✓ Situation Heimatland + passende Überleitungen es ist nur wichtig für Handy zu haben, vielleicht Eltern anrufen, Junge	12 / 9 [X] / 6 / 3 / 0	**Aufgabe 2** Erfüllung
	4 [X] / 3 / 2 / 1 / 0	Kohärenz
	12 [X] / 9 / 6 / 3 / 0	Wortschatz, Register
	12 / 9 [X] / 6 / 3 / 0	Strukturen
Kommentar:	16 [X] / 12 / 8 / 4 / 0	**Aufgabe 3** Erfüllung
Kommentar:	16 [X] / 12 / 8 / 4 / 0	**Aufgabe 1, 2, 3** Aussprache

Ergebnis Sprechen 92/100

Teilnehmende/r 2

AntBo-Nr. 000000
PTN-Nr. 0000000
Nachname PIA

PS MS [X] **Erw.** [ ] **Jug.**

Kommentar	Bewertung (A B C D E)	Kriterium
Kommentar: WS: nicht differenziert in Krankenhaus, Ist das?	8 [X] / 6 / 4 / 2 / 0	**Aufgabe 1** Erfüllung
	4 [X] / 3 / 2 / 1 / 0	Interaktion
	8 / 6 [X] / 4 / 2 / 0	Wortschatz, Register
	8 / 6 [X] / 4 / 2 / 0	Strukturen
Kommentar: ✓ eigene Erfahrung, insgesamt sehr knapp wenig Verknüpfungen WS: nicht differenziert aber ist, seine Hausaufgaben	12 / 9 / 6 [X] / 3 / 0	**Aufgabe 2** Erfüllung
	4 / 3 [X] / 2 / 1 / 0	Kohärenz
	12 / 9 / 6 [X] / 3 / 0	Wortschatz, Register
	12 / 9 [X] / 6 / 3 / 0	Strukturen
Kommentar:	16 [X] / 12 / 8 / 4 / 0	**Aufgabe 3** Erfüllung
Kommentar: Satzmelodie, „s"	16 / 12 [X] / 8 / 4 / 0	**Aufgabe 1, 2, 3** Aussprache

Ergebnis Sprechen 76/100

Abbildung 33: Bewertungsbogen Modul *Sprechen, Lorenzo und Pia*

Aufgabe 1 Leistungsbeispiel: Einzelprüfung
Prüfer 1 (P1), Prüfer 2 (P2), Maristela

Prüfende   Maristela

P1	Herzlich willkommen zum Zertifikat B1. Mein Name ist Bettina Wohlgemuth. Das ist mein Kollege, Florian Nimmrichter.
P2	Hallo.
Maristela	Hallo.
P1	Wie ist Ihr Name?
Maristela	Ähh.. Ich bin Maristela Nugeda.
P1	Woher kommen Sie?
Maristela	Ich komme aus Brasilien.
P1	Wie lange lernen Sie jetzt schon Deutsch?
Maristela	Äh.. Ich habe ... für ein Jahre Deutsch gelernt in in mein Heimatland. Und äh ... aber seit zwei Monaten ich bin hier in Österreiche und jetzt mache ich ein Deutschkurs.
P1	Ok. Und darf ich fragen, wie es Ihnen in Österreich gefällt?
Maristela	Ja, ja sehr ... sehr ... sehr gut.
P1	Das ist schön zu hören. Beginnen wir nun mit der Prüfung. Das Modul Sprechen hat drei Teile.
Maristela	Ok.
P1	Wir beginnen gleich mit dem ersten Teil. Ein Kollege aus Ihrem Deutschkurs hatte einen Unfall und liegt im Krankenhaus. Und Sie möchten ihn zusammen mit Florian besuchen und überlegen, wie Sie hinkommen, was Sie vielleicht mitnehmen können und was es möglicherweise sonst noch gibt, ähmm ... mit dem Sie helfen können.
Maristela	Ok.
P1	Sie haben hier ein paar Notizen.
Maristela	Hallo.
P1	Bitte beginnen Sie mit der Planung und Ihrem Gespräch.
Maristela	Ok. Ähh ... mein Kollege, unsere Kollege, sie heißt Monique, okay. Ähh ...
P2	Ah, Monique, ja.
Maristela	Äh ... weißt du, die Monique, sie ist krank. Sie ist in Krankhei. Äh ... wenn können wir sie beruich ... besuchen?
P2	Besuchen. Ein Besuch ist sicher schön. Da wird sie sich freuen. Ja. Ähm ... Ich weiß nicht, wann hättest du denn Zeit?
Maristela	Ähm. Am Freitag habe ich frei. Die ganze Zeit.
P2	Den ganzen Tag? Ja.
Maristela	Ganzen Tag, jo. Ähm. Aber wie können wir hinkommen?
P2	Also ich hätte auch am Freitag Zeit. Ähmm. Wann... wann wäre es gut für dich? Vormittag oder Nachmittag?
Maristela	Ahso. Ähmm. Nachmittag für mich ich besser.
P2	Ja.
Maristela	Ja. Und ... vielleicht wir könnten äh.. mit dem Bus fahren.
P2	Mhm.
Maristela	Es geht ...
P2	Du kommst ja aus ...äh ...
Maristela	... Villach. Ja, ja, ich komm nnn ... aus Villach mit dem Bus und denn wir könnten vielleicht ähmm auf die Bahnhofe treffen?
P2	Ja. Mhm.
Maristela	Und ein Bus nehmen
P2	Ja. Ja. Ok.
Maristela	Ja, is okay? Is okay für dich?
P2	Ja. Mhm.
Maristela	Äh ... Und wie viele Uhr?
P2	Äh ... ich würde sagen sowas um äh ... zwei Uhr? Wenn das okay ist?
Maristela	Ja. Ja ist das okay. Is sehr okay.
P2	Was sollen wir denn mitnehmen?
Maristela	Ähmmm ... ich nehme Blumen mit ...
P2	Mhm.
Maristela	... weil ich denke, sie ist ein bisschen traurich, dann Blumen is ... is ... das wäre schön.
P2	..., dass sie nicht mehr in dem Deutschkurs sitzen kann.
Maristela	Ja. Ja. Und Blume und vielleicht Magazine.
P2	Ein Magazin, ja.
Maristela	Ja.
P2	Da kann ich etwas äh.. finden für sie. Ja.
Maristela	Ja. Ähm. Und Tschokolade. Das wäre super.
P2	Schokolade.
Maristela	Ja, Schokalade.
P2	Hilft immer. Mhm. Sehr schön, ja. Ähmm... denkst du, wir können äh.. sie irgendwie unterstützen? Können wir ihr helfen ... vielleicht?
Maristela	Ja, ich kenn.. die die Hausaufga.. Hausaufgaben von die Deutschkurs bringen, zo sie äh ... sie kann vielleicht machen is ...
P2	Ja, wenn ihr langweilig ist.
Maristela	... Krankenhaus. Ja, ja, genau, das wär ...
P2	Und wenn sie wieder rauskommt?
Maristela	Äh ...
P2	Wenn sie nach Hause kommt? Sie wohnt ja allein.
Maristela	Nein, vielleicht, wir könnten sie abholen.
P2	Mhm.
Maristela	Ja. Aber wir fragen, weil ich weiß nich, wenn sie is schon wieder gut.
P2	Mhm.
Maristela	Ja.
P2	Ja. Dann könnten wir sie abholen.
Maristela	Ja, ja.
P2	Und vielleicht können wir ihr auch zu Hause helfen.
Maristela	Ja! Ja! Da.. Vielleicht am Supermarket gehe und einkaufen. Ja. Das is gut.
P2	Ja. Das ist eine gute Idee. Sehr schön.
Maristela	Ok.
P1	Haben Sie an alles gedacht?
Maristela	Ja.
P1	Dann ist die Planung hiermit beendet. Vielen Dank. Ähm. Das war auch schon der erste Teil.

Bewertung und Kommentar Leistungsbeispiel: Einzelprüfung, Maristela

Es handelt sich um eine Leistung im oberen Bereich des Niveaus B1.

Aufgabe 1 Gemeinsam etwas planen: *Besuch im Krankenhaus und Hilfe planen*
Dieses Beispiel ist mit 26 aus 28 möglichen Punkten zu bewerten. In Aufgabe 1 erfüllt Maristelas Leistung in allen vier Kriterien – Erfüllung der Aufgabe, Interaktion, Wortschatz und Strukturen – die Ansprüche des Niveaus B1. Hinsichtlich der Erfüllung der Aufgabe werden die Sprachfunktionen (Vorschlag, Zustimmung) inhaltlich und im Umfang angemessen behandelt. Im Gespräch gibt es klare Signale zur Einleitung, der Fortführung und dem Beenden des Gesprächs; die sprachliche Reaktionsfähigkeit während des Gesprächs ist sehr gut. Das Register ist situations- und partneradäquat, und das Spektrum ist differenziert (*Ich denke, sie ist ein bisschen traurig*). Einzelne Fehlgriffe stören nicht. Die Strukturen betreffend, ist das Spektrum angemessen, allerdings zeigt die Prüfungsteilnehmende an einigen Stellen Unsicherheiten in der Wortstellung (*…dann wir könnten vielleicht auf die Bahnhof treffen*). Die Wahl des richtigen Artikels bereitet ebenfalls Probleme.

Aufgabe 2 und 3 Leistungsbeispiel: Einzelprüfung
Prüfer 1 (P1), Prüfer 2 (P2), Maristela

Maristela

P1	Und wir kommen jetzt zum zweiten und zum dritten Teil der Prüfung. In Teil zwei präsentieren Sie ein Thema.
Maristela	Okay.
P1	Anschließend werden wir ein bisschen darüber sprechen. Und Sie haben vor der Prüfung ein Thema ausgewählt und vorbereitet. Ich möchte Ihnen noch einen kleinen Tipp geben, bevor Sie beginnen: Achten Sie bitte darauf, eine passende Einleitung und einen passenden Schluss zu formulieren und versuchen Sie, nicht alle Notizen von Ihrem Blatt abzulesen.
Maristela	Ok.
P1	Wir werden Ihnen genau zuhören. Und mein Kollege wird Ihnen dann eine Rückmeldung zu Ihrer Präsentation geben und noch zwei Fragen stellen.
Maristela	Ok.
P1	Bitte sehr.
Maristela	Ja, ähmm. Ich spreche über das Thema „Sehen Kinder zu viel fern?" Ähh … am Erste ich spreche ich … über meine Erfahrungen, denn über meine ähmm Land … die z … die Situation in meinem Land und nach die Vor- und Nachteile. Ähh … also … meine Fahrung … wenn … äh … als ich ein Kind war, hab ich nich so viel ferngesehen … äh … weil ich habe ein Bruder, das is nur ein Jahre alter als wie ich und wir haben zu viel zusammen gespielt. Ich habe auch ein große Familie mit viele Cousin und äh … wenn ich äh …gibt äh … zu viele Kinder das is äh … gleich äh … die … a …alle.. fünf und sechs Jahre alt, dann wir spielen immer zusammen, das ich … äh … weil hab ich nich so viel ferngesehen. Hab ich auch vielen book … ähh … Buchen gelesen. Und … ja … nich so viel ferngesehen. Äh.. aber in meinem Land, Leute sie sie sehen sehr fern … äh … zu viel fern, äh … weil gibt es viele Novel und Serien und ja die die ölten … El … Eltern und auch die Kinder sie sehen sehr viel fern. Äh … ich denke,
	das is nicht sehr gut, wenn is zu viel, weil ich habe schon gelesen, dass ähh … wenn die Kind äh … so viel fernsehen, macht das äh … macht die Kind aggressiv und nervös äh …, weil die gibt es Programme, das is so aggressiv. Ähh … aber äh … ich denke, wenn is ein educativ Programm, das is fur Kinder, dann is is okay. Äh.. die Vorteile ist, dass, wenn ich ein Programm für Kind, kennen auch Kinder lernen. Ich denke, zum Beispiel Zahlen und äh … kennen die Farben und die Namen fur … von Tieren zum Beispiel. Äh … aber Nachteilen, wie hab ich schon gesagt, äh … könnte die die Kinder nervös machen oder … oder aggressiv. Ähmm … Ja, das is nicht gut. Also, ich denke, dass du gehört habe und ich hoffe, dass das Thema interessant war und wenn du ein Frage habt, beantworte ich.
P1	Vielen Dank für Ihre Präsentation. Bitte, Herr Kollege, Ihre Rückmeldung und Ihre zwei Fragen.
P2	Ja. Danke. Der Vortrag war sehr interessant. Ja. Hat mir gut gefallen. Ich hätte noch ähm … zwei Fragen, ähm … das eine, was mich interessieren würde, ist ähm … ab welchem Alter denkst du äh … dürfen Kinder alleine fernsehen?
Maristela	Ähm … ja, das is schwierig, äh.. aber ich denke ab acht Jahre alt, weil früher die die äh.. Kind kann kann nicht sage, ja, das is gut oder das is nicht gut.
P2	Mhm.
Maristela	So … ja … früher, wenn die die Eltern dabei sind, das is okay, weil die Eltern kann sagen, okay, das is für Kind, aber ja … äh … nich alleine. Ab äh.. ab äh.. acht Jahre is okay, aber nich früher.
P2	Mhm, mhm. Und äh … du hast vorhin gesagt, dass ähmm …äh … in Brasilien viel ferngesehen wird. Hat da auch jeder Haushalt … haben die Leute auch überall Fernseher?
Maristela	Ja, ja! Und äh … normalerweise äh … gibt es drei oder vier Fernsehapparat, ja zu viel … ich denke hier in Aurop … Europa is das anderes, aber da drei oder vier.
P2	Drei oder vier Fernseher?
Maristela	In jede … ja, jeden Zimmer gibt es ein Fern …
P2	So kann man nichts versäumen.
Maristela	Jo.
P2	Ok. Vielen Dank.
Maristela	Bitte.
P1	Vielen Dank. Äh … Wir sind hiermit am Ende der Prüfung angekommen. Wir möchten uns noch einmal recht herzlich bei Ihnen bedanken und verabschieden uns hiermit. Auf Wiedersehen.
Maristela	Wiedersehen.
P2	Auf Wiedersehen. Vielen Dank.
Maristela	Bitte.

Aufgabe 2 Ein Thema präsentieren: *Sehen Kinder zu viel fern?*

Dieses Beispiel ist mit 37 aus 40 möglichen Punkten zu bewerten. In Aufgabe 2 erfüllt Maristelas Leistung in allen vier Kriterien – Erfüllung der Aufgabe, Kohärenz, Wortschatz und Strukturen – die Ansprüche des Niveaus B1. In Bezug auf die Erfüllung der Aufgabe werden alle Inhaltspunkte angemessen behandelt. Das Thema wird anschaulich und lebhaft präsentiert. Die Präsentation wird zudem flüssig und zusammenhängend vorgetragen. Die Überleitungen sind passend und der logische Aufbau ist angemessen. Hinsichtlich des Wortschatzes ist das Register situations- und partneradäquat, das Spektrum ist ebenfalls angemessen. Es gibt einzelne Fehlgriffe (*educativ Programm; gibt viele Novel*), die das Verständnis jedoch nicht stören. In Bezug auf die Strukturen ist das Spektrum angemessen. Die Verwendung komplexer Satzgefüge ist als positiv anzumerken, allerdings stören einige der Regelverstöße (*Hab ich auch vielen Buchen gelesen. Wenn die Kind äh... so viel fernsehen...; Ich denke, dass du gehört habe*).

Aufgabe 3 Über ein Thema sprechen

Aufgabe 3 ist mit 16 aus 16 möglichen Punkten zu bewerten. Maristela erfüllt alle Sprachfunktionen (Rückmeldung, Frage, Antwort) inhaltlich und im Umfang angemessen.

Aussprache

Im Kriterium Aussprache ist die Leistung mit 16 aus 16 möglichen Punkten zu bewerten. Es gibt keine auffälligen Abweichungen.

Ergebnisbogen Maristela

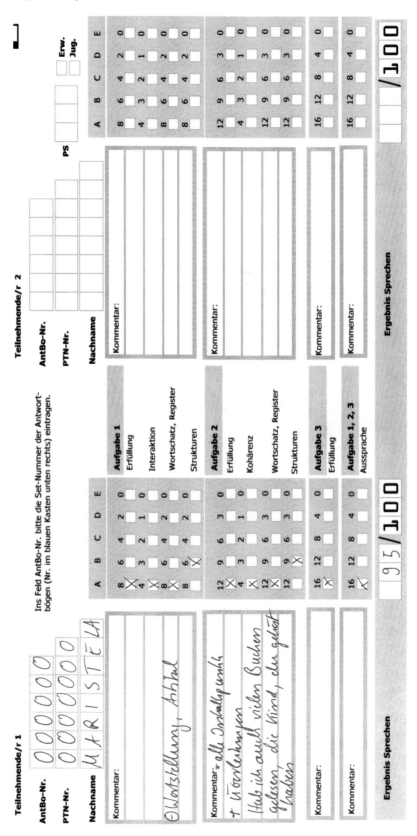

Abbildung 34: Bewertungsbogen Modul *Sprechen, Maristela*

6.4.3 BEWERTUNG

Der Bezug zu den Niveaustufen des *Referenzrahmens* wird durch die Aufgabenstellung und die qualitativen Kann-Beschreibungen hergestellt. Anhand von Beispielen von bestandenen Sprechleistungen wird zudem gezeigt, zu welchen Ergebnissen die Anwendung des Bewertungsrasters in der Praxis führen soll. In Bewerterschulungen wird anhand von Beispielen der Einsatz des Rasters trainiert.

Kriterium	Aufgabe	Deskriptoren im GER	Kannbeschreibung
Erfüllung	1, 2,3	Informelle Diskussion (unter Freunden)	Kann seine/ihre Meinung oder Reaktion klar machen, wenn es darum geht, ein Problem zu lösen oder praktische Fragen zu klären im Zusammenhang damit, wohin man gehen oder was man tun sollte (Europarat 2001, S. 81).
		Zielorientierte Kooperation	Kann durch kurze Begründungen und Erklärungen die eigene Meinung verständlich machen, wenn es z. B. um mögliche Lösungen oder um die Frage geht, was man als Nächstes tun sollte (Europarat 2001, S. 83).
	2	Vor Publikum sprechen	Kann eine vorbereitete, unkomplizierte Präsentation zu einem vertrauten Thema aus seinem/ihrem Fachgebiet so klar vortragen, dass man ihr meist mühelos folgen kann, wobei die Hauptpunkte hinreichend präzise erläutert werden (Europarat 2001, S. 66).
	3	Informelle Diskussion (unter Freunden)	Kann in einer Diskussion über Themen von Interesse persönliche Standpunkte und Meinungen äußern und erfragen (Europarat 2001, S. 81).
		Zielorientierte Kooperation	Kann die Standpunkte anderer kurz kommentieren (Europarat 2001, S. 83).
	1, 2,3	Soziolinguistische Angemessenheit	Ist sich der wichtigsten Höflichkeitskonventionen bewusst und handelt entsprechend. Ist sich der wichtigsten Unterschiede zwischen den Sitten und Gebräuchen, den Einstellungen, Werten und Überzeugungen in der betreffenden Gesellschaft und in seiner eigenen bewusst und achtet auf entsprechende Signale (Europarat 2001, S. 122).
Interaktion	1	Interaktion	Kann ein einfaches, direktes Gespräch über vertraute oder persönlich interessierende Themen beginnen, in Gang halten und beenden. Kann Teile von dem, was jemand gesagt hat, wiederholen, um das gegenseitige Verstehen zu sichern (Europarat 2001, S. 38).
		Mündliche Interaktion allgemein	Kann ohne Vorbereitung an Gesprächen über vertraute Themen teilnehmen, persönliche Meinungen ausdrücken und Informationen austauschen über Themen, die vertraut sind, persönlich interessieren oder sich auf das alltägliche Leben beziehen (z. B. Familie, Hobbys, Arbeit, Reisen und aktuelles Geschehen) (Europarat 2001, S. 79).

Kohärenz	2	Kohärenz	Kann eine Reihe kurzer, einfacher Einzelelemente zu einer zusammenhängenden, linearen Äußerung verknüpfen (Europarat 2001, S. 38).
		Mündliche Produktion allgemein	Kann relativ flüssig eine unkomplizierte, aber zusammenhängende Beschreibung zu Themen aus seinen/ihren Interessensgebieten geben, wobei die einzelnen Punkte linear aneinandergereiht werden (Europarat 2001, S. 64).
		Flüssigkeit	Kann sich ohne viel Stocken verständlich ausdrücken, obwohl er/sie deutliche Pausen macht, um die Äußerungen grammatisch und in der Wortwahl zu planen oder zu korrigieren, vor allem, wenn er/sie länger frei spricht (Europarat 2001, S. 38).
Wortschatz	1, 2	Spektrum	Verfügt über einen ausreichend großen Wortschatz, um sich mithilfe von einigen Umschreibungen über die meisten Themen des eigenen Alltagslebens äußern zu können, wie beispielsweise Familie, Hobbys, Interessen, Arbeit, Reisen, aktuelle Ereignisse (Europarat 2001, S. 112). Verfügt über genügend sprachliche Mittel, um zurechtzukommen; der Wortschatz reicht aus, um sich, wenn auch manchmal zögernd und mithilfe von Umschreibungen, über Themen wie Familie, Hobbys und Interessen, Arbeit, Reisen und aktuelle Ereignisse äußern zu können (Europarat 2001, S. 38).
		Soziolinguistische Angemessenheit	Kann ein breites Spektrum von Sprachfunktionen realisieren und auf sie reagieren, indem er/sie die dafür gebräuchlichen Redemittel und ein neutrales Register benutzt (Europarat 2001, S. 122).
		Beherrschung	Zeigt eine gute Beherrschung des Grundwortschatzes, macht aber noch elementare Fehler, wenn es darum geht, komplexere Sachverhalte auszudrücken oder wenig vertraute Themen und Situationen zu bewältigen (Europarat 2001, S. 113).
Strukturen	1, 2	Spektrum	Verwendet verhältnismäßig korrekt ein Repertoire gebräuchlicher Strukturen und Redeformeln, die mit eher vorhersehbaren Situationen zusammenhängen (Europarat 2001, S. 38).
		Grammatische Korrektheit	Kann sich in vertrauten Situationen ausreichend korrekt verständigen; im Allgemeinen gute Beherrschung der grammatischen Strukturen trotz deutlicher Einflüsse der Muttersprache. Zwar kommen Fehler vor, aber es bleibt klar, was ausgedrückt werden soll (Europarat 2001, S. 114).
Aussprache	1, 2, 3	Beherrschung der Aussprache und Intonation	Die Aussprache ist gut verständlich, auch wenn ein fremder Akzent teilweise offensichtlich ist und manchmal etwas falsch ausgesprochen wird (Europarat 2001, S. 117).

Abbildung 35: Kriterium, Deskriptoren im *GER*, Kannbeschreibung *Sprechen*

Kann-Beschreibungen zur Bewertung

Grundlage der Bewertung, wie *gut* Prüfungsteilnehmende die Aufgaben bewältigen, sind die Beschreibungen sprachlichen Könnens in Tabelle 3 des *Referenzrahmens*. (Europarat 2001, S. 37) Die Aussprache wird für alle drei Aufgaben gemeinsam bewertet, wobei Satzmelodie, Wortakzent und einzelne Laute gut verständlich sein sollten. Ein fremdsprachlicher Akzent oder längere Pausen zur Wortwahl oder Anordnung der Strukturen dürfen noch vorkommen.

Kriterien

Bewertet werden die drei mündlichen Leistungen jeweils nach inhaltlichen und kommunikativen Aspekten in den Kriterien „Erfüllung der Aufgabenstellung", „Interaktion" und „Produktion" und nach sprachlichen Aspekten in den Kriterien „Textaufbau/Kohärenz" (nur für Aufgabe 2), „Wortschatz", „Strukturen" und „Aussprache".

Die Prüfungsteilnehmenden zeigen bei der „Erfüllung der Aufgabenstellung", dass sie den Gesprächsimpuls richtig verstanden haben und in Form und Umfang effektiv umsetzen können. Dabei wird beurteilt:

- Wie umfassend und vollständig erfüllt die Sprechleistung die Aufgabe?
- Wie viele der Inhaltspunkte werden klar verständlich umgesetzt?
- Wie gut sind die Sprachfunktionen im Hinblick auf die Kommunikation der geforderten Sprechhandlungen umgesetzt, zum Beispiel planen, begründen, etwas vorschlagen in Aufgabe 1, einen längeren monologischen Text beginnen und beenden in Aufgabe 2 und themenbezogen rückmelden und fragen in Aufgabe 3?
- Ist das Register angemessen für den/die Kommunikationspartner/-in und den Sprechanlass?

Die sprachlichen Kriterien beantworten die Fragen:
- Wie situations- und partneradäquat sind die sprachlichen Leistungen bezogen auf die Organisation des Gesagten?
- Wie angemessen sind die Äußerungen in Bezug auf das Spektrum und die Beherrschung der Strukturen?

Bei „Wortschatz" geht es darum, welche sprachlichen Mittel verwendet werden und wie treffend und genau der sprachliche Ausdruck ist. Bei „Strukturen" wird bewertet, welche Strukturen verwendet werden und wie korrekt die verwendete Sprache im Hinblick auf Morphologie und Syntax ist. Bei der „Aussprache", die für alle drei Aufgaben gemeinsam einmal bewertet wird, geht es um die Realisierung der sprachlichen Äußerungen in Bezug auf Satzmelodie, Wortakzent und einzelne Laute, wobei muttersprachlicher Akzent noch hörbar sein darf.

Die mündlichen Leistungen der Prüfungsteilnehmenden werden mithilfe des folgenden Rasters bewertet.

Bewertungskriterien Sprechen			A	B	C	D	E
AUFGABE 1	**Erfüllung**	Sprachfunktionen (Vorschlag, Zustimmung …) Inhalt Umfang	Sprachfunktionen in Inhalt und Umfang angemessen behandelt	überwiegend angemessen	teilweise angemessen	kaum angemessen	Gesprächsanteil nicht bewertbar
	Interaktion	Das Gespräch beginnen, in Gang halten, beenden Reaktionsfähigkeit	angemessen	überwiegend angemessen	teilweise angemessen	kaum angemessen	
	Wortschatz	Register	situations- und partneradäquat	noch weitgehend situations- und partneradäquat	ansatzweise situations- und partneradäquat	nicht mehr situations- und partneradäquat	Äußerung größtenteils unverständlich
		Spektrum	differenziert	überwiegend angemessen	teilweise angemessen **oder** begrenzt	kaum vorhanden	
		Beherrschung	vereinzelte Fehlgriffe beeinträchtigen das Verständnis nicht	mehrere Fehlgriffe beeinträchtigen das Verständnis nicht	mehrere Fehlgriffe beeinträchtigen das Verständnis teilweise	mehrere Fehlgriffe beeinträchtigen das Verständnis erheblich	
	Strukturen	Spektrum	differenziert	überwiegend angemessen	teilweise angemessen **oder** begrenzt	kaum vorhanden	
		Beherrschung (Morphologie, Syntax)	vereinzelte Fehlgriffe stören nicht	mehrere Fehlgriffe stören nicht	mehrere Fehlgriffe stören teilweise	mehrere Fehlgriffe stören erheblich	
AUFGABE 2	**Erfüllung**	Vollständigkeit Inhalt Umfang	Alle 5 Folien in Inhalt und Umfang angemessen behandelt	3-4 Folien in Inhalt und Umfang angemessen behandelt	2 Folien in Inhalt und Umfang angemessen behandelt **oder** alle Folien zu knapp	1 Folie in Inhalt und Umfang angemessen behandelt	Präsentation nicht bewertbar
	Kohärenz	Verknüpfung von Sätzen und Satzteilen nachvollziehbarer Gedankengang	angemessen	überwiegend angemessen	teilweise angemessen	kaum angemessen	
	Wortschatz Strukturen		Wie Aufgabe 1				
AUFGABE 3	**Erfüllung**	Sprachfunktionen (Rückmeldung, Frage stellen, beantworten) Inhalt Umfang	Sprachfunktionen in Inhalt und Umfang angemessen behandelt	überwiegend angemessen	teilweise angemessen	kaum angemessen	nicht bewertbar
AUFGABE 1, 2, 3	**Aussprache**	Satzmelodie Wortakzent Einzelne Laute	Keine auffälligen Abweichungen	Wahrnehmbare Abweichungen beeinträchtigen das Verständnis nicht	Abweichungen beeinträchtigen das Verständnis stellenweise	Abweichungen beeinträchtigen das Verständnis erheblich	nicht mehr verständlich

Abbildung 36: Bewertungskriterien Modul *Sprechen*

Bei den sprachlichen Aspekten „Wortschatz" und „Strukturen" werden jeweils Spektrum und Beherrschung betrachtet. Das bedeutet, dass zunächst darauf geachtet wird, wie effektiv, flexibel und differenziert die sprachlichen Mittel eingesetzt werden, und erst dann, inwiefern diese durch Fehlgriffe in ihrer Wirksamkeit beeinträchtigt sind. Bei der Bewertung wird in erster Linie nicht auf die Fehler geachtet, sondern zunächst wird bewertet, was die mündliche Leistung im positiven Sinne auszeichnet. Bei der Betrachtung der Fehler wird unterschieden zwischen kleineren formalen Fehlern, wie zum Beispiel eine falsche Artikelverwendung, die das Verständnis nicht oder kaum beeinträchtigen, und solchen Fehlern, die das Verständnis beeinträchtigen, wie zum Beispiel die Wahl einer falschen Konjunktion. Die Anzahl der Fehler ist bei dieser Betrachtung von sekundärer Bedeutung. Beim Aspekt „Aussprache" ist darauf zu achten, dass das Gesagte für die Zuhörer ohne Probleme verstanden werden kann, wobei ein muttersprachlicher Akzent und manchmal vorkommende Aussprachefehler für die Stufe B1 noch akzeptiert werden müssen.

Die Bewertungsskala und die damit verbundenen Abstufungsmöglichkeiten sind fünfstufig. „Aussprache" wird für alle drei Aufgaben nur einmal bewertet. Die beiden oberen Stufen A und B bilden eine mündliche Leistung ab, die dem Niveau B1 entspricht. A wird vergeben, wenn eine mündliche Leistung eindeutig auf dem Niveau liegt, B, wenn sie einzelne Abstriche hat, zum Beispiel wenn nicht alle drei Sprechhandlungen befriedigend erfüllt sind. Im Text der Bewertungskriterien werden diese Stufen durch die Attribute „angemessen" und „überwiegend angemessen" charakterisiert. Die Bewertungen C und D bilden eine Leistung ab, die unter dem Niveau B1 anzusiedeln ist. Dabei wird C vergeben, wenn die mündliche Leistung nur knapp unter der gewünschten B1-Leistung liegt. D wird vergeben, wenn die mündliche Leistung in diesem Kriterium deutlich unter dem B1-Niveau liegt.
Im Text der Bewertungskriterien werden diese Stufen durch die Attribute „teilweise angemessen" bzw. „kaum angemessen" charakterisiert. Die Bewertung E wird gewählt, wenn die mündliche Leistung aufgrund des nicht zur Aufgabe passenden Inhalts, der Kürze oder der mangelnden Verständlichkeit nicht bewertbar ist. Im Text der Bewertungskriterien wird diese Stufe durch die Attribute „Äußerung größtenteils unverständlich" oder „nicht mehr bewertbar" charakterisiert. Die sichere Anwendung der Abstufungen, beispielsweise zwischen „überwiegend angemessen" und „teilweise angemessen", kann nur durch Bewerterschulung erzielt werden.

Durchführung der Bewertung
Die Bewertung erfolgt durch zwei geschulte und zertifizierte Prüfende (P1 + P2). Diese notieren ihre Punkte auf einem Bewertungsbogen.

Im Modul *Sprechen* können maximal 100 Punkte erreicht werden. Die Bewertung erfolgt durch einen Erst- und einen Zweitbewertenden. Diese Doppelbewertung garantiert die Zuverlässigkeit der Bewertung. Die Punktevergabe erfolgt auf der Basis der Kriterien und der jeweils fünf Stufen pro Kriterium, die von beiden Bewertenden jeweils unabhängig voneinander gewählt wurden. Im direkten Anschluss an die Prüfung findet ein Gespräch der Bewertenden statt, in dem sie im ersten Schritt ihre Gesamtbewertung vergleichen und Abweichungen feststellen, falls Abweichungen vorhanden sind, im zweiten Schritt die Werte bei allen einzelnen Kriterien vergleichen und sich im dritten Schritt auf eine einheitliche Bewertung einigen. Diese einheitliche Bewertung tragen sie dann in den Ergebnisbogen ein. Für jede/-n Prüfungsteilnehmende/-n werden die beiden Bewertungsbögen ein Jahr lang sowie der Ergebnisbogen zehn Jahre lang am Prüfungszentrum archiviert.
Durch die Bewertungskriterien *Erfüllung der Aufgabe*, *Interaktion*, *Kohärenz*, *Wortschatz/ Register* und *Strukturen* ergeben sich für die erste Aufgabe 28 Punkte, die zweite Aufgabe 40 Punkte und die dritte Aufgabe 16 Punkte. Hinzu kommt das Bewertungskriterium Aus-

sprache, das für alle drei Aufgaben gemeinsam mit maximal 16 Punkten zu bewerten ist. Bei anteilsmäßiger Einrechnung der Aussprache ergibt sich folgende Gewichtung: Aufgabe 1 mit 33,3 Prozent Anteil am Ergebnis des Moduls, Aufgabe 2 mit 45,3 Prozent Anteil am Ergebnis des Moduls und Aufgabe 3 mit 21,3 Prozent Anteil am Ergebnis des Moduls.

7 Prüfungsergebnisse

Die Prüfungsleistungen werden in Form von Punkten dokumentiert. Die erreichte Punktezahl der Module *Lesen*, *Hören*, *Schreiben* und *Sprechen* wird auf einem Antwortbogen ermittelt und auf einem Ergebnisbogen festgehalten. Näheres zur Methode der Ergebnisermittlung findet sich bei der Beschreibung des jeweiligen Moduls (vgl. Kapitel 6.1 bis 6.4).

Den Teilnehmenden werden die Prüfungsergebnisse in Form einer Zeugnisurkunde mitgeteilt. Die Vorderseite gibt Auskunft über die erzielten Ergebnisse, die Rückseite erläutert und interpretiert diese Ergebnisse. Die Zeugnisrückseite enthält zudem Hinweise auf die trinationale Kooperation:

> Diese Prüfung wurde gemeinschaftlich vom Goethe-Institut, der Universität Freiburg/ Schweiz (Bereich Mehrsprachigkeitsforschung und Fremdsprachendidaktik, Deutsch als Fremdsprache) und dem Österreichischen Sprachdiplom Deutsch (ÖSD) entwickelt und wird weltweit unter den Bezeichnungen Goethe-Zertifikat B1 oder ÖSD-Zertifikat B1 angeboten..

und auf den *Referenzrahmen*:

> Diese Deutschprüfung dokumentiert die dritte Stufe – B1 – der im *Gemeinsamen europäischen Referenzrahmen für Sprachen (GER)* beschriebenen sechsstufigen Kompetenzskala. Die Stufe B bezeichnet die Fähigkeit zur selbstständigen Sprachverwendung.

Die Anforderungen jedes Moduls werden durch ein Zitat der Globalbeschreibung des *Referenzrahmens* und mit direktem Bezug zu den einzelnen Prüfungsaufgaben exemplifiziert:

> Mit erfolgreichem Ablegen dieser Deutschprüfung haben Teilnehmende nachgewiesen, dass sie fähig sind, Hauptpunkte zu verstehen, wenn klare Standardsprache verwendet wird und es um vertraute Dinge aus Arbeit, Schule, Freizeit usw. geht. Sie können die meisten Situationen bewältigen, denen man auf Reisen im Sprachgebiet begegnet. Außerdem können sie sich einfach und zusammenhängend über vertraute Themen und persönliche Interessensgebiete äußern, über Erfahrungen und Ereignisse berichten, Träume, Hoffnungen und Ziele beschreiben und zu Plänen und Ansichten kurze Begründungen oder Erklärungen geben.

Es gibt sodann eine Erläuterung, in welcher Form das *Zertifikat B1* die Anforderungen der Niveaustufe B1 konkretisiert:

Das *Zertifikat B1* besteht aus vier Modulen: einer schriftlichen Gruppenprüfung zum Lesen, Hören und Schreiben und einer mündlichen Prüfung, die in der Regel als Paarprüfung, in Einzelfällen als Einzelprüfung durchgeführt wird. Die Module können an einem Prüfungstermin einzeln oder in jeder Kombination abgelegt werden.

Die Teilnehmenden weisen mit dem erfolgreich abgelegten Modul nach, dass sie

- *Lesen* - verschieden strukturierte Texte aus dem Alltag verstehen können,
- *Hören* - gesprochene Sprache aus den Medien und aus Alltagsgesprächen verstehen können,
- *Schreiben* - verschieden strukturierte Texte verfassen können, die stilistisch dem jeweiligen Adressaten und Zweck angemessen sind,
- *Sprechen* - an einem Gespräch teilnehmen, eine Präsentation zu einem Thema aus dem Alltag frei vortragen, darauf reagieren, dazu Fragen stellen und beantworten können.

Die Anforderungen zum Bestehen eines Moduls werden erläutert:

In jedem Modul sind maximal 100 Punkte erreichbar. Ein Modul ist bestanden, wenn 60 Punkte bzw. 60 % erreicht sind.

Das Zeugnis weist auf der Vorderseite die in jedem Modul jeweils erreichte Punktezahl aus, die einem Prozentwert entspricht. Das Ergebnis pro Modul ist folgendermaßen zu interpretieren:

	Punkte = Prozent
Sehr gut	100 - 90
Gut	89 - 80
Befriedigend	79 - 70
Ausreichend	69 - 60

Für die Module *Lesen* und *Hören* wird die Stufe B1 bestätigt, wenn die Teilnehmenden mindestens 18 von 30 Aufgaben richtig gelöst haben. Für die Module *Schreiben* und *Sprechen* müssen mindestens 60 % der möglichen Punktzahl erreicht sein, damit die Stufe B1 bestätigt wird.

Prüfungsteilnehmende, die Module einzeln oder in Kombination abgelegt und bestanden haben, erhalten ein Zeugnis über das/die jeweilige/-n Modul/-e. Werden alle vier Module an einem Prüfungstermin bzw. innerhalb einer Frist von einem Jahr abgelegt und bestanden, erhält der/die Prüfungsteilnehmende (gemäß der jeweiligen Prüfungsordnung der Prüfungsanbieter Goethe Institut oder ÖSD) ein Zeugnis, das alle vier Module ausweist.

Die Module können, sofern es die organisatorischen Möglichkeiten am Prüfungszentrum erlauben, innerhalb eines Jahres beliebig oft abgelegt bzw. wiederholt werden.

8 Wortschatz

Der dem *Zertifikat B1* zugrunde liegende Wortschatz umfasst lexikalische Einheiten des Deutschen, die Sprachlernende auf der Niveaustufe B1 kennen sollten. Welche Wörter und Ausdrücke in einem Prüfungssatz vorkommen, hängt u. a. von den Inhalten und Themen der jeweiligen Aufgaben ab. Es wird von den Prüfungsteilnehmenden des *Zertifikats B1* erwartet, dass sie den hier vorliegenden Wortschatz zumindest rezeptiv beherrschen. Das heißt, dass die aufgeführten lexikalischen Einheiten beim Bearbeiten der Module *Lesen* und *Hören* im Rahmen der gesprochenen und geschriebenen Texte verstanden werden müssen. Eine vergleichbare Festlegung des in den Modulen *Sprechen* und *Schreiben* produktiv zu verwendenden Wortschatzes ist nicht möglich. Allerdings kann grundsätzlich gesagt werden, dass dieser weniger umfangreich als der rezeptiv zu beherrschende Wortschatz ist.

Als Vorarbeiten und Grundlage für den Zertifikat-B1-Wortschatz wurden herangezogen:
- *Zertifikat Deutsch* (1999)
- *Profile Deutsch* (2002/2005)
- *Deutsch-Test für Zuwanderer* (2009)

Auswahlkriterium bei der Zusammenstellung des Wortschatzes für das *Zertifikat B1* war die Relevanz eines Wortes im alltäglichen, zeitgemäßen Gebrauch der deutschen Sprache, vor allem im privaten und öffentlichen Bereich, aber auch in in den Bereichen Beruf, Schule und Ausbildung. Ein Beispiel für Anpassungen gegenüber den Grundlagendokumenten ist die Einführung bzw. Erweiterung der Wortgruppe der Anglizismen, die zahlreiche Neueinträge aus dem Bereich der neuen Medien enthält (z. B. *E-Book, Mailbox oder Smartphone*). Gleichzeitig wurden nicht mehr gebräuchliche Ausdrücke wie *Diskette* oder *Telefonzelle* entfernt. Die gesamte Auswahl wurde durch eine Expertengruppe im Bereich Deutsch als Fremd- und Zweitsprache getroffen (vgl. Impressum).

Wie der gesamten Prüfung liegen auch dem Wortschatz und den Strukturen der plurizentri-sche Ansatz zugrunde. Einbezogen werden also die drei Standardvarietäten des Deutschen. Das heißt, dass nebst gemeindeutschen Ausdrücken auch relevante standardsprachliche Varianten aus Deutschland (D), Österreich (A) und der Schweiz (CH) berücksichtigt werden.

Um eine leichtere Übersichtlichkeit zu ermöglichen, wurden einige frequente thematische Bereiche zu Wortgruppen zusammengefasst und der alphabetischen Liste als Wortgrup-penliste vorangestellt. Jeder Eintrag kommt entweder in einer der Wortgruppen oder in der alphabetischen Liste vor.

8.1 Wortgruppen

Die Wortgruppenliste enthält Gruppen von Wörtern, die sich nach semantischen Gesichtspunkten bzw. übergeordneten Kategorien zusammenfassen lassen, wie z. B. *Zahlen, Währungen, Länder* etc.

8.1.1 ABKÜRZUNGEN

das Abo, -s	=	das Abonnement, -s/-e	der ICE	=	der Inter City Express
der Akku, -s	=	der Akkumulator (Batterie)	das Kfz, -s	=	das Kraftfahrzeug, -e
der Azubi, -s (D)	=	der/die Auszubildende, -n	der Lkw, -s	=	der Last(kraft)wagen, -
bzw.	=	beziehungsweise	der PC, -s	=	der Personal Computer, -
ca.	=	circa/zirka	der Pkw, -s	=	der Personenkraftwagen, -
d. h.	=	das heißt	die (D, A)/		
die DVD, -s	=	Datenträger	das (CH) SMS, -	=	Textnachricht
		(Digital Video Disc)	das TV, -	=	Television
das EG, OG, UG	=	das Erdgeschoss,	usw.	=	und so weiter
		das Obergeschoss,	vgl.	=	vergleiche
		das Untergeschoss (D, CH);	das WC, -s	=	Wasserklosett (water closet)
		das Erdgeschoß,	die WG, -s	=	die Wohngemeinschaft, -en
		das Untergeschoß (A)	z. B.	=	zum Beispiel
etc.	=	et cetera			

8.1.2 ANGLIZISMEN

das Baby, -s	die Fitness, -
der Babysitter, -/die Babysitterin, -nen	global
die Band, -s	googeln, googelt, googelte, hat gegoogelt
die Bar, -s	der Hamburger, -
der Bikini, -s	der Hit, -s
der Blog, -s	die Homepage, -s
bloggen, bloggt, bloggte, hat gebloggt	das Internet
das Camp, -s	der Jazz
campen, campt, campte, hat gecampt	der Job, -s
die Castingshow, -s	jobben, jobbt, jobbte, hat gejobbt
der CD-Player, -	joggen, joggt, joggte, ist/hat gejoggt
der Chat(room), -s	der/das Ketchup/Ketschup, -s
chatten, chattet, chattete, hat gechattet	der Killer, -/die Killerin, -nen
checken, checkt, checkte, hat gecheckt	der Laptop, -s
der Chip, -s	der Link, -s
die City, -s	live
der Club, -s	die (D, A)/das (A, CH) (E-)Mail, -s
die/das Cola, -s	die Mailbox, -en
der/das Comic, -s	mailen, mailt, mailte, hat gemailt
der Computer, -	der Manager, -/die Managerin, -nen
cool	die Mobilbox, -en
das E-Bike, -s	das Mountainbike, -s
das E-Book, -s	o.k./O.K./okay
der Fan, -s	online
das Fax, -e	die Plattform, -en
faxen, faxt, faxte, hat gefaxt	das Poster, -
das Festival, -s	das Puzzle, -s
fit	das/der Sandwich, -(e)s/-e

die Show, -s
das Smartphone, -s
der Snack, -s
die Software, -s
der Song, -s
der Spot, -s
das Steak, -s
surfen, surft, surfte, ist/hat gesurft
der Swimmingpool, -s

das Taxi, -s
das Team, -s
der Terminal, -s
die Tour, -en
der Trend, -s
das T-Shirt, -s
twittern, twittert, twitterte, hat getwittert
der User, -/die Userin, -nen

8.1.3   ANWEISUNGSSPRACHE ZERTIFIKAT B1

die Aufgabe, -n	Für jede Aufgabe gibt es nur eine richtige Lösung.	die Lösung, -en	Wählen Sie bei jeder Aufgabe die richtige Lösung.
ankreuzen, kreuzt an, kreuzte an, hat angekreuzt	Kreuzen Sie bitte auf dem Antwortbogen an.	der Moderator, -en die Moderatorin, -nen	Die Moderatorin der Radiosendung diskutiert mit zwei Gästen.
der Antwortbogen, -/-„-	Bitte übertragen Sie Ihre Lösungen auf den Antwortbogen.	das Modul, -e	Das Modul Hören besteht aus vier Teilen.
die Anzeige, -n die Aussage, -n	Lesen Sie die Anzeigen. Sind die Aussagen *richtig* oder *falsch*?	die Präsentation, -en	Erklären Sie den Inhalt und die Struktur Ihrer Präsentation.
die Durchsage, -n	Sie hören eine Durchsage im Radio.	der Punkt, -e	Schreiben Sie etwas zu allen drei Punkten.
die Einleitung, -en	Schreiben Sie eine passende Einleitung und einen Schluss.	die Rückmeldung, -en	Reagieren Sie auf die Rückmeldung.
die Folie, -n	Dazu finden Sie hier fünf Folien.	die Struktur, -en	Erklären Sie den Inhalt und die Struktur Ihrer Präsentation.
das Hilfsmittel, -	Hilfsmittel wie Mobiltelefone oder Wörterbücher sind nicht erlaubt.	der Textaufbau	Achten Sie auf den Textaufbau.
der Kommentar, -e	Sie lesen Kommentare zu einem Artikel.	übertragen, überträgt, übertrug, hat übertragen	Vergessen Sie bitte nicht, Ihre Lösungen auf den Antwortbogen zu übertragen.
lösen, löst, löste, hat gelöst	Dazu lösen Sie acht Aufgaben.	zuordnen, ordnet zu, ordnete zu, hat zugeordnet	Ordnen Sie die Aussagen zu.

8.1.4 BILDUNGSEINRICHTUNGEN

Deutschland	die Krippe/der Kindergarten/die Kindertagesstätte (Kita)
	die Grundschule/Mittelschule/Realschule/
	Gesamtschule/Berufsschule/Sonderschule
	das Gymnasium
	die (Fach-)Hochschule, Universität (Uni)
	die Volkshochschule
Österreich	die Krippe/der Kindergarten
	die Volksschule/Hauptschule/Neue Mittelschule/Berufsschule
	die Allgemeinbildende Höhere Schule (AHS) = das Gymnasium
	die Berufsbildende Höhere Schule (BHS)
	die (Fach-)Hochschule, Akademie, Universität (Uni)
	die Pädagogische Hochschule
	die Volkshochschule
Schweiz	die Krippe/die Spielgruppe/der Kindergarten
	die Primarschule
	Sekundarstufe I: die Realschule, Sekundarschule,
	Bezirksschule, Orientierungsstufe
	Sekundarstufe II: die Mittelschule = das Gymnasium,
	die Berufsschule, die Berufsmittelschule, die Diplommittelschule
	die (Fach-)Hochschule, Universität (Uni)
	die Pädagogische Hochschule
	die Volkshochschule

8.1.5 BILDUNG: SCHULFÄCHER

Biologie
Chemie
Geografie
Geschichte
Mathe(matik)

Musik
Philosophie
Physik
Sport

8.1.6   BILDUNG: SCHULNOTEN

Deutschland

(1) sehr gut (die/eine Eins)
(2) gut (die/eine Zwei)
(3) befriedigend (die/eine Drei)
(4) ausreichend (die/eine Vier)
(5) mangelhaft (die/eine Fünf)
(6) ungenügend (die/eine Sechs)

Österreich

(1) sehr gut (der/ein Einser)
(2) gut (der/ein Zweier)
(3) befriedigend (der/ein Dreier)
(4) genügend (der/ein Vierer)
(5) nicht genügend (der/ein Fünfer)

Schweiz

(6) sehr gut (der/ein Sechser)
(5) gut (der/ein Fünfer)
(4) genügend (der/ein Vierer)
(3) ungenügend (der/ein Dreier)
(2) schlecht (der/ein Zweier)
(1) sehr schlecht (der/ein Einer)

8.1.7   FARBEN

hell-, dunkel-
blau
braun
gelb
grau
grün
lila

orange
rosa
rot
schwarz
violett
weiß

8.1.8   HIMMELSRICHTUNGEN

der Norden   Nord-/nördlich
der Osten   Ost-/östlich
der Süden   Süd-/südlich
der Westen   West-/westlich

8.1.9   LÄNDER, KONTINENTE, NATIONALITÄTEN (STAATSANGEHÖRIGKEITEN), SPRACHEN

Angaben der eigenen Herkunft oder Nationalität: Land, Kontinent, Bewohner/Bewohnerin, Nationalität, Sprache

Deutschland	die Schweiz	die Türkei
der Deutsche, -n	der Schweizer, -	der Türke, -n
die Deutsche, -n	die Schweizerin, -nen	die Türkin, -nen
deutsch	Schweizer,	türkisch
Deutsch	schweizerisch	Türkisch
Europa	Griechenland	die Ukraine
der Europäer, -	der Grieche, -n	der Ukrainer -
die Europäerin, -nen	die Griechin, -nen	die Ukrainerin, -nen
europäisch	griechisch	ukrainisch
	Griechisch	Ukrainisch
Österreich		
der Österreicher, -		
die Österreicherin, -nen		
österreichisch		

8.1.10   POLITISCHE BEGRIFFE

der Bund, Bundes-	Deutschland	das Bundesland
der Bundeskanzler, - die Bundeskanzlerin, -nen		Bundesrepublik Deutschland
der Bundespräsident, - die Bundespräsidentin, -nen		der Bundestag
der Bürgermeister, - die Bürgermeisterin, -nen	Österreich	das Bundesland
		der Nationalrat
die Demokratie, -n, demokratisch		Republik Österreich
die Europäische Union, die EU	Schweiz	der Ammann , "-er die Ammännin, -nen
die Gemeinde		
konservativ		der Bundesrat, "-e die Bundesrätin, -nen
liberal		Confoederatio Helvetica (CH), die Schweizerische Eidgenossenschaft
der Minister, - die Ministerin, -nen		der Kanton
das Parlament, das Europäische Parlament		der Nationalrat
die Partei, -en		der Regierungsrat, -"e die Regierungsrätin, -nen
die Regierung, -en		der Stadtpräsident, -en die Stadtpräsidentin, -nen
der Staat, -en; staatlich		der Ständerat

8.1.11   TIERE

der Affe, -n	der Hase, -n	die Mücke, -n
der Bär, -en	der Hund, -e	das Pferd, -e
die Biene, -n	das Insekt, -en	der Pinguin, -e
der Elefant, -en	die Katze, -n	das Schaf, -e
die Ente, -n	das Krokodil, -e	die Schildkröte, -n
der Fisch, -e	die Kuh, ¨-e	die Schlange, -n
die Fliege,- n	der Löwe, -n	das Schwein, -e
die Giraffe, -n	die Maus, ¨-e	der Vogel, ¨-

8.1.12   WÄHRUNGEN, MASSE UND GEWICHTE

1 €	= 1 Euro, -s	(+) 4°C	= vier Grad über Null/ plus vier Grad
1 c	= 1 Cent	1 %	= ein Prozent
1 sFr.	= 1 Franken, -	1 l	= ein Liter
1 Rp.	= 1 Rappen, -	1 g	= ein Gramm
1 m	= ein Meter	500 g	= ein Pfund/ein halbes Kilo
1 cm	= ein Zentimeter	1 kg	= ein Kilo(gramm)
1,15 m	= ein Meter fünfzehn	1 dkg oder dag (= 10g)	= ein Deka(gramm) (A)
200 km	= zweihundert Kilometer	1 km/h	= ein Kilometer pro Stunde
1 m²	= ein Quadratmeter		
-1°C	= ein Grad unter Null/ minus ein Grad		

8.1.13   ZAHLEN, BRUCHZAHLEN

1 = eins	21 = einundzwanzig	zweitens
2 = zwei	30 = dreißig	drittens
3 = drei	(bis 90)	viertens usw.
4 = vier	100 = (ein)hundert	einmal
5 = fünf	101 = (ein) hundert(und)eins	zweimal
6 = sechs	200 = zweihundert	dreimal
7 = sieben	1 000 = (ein)tausend	viermal usw.
8 = acht	1 000 000 = eine Million, -en	einfach
9 = neun	1 000 000 000 = eine Milliarde, -n	zweifach/doppelt
10 = zehn	der/die/das erste	plus
11 = elf	zweite	minus
12 = zwölf	dritte	½ = ein halb; halb …
13 = dreizehn	vierte usw.	⅓ = ein Drittel, drittel …
(bis 20)	erstens	¼ = ein Viertel; Viertel … usw.

8.1.14 ZEIT

1.1.14.1 DATUM

1999	=	neunzehnhundertneunundneunzig
2004	=	zweitausend(und)vier
heute ist der 1. März	=	heute ist der erste März/der erste Dritte
Berlin, 10. April 2012	=	Berlin, zehnter April/zehnter Vierter zweitausendundzwölf/zweitausendzwölf

8.1.14.2 FEIERTAGE

Neujahr	Weihnachten
Ostern	Silvester
Pfingsten	Nationalfeiertag

8.1.14.3 JAHRESZEITEN

der Frühling/das Frühjahr	der Herbst
der Sommer	der Winter

8.1.14.4 MONATSNAMEN

der Januar (D, CH); A: der Jänner	der Juli
der Februar (D, CH); A: der Feber	der August
der März	der September
der April	der Oktober
der Mai	der November
der Juni	der Dezember

8.1.14.5 TAGESZEITEN

der Tag, -e	täglich, tagsüber
der Morgen, -; A: in der Früh	morgens, am Morgen
der Vormittag, -e	vormittags, am Vormittag
der Mittag, -e	mittags, zu Mittag, am Mittag
der Nachmittag, -e	nachmittags, am Nachmittag
der Abend, -e	abends, am Abend
die Nacht, ¨-e	nachts, in der Nacht
die Mitternacht	um Mitternacht

8.1.14.6 UHRZEIT

00:03	= null Uhr drei	fünf Minuten vor/nach eins
07:15	= sieben Uhr fünfzehn	viertel vor/nach zwei A: auch viertel drei (14:15);
13:17 Uhr	= dreizehn Uhr siebzehn	auch dreiviertel drei (14:45)
24:00 Uhr	= vierundzwanzig Uhr	halb drei
ein Uhr		

8.1.14.7 WOCHENTAGE

der Wochentag,-e	wochentags, werktags
das Wochenende, -n	am Wochenende
der Montag	montags, am Montag
der Dienstag	dienstags, am Dienstag
der Mittwoch	mittwochs, am Mittwoch
der Donnerstag	donnerstags, am Donnerstag
der Freitag	freitags, am Freitag
der Samstag; D: der Sonnabend	samstags; D: sonnabends, am Samstag
der Sonntag	sonntags, am Sonntag

8.1.14.8 ZEITANGABEN

die Sekunde, -n		der Monat, -e	monatlich
die Minute, -n		das Jahr, -e	jährlich
die Stunde, -n	stündlich	das Jahrzehnt, -e	
der Tag, -e	täglich	das Jahrhundert, -e	
die Woche, -n	wöchentlich	das Jahrtausend, -e	

8.2   Alphabetischer Wortschatz

Der vorliegende alphabetisch aufgeführte Wortschatz erhebt nicht den Anspruch einer lexikografisch angeordneten Liste im engeren Sinne. Im Vordergrund standen bei der Erstellung eher Aspekte der Praktikabilität in der Arbeit der Testautoren und -autorinnen, was sich u. a. in der Unterteilung in Haupt- und Nebeneinträge und dem Rückgriff auf Wortbildung widerspiegelt. Nebeneinträge sind Ableitungen eines Wortes und werden eingerückt.

anfangen, fängt an, fing an hat angefangen	1. Wann fängst du mit der Arbeit an?
	2. Hier fängt die Bahnhofstraße an.
der Anfang, ¨-e	1. Wie war der Film? – Ich habe nur den Anfang gesehen.
	2. Am Anfang habe ich bei der Arbeit viele Fragen gestellt.
	3. Mein Chef ist Anfang fünfzig.
	4. Meine Mutter war von Anfang an dagegen, dass ich nach Berlin ziehe.
	5. Wir machen Anfang Juli Ferien.
	6. Meine Freundin wohnt am Anfang der Straße.
anfangs	Anfangs ging alles gut.

Bei Verben werden in der Liste die Verbformen Infinitiv, 3. Person Singular Präsens, 3. Person Singular Präteritum und Partizip Perfekt angeführt. Nomen werden immer mit dem bestimmten Artikel ausgegeben. Pluralformen werden angeführt, sofern diese für das Sprachniveau von Relevanz sind. Liegt die Pluralform eines Wortes über dem Niveau B1, wie beispielsweise *Geld*, *Gelder*, wird der Eintrag ausschließlich im Singular angegeben. Weibliche Formen werden in der Regel nach dem Maskulinum aufgelistet. Beispielsätze illustrieren typische Gebrauchskontexte und/oder die Bedeutung(en) der Einträge.

Sind von einem Wort bzw. einer lexikalischen Einheit in Deutschland, Österreich oder der Schweiz unterschiedliche Standardvarianten gebräuchlich, so werden diese als getrennte Einträge, jedoch stets mit einem Verweis auf die anderen Varianten, in der Wortliste berücksichtigt:

parken, parkt, parkte, hat geparkt (D, A) → CH: parkieren	1. Hier dürfen Sie nicht parken.
	2. Hier ist das Parken verboten.
parkieren, parkiert, parkierte, hat parkiert (CH) → D, A: parken	1. Hier dürfen Sie nicht parkieren.
	2. Hier ist das Parkieren verboten.
die Treppe, -n (D, CH) → A: Stiege	1. Wo ist die Toilette? – Die Treppe hoch und dann links.
	2. Meine Oma kann nicht gut Treppen steigen.
die Stiege, -n (A) → D, CH: Treppe	1. Wo ist die Toilette? – Die Stiege hoch und dann links.
	2. Meine Oma kann nicht gut Stiegen steigen.

Auf die Aufnahme von Komposita, wie z. B. *Kinderbett*, wurde verzichtet, außer die Zusammensetzung der Begriffe ergibt einen neuen Sinn, wie beispielsweise bei dem Wort *Kindergarten*. Bei Verben werden jene Komposita, die sich durch Präfixe ergeben, nicht berücksichtigt, da sie ebenfalls erschließbar sind.

A

ab	1. Die Fahrt kostet ab Hamburg 200 Euro. 2. Ab nächster Woche bleibt unser Geschäft samstags geschlossen. 3. Mein Bruder besucht uns ab und zu.
abbiegen, biegt ab, bog ab, ist abgebogen	An der nächsten Kreuzung müssen Sie links abbiegen.
die Abbildung, -en	Auf der Abbildung sehen Sie, wie man das Gerät einschaltet.
das Abenteuer, -	1. Unser Urlaub war ein tolles Abenteuer. 2. Die Kinder lieben Abenteuergeschichten.
aber	1. Heute kann ich nicht, aber morgen ganz bestimmt. 2. Es lag sehr viel Schnee, aber Enzo ist trotzdem mit dem Motorrad gefahren. 3. Wir haben nur eine kleine Wohnung, sind aber damit zufrieden. 4. Es war sehr schön. Jetzt muss ich aber gehen. 5. Ich würde gerne kommen, aber es geht leider nicht. 6. Darf ich dich zu einem Kaffee einladen? – Aber ja, sehr gern. 7. Du spielst aber gut Klavier.
abfahren, fährt ab, fuhr ab, ist abgefahren	Unser Zug ist pünktlich abgefahren.
die Abfahrt, -en	Es bleiben uns noch zwanzig Minuten bis zur Abfahrt.
der Abfall, ¨-e	Werfen Sie den Bioabfall bitte nicht zum normalen Müll.
der Abfalleimer, -	Wirf das bitte in den Abfalleimer!
Abgase (Pl.)	Abgase aus Industrie und Haushalten verschmutzen die Luft.
abgeben, gibt ab, gab ab, hat abgegeben	Ich soll dieses Päckchen bei Herrn Müller abgeben.
abhängen, hängt ab, hing ab, hat abgehangen (von)	Vielleicht bleiben wir ein paar Tage länger, das hängt vom Wetter ab.
abhängig	Gregor ist finanziell von seinen Eltern abhängig.
abheben, hebt ab, hob ab, hat abgehoben	Für die Reise habe ich 500 Euro von meinem Konto abgehoben.
abholen, holt ab, holte ab, hat abgeholt	Meine Freundin hat mich vom Bahnhof abgeholt.

abschreiben, schreibt ab, schrieb ab, hat abgeschrieben	Er hat die Hausaufgaben von mir abgeschrieben.
das Abitur (D)→A, CH: Matura	Meine Tochter hat gerade Abitur gemacht.
ablehnen, lehnt ab, lehnte ab, hat abgelehnt	Er hat mein Angebot, ihm zu helfen, abgelehnt.
abmachen, macht ab, machte ab, hat abgemacht	Wir hatten doch abgemacht, dass du die Getränke besorgst.
abnehmen, nimmt ab, nahm ab, hat abgenommen	1. Morgen können wir den Verband abnehmen. 2. Ich habe zehn Kilo abgenommen.
abonnieren, abonniert, abonnierte, hat abonniert	Diese Zeitschrift würde ich gerne abonnieren.
das Abonnement, -s/-e	Ich habe das Abonnement gekündigt.
absagen, sagt ab, sagte ab, hat abgesagt	Ich muss unser Treffen leider absagen, weil ich krank geworden bin.
der Abschluss, ¨-e	Ein guter Schulabschluss ist sehr wichtig.
der Abschnitt, -e	Lesen Sie bitte den zweiten Abschnitt.
der Absender, - die Absenderin, -nen	Schicken Sie das Paket an den Absender zurück.
die Absicht, -en	1. Entschuldigen Sie bitte. Meine Tochter hat das nicht mit Absicht gemacht. 2. Hast du die Absicht zu studieren?
absolut	1. Was Sie da sagen, ist absolut falsch. 2. Ich habe absolutes Vertrauen zu dir.
abstimmen, stimmt ab, stimmte ab, hat abgestimmt	Lasst uns über diesen Punkt abstimmen.
die Abteilung, -en	Meine Freundin arbeitet in der Abteilung von Frau Kaufmann.
der Abwart, -e die Abwartin, -nen (CH) → D, A: Hausmeister	Der Abwart hat mir geholfen, den Schrank in die Wohnung zu tragen.
abwärts	Von dort führt der Weg abwärts ins Tal.
abwaschen, wäscht ab, wusch ab, hat abgewaschen	Ich muss noch das Geschirr abwaschen.
abwesend	Herr Huber ist bis zum 25. April abwesend.
achten, achtet, achtete, hat geachtet (auf)	Achten Sie bitte darauf, dass Sie abschließen, wenn Sie gehen.

Achtung!	Achtung, hier endet die Straße!
die Adresse, -n	Hast du schon meine neue Adresse?
ähnlich	1. Emilia ist in einer ganz ähnlichen Situation wie ich.
	2. Oleg sieht seinem Bruder sehr ähnlich.
die Ahnung	Ich hatte keine Ahnung, dass du heute Geburtstag hast.
die Aktion, -en	Die Stadt sollte eine Aktion für Familien planen.
aktiv	Ich bin sehr aktiv und mache viel Sport.
die Aktivität, -en	In den Ferien bietet die Stadt für Kinder verschiedene Freizeitaktivitäten.
aktuell	Umweltschutz ist ein aktuelles Thema.
akzeptieren, akzeptiert, akzeptierte, hat akzeptiert	Ich kann diese Bedingungen nicht akzeptieren.
der Alarm, -e	Bei Feueralarm dürfen Sie die Aufzüge nicht benutzen.
der Alkohol	1. Du musst die Wunde mit Alkohol reinigen.
	2. Nein, danke! Ich trinke keinen Alkohol.
all-	1. Sind alle Kinder da?
	2. Sonst noch (et)was? – Nein, danke. Das ist alles.
	3. Alles Gute!
allein	1. Ich gehe nicht gern allein spazieren.
	2. Soll ich Ihnen helfen? – Danke, ich schaffe es schon allein.
	3. Es war sehr teuer. Allein das Essen hat schon über 50 Euro gekostet.
aller-	1. Am allerbesten ist es, wenn du dich ins Bett legst und lange schläfst. Dann wirst du schnell wieder gesund.
	2. Das ist das Allerschönste, was ich je gesehen habe.
allerdings	Wir können uns morgen treffen, allerdings habe ich erst ab Mittag Zeit.
allgemein	1. Wir haben nur über allgemeine Probleme gesprochen.
	2. Es ist allgemein bekannt, dass man hier gut essen kann.
	3. Im Allgemeinen bin ich mit meiner Arbeit sehr zufrieden.
der Alltag	Das ist mein Alltag: putzen, waschen, kochen.

alltäglich	1. Das alltägliche Leben ist manchmal langweilig.
	2. Der Roman erzählt eine ganz alltägliche Geschichte.
das Alphabet, -e	Wie viele Buchstaben hat das Alphabet in Ihrer Sprache?
als	1. Als mein Mann kam, war die Party schon zu Ende.
	2. Sie können sich sowohl persönlich als auch im Internet anmelden.
	3. Meine Schwester ist älter als ich.
	4. Es ist später, als ich dachte.
als ob	Er tut so, als ob wir nie darüber gesprochen hätten.
also	1. Also, die Sache ist so: …
	2. Irina hat Urlaub. Sie kann uns also helfen.
	3. Also wirklich, jetzt reicht es.
alt	1. Wie alt sind Sie?
	2. Maria ist eine alte Freundin von mir.
das Alter	1. Wir sind etwa im gleichen Alter.
	2. Alter: 26 Jahre
das Altenheim, -e → Altersheim	Die Großeltern unserer Nachbarn sind im Altenheim.
das Altersheim, -e → Altenheim	Die Großeltern unserer Nachbarn sind im Altersheim.
alternativ	Wir brauchen alternative Energien.
die Alternative, -n	Auf dieser Strecke ist der Zug eine gute Alternative zum Flugzeug.
die Ampel, -n	Dort an der Ampel kannst du über die Straße gehen.
das Amt, ¨-er	Das Arbeitsamt befindet sich neben dem Busbahnhof.
sich amüsieren, amüsiert sich, amüsierte sich, hat sich amüsiert	Bei dem Fest haben wir uns sehr gut amüsiert.
an	1. Am Anfang war alles sehr schwierig.
	2. Dann sehen wir uns also am Dienstag.
	3. Ich warte am Bahnhof auf dich.
	4. Am besten, du gehst zur Information und fragst da.
	5. Das Licht war die ganze Nacht an.
analysieren, analysiert, analysierte, hat analysiert	Die Politiker analysieren die Situation auf dem Arbeitsmarkt.
anbieten, bietet an, bot an, hat angeboten	Darf ich Ihnen etwas zu trinken anbieten?

der Anbieter, -	Ist das ein privater Telefonanbieter?
das Angebot, -e	1. Ich habe in der Zeitung ein paar günstige Wohnungsangebote gelesen. 2. Der Käse ist heute im Angebot.
ander-	1. Die anderen sind schon nach Hause gegangen. 2. Bitte nicht alle auf einmal! Einer nach dem anderen. 3. Ich hätte gern ein anderes Auto. 4. Natascha hat unter anderem Chinesisch und Spanisch gelernt.
andererseits	Tarek möchte zwar studieren, aber andererseits möchte er auch gleich Geld verdienen.
ändern, ändert, änderte, hat geändert	1. Das Wetter hat sich geändert. 2. Ich habe meine Meinung inzwischen geändert.
die Änderung, -en	Es gibt eine Programmänderung.
anders	1. Anders geht das leider nicht. 2. Oliver ist anders als seine Freunde. 3. Ich würde das anders machen.
anerkennen, erkennt an, erkannte an, hat anerkannt	Meine Ausbildung wird hier nicht anerkannt.
anfangen, fängt an, fing an, hat angefangen	1. Wann fängst du mit der Arbeit an? 2. Hier fängt die Bahnhofstraße an.
der Anfang, ¨-e	1. Wie war der Film? – Ich habe nur den Anfang gesehen. 2. Am Anfang habe ich bei der Arbeit viele Fragen gestellt. 3. Mein Chef ist Anfang fünfzig. 4. Meine Mutter war von Anfang an dagegen, dass ich nach Berlin ziehe. 5. Wir machen Anfang Juli Ferien. 6. Meine Freundin wohnt am Anfang der Straße.
anfangs	Anfangs ging alles gut.
angeben, gibt an, gab an, hat angegeben	Bitte geben Sie Ihre genaue Adresse an.
die Angabe, -n	Wir brauchen von Ihnen folgende Angaben: Name, Adresse, Geburtsdatum.
der Angehörige, -n die Angehörige, -n	Der Arzt darf nur Familienangehörigen Auskunft geben.
angenehm	Wir wünschen Ihnen eine angenehme Reise.

die Angst, ¨-e	1. Du brauchst keine Angst zu haben. Der Hund tut dir nichts. 2. Ich habe Angst, vielleicht ist etwas passiert.
ängstlich	Meine Mutter ist etwas ängstlich. Sie geht nicht gern allein auf die Straße.
anhaben, hat an, hatte an, hat angehabt	Gestern hatte Julia ein rotes Kleid an.
anklicken, klickt an, klickte an, hat angeklickt	Du musst das Bild anklicken. Dann wird es größer.
ankommen, kommt an, kam an, ist angekommen	1. Wann kommt der Zug in Hamburg an? 2. Bei dem Spiel kommt es darauf an, schneller zu laufen als die anderen.
die Ankunft	1. Die Abfahrt ist um 0.55 Uhr, die Ankunft um 8.07 Uhr. 2. Gleich nach der Ankunft habe ich meine Eltern angerufen.
ankündigen, kündigt an, kündigte an, hat angekündigt	Wir sollten unseren Besuch ankündigen.
die Anlage, -n	1. Meine Musikanlage ist kaputt. 2. In der Anlage der E-Mail finden Sie meinen Lebenslauf.
die Anleitung, -en	In der Anleitung steht, dass bei diesem Spiel der Älteste beginnt.
anmelden, meldet an, meldete an, hat angemeldet	Für diesen Kurs müssen Sie sich unbedingt vorher anmelden.
die Anmeldung, -en	1. Wo bekomme ich die Formulare für die Anmeldung? 2. Die Anmeldung ist im Erdgeschoss, Zimmer 55.
annehmen, nimmt an, nahm an, hat angenommen	1. Ich nehme Ihre Einladung gern an. 2. Ich nehme an, dass Sie mit dem Vorschlag einverstanden sind.
die Annonce, -n	Ich habe alle Annoncen gelesen, aber die Wohnungen sind zu teuer.
die Anrede, -n	Du darfst im Brief die Anrede nicht vergessen.
anrufen, ruft an, rief an, hat angerufen	Ich rufe Sie heute Abend an.
der Anruf, -e	Ich warte auf einen Anruf aus Berlin.
der Anrufbeantworter, -	Ich habe dir eine Nachricht auf den Anrufbeantworter gesprochen.
die Ansage, -n	Achten Sie auf die Ansage am Bahnsteig.

anschaffen, schafft an, schaffte an, hat angeschafft — Wir haben uns neue Möbel angeschafft.

anschließen, schließt an, schloss an, hat angeschlossen — Wo kann ich den Computer anschließen?

der Anschluss, ¨-e — 1. In Mannheim haben Sie Anschluss nach Saarbrücken.
2. Ich brauche in meiner Wohnung einen Telefonanschluss.

anschnallen, schnallt an, schnallte an, hat angeschnallt — Vergiss nicht, dich anzuschnallen.

ansehen, sieht an, sah an, hat angesehen — 1. Warum siehst du mich so erschrocken an?
2. Darf ich eure Urlaubsfotos ansehen?

ansprechen, spricht an, sprach an, hat angesprochen — Gestern hat mich unsere neue Nachbarin im Treppenhaus angesprochen.

der Anspruch, ¨-e — Sie wohnen im Stadtzentrum. Deshalb haben Sie keinen Anspruch auf Fahrgeld.

anstellen, stellt an, stellte an, hat angestellt — 1. Können Sie bitte die Heizung anstellen?
2. Mein Schwager ist bei einer Möbelfirma angestellt.
3. Da vorne ist die Kasse. Du musst dich anstellen.

der Angestellte, -n
die Angestellte, -n — Björn ist Angestellter in einem Reisebüro.

sich anstrengen, strengt sich an, strengte sich an, hat sich angestrengt — 1. Diese Arbeit strengt mich sehr an.
2. Wenn du die Prüfung schaffen willst, musst du dich mehr anstrengen.

anstrengend — Ich finde diese Arbeit sehr anstrengend.

der Antrag, ¨-e — Haben Sie schon einen Antrag für das Wohngeld ausgefüllt?

anwenden, wendet an, wandte an, hat ange-wandt/angewendet — Diese Salbe muss man dreimal am Tag anwenden.

anwesend — Bei dem Treffen waren alle Mitglieder anwesend.

antworten, antwortet, ant-wortete, hat geantwortet — Jorge hat seit drei Wochen nicht auf meinen Brief geantwortet.

die Antwort, -en — Leider habe ich keine Antwort bekommen.

der Anwalt, ¨-e
die Anwältin, -nen — Ich werde das nicht bezahlen. Ich möchte zuerst mit meinem Anwalt sprechen.

anzeigen, zeigt an, zeigte an, hat angezeigt — Wenn Sie hier parken, zeige ich Sie an.

die Anzeige, -n — 1. Ich habe alle Anzeigen gelesen, aber die Wohnungen sind zu teuer.
2. Hier dürfen Sie nicht parken, sonst bekommen Sie eine Anzeige.

(sich) anziehen, zieht an, zog an, hat angezogen — 1. Du musst dich wärmer anziehen, sonst erkältest du dich.
2. Heute ziehe ich mein neues T-Shirt an.

der Anzug, ¨-e — Mein Mann hat sich einen neuen Anzug gekauft.

das Apartment, -s — Wir haben ein Ferienapartment gemietet.

der Apfel, ¨- — Zum Frühstück esse ich jeden Tag einen Apfel.

die Apotheke, -n — Ist hier in der Nähe eine Apotheke?

der Apparat, -e — 1. Können Sie den Apparat bitte etwas leiser stellen?
2. Wo ist mein Fotoapparat?

der Appetit — 1. Ich habe heute keinen Appetit. Ich mag nichts essen.
2. Auf was hast du Appetit? Vielleicht auf einen Salat?
3. Guten Appetit!

die Aprikose, -n (D, CH) →
A: Marille — Schmecken dir die Aprikosen?

arbeiten, arbeitet, arbeitete, hat gearbeitet — 1. Er arbeitet heute bis 16 Uhr.
2. Arzu arbeitet als Krankenschwester im Krankenhaus.

die Arbeit, -en — 1. Wie gefällt dir deine Arbeit?
2. Nach der Ausbildung hat Mohamed eine Arbeit gefunden.

der Arbeiter, -
die Arbeiterin, -nen — Maria ist seit zwei Jahren Arbeiterin bei Siemens.

die Arbeitserlaubnis — Haben Sie eine Arbeitserlaubnis?

arbeitslos — Wie lange sind Sie schon arbeitslos?

die Arbeitslosigkeit — Die Arbeitslosigkeit ist gesunken.

der Arbeitsplatz, ¨-e — In der Industrie gibt es immer weniger Arbeitsplätze.

die Arbeitsstelle, -n — Meine Frau hat eine neue Arbeitsstelle gefunden.

der Architekt, -en
die Architektin, -nen
Dieses Haus hat eine berühmte Architektin gebaut.

(sich) ärgern, ärgert,
ärgerte, hat geärgert
1. Ärgern Sie sich nicht.
2. Mein Bruder hat mich schon als Kind immer geärgert.

der Ärger
Ich hatte heute Ärger im Büro. Ich habe mich mit einem Kollegen gestritten.

ärgerlich
Der Zug hat schon wieder Verspätung. Das ist wirklich ärgerlich.

arm
1. Die Regierung hilft armen Nachbarländern.
2. Ich hätte gerne 200 g fettarmen Käse.

der Arm, -e
Mein Freund hat sich den Arm gebrochen.

die Art, -en
1. Im Zoo haben sie 34 verschiedene Arten von Vögeln.
2. Seine Art gefällt mir nicht.
3. Man kann auf unterschiedliche Art und Weise ein Fest feiern.

der Artikel, -
1. Ich habe einen interessanten Artikel gelesen.
2. Im Deutschen gibt es drei Artikel: der, die, das.

der Arzt, ¨-e
die Ärztin, -nen
1. Ich muss heute zum Arzt.
2. Wann warst du beim Zahnarzt?

das Asyl
Die Menschen sind auf der Flucht und bitten um Asyl.

atmen, atmet, atmete,
hat geatmet
Er hat eine Erkältung und kann nicht durch die Nase atmen.

der Atem
Bitte den Atem anhalten.

auch
1. Ich muss leider gehen. – Ich auch.
2. Ich arbeite die ganze Woche und muss auch am Wochenende arbeiten.
3. Wir fahren auf jeden Fall, auch wenn es regnet.
4. Der Zug ist gerade eben abgefahren. Warum kommst du auch so spät!

auf
1. Deine Brille liegt auf dem Schreibtisch.
2. Die Kinder spielen unten auf der Straße.
3. Meine Eltern leben auf dem Land.
4. Gestern waren wir auf einer Party.
5. Auf unsere Anzeige in der Abendzeitung hat sich noch niemand gemeldet.
6. Wie heißt das auf Deutsch?
7. Meine Tochter kommt nächstes Jahr aufs Gymnasium. (D) (A, CH: ins)
8. Im Mai war ich auf Urlaub. (A) (D: in)
9. Ich bin schon seit zwei Stunden auf.
10. Komm herein, die Tür ist auf. (D) (A, CH: offen)

der Aufenthalt, -e
1. Der Zug hat in München nur 20 Minuten Aufenthalt.
2. Wir wünschen Ihnen einen angenehmen Aufenthalt.

auffallen, fällt auf,
fiel auf, ist aufgefallen
Mir ist aufgefallen, dass Harriett ganz blass ist.

auffordern, fordert auf,
forderte auf,
hat aufgefordert
1. Sie forderte mich auf, meine Meinung zu sagen.
2. Er fordert sie zum Tanz auf.

die Aufforderung, -en
Sie erhalten eine Aufforderung, den Betrag bis Juni zu zahlen.

aufführen, führt auf,
führte auf, hat aufgeführt
Die Kinder führen zu Weihnachten ein Theaterstück auf.

die Aufgabe, -n
1. Hast du deine Hausaufgaben für die Schule schon gemacht?
2. Das ist nicht meine Aufgabe.

aufgeben, gibt auf, gab
auf, hat aufgegeben
1. Ich habe auf der Post ein Paket aufgegeben.
2. Man darf nie aufgeben. Es gibt immer eine Hoffnung.

aufhalten, hält auf, hielt
auf, hat aufgehalten
1. Wo hält er sich gerade auf? – In München.
2. Darf ich Ihnen die Tür aufhalten?
3. Entschuldigen Sie die Verspätung, ich wurde aufgehalten.

aufheben, hebt auf,
hob auf, hat aufgehoben
1. Lassen Sie die Papiere nur auf dem Boden liegen, ich hebe sie schon auf.
2. Die Quittung müssen Sie gut aufheben.

aufhören, hört auf,
hörte auf, hat aufgehört
1. Es hört nicht auf zu schneien.
2. Wann hört ihr mit der Arbeit auf?
3. Hier hört die Hauptstraße auf.

aufladen, lädt auf, lud auf,
hat aufgeladen
Ich muss mein Telefon aufladen. Die Batterie ist leer.

auflösen, löst auf,
löste auf, hat aufgelöst
Die Tablette bitte in Wasser auflösen.

aufmerksam
1. Die Schülerin hörte aufmerksam zu.
2. Ich mache Sie darauf aufmerksam, dass wir in einer halben Stunde schließen.

aufnehmen, nimmt auf,
nahm auf,
hat aufgenommen
1. Wir haben Aneta in unseren Verein aufgenommen.
2. Ich habe den Film im Urlaub aufgenommen.

die Aufnahme, -n
Bitte seid leise! – Ich starte die Aufnahme.

aufpassen, passt auf, passte auf, hat aufgepasst	1. Tut mir leid. Da habe ich wohl nicht aufgepasst. 2. Ich muss zu Hause bleiben und auf die Kinder aufpassen.	**die Ausbildung, -en**	1. Ich habe meine Ausbildung abgeschlossen. 2. Mit deiner guten Ausbildung findest du sicher eine Arbeit.
aufräumen, räumt auf, räumte auf, hat aufgeräumt	Vor meinem Urlaub muss ich unbedingt noch meinen Schreibtisch aufräumen.	**ausgebildet**	Für diesen Beruf müssen Sie gut ausgebildet sein.
aufregen, regt auf, regte auf, hat aufgeregt	1. Es regt mich auf, dass ich schon wieder Überstunden machen muss. 2. Ganz ruhig! Bitte regen Sie sich nicht auf. 3. Heute hast du eine Prüfung. Bist du schon aufgeregt? 4. Die Musikgruppe zu erleben war sehr aufregend.	**ausdrucken, druckt aus, druckte aus, hat ausgedruckt**	Kann ich das auf deinem Drucker ausdrucken?
		der Ausdruck, ¨-e	1. Diesen Ausdruck habe ich noch nie gehört.
		der Ausdruck, -e	2. Machen Sie doch bitte einen Ausdruck von der E-Mail.
aufstehen, steht auf, stand auf, ist aufgestanden	1. Ich stehe jeden Morgen um sechs Uhr auf. 2. Sie brauchen nicht aufzustehen. Sie können sitzen bleiben.	**auseinander**	Wir wohnen nicht weit auseinander.
der Auftrag, ¨-e	1. Ich komme im Auftrag von Frau Müller und soll Ihnen diesen Brief geben. 2. Im Moment hat die Firma besonders viele Aufträge.	**die Ausfahrt, -en**	1. Hier ist eine Ausfahrt, da dürfen Sie nicht parken. 2. Wie weit ist es noch bis zur Ausfahrt Freiburg?
auftreten, tritt auf, trat auf, ist aufgetreten	Nächste Woche tritt in der Stadthalle eine berühmte Musikgruppe auf.	**ausfallen, fällt aus, fiel aus, ist ausgefallen**	Nächste Woche fällt der Kurs aus.
der Auftritt, -e	Nach dem Auftritt feiern die Musiker.	**der Ausflug, ¨-e**	Am Wochenende machen wir mit Freunden einen Ausflug nach Heidelberg.
aufwachen, wacht auf, wachte auf, ist aufgewacht	Von dem Lärm bin ich aufgewacht.	**ausfüllen, füllt aus, füllte aus, hat ausgefüllt**	Füllen Sie bitte dieses Formular aus!
aufwärts	1. Sie müssen gute Schuhe anziehen. Der Weg geht immer aufwärts. 2. In letzter Zeit geht es wieder aufwärts mit der Wirtschaft.	**die Ausgabe, -n**	1. Wie hoch sind Ihre Ausgaben in einem Monat? 2. Wo ist die Essensausgabe? 3. In welchem Buch hast du das gelesen? In welcher Ausgabe?
der Aufzug, ¨-e (D, A) → Lift	Im Büro ist leider der Aufzug kaputt.	**der Ausgang, ¨-e**	Wo ist der Ausgang bitte?
das Auge, -n	Meine beiden Kinder haben blaue Augen.	**ausgeben, gibt aus, gab aus, hat ausgegeben**	Carola gibt viel Geld für ihr Hobby aus.
der Augenblick, -e	1. Ich wollte gerade parken. In dem Augenblick ist ein Wagen aus der Ausfahrt gekommen. 2. Einen Augenblick, bitte! 3. Im Augenblick sind keine Plätze frei.	**ausgehen, geht aus, ging aus, ist ausgegangen**	1. Plötzlich ist das Licht ausgegangen. 2. Gehen wir heute Abend aus? 3. Wie ist das Spiel ausgegangen?
		ausgezeichnet	Essen und Unterkunft waren ausgezeichnet.
aus	1. Frau Müller geht jeden Morgen um 8 Uhr aus dem Haus. 2. Frau Özgen kommt aus der Türkei. 3. Die Möbel sind noch aus der Zeit um 1900. 4. Ich trage nur Pullover aus reiner Wolle. 5. Wir haben aus Liebe geheiratet. 6. Wann ist der Kurs aus? 7. Ich seh' nichts! Das Licht ist aus!	**die Aushilfe, -n**	Wir suchen eine freundliche Aushilfe für unser Geschäft.
		die Auskunft, ¨-e	1. Ich hätte gern eine Auskunft. 2. Die Firma hat eine neue Nummer. Bitte, rufen Sie die Auskunft an.
		das Ausland	Wir fahren im Urlaub meistens ins Ausland.

der Ausländer, -
die Ausländerin, -nen
ausländisch

Viele Ausländer und Ausländerinnen lernen in der Volkshochschule Deutsch. Die ausländischen Studenten müssen zuerst einen Deutschkurs besuchen.

ausmachen, macht aus,
machte aus,
hat ausgemacht

1. Sie müssen leider warten. – Kein Problem. Das macht mir nichts aus.
2. Machen Sie bitte das Licht aus!
3. Wir hatten doch ausgemacht, dass du die Getränke besorgst.
4. Haben Sie einen Termin ausgemacht?

die Ausnahme, -n

Normalerweise muss ich am Wochenende arbeiten. Aber heute ist eine Ausnahme.

ausreichen, reicht aus,
reichte aus,
hat ausgereicht

1. Das Geld muss bis März ausreichen.
2. Seine Kenntnisse reichen für diese Arbeit aus.

ausreichend

Das Geld ist für die Reise ausreichend.

ausrichten, richtet aus,
richtete aus,
hat ausgerichtet

Mein Mann ist nicht da. Soll ich ihm etwas ausrichten?

(sich) ausruhen, ruht aus,
ruhte aus, hat ausgeruht

1. Sie ruhen sich von der Arbeit aus.
2. Bist du gut ausgeruht?

ausschließen, schließt aus,
schloss aus,
hat ausgeschlossen

1. Das kann man nicht ganz ausschließen.
2. So viel kann ich nicht bezahlen. Das ist völlig ausgeschlossen.

ausschließlich

Tut mir leid. Wir haben ausschließlich Nichtraucherzimmer.

aussehen, sieht aus,
sah aus,
hat ausgesehen

1. Sie sehen wieder besser aus. Sind Sie wieder gesund?
2. Er sieht genauso aus wie sein Vater.
3. Es sieht so aus, als ob es bald regnen würde.

außen

1. Wir haben das Schloss nur von außen gesehen.
2. Außen ist das Haus nicht sehr schön.

außerhalb

Wir wohnen außerhalb von Berlin.

äußerlich

Das Medikament dürfen Sie nur äußerlich anwenden.

außer

1. Außer Lisa hat sich niemand um die Stelle beworben.
2. Der Aufzug ist außer Betrieb.
3. Wir haben täglich außer Samstag geöffnet.

außerdem

1. Möchten Sie außerdem noch etwas?
2. Der Film war langweilig, und außerdem haben die Schauspieler schlecht gespielt.

die Aussicht, -en

1. Von diesem Turm hat man eine tolle Aussicht.
2. Mit mehreren Fremdsprachen hat man gute Aussichten im Beruf.

aussprechen, spricht aus,
sprach aus,
hat ausgesprochen

Wie spricht man dieses Wort aus?

die Aussprache

Ali hat eine gute Aussprache.

ausstellen, stellt aus,
stellte aus,
hat ausgestellt

1. Im Schaufenster sind Winterschuhe ausgestellt.
2. Das Zeugnis wird bis nächste Woche ausgestellt.

die Ausstellung, -en

1. Wir waren mit der Lehrerin in einer Ausstellung.
2. Die Ausstellung eines neuen Passes dauert zwei Wochen.

(sich etwas) aussuchen,
sucht aus, suchte aus,
hat ausgesucht

Such dir etwas Schönes aus! Ich lade dich ein.

auswählen, wählt aus,
wählte aus,
hat ausgewählt

Für die Aufgabe können Sie aus drei Themen auswählen.

die Auswahl, -en

1. Wir müssen eine Auswahl aus den Büchern treffen.
2. Das Geschäft hat eine große Auswahl.

der Ausweis, -e

Darf ich mal Ihren Ausweis sehen?

ausziehen, zieht aus,
zog aus,
hat/ist ausgezogen

1. Willst du den Mantel nicht ausziehen?
2. Müllers sind schon vor vier Wochen ausgezogen.

das Auto, -s

Mario fährt mit dem Auto zur Arbeit.

die Autobahn, -en

Das Dorf liegt direkt an der Autobahn.

der Automat, -en

1. Zigaretten bekommst du am Automaten.
2. Der Fahrkartenautomat ist auf dem Bahnsteig.

automatisch

1. Die Tür schließt automatisch.
2. Das Zeugnis bekommen Sie automatisch zugeschickt.

der Autor, -en
die Autorin, -nen

Diese Autorin hat in diesem Jahr schon zwei Bücher geschrieben.

B

backen, bäckt/backt, backte, hat gebacken	Wenn du kommst, backe ich einen Kuchen.
die Bäckerei, -en	Wir kaufen unser Brot immer in der Bäckerei am Markt.
baden, badet, badete, hat gebadet	1. Wenn du baden möchtest: Das Badezimmer ist dort hinten links. 2. Hier ist Baden verboten!
das Bad, ¨-er	1. Nach einem warmen Bad fühlt man sich gleich viel besser. 2. Ich möchte ein Zimmer mit Bad.
die Badewanne, -n	Nach einem langen Arbeitstag setzte sie sich in die Badewanne.
die Bahn, -en	Ich komme mit der Bahn.
S-Bahn, -en	Die S-Bahn ist schneller als die Straßenbahn.
die Straßenbahn, -en	Nehmen Sie die Straßenbahn Nr. 16.
die U-Bahn, -en	Die letzte U-Bahn geht um 23.15 Uhr.
der Bahnhof, ¨-e	Ich bringe Sie zum Bahnhof.
der Bahnsteig, -e (D, A) → CH: Perron	Auf Hauptbahnhöfen gibt es meist viele Bahnsteige.
bald	1. Besuchen Sie uns doch bald mal. 2. Geben Sie mir bitte so bald wie möglich Bescheid. 3. Auf Wiedersehen, bis bald!
der Balkon, -e	Die Wohnung hat auch einen kleinen Balkon.
der Ball, ¨-e	Ich spiele gern mit meinen Kindern Ball.
das Ballett, -e	Meine Tochter möchte gern Ballett tanzen.
die Banane, -n	1 Kilo Bananen, bitte.
die Bank, ¨-e	Kommt, wir setzen uns auf die Bank da vorne.
die Bank, -en	Bei welcher Bank haben Sie Ihr Konto?
der Bancomat/Bankomat, -en (A, CH) → D: Geldautomat	Ich hole noch schnell Geld vom Bankomaten.
die Bankleitzahl, -en	Bitte geben Sie Ihre Bankleitzahl an.
die Bankomat-Karte, -n (A) → ec-Karte/EC-Karte	Sie können auch mit Bankomat-Karte zahlen.

die Bar, -s	1. Setzen wir uns doch an die Bar! 2. Ich treffe meine Freundin in der Hotelbar.
bar	Zahlen Sie bar?
das Bargeld	Ich habe kein Bargeld mehr.
der Bart, ¨-e	John trägt jetzt einen Bart.
der Basketball, ¨-e	1. Sie spielt sehr gern Basketball. 2. Er hat zum Geburtstag einen neuen Basketball bekommen.
basteln, bastelt, bastelte, hat gebastelt	1. Die Kinder basteln ein Vogelhaus. 2. Ich arbeite gern mit natürlichen Bastelmaterialien.
die Batterie, -n	Bringst du bitte Batterien für die Kamera mit?
der Bauch, ¨-e	Mir tut der Bauch weh.
bauen, baut, baute, hat gebaut	Mein Nachbar hat ein Haus gebaut.
der Bau, Bauten	1. Ich wohne in einer Neubauwohnung. 2. Unser Haus ist ein Altbau.
die Baustelle, -n	Wir müssen die Baustelle umfahren.
der Bauer, -n	Wir kaufen unser Gemüse beim Bauern.
der Baum, ¨-e	Wir haben zwei Bäume im Garten.
beachten, beachtet, beachtete, hat beachtet	Bitte beachten Sie die Ansagen am Bahnsteig.
der Beamte, -n die Beamtin, -nen	Meine Frau ist Beamtin bei der Polizei.
beantragen, beantragt, beantragte, hat beantragt	Hast du schon einen neuen Pass beantragt?
beantworten, beantwortet, beantwortete, hat beantwortet	Sie haben meine Frage leider nicht beantwortet.
sich bedanken, bedankt, bedankte, hat bedankt	Ich möchte mich noch einmal sehr herzlich für Ihre Hilfe bedanken.
der Bedarf	An diesem Produkt besteht großer Bedarf.
bedeuten, bedeutet, bedeutete, hat bedeutet	1. Was bedeutet dieses Wort? 2. Ich bin krank. Das bedeutet, dass ich heute nicht arbeiten kann.
die Bedeutung, -en	Das Wort „Maus" hat inzwischen zwei Bedeutungen.

bedienen, bedient, bediente, hat bedient	1. Werden Sie schon bedient? 2. Die Kaffeemaschine ist ganz leicht zu bedienen.
die Bedienungsanleitung, -en	Die Bedienungsanleitung verstehe ich nicht.
die Bedingung, -en	1. Wenn Sie unsere Bedingungen akzeptieren, können wir einen Vertrag machen. 2. Wir haben in unserem Betrieb sehr gute Arbeitsbedingungen.
sich beeilen, beeilt sich, beeilte sich, hat sich beeilt	Wir müssen uns beeilen. Sonst verpassen wir den Zug.
beenden, beendet, beendete, hat beendet	Du musst deine Ausbildung auf jeden Fall beenden.
sich befinden, befindet sich, befand sich, hat sich befunden	Das Bord-Bistro befindet sich in der Mitte des Zuges.
befreit	Studenten und Studentinnen sind von den Rundfunk-Gebühren befreit.
befriedigend	Das Ergebnis ist befriedigend.
begegnen, begegnet, begegnete, ist begegnet	Sind wir uns nicht schon mal irgendwann begegnet?
begeistert	Es war ein tolles Konzert. Ich bin begeistert.
beginnen, beginnt, begann, hat begonnen	In zwei Wochen beginnen die Sommerferien.
der Beginn	Zu Beginn der Stunde begrüßt die Lehrerin ihre Schüler.
begleiten, begleitet, begleitete, hat begleitet	Ich begleite dich ein Stück.
begrenzt	Die Teilnehmerzahl ist auf 12 begrenzt.
begründen, begründet, begründete, hat begründet	Bitte begründen Sie Ihre Meinung.
die Begründung, -en	Die Miete wurde ohne Begründung erhöht.
begrüßen, begrüßt, begrüßte, hat begrüßt	Der Gastgeber begrüßt seine Gäste.
behalten, behält, behielt, hat behalten	Darf ich die Zeitschrift behalten?
behandeln, behandelt, behandelte, hat behandelt	1. Welcher Arzt hat Sie bis jetzt behandelt? 2. So lasse ich mich von Ihnen nicht länger behandeln.
behaupten, behauptet, behauptete, hat behauptet	1. Er behauptet, unsere Meinung sei nicht wichtig. 2. Es ist schwer, sich gegen meinen Kollegen zu behaupten.
behindern, behindert, behinderte, hat behindert behindert	1. Bitte parken Sie so, dass Sie niemanden behindern. 2. Seit dem Unfall ist das Kind unserer Freunde behindert.
die Behörde, -n	Sie erhalten ein Schreiben von der zuständigen Behörde.
bei	1. Potsdam liegt bei Berlin. 2. Ich wohne bei meinen Eltern. 3. Bei uns ist das anders als bei euch. Wir essen kein Fleisch. 4. Ich habe kein Geld bei mir. 5. Wir wollen euch nicht beim Essen stören.
beid-	1. Beide waren mit meinem Vorschlag einverstanden. 2. Welche Bluse nehmen Sie, die rote oder die grüne? – Ich nehme beide.
das Bein, -e	Andreas hat sich das Bein gebrochen.
beinahe	Ich habe heute beinahe den Bus verpasst.
das Beispiel, -e	1. Können Sie mir ein Beispiel sagen? 2. Mein Freund hat viele Hobbys wie zum Beispiel Kochen, Tanzen, Fußballspielen. 3. Hier gibt's so viele Sachen: beispielsweise Wurst, Obst, Brot …
beißen, beißt, biss, hat gebissen	Pass auf, dass dich der Hund nicht beißt!
der Beitrag, ¨-e	1. Die Krankenkasse hat die Beiträge erhöht. 2. Der Mitgliedsbeitrag für den Sportverein beträgt 34 Euro pro Monat.
bekannt	1. Ein Onkel von mir ist ein bekannter Politiker. 2. Dieses Lied ist sehr bekannt.
der Bekannte, -n die Bekannte, -n	In Hannover wohnen Bekannte von mir.
bekannt geben, gibt bekannt, gab bekannt, hat bekannt gegeben	Den Prüfungsort geben wir Ihnen noch rechtzeitig bekannt.
bekommen, bekommt, bekam, hat bekommen	1. Haben Sie meinen Brief bekommen? 2. Ich bekomme jeden Tag eine Spritze. 3. Was bekommen Sie? – 5 kg Kartoffeln. 4. Wir haben Besuch bekommen.

5. Laut Wetterbericht bekommen wir Regen.
6. Plötzlich bekam ich starke Kopfschmerzen.

der Beleg, -e	Brauchen Sie einen Beleg?
beleidigen, beleidigt, beleidigte, hat beleidigt	1. Ich wollte Sie nicht beleidigen. 2. Sei doch nicht immer gleich beleidigt.
beliebt	Dieses Spiel ist bei Jugendlichen sehr beliebt.
bemerken, bemerkt, bemerkte, hat bemerkt	Ich habe nicht bemerkt, dass das Fenster offen ist.
sich bemühen, bemüht, bemühte, hat bemüht	1. Er hat sich sehr bemüht, etwas Gutes zu kochen. 2. Ich werde mich um einen Termin bemühen.
benötigen, benötigt, benötigte, hat benötigt	Sagen Sie Bescheid, wenn Sie noch etwas benötigen.
benutzen, benutzt, benutzte, hat benutzt	Benutzen Sie bitte die öffentlichen Verkehrsmittel.
das Benzin	Das Benzin soll wieder teurer werden.
beobachten, beobachtet, beobachtete, hat beobachtet	Wer hat den Unfall beobachtet?
bequem	1. Meine Kinder ziehen am liebsten bequeme Sachen an. 2. Im Supermarkt einkaufen ist sehr bequem. 3. Diesen Sessel finde ich sehr bequem.
beraten, berät, beriet, hat beraten	Unser Personal berät Sie gern, wenn Sie Fragen haben.
die Beratung	Beratungen für Familien gibt es jeden Dienstag zwischen 14 und 16 Uhr.
berechnen, berechnet, berechnete, hat berechnet	Die Kosten für die Fahrt müssen erst berechnet werden.
der Bereich, -e	1. In welchem Bereich möchten Sie arbeiten? 2. Umfahren Sie den Baustellenbereich.
bereit	1. Ich bin jederzeit bereit, dir zu helfen. 2. Das Paket liegt auf der Post für Sie bereit.
bereits	Bitte melde dich bei Frau Kaiser. Sie hat bereits dreimal angerufen.
der Berg, -e	1. Die Zugspitze ist der höchste Berg in Deutschland. 2. Wir fahren jeden Sonntag in die Berge.

3. Auf dem Berg haben wir ein Picknick gemacht.

berichten, berichtet, berichtete, hat berichtet	Alle Zeitungen haben über den Unfall berichtet.
der Bericht, -e	Ich habe gestern einen interessanten Bericht gelesen.
der Beruf, -e	Was sind Sie von Beruf?
beruflich	Was machen Sie beruflich?
berufstätig	Sind Sie berufstätig?
beruhigen, beruhigt, beruhigte, hat beruhigt	1. Beruhigen Sie sich bitte. Es ist alles in Ordnung. 2. Ich kann Sie beruhigen. Ihrem Sohn ist nichts passiert.
berühmt	Michael Schumacher ist ein berühmter Rennfahrer.
beschädigen, beschädigt, beschädigte, hat beschädigt	Bitte machen Sie eine Liste davon, was die Einbrecher beschädigt haben.
beschäftigen, beschäftigt, beschäftigte, hat beschäftigt	1. Womit haben Sie sich bei Ihrer Arbeit beschäftigt? 2. Seit wann sind Sie bei dieser Firma beschäftigt?
die Beschäftigung	Ich suche eine Halbtagsbeschäftigung, weil ich ein kleines Kind habe.
der Bescheid, -e	Den endgültigen Bescheid erhalten Sie in etwa vier Wochen.
Bescheid sagen	Ich erkundige mich nach den Terminen und sage Ihnen dann Bescheid.
Bescheid geben	Kannst du mir bis morgen Bescheid geben?
beschließen, beschließt, beschloss, hat beschlossen	Wir haben beschlossen, uns ein kleineres Auto zu kaufen.
beschränken	Die Teilnehmerzahl für den Kurs ist beschränkt.
beschreiben, beschreibt, beschrieb, hat beschrieben	Kannst du mir den Weg zum Flughafen beschreiben?
die Beschreibung, -en	Eine Beschreibung des Geräts liegt bei.
sich beschweren, beschwert sich, beschwerte sich, hat sich beschwert	Wo können wir uns beschweren?

besetzen, besetzt, besetzte, hat besetzt
1. Dieser Platz ist besetzt.
2. Ich habe drei Plätze besetzt.
3. Ich habe jetzt schon dreimal dort angerufen. Es ist immer besetzt.

besichtigen, besichtigt, besichtigte, hat besichtigt
Im Urlaub haben wir Schloss Schönbrunn besichtigt.

besitzen, besitzt, besaß, hat besessen
Besitzt Ihre Frau ein eigenes Auto?

besonder-
Meine Eltern wollten uns mit dieser Reise eine ganz besondere Freude machen.

besonders
1. Ich habe heute ein besonders günstiges Angebot gesehen.
2. Durch den Sturm gab es besonders in Süddeutschland schwere Schäden.
3. Wie geht's? – Nicht besonders.

besorgen, besorgt, besorgte, hat besorgt
Soll ich die Eintrittskarten besorgen?

besprechen, bespricht, besprach, hat besprochen
Wir müssen noch genau besprechen, wann wir losfahren und was wir mitnehmen.

die Besprechung, -en
Tut mir leid, Herr Schmidt ist noch in einer Besprechung.

die Besserung
Gute Besserung!

bestätigen, bestätigt, bestätigte, hat bestätigt
1. Die Firma hat mir den Termin schriftlich bestätigt.
2. Ich kann bestätigen, dass er hier war.

die Bestätigung, -en
Ich brauche eine schriftliche Bestätigung für das Amt.

bestehen, besteht, bestand, hat bestanden
1. Das Modul Lesen besteht aus fünf Teilen.
2. Ich habe die Prüfung bestanden!

bestellen, bestellt, bestellte, hat bestellt
1. Wir haben Pizza bestellt.
2. Ich bin für 16 Uhr zum Vorstellungsgespräch bestellt.
3. Ich soll Ihnen Grüße von Frau Meier bestellen.

bestimmt
1. Das hat Nancy bestimmt nicht so gemeint.
2. Möchtest du ein bestimmtes Brot?

bestrafen, bestraft, bestrafte, hat bestraft
Zu schnelles Fahren wird streng bestraft.

besuchen, besucht, besuchte, hat besucht
1. Besuchen Sie uns doch mal.
2. Sie müssen noch einen Kurs besuchen.

der Besuch, -e
1. Wir bekommen Besuch.
2. Ich mache einen Besuch im Krankenhaus.
3. Ich bin hier nur zu Besuch.

sich beteiligen, beteiligt sich, beteiligte sich, hat sich beteiligt
Wir wollen unserer Lehrerin ein Geschenk kaufen. Wer möchte sich beteiligen?

der Betrag, ¨-e
Bitte überweisen Sie den Betrag auf unser Konto.

betreuen, betreut, betreute, hat betreut
Wer betreut bei Ihnen die Kinder?

der Betreuer, - die Betreuerin, -nen
Die Betreuerin der Kinder ist sehr nett.

die Betreuung
Haben Sie eine Betreuung für Ihre Kinder?

der Betrieb, -e
1. In diesem Betrieb arbeiten zehn Leute.
2. Kurz vor Weihnachten ist in den Kaufhäusern immer viel Betrieb.
3. Der Aufzug ist in Betrieb/außer Betrieb.

der Betriebsrat, ¨-e die Betriebsrätin, -nen
Der Betriebsrat wird Sie über die neuen Arbeitszeiten informieren.

betrügen, betrügt, betrog, hat betrogen
1. Ich würde meine Familie niemals betrügen.
2. Die Rechnung stimmt nicht. Der Kellner hat mich betrogen.

betrunken
Wenn Sie betrunken Auto fahren, verlieren Sie Ihren Führerschein.

das Bett, -en
1. Wir wollten uns neue Betten kaufen.
2. Solange Sie Fieber haben, müssen Sie im Bett bleiben.

die Bevölkerung
11 % der Bevölkerung wurden nicht im Inland geboren.

bevor
Bevor wir gehen, möchte ich noch etwas essen.

bewegen, bewegt, bewegte, hat bewegt
1. Ich kann mich vor Schmerzen kaum noch bewegen.
2. Ich kann meinen Finger nicht mehr bewegen.

die Bewegung, -en
Sie brauchen mehr Bewegung. Sie müssen regelmäßig spazieren gehen.

beweisen, beweist, bewies, hat bewiesen
Wir können beweisen, dass Sie bei Rot über die Ampel gefahren sind.

der Beweis, -e
Haben Sie dafür Beweise?

sich bewerben, bewirbt sich, bewarb sich, hat sich beworben
1. Ich habe mich um diese Stelle beworben.
2. Ich habe mich als Kellner beworben.

die Bewerbung, -en
1. Wohin soll ich meine Bewerbung schicken?
2. Hilfst du mir bei meiner Bewerbung?

der Bewohner, -
die Bewohnerin, -nen

Ich kenne die anderen Hausbewohner nicht.

bezahlen, bezahlt, bezahlte, hat bezahlt

Hast du die Rechnung schon bezahlt?

die Beziehung, -en

Wir haben gute Beziehungen zu unseren Nachbarn.

die Bibliothek, -en

Die Stadtbibliothek hat bereits geschlossen.

das Bier

Ein Bier, bitte!

bieten, bietet, bot, hat geboten

1. Er hat mir für den alten Wagen noch 800 Euro geboten.
2. Die Firma bietet ihren Mitarbeitern die Möglichkeit, Sprachkurse zu besuchen.

das Bild, -er

Ein Bild von meinen Kindern hängt über meinem Schreibtisch.

der Bildschirm, -e

1. Ich brauche einen größeren Bildschirm für meinen Computer.
2. Wir haben einen Fernsehapparat mit einem sehr großen Bildschirm.

das Billett, -e/-s → D, A: Fahrkarte

Ein Billett können Sie am Schalter kaufen.

billig

Dieses Buch ist nicht ganz billig.

die Biologie

Meine Freundin studiert Biologie.

Bio-

Ich kaufe nur noch Biogemüse.

bio(logisch)

Biologische Lebensmittel gibt es jetzt auch im Supermarkt.

die Birne, -n

Möchten Sie Obst? Die Birnen sind heute besonders schön.

bis

1. Die Linie 8 fährt nur bis zum Hauptbahnhof.
2. Bis wann können Sie bleiben?
3. Tschüs. Bis gleich!
4. Einige Züge hatten bis zu zwei Stunden Verspätung.
5. Für die Renovierung brauchen wir drei bis vier Tage.
6. Warte hier, bis ich zurückkomme.

bisher

Bisher ist alles in Ordnung.

ein bisschen

1. Wenn Sie ein bisschen warten, können wir zusammen gehen.
2. Möchten Sie noch ein bisschen Reis?
3. Können Sie bitte ein bisschen lauter sprechen?
4. Sprechen Sie Englisch? – Ein bisschen.

bitten, bittet, bat, hat gebeten

Darf ich Sie bitten, kurz zuzuhören?

die Bitte, -n

Ich habe eine Bitte. Kann ich mal Ihr Handy benutzen?

bitte

1. Eine Tasse Kaffee, bitte!
2. Bitte schön!
3. Wie bitte? Was haben Sie gesagt?
4. Sprechen Sie bitte langsam.

bitter

Hast du Zucker? Der Tee ist sehr bitter.

blass

Du siehst ganz blass aus. Bist du krank?

das Blatt, ¨-er

1. Die Bäume bekommen schon gelbe Blätter.
2. Haben Sie ein Blatt Papier für mich?

bleiben, bleibt, blieb, ist geblieben

1. Ich bleibe heute zu Hause.
2. Im Juni und Juli bleibt unser Geschäft samstags geschlossen.
3. Bleiben Sie bitte am Apparat.
4. Bleiben Sie doch sitzen!
5. Wir bleiben nur bis morgen.

der Bleistift, -e

Hast du einen Bleistift für mich?

der Blick, -e

Von hier hat man einen tollen Blick über die Stadt.

blind

Er ist von Geburt an blind.

blitzen, blitzt, blitzte, hat geblitzt

1. Gestern Abend gab es ein Gewitter. Es hat furchtbar geblitzt und gedonnert.
2. Ihre Augen blitzen vor Freude.

der Blitz, -e

1. Was für ein Gewitter, hast du den Blitz gesehen?
2. Hast du das Foto mit Blitz gemacht?

blond

1. Mein Sohn ist blond.
2. Nina hat lange blonde Haare.

bloß

1. Ich möchte nichts kaufen. Ich möchte mich bloß umsehen.
2. Komm bloß nicht zu spät. Wir müssen pünktlich am Bahnhof sein.
3. Ach, wenn ich bloß mehr verdienen würde!

blühen, blüht, blühte, hat geblüht

Die Bäume blühen schon. Es ist Frühling.

die Blume, -n

Wir haben meiner Mutter Blumen zum Geburtstag geschenkt.

die Bluse, -n

Ich hätte gerne eine weiße Bluse.

bluten, blutet, blutete, hat geblutet

Ich habe mich verletzt. Meine Hand blutet.

das Blut

Der Verletzte hat viel Blut verloren.

der Boden, ¨-
1. Die Bücher lagen alle auf dem Boden.
2. Auf diesem Boden wächst Gemüse besonders gut.

der Bogen, -/¨-
Bitte schreiben Sie Ihren Namen auf den Antwortbogen.

die Bohne, -n
Ich esse gern Bohnen.

das Boot, -e
An diesem See kann man Boote mieten.

die Botschaft, -en
Das Visum habe ich von der Botschaft bekommen.

böse
1. Ich habe das Buch leider vergessen. Hoffentlich bist du mir nicht böse.
2. Mach nicht so ein böses Gesicht!
3. Ich bin böse auf dich, du bist wieder nicht gekommen!
4. Zeig mal! Du hast dich verletzt? Das sieht aber böse aus.

braten, brät, briet, hat gebraten
1. Das Fleisch muss zehn Minuten braten.
2. Heute gibt's gebratenen Fisch.

der Braten, -
Nehmen Sie noch etwas Soße zum Braten?

brauchen, braucht, brauchte, hat gebraucht
1. Ich brauche ein Auto.
2. Brauchst du die Zeitung noch?
3. Meine Großmutter ist krank. Sie braucht viel Ruhe.
4. Ich habe für die Renovierung eine Woche gebraucht.
5. Sie brauchen morgen nicht zu kommen. Ich schaffe das alleine.

brechen, bricht, brach, hat gebrochen
1. Er hat sich beim Skifahren verletzt, sein Bein ist gebrochen.
2. Ich habe mir im Urlaub das Bein gebrochen.

breit
Der Teppich ist zwei Meter lang und einen Meter breit.

die Breite, -n
Welche Maße hat der Tisch? - Länge: 1 m, Breite: 80 cm, Höhe: 1,20 m.

bremsen, bremst, bremste, hat gebremst
Der Mann ist ganz plötzlich über die Straße gegangen. Ich musste stark bremsen.

die Bremse, -n
Du musst unbedingt die Bremsen kontrollieren lassen.

brennen, brennt, brannte, hat gebrannt
1. In diesem Haus hat es letztes Jahr gebrannt.
2. Die Kerze brennt noch. Mach sie bitte aus.
3. In deinem Zimmer hat die ganze Nacht das Licht gebrannt.

der Brief, -e
Ich schreibe nicht gern Briefe.

der Briefkasten, ¨-
1. Ist hier in der Nähe ein Briefkasten?
2. Hol bitte mal die Zeitung aus dem Briefkasten.

die Briefmarke, -n
Briefmarken bekommen Sie am Schalter 7.

der Briefträger, -
die Briefträgerin, -nen
→ CH: Pöstler
War die Briefträgerin schon da?

der Briefumschlag, ¨-e →
A: Kuvert; CH: Couvert
Ich hätte gern 50 Briefumschläge und Briefmarken dazu.

die Brieftasche, -n → D,
CH: Portemonnaie/Port-
monee; A: Geldbörse
Ich habe nur Kleingeld in meiner Brieftasche.

die Brille, -n
Ich brauche eine neue Brille.

bringen, bringt, brachte, hat gebracht
1. Bringen Sie mir bitte ein Glas Tee!
2. Ich bringe dich nach Hause.
3. Die Abendzeitung hat einen Bericht über den Unfall gebracht.

die Broschüre, -n
In der Broschüre finden Sie die neuesten Informationen.

das Brot, -e
1. Brot kaufe ich immer beim Bäcker, nicht im Supermarkt.
2. Was möchtest du aufs Brot haben?
3. Nimm noch ein paar belegte Brote für die Fahrt mit.

das Brötchen, - (D) → A:
Semmel; CH: Brötli
Ich hole schnell ein paar Brötchen zum Frühstück.

das Brötli, - (CH) → D:
Brötchen; A: Semmel
Ich hole schnell ein paar Brötli zum Frühstück.

die Brücke, -n
Fahren Sie über die nächste Brücke und dann rechts.

der Bruder, ¨-
Mein jüngster Bruder geht noch zur Schule.

die Brust
Ich habe Schmerzen in der Brust.

der Bub, -en (A, CH) → D:
Junge
In der Schulklasse sind 15 Buben und 10 Mädchen.

das Buch, ¨-er
Haben Sie ein Buch über die Geschichte von Berlin?

die Buchhandlung, -en
In der Buchhandlung in der Stadt haben sie das Buch sicher.

buchen, bucht, buchte, hat gebucht
Ich habe für morgen einen Flug nach Rom gebucht.

buchstabieren, buchstabiert, buchstabierte, hat buchstabiert — Würden Sie Ihren Namen bitte buchstabieren?

der Buchstabe, -n
1. Gibt es diesen Buchstaben auch in deiner Muttersprache?
2. Ihr Name beginnt mit K. – Buchstabe K ist in Zimmer 3. Bitte warten Sie dort.

die Büchse, -n (D, CH) → A: Dose — Ich habe noch eine Büchse Bohnen.

das Buffet, -s — Das Buffet ist eröffnet!

die Bühne, -n — Er steht gern auf der Bühne.

bunt — Das bunte Kleid gefällt mir gut.

die Burg, -en — Von der Burg hat man eine schöne Aussicht.

der Bürger, -
die Bürgerin, -nen — EU-Bürgerinnen und Bürger können überall in Europa arbeiten.

das Büro, -s
1. Unser Büro bleibt samstags geschlossen.
2. Ich möchte in einem Büro arbeiten.

die Bürste, -n
1. Hast du eine Bürste? Meine Schuhe sind so schmutzig.
2. Ich brauche eine Bürste für meine Haare.

die Zahnbürste, -n — Ich brauche eine neue Zahnbürste.

der Bus, -se — Ich fahre meistens mit dem Bus zur Arbeit.

die Butter — Ich möchte nur Butter aufs Brot.

C

das Café, -s — Hier in der Nähe ist ein Café. Lass uns einen Kaffee trinken.

die Cafeteria, -s — Ich hole mir schnell etwas aus der Cafeteria.

die Chance, -n — Mein Mann hat gute Chancen, die Stelle zu bekommen.

der Chef, -s
die Chefin, -nen — Das kann ich nicht allein entscheiden, da muss ich erst die Chefin fragen.

chic/schick — Ich finde dein Kleid sehr chick.

der Coiffeur, -e
die Coiffeuse, -n (CH) → D, A: Friseur
1. Du siehst toll aus! Wer ist dein Coiffeur?
2. Meine Tochter will Coiffeuse werden.

die Couch, -s — Wir haben uns eine Couch und neue Sessel gekauft.

die Creme, -n/-s
1. Ich hätte gern eine Creme für die Hände.
2. Für die Creme habe ich Butter und Schokolade genommen.

der Cousin, -s
die Cousine, -n — Meine Cousine wohnt jetzt in Brasilien.

das Couvert, -s (CH) → Briefumschlag; A: Kuvert — Ich hätte gern 50 Couverts und Briefmarken dazu.

D

da
1. Da drüben ist ein Getränkeautomat.
2. Was Sie da sagen, ist richtig.
3. Ich wollte gerade einparken. Da kam ein Wagen rückwärts aus der Einfahrt.
4. Wir haben schon geschlossen. – Da kann man nichts machen.
5. Da Sie keinen Mitgliedsausweis haben, ist es etwas teurer.
6. Wir haben gerade über dich gesprochen. Da bist du ja.
7. Welche Bluse nehmen Sie? – Die da.
8. Ist Herr Klein schon da?

dabei
1. Was hast du dir dabei gedacht?
2. Schön, dass du da bist. Ist deine Familie auch dabei?
3. Hast du einen Stift dabei?

das Dach, ¨-er
1. Wir müssen das Dach reparieren lassen.
2. Wir wohnen direkt unter dem Dach.

dafür
1. Meine Schwester interessiert sich für Politik. Ich interessiere mich nicht dafür.
2. Ich bin dafür, dass wir möglichst früh losfahren.

dagegen
1. Vorsicht, da ist ein Baum! Fahr nicht dagegen!
2. Sind Sie für oder gegen ein Rauchverbot? – Ich bin dagegen.
3. Ich habe nichts dagegen, dass wir schon nach Hause gehen.

daher — Ich bin erkältet, daher kann ich heute nicht kommen.

dahin — Der Zug kommt in 30 Minuten. Bis dahin können wir einen Kaffee trinken.

damals	Mit 15 wollte ich gerne Klavier spielen lernen. Aber damals hatte ich kein Geld dafür.
die Dame, -n	1. Sie ist eine nette alte Dame. 2. Meine Damen und Herren! 3. Sehr geehrte Damen und Herren.
damit	1. Mach schnell, damit wir nicht zu spät kommen. 2. Was macht man mit diesem Ding? - Damit kann man Dosen aufmachen.
danach	Zuerst gehen wir einkaufen, danach grillen wir auf unserem Balkon.
daneben	Du weißt doch, wo die Post ist. Gleich daneben ist die Bank.
danken, dankt, dankte, hat gedankt	Ich danke dir für die Einladung.
der Dank	1. Vielen Dank für Ihre Mühe. 2. Hier ist Ihr Kaffee. – Vielen Dank! 3. Herzlichen Dank! 4. Gott sei Dank hat es nicht geregnet.
dankbar	Ich bin Ihnen sehr dankbar für Ihre Hilfe.
danke	1. Soll ich Ihnen helfen? Nein, danke, nicht nötig. 2. Guten Appetit! – Danke gleichfalls.
dann	1. Ich muss noch schnell zur Post, dann komme ich. 2. Wir waren pünktlich am Bahnhof. Aber dann hatte der Zug Verspätung. 3. Ich habe im Moment sehr viel zu tun. – Dann will ich nicht länger stören. 4. Wenn es nicht regnet, dann kommen wir.
darstellen, stellt dar, stellte dar, hat dargestellt	Er konnte das Problem sehr gut darstellen.
die Darstellung, -en	Ihr Buch enthält eine klare Darstellung dieser Probleme.
dass	Rico hat mir gesagt, dass er auch zur Party kommt.
die Datei, -en	Wo hast du die Datei gespeichert?
das Datum, die Daten	1. Welches Datum haben wir heute? 2. Bitte Datum und Unterschrift nicht vergessen. 3. Ich brauche noch ein paar Daten von Ihnen.
die Daten (Plural)	Wir haben alle Ihre Daten im Computer.

dauern, dauert, dauerte, hat gedauert	Wie lange dauert die Pause? – Eine halbe Stunde.
die Dauer	1. Sie können das Buch für die Dauer einer Woche ausleihen. 2. Auf Dauer ist die Arbeit nicht interessant.
dauernd	1. Das dauernde Klingeln des Telefons stört mich. 2. Er ist dauernd krank.
die Decke, -n	1. Im Wohnzimmer haben wir keine Lampe an der Decke. 2. Kann ich noch eine Decke bekommen? Mir ist kalt.
dekorieren, dekoriert, dekorierte, hat dekoriert	Hilfst du mir, den Tisch für die Party zu dekorieren?
denken, denkt, dachte, hat gedacht	1. Du lachst - was denkst du gerade? 2. Ich denke, dass du recht hast. 3. Wir diskutieren gerade über das Rauchen. Wie denken Sie darüber? 4. Denk bitte daran, die Heizung auszumachen. 5. Es ist mir ganz egal, was die Leute von mir denken. 6. Ich denke oft an meine Familie. 7. Ich hatte mir gedacht, dass wir zusammen fahren könnten.
der Gedanke, -n	1. Ich muss zuerst meine Gedanken sammeln. 2. Dein Hinweis bringt mich auf einen Gedanken. 3. Der Gedanke an das Unglück macht uns traurig. 4. Lass uns einen Ausflug machen, damit du auf andere Gedanken kommst. 5. Sie ist ganz in Gedanken versunken.
das Denkmal, ¨-er	In dieser Stadt gibt es viele berühmte Denkmäler.
denn	1. Ich lerne jetzt auch Portugiesisch, denn ich möchte nach Südamerika reisen. 2. Wie ist das Spiel denn ausgegangen?
derselbe, dieselbe, dasselbe	Mein Freund und ich gehen in dieselbe Schule.
deshalb	Ich war krank. Deshalb war ich nicht im Büro.
das Dessert, -s → D, A: Nachspeise	Nach dem Essen gab es noch ein leckeres Dessert.
deswegen	Ich habe falsch geparkt. Deswegen habe ich einen Strafzettel bekommen.

das Detail, -s	1. Dieses Detail ist unwichtig. 2. Ich habe alles bis ins kleinste Detail vorbereitet.
deutlich	Schreiben Sie bitte deutlich!
die Diät	Ich möchte abnehmen. Deshalb mache ich eine Diät.
der Dialekt, -e	Ich verstehe dich besser, wenn du nicht Dialekt sprichst.
der Dialog, -e	Sie hören jetzt einen Dialog.
dicht	Unsere Fenster sind nicht dicht. Es zieht immer.
dick	1. Ich bin zu dick. Ich muss weniger essen. 2. Die Wände sind hier sehr dick.
der Dieb, -e	Ein Dieb hat mir auf dem Markt die Tasche gestohlen.
dienen, dient, diente, hat gedient	1. Solche Kontakte dienen der Verbesserung der internationalen Beziehungen. 2. Dieser Raum dient als Aufenthaltsraum. 3. Er hat der Firma viele Jahre lang gedient.
der Dienst	1. Als Krankenschwester habe ich oft Frühdienst. 2. Morgen habe ich Dienst. Deshalb kann ich nicht kommen.
dies-	1. Wohin fährst du dieses Jahr in Urlaub? 2. Welche Hose nehmen Sie? – Diese hier.
diesmal	Die letzten Spiele haben wir verloren. Diesmal haben wir zum Glück gewonnen.
digital	Ich habe eine Digitaluhr gekauft. Die geht genauer als meine alte Uhr.
das Ding, -e	Gib mir bitte mal das Ding da drüben.
das Diplom, -e	Wo kann ich mein Diplom abholen?
direkt	1. Wir liefern Ihnen die Waren direkt ins Haus. 2. Das Dorf liegt direkt an der Autobahn. 3. Gibt es keinen direkten Zug nach Hamburg? 4. Sie übertragen das Fußballspiel direkt.
der Direktor, -en die Direktorin, -nen	Ich möchte gern mit dem Direktor sprechen.
die Diskothek, -en/Disko, -s	Wir gehen heute Abend in die Disko(thek).

diskutieren, diskutiert, diskutierte, hat diskutiert	Wir haben lange diskutiert, wie wir das Büro einrichten sollen.
die Diskussion, -en	Im Fernsehen gab es eine Diskussion zum Thema „Kinderbetreuung".
die Distanz, -en	Diese Firma transportiert Waren auch über große Distanzen.
doch	1. Isst du kein Fleisch? – Doch, manchmal schon. 2. Ich habe es mir anders überlegt. Ich komme doch mit in die Stadt. 3. Ihr kommt doch heute Abend? 4. Fragen Sie doch Herrn Müller, der ist Computerspezialist. 5. Ach, wenn doch schon Sonntag wäre!
der Doktor, -en die Doktorin, -nen	1. Ist Frau Dr. Müller da? 2. Meine Tochter ist krank. Wir gehen zum Doktor.
das Dokument, -e	1. Hast du alle Dokumente für die Anmeldung dabei? 2. Dieser Stein ist ein wichtiges Dokument für die alte römische Kultur.
donnern, donnert, donnerte, hat gedonnert	1. Hörst du es donnern? Das Gewitter kommt näher. 2. Der Lkw donnert über die Landstraße.
der Donner, -	Der Donner kam erst lange nach dem Blitz.
doppelt	Das Buch habe ich doppelt.
Doppel-	1. Wir hätten gern ein Doppelbett. 2. Wollen Sie ein Doppelzimmer oder ein Einzelzimmer?
das Dorf, ¨-er	Unser Dorf liegt direkt an der Autobahn.
dort	1. Dort drüben ist der Bahnhof. 2. Ich werde in fünf Minuten dort sein.
dorthin	Deine Tasche kannst du dorthin stellen.
die Dose, -n → D, CH: Büchse	Ich habe noch eine Dose Bohnen.
draußen	1. Es ist kalt draußen. 2. Wir müssen draußen warten.
der Dreck	1. Iss den Apfel nicht! Der lag im Dreck. 2. Ich konnte vor lauter Dreck auf dem Fenster nichts sehen. 3. Kümmere dich um deinen eigenen Dreck!

drehen, dreht, drehte, hat gedreht	1. Drehen Sie zum Einschalten den Schalter nach rechts. 2. Die Kinder drehen sich zur Musik im Kreis. 3. Bei Familie Huber dreht sich jetzt alles um das Baby.
dringend	1. Ich muss dich dringend sprechen. 2. Ich erwarte einen dringenden Anruf. 3. Bitte kommen Sie schnell. Es ist dringend.
drin, drinnen	1. Wo wollt ihr sitzen? Draußen oder drinnen? 2. Bei der Hitze ist es drinnen viel angenehmer. 3. In der Packung ist nichts mehr drin.
die Droge, -n	Nimmst du etwa Drogen?
die Drogerie, -n	Waschmittel bekommst du in der Drogerie.
drüben	Dort drüben ist die Haltestelle.
drucken, druckt, druckte, hat gedruckt	1. Warum hast du den Brief noch nicht ausgedruckt? 2. Bei welcher Firma haben Sie diese Prospekte drucken lassen? 3. Du gehst einfach auf „Datei drucken"!
der Drucker, -	Ich brauche einen neuen Drucker für meinen Computer.
drücken, drückt, drückte, hat gedrückt	1. Sie brauchen nur auf den Knopf zu drücken. 2. Die neuen Schuhe drücken. 3. Wenn du hier drückst, geht die Tür auf.
der Druck	1. Mit einem Knopfdruck schaltet man das Gerät ein. 2. Wie hoch muss der Druck in den vorderen Reifen sein?
dumm	1. Entschuldigung, das war dumm von mir. 2. Mir ist etwas Dummes passiert. 3. Ich fand den Film wirklich sehr dumm.
dunkel	1. Um sechs Uhr ist es schon dunkel. 2. Meine Schwester hat dunkle Haare. 3. Ich habe mir eine dunkelblaue Bluse gekauft.
dünn	1. Mein Sohn ist sehr dünn. Er isst zu wenig. 2. Warum ziehst du nur so einen dünnen Mantel an? Es ist kalt draußen.
durch	1. Wir sind mit dem Fahrrad durch den Wald gefahren. 2. Wenn Sie zum Bahnhof gehen, kommen Sie durch die Goethestraße.

	3. Wir haben den ganzen Mai durch geheizt. 4. Wir haben unsere Wohnung durch einen Freund bekommen.
durcheinander	1. Alle meine Sachen sind durcheinander. Ich finde nichts mehr. 2. Bitte redet nicht alle durcheinander. Sonst verstehe ich nichts.
die Durchsage, -n	1. Achtung, Achtung, eine wichtige Durchsage! 2. Ich habe die Durchsage nicht verstanden.
der Durchschnitt, -e	1. Der Durchschnitt der Ausgaben liegt bei 150 Euro im Monat. 2. Im Durchschnitt brauchen wir täglich 20 Minuten zur Arbeit. 3. Die Studentin gehört zum Durchschnitt.
durchschnittlich	Die Preise sind im letzten Jahr um durchschnittlich 6 % gestiegen.
dürfen, darf, durfte, hat gedurft (hat dürfen *als Modalverb*)	1. Dürfen wir heute länger fernsehen? 2. Sie dürfen hier nicht parken. 3. Das hätten Sie nicht machen dürfen! 4. Was darf ich Ihnen anbieten? 5. Ich suche ein gebrauchtes Auto. Es darf nicht mehr als 1000 Euro kosten.
der Durst	Ich hole Ihnen etwas zu trinken. Sie haben sicher Durst.
durstig	Du bist sicher durstig. Was möchtest du trinken?
(sich) duschen, duscht, duschte, hat geduscht	1. Wenn Sie sich duschen wollen: Das Badezimmer ist dort hinten links. 2. Ich bade nicht so gern, ich dusche lieber.
die Dusche, -n	1. Wir haben leider nur noch ein Zimmer mit Dusche. 2. Unsere Wohnung hat nur eine Dusche.
duzen, duzt, duzte, hat geduzt	Wollen wir Du zueinander sagen? Ja, wir können uns gern duzen?

E

eben	1. Ich bin eben erst angekommen. 2. Ich gebe auf. Ich habe eben kein Glück!
ebenfalls	Ich wünsche Ihnen ein schönes Wochenende. – Danke, ebenfalls.
ebenso	Schöne Feiertage. – Danke, ebenso.

die e-card (A)
→ D: die Versichertenkarte

Haben Sie Ihre e-card dabei?

echt
1. Ich träume von einem echten Perserteppich.
2. Der Film war echt gut.

die ec-Karte/EC-Karte → A: Bankomat-Karte

Bezahlen Sie bar? Sie können auch mit der ec-Karte zahlen.

die Ecke, -n (D, CH) → A: Eck
1. Das Regal stellen wir hier in die Ecke.
2. Das bekommen Sie im Kiosk an der Ecke.
3. Wo ist die Apotheke? – Gleich um die Ecke.

das Eck, -en (A) → D, CH: Ecke
1. Das Regal stellen wir hier ins Eck.
2. Das bekommen Sie im Kiosk am Eck.
3. Wo ist die Apotheke? – Gleich ums Eck.

eckig

Ich möchte einen eckigen Tisch, keinen runden.

egal
1. Es ist mir ganz egal, was die Leute denken.
2. Egal, wie das Wetter ist, ich gehe schwimmen.

die Ehe, -n

Sie hat zwei Kinder aus erster Ehe.

die Ehefrau, -en/der Ehemann, ¨-er

Wie heißt Ihre Ehefrau mit Vornamen?

das Ehepaar, -e

Das Ehepaar unter uns hat zwei Kinder.

eher
1. Ich stehe meist eher auf als mein Mann.
2. Michael sieht gerne Serien, ich mag eher Krimis.

ehrlich
1. Sie ist ein ehrlicher Mensch.
2. Bitte sei in dieser Sache ehrlich.
3. Die Pause haben wir uns ehrlich verdient.

das Ei, -er

Möchtest du zum Frühstück ein Ei?

eigen-
1. Fast jedes Kind hat ein eigenes Zimmer.
2. Manche Leute haben keine eigene Meinung.

eigentlich
1. Wir wollten eigentlich Freunde besuchen, aber dann sind wir doch zu Hause geblieben.
2. Die Sängerin nennt sich Arabella. Aber eigentlich heißt sie Uschi Müller.
3. Was willst du eigentlich von mir?

sich eignen, eignet sich, eignete sich, hat sich geeignet

Dieses Hotel eignet sich besonders für Familien mit Kindern.

eilen, eilt, eilte, hat/ist geeilt

Es eilt sehr. Bitte machen Sie schnell.

die Eile
1. Ich bin sehr in Eile
2. Das hat keine Eile.

eilig

Hast du es eilig?

ein-
1. Ich nehme ein Bier. Willst du auch eins?
2. Wir haben zu wenig Mitspieler. Wir brauchen noch einen.

die Einbahnstraße, -n

Die Goethestraße ist jetzt eine Einbahnstraße.

einbrechen, bricht ein, brach ein, ist eingebrochen

Jemand ist in unsere Wohnung eingebrochen.

der Einbrecher, - die Einbrecherin, -nen

Die Einbrecher haben nichts gestohlen.

der Einbruch, ¨-e

In der Urlaubszeit gibt es viele Wohnungseinbrüche.

eindeutig
1. Das Ergebnis ist eindeutig. Du hast gewonnen.
2. Du kannst eindeutig besser kochen als ich.

der Eindruck, ¨-e
1. Ich finde die Leute auf der Straße ziemlich unfreundlich. Wie ist dein Eindruck?
2. Ich glaube, ich habe bei dem Vorstellungsgespräch einen guten Eindruck gemacht.

einerseits

Einerseits möchte ich die Reise gern machen, andererseits ist sie zu teuer.

einfach
1. Hin und zurück? – Nein, bitte nur einfach.
2. Ich verstehe das nicht. Kannst du das bitte einfacher sagen?
3. Wir haben am Wochenende einen Ausflug gemacht. Es war einfach toll.

die Einfahrt, -en
1. Da parkt wieder jemand vor unserer Einfahrt.
2. Können Sie nicht lesen: Einfahrt freihalten!

einfallen, fällt ein, fiel ein, ist eingefallen

Mir ist wieder eingefallen, wie das Buch heißt.

der Einfall, ¨-e

Frag einfach meine Freundin. Sie hat immer gute Einfälle.

der Einfluss, ¨-e

Das Wetter hat Einfluss auf die Gesundheit der Menschen.

beeinflussen, beeinflusst, beeinflusste, hat beeinflusst	Dieses Ereignis hat die Wahlen beeinflusst.
einfügen, fügt ein, fügte ein, hat eingefügt	Markieren Sie zuerst die Zeilen, dann „kopieren" drücken und dann einfügen.
einführen, führt ein, führte ein, hat eingeführt	1. Dürfen wir diese Ware ins Land einführen? 2. Wir haben letztes Jahr ein neues System eingeführt.
die Einführung, -en	Leider habe ich die Einführung des Kurses verpasst.
der Eingang, ¨-e	1. Das Gebäude hat zwei Eingänge. 2. Der Eingang ist um die Ecke.
einheitlich	Die Schüler dieser Schule tragen einheitliche Kleidung.
einig-	1. In diesem Bericht sind einige Fehler. 2. Das wird noch einige Zeit dauern. 3. Einige Leute sind für das Gesetz, aber viele sind auch dagegen.
sich einigen, einigt sich, einigte sich, hat sich geeinigt	Jeder hat einen anderen Vorschlag. Wir können uns leider nicht einigen.
einkaufen, kauft ein, kaufte ein, hat eingekauft	Wir gehen einmal pro Woche einkaufen.
der Einkauf, ¨-e	1. Achten Sie beim Einkauf auf Sonderangebote. 2. Ich habe alle Einkäufe erledigt. Jetzt können wir einen Kaffee trinken.
das Einkommen, -	Bei einem höheren Einkommen muss man mehr Steuern zahlen.
einladen, lädt ein, lud ein, hat eingeladen	Darf ich Sie zum Essen einladen?
die Einladung, -en	Danke für die Einladung.
einmal	1. Ich habe diese Oper leider nur einmal gesehen. 2. Bitte rufen Sie morgen noch einmal an. 3. Auf einmal ging das Licht aus. 4. Ich kann nicht alles auf einmal machen. 5. Sehen wir uns (ein)mal wieder? 6. Vor Jahren habe ich (ein)mal in Wien gewohnt. 7. Komm doch bitte (ein)mal her und hilf mir.
einnehmen, nimmt ein, nahm ein, hat eingenommen	Wie muss ich die Tropfen einnehmen?
die Einnahme, -n	Unser Geschäft läuft gut. Unsere Einnahmen waren in diesem Monat höher als im letzten.
einpacken, packt ein, packte ein, hat eingepackt	1. Hast du Handtücher eingepackt? 2. Soll ich Ihnen das als Geschenk einpacken?
einrichten, richtet ein, richtete ein, hat eingerichtet	1. Ich habe meine Wohnung selbst eingerichtet. 2. Wenn Sie Fragen haben, rufen Sie uns an. Wir haben eine extra Telefonnummer eingerichtet.
die Einrichtung, -en	Deine Wohnung ist sehr gemütlich, die Einrichtung gefällt mir sehr gut.
einsam	Ohne meine Familie fühle ich mich ein bisschen einsam.
einschalten, schaltet ein, schaltete ein, hat eingeschaltet	Können Sie bitte die Heizung einschalten?
einschließlich	Alles zusammen kostet 200 Euro einschließlich Fahrtkosten.
das Einschreiben, -	Ich habe den Brief als Einschreiben geschickt.
einsetzen, setzt ein, setzte ein, hat eingesetzt	1. Ich glaube, wir müssen jemanden einsetzen, der sich um die Organisation kümmert. 2. Peter hat sich dafür eingesetzt, dass ich den Job bekomme.
einsteigen, steigt ein, stieg ein, ist eingestiegen	1. Ab 20 Uhr vorne beim Fahrer einsteigen. 2. Steig ein. Wir wollen losfahren.
einstellen, stellt ein, stellte ein, hat eingestellt	1. Die Firma wird in diesem Jahr drei neue Leute einstellen. 2. Das Gerät ist nicht richtig eingestellt.
eintragen, trägt ein, trug ein, hat eingetragen	Tragen Sie sich bitte in die Liste ein.
eintreten, tritt ein, trat ein, ist eingetreten	Letztes Jahr bin ich in einen Sportverein eingetreten.
der Eintritt	1. Kinder über 10 Jahre zahlen den vollen Eintritt. 2. Der Eintritt ist frei.
einverstanden	1. Als Termin schlage ich den 3. Mai vor. – Gut, einverstanden! 2. Bist du einverstanden, wenn wir bald nach Hause gehen?
der Einwohner, - die Einwohnerin, -nen	Berlin hat über drei Millionen Einwohner.

einzahlen, zahlt ein, zahlte ein, hat eingezahlt	Ich habe gestern Geld auf mein Bankkonto eingezahlt.
die Einzahlung, -en	Sie sollten die Einzahlung pünktlich machen.
einzeln	1. Dieses Mineralwasser gibt es nur als Sechserpack, nicht einzeln. 2. Die Schüler mussten einzeln zum Schularzt kommen.
Einzel-	z. B. Einzelkind, Einzelzimmer
die Einzelheit, -en	Du musst mir das in allen Einzelheiten erzählen.
einzig-	1. Wir waren die einzigen Gäste. 2. Das war das einzige Mal, dass ich ihn gesehen habe.
einziehen, zieht ein, zog ein, ist eingezogen	Die Wohnung ist fertig. Wir können nächste Woche einziehen.
das Eis	1. Im Winter gibt es Eis und Schnee. 2. Bitte eine Cola ohne Eis.
das Eis (D, A) → CH: Glace/Glacé	Zum Nachtisch gibt es Schokoladeneis.
die Eisenbahn, -en	Die Kinder wünschen sich eine elektrische Eisenbahn.
elegant	Ich finde dein Kleid sehr elegant.
elektrisch	Wir kochen nicht mit Gas, sondern elektrisch.
Elektro-	z.B. Elektrogeschäft, Elektroingenieur, Elektroherd
elektronisch	Wir sollten die Daten elektronisch bearbeiten, sonst dauert es zu lange.
die Eltern (Pl.)	Ich wohne noch bei meinen Eltern.
empfangen, empfängt, empfing, hat empfangen	1. Wir können mit unserem Fernseher über 30 Programme empfangen. 2. Die Gäste wurden sehr herzlich empfangen.
der Empfang, ¨-e	1. Bitte den Empfang bestätigen! 2. Ich bin mit dem Fernseher nicht zufrieden. Der Empfang ist sehr schlecht. 3. Zur Firmeneröffnung bitten wir zu einem kleinen Empfang.
der Empfänger, -	Es fehlt die genaue Adresse des Empfängers.
empfehlen, empfiehlt, empfahl, hat empfohlen	Was können Sie mir denn empfehlen?
die Empfehlung, -en	Ich rufe auf Empfehlung von Herrn Weber an.

enden, endet, endete, hat geendet	1. Die Straße endet hier. 2. Das Arbeitsverhältnis endet im Mai.
das Ende	1. Ich wohne am Ende der Straße. 2. Die nächste Prüfung findet Ende August statt. 3. Rinaldo ist Ende fünfzig. 4. Am Dienstag gehen die Ferien zu Ende.
endgültig	1. Damit ist das Problem endgültig gelöst. 2. Der endgültige Termin steht noch nicht fest. 3. Das Ergebnis ist noch nicht endgültig.
endlich	1. Endlich haben wir eine schöne Wohnung gefunden. 2. Haben Sie sich nun endlich entschieden?
die Energie, -n	1. Wir müssen Energie sparen. 2. Abends habe ich keine Energie mehr, um Sport zu machen.
eng	1. Die Jacke ist mir zu eng. 2. Wir arbeiten mit dieser Firma eng zusammen.
der Enkel, - die Enkelin, -nen	Alle meine Enkel gehen schon zur Schule.
entdecken, entdeckt, entdeckte, hat entdeckt	Ich habe in deinem Brief noch ein paar Fehler entdeckt.
entfernen, entfernt, entfernte, hat entfernt	1. Der Müll muss dringend entfernt werden. 2. Das Hotel liegt etwa 100 m vom Strand entfernt.
die Entfernung, -en	Aus dieser Entfernung ist das nicht zu erkennen.
entgegenkommen	1. Auf dem Weg nach Hause ist mir mein Nachbar entgegengekommen. 2. Können Sie mir mit dem Preis entgegenkommen?
enthalten, enthält, enthielt, hat enthalten	1. Diese Schokolade enthält nur sehr wenig Zucker. 2. Ist die Änderung im Preis enthalten?
entlang	Gehen Sie diese Straße entlang. Dann kommen Sie direkt zum Bahnhof.
entlassen, entlässt, entließ, hat entlassen	1. Die Operation ist gut gelaufen. Wir können Sie nächste Woche aus dem Krankenhaus entlassen. 2. Die Firma hat viele Mitarbeiter entlassen.
die Entlassung, -en	Seine Entlassung aus der Firma kam überraschend.

entscheiden, entscheidet, entschied, hat entschieden
1. Das kann ich nicht allein entscheiden, da muss ich erst fragen.
2. Für welchen Anzug haben Sie sich entschieden?

die Entscheidung, -en
Diese wichtige Entscheidung möchte ich zuerst mit meinem Mann besprechen.

unentschieden
1. Es steht unentschieden zwischen den beiden Mannschaften.
2. Ich bin noch immer unentschieden, was ich morgen tun soll.

sich entschließen, entschließt sich, entschloss sich, hat sich entschlossen
Mein Nachbar hat sich nun doch entschlossen, sein Auto zu verkaufen.

entschlossen
Ich bin fest entschlossen, diese Ausbildung fertigzumachen.

entschuldigen, entschuldigt, entschuldigte, hat entschuldigt
1. Entschuldigen Sie bitte, dass ich Sie störe. Aber es gibt ein Problem.
2. Herr Meier lässt sich entschuldigen, er ist stark erkältet.

die Entschuldigung, -en
Oh, Entschuldigung! – Macht nichts. Kein Problem.

entsorgen, entsorgt, entsorgte, hat entsorgt
Wie kann ich meine alte Kaffeemaschine entsorgen?

entspannend
Der Urlaub war sehr entspannend.

entstehen, entsteht, entstand, ist entstanden
1. Hier entsteht ein neues Einkaufszentrum.
2. Andere Kosten entstehen nicht.

enttäuschen, enttäuscht, enttäuschte, hat enttäuscht
1. Leider hat mich sein Verhalten enttäuscht.
2. Wir waren von dem Konzert sehr enttäuscht.
3. Das Ergebnis war enttäuschend.

die Enttäuschung, -en
Das Endspiel war eine große Enttäuschung.

entweder ... oder
Nur einer kann gewinnen, entweder du oder ich.

entwickeln, entwickelt, entwickelte, hat entwickelt
1. Unser Sohn entwickelt sich gut in der Schule.
2. Die Firma hat ein neues Produkt entwickelt.

die Entwicklung, -en
Genug Schlaf ist wichtig für die Entwicklung Ihres Kindes.

die Erde
1. Die Pflanzen brauchen neue Erde.
2. Mein Sohn hat das Glas auf die Erde fallen lassen.

3. An der Konferenz nehmen Vertreter aus fast allen Ländern der Erde teil.

der Erdapfel, ¨- (A) → Kartoffel
Kann ich bitte noch Erdäpfel bekommen?

das Erdgeschoss/ Ergeschoß, -e
Unsere Wohnung befindet sich im Erdgeschoss.

das Ereignis, -se
1. Alle Zeitungen haben über diese Ereignisse berichtet.
2. Das Konzert war ein großes Ereignis.

sich ereignen, ereignet sich, ereignete sich, hat sich ereignet
Der Unfall ereignete sich am frühen Morgen.

erfahren, erfährt, erfuhr, hat erfahren
Wann erfahren wir das Ergebnis der Prüfung?

die Erfahrung, -en
1. Ich habe zehn Jahre Erfahrung in diesem Beruf.
2. Mit diesem Gerät haben wir gute Erfahrungen gemacht.

erfinden, erfindet, erfand, hat erfunden
Das Rad wurde vor ca. 6000 Jahren erfunden.

die Erfindung, -en
Die Erfindung des Buchdrucks war sehr wichtig für die Menschen.

der Erfolg, -e
1. Der Film war ein großer Erfolg.
2. Ich wünsche Ihnen viel Erfolg bei der Prüfung.

erfolgreich
Mein Großvater war ein erfolgreicher Geschäftsmann.

erforderlich
1. Hier ist die Liste der erforderlichen Zutaten für den Kuchen.
2. Es ist erforderlich, dass man den Pass persönlich abholt.

erfordern, erfordert, erforderte, hat erfordert
Dieser Job erfordert viel Kraft.

erfüllen, erfüllt, erfüllte, hat erfüllt
1. Sie müssen den Vertrag in allen Punkten erfüllen.
2. Wir erfüllen Ihnen jeden Wunsch.

ergänzen, ergänzt, ergänzte, hat ergänzt
Ergänzen Sie bitte die fehlenden Angaben.

das Ergebnis, -se
Ein so gutes Ergebnis hat uns alle überrascht.

erhalten, erhält, erhielt, hat erhalten
Ihr Schreiben vom 3. Januar haben wir erhalten.

erhöhen, erhöht, erhöhte, hat erhöht
1. Die Regierung wird sicher bald wieder die Steuern erhöhen.

	2. Die Zahl der Unfälle hat sich stark erhöht.
die Erhöhung, -en	Wir streiken für eine Lohnerhöhung.
sich erholen, erholt sich, erholte sich, hat sich erholt	1. Im Urlaub habe ich mich sehr gut erholt. 2. Er hat sich nach dem Unfall sehr schnell wieder erholt.
die Erholung, -en	Ich habe zu viel gearbeitet. Jetzt brauche ich etwas Erholung.
erinnern, erinnert, erinnerte, hat erinnert	1. Bitte, erinnern Sie mich noch einmal an den Termin 2. Ich erinnere mich noch genau an Francescos Vater.
die Erinnerung, -en	An diese Zeit habe ich viele schöne Erinnerungen.
sich erkälten, erkältet sich, erkältete sich, hat sich erkältet	Der Junge hat sich beim Baden erkältet.
erkältet	Ich bin stark erkältet.
die Erkältung, -en	Du hast eine schlimme Erkältung!
erkennen, erkennt, erkannte, hat erkannt	1. Ich habe Roberto gleich an seiner Stimme erkannt. 2. Auf dem Foto kann man kaum etwas erkennen. 3. Ich habe erkannt, dass es ein Fehler war, den Kurs nicht fertigzumachen.
erklären, erklärt, erklärte, hat erklärt	1. Kannst du mir erklären, wie man diesen Apparat bedient? 2. Ich kann mir nicht erklären, wie der Brief verschwinden konnte.
die Erklärung, -en	1. Hast du schon die Steuererklärung gemacht? 2. Die Erklärung der Lehrerin ist besser als die Erklärung im Buch.
sich erkundigen, erkundigt sich, erkundigte sich, hat sich erkundigt	1. Hast du dich schon nach einem Zug erkundigt? 2. Ich möchte mich erkundigen, wie es Ihnen geht.
erlauben, erlaubt, erlaubte, hat erlaubt	1. Ich erlaube meinen Kindern nicht, so lange fernzusehen. 2. Parken ist hier nicht erlaubt.
die Erlaubnis	Sie hätten ihn vorher um Erlaubnis bitten müssen.
erleben, erlebt, erlebte, hat erlebt	In unserem Urlaub haben wir viel Schönes erlebt.
das Erlebnis, -se	Die Reise war ein tolles Erlebnis.

erledigen, erledigt, erledigte, hat erledigt	Diese zwei Pakete müssen zur Post. Könntest du das für mich erledigen?
erleichtern, erleichtert, erleichterte, hat erleichtert	1. Ich bin erleichtert, dass alles so gut geklappt hat. 2. Das Internet erleichtert mir die Arbeit sehr.
die Ermäßigung, -en	Es gibt eine Ermäßigung für Kinder und Senioren.
ernähren, ernährt, ernährte, hat ernährt	1. Wie ernähre ich mich richtig? 2. Meine Eltern müssen beide arbeiten, um die Familie zu ernähren.
die Ernährung	Ich finde eine gesunde Ernährung wichtig.
ernst	Der starke Verkehr ist ein ernstes Problem.
ernsthaft	Ich überlege ernsthaft, ob ich in eine andere Stadt ziehen soll.
die Ernte, -n	Die Ernte ist dieses Jahr gut.
eröffnen, eröffnet, eröffnete, hat eröffnet	1. Mein Nachbar hat letzten Monat ein Geschäft eröffnet. 2. Ich möchte ein Konto eröffnen.
die Eröffnung, -en	Die Eröffnung der neuen Oper ist am 1. Juni.
erreichen, erreicht, erreichte, hat erreicht	1. Wenn wir uns beeilen, erreichen wir noch den 8-Uhr-Zug. 2. Bis 17 Uhr können Sie mich im Büro erreichen. 3. Auf diese Art erreichen Sie bei mir gar nichts. 4. Dieser Zug erreicht eine Geschwindigkeit von 200 km/h.
erschöpft	Nach dem Sport bin ich immer sehr erschöpft.
erschrecken, erschrickt, erschrak, ist erschrocken/ jdn. erschrecken, erschreckt, erschreckte, hat erschreckt	1. Du hast richtig krank ausgesehen. Ich war ganz erschrocken. 2. Hast du mich aber erschreckt! 3. Entschuldigung. Ich wollte Sie nicht erschrecken.
ersetzen, ersetzt, ersetzte, hat ersetzt	1. Wir ersetzen Ihnen die Kosten. 2. Peter ist krank. Jemand muss ihn ersetzen.
der Ersatz	Sie bekommen von unserer Firma einen Ersatz für das kaputte Gerät.
erst	1. Sofia ist erst 20 Jahre alt. 2. Ich habe das erst gestern erfahren. 3. Sprich erst mit dem Arzt. 4. Erst hat mir die Arbeit gar nicht gefallen, aber jetzt habe ich mich daran gewöhnt.

erst-	1. Ich war zum ersten Mal allein im Urlaub. 2. Ich wohne im ersten Stock. 3. An erster Stelle kommt die Schule.
erstellen, erstellt, erstellte, hat erstellt	Erstellen Sie bitte eine Liste mit allen Informationen, die Sie brauchen.
erwachsen	1. Die Kinder sind schon fast erwachsen. 2. Wir haben zwei erwachsene Töchter.
der Erwachsene, -n	1. Erwachsene zahlen 5 Euro, für Kinder ist der Eintritt frei. 2. Dieser Film ist nur für Erwachsene.
erwarten, erwartet, erwartete, hat erwartet	1. Ich erwarte einen Anruf aus Berlin. 2. Frau Müller erwartet ein Kind. 3. Wir hatten nichts anderes erwartet. 4. Ich kann es gar nicht erwarten, euch wieder zu sehen.
erzählen, erzählt, erzählte, hat erzählt	1. Mein Mann hat mir schon viel von Ihnen erzählt. 2. Ich muss meinen Kindern abends immer eine Geschichte erzählen.
die Erzählung, -en	Diese Erzählung ist sehr berühmt. Du musst sie lesen.
erziehen, erzieht, erzog, hat erzogen	Kinder zu erziehen ist nicht leicht.
die Erziehung	Heute kümmern sich auch viele Väter um die Erziehung der Kinder.
es	1. Mein Auto muss in die Werkstatt. Es ist kaputt. 2. Wissen Sie nicht, wo Herr Müller ist? - Nein, ich weiß es nicht. 3. Es wurden bei der Diskussion viele Fragen gestellt. 4. Wer ist da? – Ich bin's. 5. Mir geht es gut. 6. Ich finde es sehr nett von Ihnen, dass Sie mich abholen. 7. Es macht Spaß, zusammen ein Picknick zu machen.
essen, isst, aß, hat gegessen	1. Haben Sie schon zu Mittag gegessen? 2. Ich esse gern Bananen. 3. Was gibt es heute zu essen?
das Essen, -	1. Darf ich Sie zum Essen einladen? 2. Das Essen ist kalt geworden.
der Essig	Am Salat fehlt noch etwas Essig.
die Etage, -n (D, CH) → Stock	Das Büro ist in der 3. Etage, Zimmer 305.
etwa	1. Von hier sind es etwa zwanzig Kilometer. 2. Von zu Hause brauche ich etwa 10 Minuten bis zur Arbeit. 3. Du bist doch nicht etwa krank?
etwas	1. Ich muss dir etwas erzählen. 2. Ich habe nur Tee. Etwas anderes kann ich Ihnen leider nicht anbieten. 3. Haben Sie etwas zum Schreiben? 4. Wollen wir mit dem Nachtisch noch etwas warten? 5. So etwas habe ich noch nie gehört. 6. Ich habe etwas Gutes für dich gekocht.
eventuell	Ich komme eventuell etwas später.
ewig	Ich warte schon ewig auf mein neues Auto!
der Experte, -n	Ich verstehe ein bisschen was von Computern. Aber ich bin kein Experte.
der Export, -e	1. Hier ist die Firma Schulz, Import und Export. 2. Sonja arbeitet in der Exportabteilung.
extra	1. Die Getränke kosten extra. 2. Warum sind Sie nicht gekommen? Ich habe extra auf Sie gewartet.
extrem	Die Prüfung war extrem schwer.

F

die Fabrik, -en	Ich arbeite in einer Autofabrik.
das Fach, ¨-er	1. Die Handtücher sind im obersten Fach links. 2. Welches Fach magst du in der Schule am liebsten?
der Fachmann die Fachfrau, -en	Meine Schwester ist Computerfachfrau.
die Fachleute (Pl.)	Die suchen Fachleute für dieses Computerprogramm.
die Fähigkeit, -en	1. In seiner Position braucht man die Fähigkeit, andere zu überzeugen. 2. Ich glaube, sie hat die Fähigkeit dazu.
fahren, fährt, fuhr, ist/hat gefahren	1. Wir sind mit dem Zug gefahren. 2. Fahr nicht so schnell. 3. Frau Koch fährt einen Mercedes. 4. Soll ich dich nach Hause fahren? 5. Er hat das Auto in die Garage gefahren.
die Fähre, -n	Wir nehmen die Fähre über den Bodensee.

die Fahrbahn, -en	Fahren Sie bitte vorsichtig. Es sind Kühe auf der Fahrbahn.
der Fahrer, -	1. Die Fahrerin des Wagens wurde nicht verletzt. 2. Leonid ist von Beruf Busfahrer. 3. Während der Fahrt bitte nicht mit dem Fahrer sprechen!
die Fahrkarte, -n → CH: Billet	Fahrkarten bekommt man am Automaten.
der Fahrplan, ¨-e	1. Der Fahrplan hat sich geändert. 2. Haben Sie schon den neuen Sommerfahrplan?
das Fahrrad, ¨-er → D, A: Rad; CH: Velo	Sie fährt jeden Morgen mit dem Fahrrad zur Arbeit.
das Fahrzeug, -e	Wem gehört das Fahrzeug?
fair	Ich finde, unsere Mannschaft hat sehr fair gespielt.
der Faktor, -en	Die Creme hat einen hohen Sonnen-schutzfaktor.
der Fall, ¨-e	1. Was würden Sie in diesem Fall tun? 2. Rufen Sie auf jeden Fall vorher noch einmal an. 3. Für den Fall, dass meine Mutter aus dem Krankenhaus kommt, bleibe ich zu Hause.
fallen, fällt, fiel, ist gefallen	1. Das Glas ist auf den Boden gefallen. 2. In den Bergen ist schon Schnee gefallen. 3. Die Temperatur ist ganz plötzlich unter null gefallen.
fällig	Die Rechnung ist Ende des Monats fällig.
falls	Falls es regnet, machen wir kein Picknick.
falsch	1. Tut mir leid, ich habe die falsche Nummer gewählt. 2. Meine Uhr geht falsch. 3. Was Sie da sagen, ist falsch.
die Familie, -n	Ich habe eine große Familie.
der Familienstand (D, A) → Personenstand; CH: Zivilstand	Bei „Familienstand" musst du „ledig" ankreuzen.
fangen, fängt, fing, hat gefangen	1. Das Kind hat den Ball gefangen. 2. Unsere Katze hat eine Maus gefangen.
die Fantasie/Phantasie, -n	Mein Sohn malt sehr gut. Er hat viel Fantasie.

fantastisch	Die Aussicht ist fantastisch!
die Farbe, -n	1. Welche Farbe magst du am liebsten? 2. Diese Farbe trocknet schnell.
farbig	Ich brauche kein weißes, sondern farbiges Papier.
das Faschierte (A) → D, CH: Hackfleisch	Geben Sie mir bitte 500 g Faschiertes.
der Fasching, - (D, A) → D: Karneval; CH: Fasnacht	Dort hängt mein Kostüm für den Faschings(um)zug.
die Fasnacht (CH) → D, A: Fasching; D: Karneval	Dort hängt mein Kostüm für den Fasnachtsumzug.
fassen, fasst, fasste, hat gefasst	1. Sie haben den Dieb gefasst. 2. Ich habe den Entschluss gefasst, nach Wien zu ziehen.
fast	1. Das Konzert ist fast zu Ende. 2. Ich habe fast alles verstanden.
faul	1. Mein Sohn war am Anfang in der Schule sehr faul. Heute lernt er sehr fleißig. 2. Den Apfel kannst du nicht mehr essen. Er ist faul.
faulenzen, faulenzt, faulenzte, hat gefaulenzt	Am Wochenende können wir faulenzen.
der Fauteuil, -s (A, CH) → D, CH: Sessel	Ich hätte gern einen bequemen Fauteuil.
fehlen, fehlt, fehlte, hat gefehlt	1 Auf dem Brief fehlt der Absender. 2. Hast du Kleingeld? Mir fehlt ein Euro. 3. In der Kasse fehlen 20 Euro. 4. Antonio war nicht in der Schule, er fehlt schon seit drei Tagen. 5. Was fehlt Ihnen? Haben Sie Schmerzen?
der Fehler, -	1. Ich glaube, da haben Sie einen Fehler gemacht. 2. Die Schülerin hat den Fehler sofort gefunden.
feiern, feiert, feierte, hat gefeiert	Wir haben gestern Karls Geburtstag gefeiert.
die Feier, -n	Es war eine schöne Feier.
der Feierabend	Einen schönen Feierabend.
der Feiertag, -e	1. Am Montag ist Feiertag. 2. Schöne Feiertage.
das Feld, -er	Auf diesem Feld wächst Gemüse.
das Fenster, -	Darf ich einen Moment das Fenster aufmachen?

die Ferien (Pl.) (CH) → D, A: Urlaub	Ich habe noch drei Tage Ferien.
Ferien-	Ich suche eine günstige Ferienwohnung.
die Fernbedienung, -en	Hast du die Fernbedienung gesehen?
fernsehen, sieht fern, sah fern, hat ferngesehen	Meine Kinder dürfen abends nur eine Stunde fernsehen.
das Fernsehen	Was gibt es heute Abend im Fernsehen?
der Fernseher, -	Der Fernseher ist schon wieder kaputt.
fertig	1. Das Essen ist gleich fertig. 2. Wenn ich mit der Arbeit fertig bin, gehe ich nach Hause. 3. Bist du fertig? 4. Das war ein schlimmer Tag. Ich bin total fertig.
fest	1. Mein Kollege glaubt fest daran, dass er die neue Stelle bekommt. 2. Als wir nach Hause kamen, haben die Kinder schon fest geschlafen. 3. Für die nächste Familienfeier gibt es noch keinen festen Termin.
das Fest, -e	1. Wenn ich 18 werde, feiern wir ein großes Fest. 2. Frohes Fest!
die Festplatte, -n	Mein Computer hat eine große Festplatte.
festhalten, hält fest, hielt fest, hat festgehalten	1. Halt dich gut fest. 2. Halt die Flasche gut fest.
festlegen, legt fest, legte fest, hat festgelegt	1. Ich weiß noch nicht, ob ich das mache. Ich möchte mich noch nicht festlegen. 2. Habt ihr den Hochzeitstermin schon festgelegt?
festnehmen nimmt fest, nahm fest, hat festgenommen.	Die Polizei hat einen Mann festgenommen.
festsetzen, setzt fest, setzte fest, hat festgesetzt	Die Schule hat den Termin für die Prüfung festgesetzt.
feststehen, steht fest, stand fest, ist festgestanden	Der Termin steht seit Langem fest.
feststellen, stellt fest, stellte fest, hat festgestellt	1. Er hat festgestellt, dass der Absender des Briefes falsch war. 2. Der Arzt hat mich untersucht, konnte aber nichts feststellen.
fett	1. Die Wurst ist mir zu fett. 2. Das ist aber eine fette Katze!
das Fett	Man soll nicht so viel Fett essen.
feucht	1. Die Wäsche ist noch feucht. 2. Es ist heute feucht draußen.
das Feuer	1. Der Schaden durch das Feuer war sehr groß. 2. Haben Sie Feuer?
das Feuerzeug, -e	Ist das Feuerzeug neu?
die Feuerwehr, -en	Schnell! Rufen Sie die Feuerwehr! Die Nummer ist: 112.
das Fieber	Plötzlich habe ich hohes Fieber bekommen.
die Figur, -en	1. Lars hat eine gute Figur. 2. Bei diesem Spiel hat jeder Spieler vier Figuren.
der Film, -e	Den Film musst du dir unbedingt ansehen.
finanzieren, finanziert, finanzierte, hat finanziert	Ich weiß nicht, wie ich das Auto finanzieren soll.
finanziell	Finanziell geht es meinem Neffen jetzt besser.
finden, findet, fand, hat gefunden	1. Meine Tante hat eine gute Arbeit gefunden. 2. Ich kann meinen Schlüssel nicht finden. 3. Luigi finde ich sehr nett.
der Finger, -	Alessandro hat sich in den Finger geschnitten.
die Firma, Firmen	Seit wann arbeiten Sie bei dieser Firma?
flach	1. Für die Arbeit brauche ich flache Schuhe. 2. An dieser Stelle ist der See sehr flach.
die Fläche, -n	Unsere Wohnung hat eine Wohnfläche von 100 m².
die Flasche, -n	1. Wo kann man die leeren Flaschen zurückgeben? 2. Eine Flasche Bier bitte.
der Fleck, -en	Du hast einen Fleck auf der Bluse.
das Fleisch	Fleisch mag ich nicht.
der Fleischhauer, - die Fleischhauerin, -nen (A) → Metzger	Dieser Fleischhauer macht sehr gute Wurst.
fleißig	Pamela ist wirklich fleißig. Sie macht immer ihre Hausaufgaben.

flexibel	Meine Arbeitszeit ist flexibel.	das Formular, -e	Füllen Sie bitte dieses Formular aus.
fliegen, fliegt, flog, ist geflogen	1. Der Vogel ist auf einen Baum geflogen. 2. Diese Maschine fliegt direkt nach New York. 3. Ich bin nach Berlin geflogen.	die Forschung, -en	Er arbeitet in der Forschung.
		die Fortbildung, -en	Die Fortbildung, die ich machen will, ist sehr teuer.
fliehen, flieht, floh, ist geflohen	Der Einbrecher ist sofort geflohen.	der Fortschritt, -e	Ich habe beim Deutschlernen große Fortschritte gemacht.
die Flucht	Der Einbrecher war schon auf der Flucht.	fortsetzen, setzt fort, setzte fort, hat fortgesetzt	Wir setzen die Behandlung am nächsten Donnerstag um 11 Uhr fort.
fließen, fließt, floss, ist geflossen	Dieser Fluss fließt in die Nordsee.	die Fortsetzung, -en	Fortsetzung folgt.
fließend	1. Mein Kollege spricht fließend Deutsch. 2. Zimmer mit fließendem Wasser.	das Forum, Foren (Internetforum)	Ich melde mich heute bei diesem Forum an.
der Flohmarkt, ¨-e	Diesen Hut habe ich am Flohmarkt gekauft.	fotografieren, fotografiert, fotografierte, hat fotografiert	Ich fotografiere gern.
die Flöte, -n	Sie spielt sehr schön Flöte.	das Foto, -s	Können Sie dieses Foto vergrößern?
der Flug, ¨-e	Ich habe den Flug für Sie gebucht.	der Fotoapparat, -e	Ich möchte mir einen Fotoapparat kaufen.
der Flughafen, ¨-	Der Flughafen liegt 30 km außerhalb der Stadt.	der Fotograf, -en	Die Fotografin hat sehr schöne Fotos gemacht.
das Flugzeug, -e	Das Flugzeug ist gerade gelandet.	die Fotografie, -n	Ich interessiere mich für Fotografie.
der Flur, -e → Gang; D, CH: Korridor	Wir warten draußen im Flur.	fragen, fragt, fragte, hat gefragt	1. Darf ich Sie etwas fragen? 2. Hat jemand nach mir gefragt? 3. Ich frage mich, ob das richtig war.
der Fluss, ¨-e	Wie heißt dieser Fluss?	die Frage, -n	1. Ich habe Ihre Frage leider nicht verstanden. 2. Das kommt gar nicht infrage!
die Flüssigkeit, -en	Dieses Medikament mit viel Flüssigkeit einnehmen.	die Frau, -en	1. In meinem Deutschkurs sind mehr Frauen als Männer. 2. Ist Ihre Frau berufstätig? 3. Guten Tag, Frau Müller!
folgen, folgt, folgte, ist gefolgt	1. Es folgen die Nachrichten. 2. Folgen Sie der Reiseleiterin.		
die Folge, -n	Die Folgen des Unfalls waren schlimm.	frech	Du darfst in der Schule nicht so frech sein.
folgend	1. Mehr Informationen auf den folgenden Seiten. 2. Das Geschäft hat folgende Angebote: …	frei	1. Ist dieser Platz noch frei? 2. Morgen haben wir frei. 3. Eintritt frei. 4. Ich trinke nur alkoholfreies Bier. 5. Dieses Medikament ist rezeptfrei. 6. Die Schüler können die Arbeitszeit frei wählen.
fordern, fordert, forderte, hat gefordert	Die Arbeitnehmer fordern mehr Geld.		
die Forderung, -en	Alle Forderungen der Arbeitnehmer kann man in dieser E-Mail lesen.	im Freien	Wir wollen heute im Freien übernachten.
fördern, fördert, förderte, hat gefördert	Die Stadt fördert viele Sportprojekte.	die Freiheit	Wir wollen die Freiheit haben, unsere Meinung sagen zu können.
die Förderung, -en	Für das Projekt bekommen wir eine Förderung von der Stadt.	die Freizeit	In meiner Freizeit höre ich gern Musik.
die Form, -en	1. Diese Schuhe haben eine schöne Form. 2. Ich möchte für den Geburtstag einen Kuchen backen. Kannst du mir eine Backform leihen?		

freiwillig	Manchmal bleibe ich freiwillig länger im Büro.
fremd	1. Ich reise gern in fremde Länder. 2. Ich bin fremd hier.
fressen, frisst, fraß, hat gefressen	Hat der Hund schon etwas zu fressen bekommen?
sich freuen, freut sich, freute sich, hat sich gefreut	1. Es freut mich, dass alles so gut geklappt hat. 2. Ich habe mich über Ihr Geschenk sehr gefreut. 3. Ich freue mich schon auf meinen nächsten Urlaub.
die Freude	Diese Arbeit macht mir viel Freude.
der Freund, -e	Ich sehe meine Freunde nur am Wochenende.
freundlich	1. Er hat uns sehr freundlich begrüßt. 2. Der Mann ist sehr freundlich zu mir. 3. Mit freundlichen Grüßen
die Freundschaft, -en	Deine Freundschaft ist mir sehr wichtig.
der Friede, Frieden, -	Endlich ist hier Frieden!
frieren, friert, fror, hat gefroren	1. Wenn Sie frieren, mache ich das Fenster wieder zu. 2. Heute Nacht hat es gefroren.
frisch	1. Das Brot ist noch ganz frisch. 2. Die Handtücher sind frisch gewaschen. 3. Ich muss mal an die frische Luft.
der Friseur, -e die Friseurin, -nen (D, A) → CH: Coiffeur	1. Du siehst toll aus! Wer ist dein Friseur? 2. Meine Tochter will Friseurin werden.
die Frisur, -en	Du hast eine tolle Frisur! Warst du beim Friseur?
die Frist, -en	Die Frist für die Anmeldung zum Deutschkurs ist abgelaufen.
froh	1. Ich bin froh, dass alles so gut geklappt hat. 2. Frohes Fest!
fröhlich	1. Die Musik klingt fröhlich. 2. Sie ist ein fröhlicher Mensch.
die Frucht, ¨-e	Welche Früchte kann man essen?
Früchte (CH) → D, A: Obst	Früchte kaufe ich am liebsten auf dem Markt.
früh	1. Hier ist schon am frühen Morgen starker Verkehr. 2. Mein Vater arbeitet von früh bis spät. 3. Ich bin heute sehr früh aufgestanden. 4. Wir sind eine halbe Stunde zu früh gekommen. 5. Wecken Sie mich bitte morgen früh um 6 Uhr.
früher/früher-	1. Früher habe ich in Berlin gewohnt. 2. Wir nehmen den früheren Zug.
frühstücken, frühstückt, frühstückte, hat gefrühstückt	Haben Sie schon gefrühstückt?
das Frühstück	1. Wir sitzen gerade beim Frühstück. 2. Sollen wir Ihnen das Frühstück aufs Zimmer bringen?
fühlen, fühlt, fühlte, hat gefühlt	1. Wie fühlen Sie sich? - Danke, ich fühle mich wohl. 2. Fühl mal, ob das Wasser nicht zu heiß ist.
führen, führt, führte, hat geführt	1. Der Lehrer führt seine Schüler durch das Museum. 2. Frau Meyer führt den Betrieb schon seit zehn Jahren. 3. Nach 20 Minuten führte unsere Mannschaft 2 : 0. 4. Die Straße führt direkt zum Bahnhof.
der Führerausweis, -e (CH) → D, A: Führerschein	Hast du einen Führerausweis?
der Führerschein, -e (D, A) → CH: Führerausweis	1. Hast du einen Führerschein? 2. Ich habe vor einem halben Jahr den Führerschein gemacht.
die Führung, -en	1. Die nächste Führung beginnt um 15 Uhr. 2. Bayern München liegt in Führung.
das Fundbüro, -s	Sie haben Ihren Schirm verloren. Da fragen Sie am besten im Fundbüro.
funktionieren, funktioniert, funktionierte, hat funktioniert	1. Können Sie mir bitte mal zeigen, wie der Automat funktioniert? 2. Unsere Ehe funktioniert nicht mehr.
für	1. Ist Post für mich da? 2. Ich habe die Schlüssel für meine Wohnung verloren. 3. Gibt es hier einen Sportverein für Jugendliche? 4. Diese alten Möbel haben wir für 100 Euro bekommen. 5. Für einen Anfänger spielt er schon sehr gut Klavier. 6. Du kannst nicht einkaufen gehen? Ich kann es für dich machen. 7. Für mich ist das ein schwerer Fehler. 8. Wir haben die Wohnung für ein Jahr gemietet.

furchtbar	1. Dennis hat furchtbare Schmerzen.
	2. Das war mir furchtbar unangenehm.
(sich) fürchten, fürchtet, fürchtete, hat gefürchtet	Sie fürchtet sich vor Schlangen.
der Fuß, ¨-e	1. Er hat sich den linken Fuß gebrochen.
	2. Sind Sie zu Fuß gekommen?
der Fußball, ¨-e	1. Spielt ihr gerne Fußball?
	2. Jonas wünscht sich zu Weihnachten einen neuen Fußball.
der Fußgänger, - die Fußgängerin, -nen	Dieser Weg ist nur für Fußgänger.
die Fußgängerzone, -n	Wir treffen uns um 15 Uhr in der Fußgängerzone.
füttern, füttert, fütterte, hat gefüttert	Es ist im Zoo nicht erlaubt, die Tiere zu füttern.

G

die Gabel, -n	Wir brauchen bitte noch eine Gabel.
die Galerie, -n	Diese Galerie ist sehr interessant.
der Gang, ¨-e	1. Wir warten draußen im Gang. (→ D, CH: Korridor; D: Flur)
	2. Schalten Sie bitte jetzt in den dritten Gang.
	3. Was möchten Sie als ersten Gang? Suppe oder Salat?
ganz	1. Ich habe den ganzen Tag noch nichts gegessen.
	2. Den Zahnarzttermin habe ich ganz vergessen.
	3. Ich finde Janis ganz nett.
	4. Am Montag ist hier Ruhetag. Das weiß ich ganz sicher.
	5. Gott sei Dank ist meine Brille noch ganz.
gar	1. Die Kartoffeln sind noch nicht gar.
	2. Du räumst nie dein Zimmer auf. – Das ist gar nicht wahr.
die Garage, -n	Hier ist eine Garage zu vermieten.
garantieren, garantiert, garantierte, hat garantiert	Ich kann Ihnen nicht garantieren, dass das Gerät nächste Woche fertig ist.
die Garantie	Auf die Waschmaschine haben Sie ein Jahr Garantie.
die Garderobe, -n	1. Die Mäntel bitte an der Garderobe abgeben.

	2. Bitte, achten Sie auf Ihre Garderobe.
der Garten, ¨-	Wir haben einen schönen großen Garten.
das Gas	1. Wir kochen mit Gas.
	2. Gib Gas! Die Ampel ist grün.
der Gast, ¨-e	1. Wir haben heute Abend Gäste.
	2. Der Gast hat sich über das Essen beschwert.
das Gasthaus, ¨-er (A)	Gehen wir noch in ein Gasthaus ein Bier trinken?
die Gaststätte, -n (D)	Ich arbeite seit einem Monat in einer Gaststätte.
das Gebäude, -	In diesem Gebäude sind nur Büros.
geben, gibt, gab, hat gegeben	1. Geben Sie mir bitte eine Quittung!
	2. Können Sie mir etwas zum Schreiben geben?
	3. Der Arzt hat mir eine Spritze gegeben.
	4. Was gibt es im Fernsehen?
	5. Es gibt bald Regen.
das Gebäck	Das Gebäck ist ganz frisch.
das Gebiet, -e	1. In diesem Gebiet gibt es kaum Industrie.
	2. Die Zeitschrift berichtet regelmäßig über Fortschritte auf dem Gebiet der Medizin.
das Gebirge	Wir haben unseren Urlaub im Gebirge verbracht.
geboren werden, wird geboren, wurde geboren, ist geboren worden	Wann und wo sind Sie geboren?
gebrauchen, gebraucht, gebrauchte, hat gebraucht	1. Wir können diese Möbel gut gebrauchen.
	2. Ich habe den Wagen gebraucht gekauft.
	3. Ich suche eine gebrauchte Waschmaschine.
die Gebrauchsanweisung, -en	Lesen Sie bitte zuerst die Gebrauchsanweisung.
die Gebühr, -en	Die Gebühr liegt bei 60 Euro.
die Geburt, -en	Wir gratulieren zur Geburt eures Kindes!
der Geburtstag, -e	Herzlichen Glückwunsch zum Geburtstag!
das Gedicht, -e	Kennst du ein schönes Gedicht?
die Geduld	Bitte haben Sie etwas Geduld.

geehrt — Sehr geehrte Damen und Herren, …

geeignet — Dieses Spiel ist nicht für Kinder unter drei Jahren geeignet.

die Gefahr, -en — Betreten der Baustelle auf eigene Gefahr.

gefährlich
1. Achtung, hier ist eine gefährliche Kurve!
2. Du darfst nicht bei Rot über die Straße gehen. Das ist gefährlich.

gefallen, gefällt, gefiel, hat gefallen
1. Wie gefällt es Ihnen hier?
2. Der Pullover gefällt mir gut.

sich etwas gefallen lassen, lässt sich etwas gefallen, ließ sich etwas gefallen, hat sich etwas gefallen lassen — Das würde ich mir nicht gefallen lassen.

das Gefängnis, -se — Er wurde zu fünf Jahren Gefängnis verurteilt.

das Gefühl, -e — Ich glaube, ich schaffe die Prüfung. Ich habe ein gutes Gefühl.

gegen
1. Ich bin gegen einen Baum gefahren.
2. Das ist gegen die Vorschrift.
3. Haben Sie ein Mittel gegen Grippe?
4. Wir liefern nur gegen bar.
5. Ich bin gegen 14 Uhr wieder da.
6. Ich bin gegen diesen Vorschlag.
7. Wer spielt gegen wen?

der Gegner, -
1. Sie ist eine Gegnerin von Tierversuchen.
2. Die Mannschaft aus Frankreich war ein sehr starker Gegner.

die Gegend, -en
1. Der Schwarzwald ist eine sehr schöne Gegend.
2. Die Schule muss hier in der Gegend sein.

der Gegensatz, ¨-e
1. Diese beiden Meinungen stehen in starkem Gegensatz zueinander.
2. Im Gegensatz zu ihm ist sein Vater ziemlich klein.

der Gegenstand, ¨-e
1. Ich schließe meine persönlichen Gegenstände im Schwimmbad lieber in ein Fach ein.
2. Eine Durchsage der Polizei: Auf der A8 liegen Gegenstände auf der Fahrbahn.

das Gegenteil, -e
1. Das Gegenteil von „klein" ist „groß".
2. Sie ist das genaue Gegenteil von ihrem Bruder.
3. Du bist sicher müde. – Nein, ganz im Gegenteil!

gegenüber
1. Das Geschäft liegt direkt gegenüber der Post.
2. Dem Gast gegenüber ist das Rauchen nicht höflich.
3. Das Café liegt gegenüber vom Bahnhof.

das Gehalt, ¨-er — Ich bin mit meinem Gehalt zufrieden.

das Geheimnis, -se — Das kann ich dir nicht sagen. Das ist ein Geheimnis.

geheim — Das ist geheim. Du darfst es niemandem sagen.

gehen, geht, ging, ist gegangen
1. Ich gehe jeden Morgen zu Fuß zur Arbeit.
2. Meine Tochter geht noch aufs Gymnasium.
3. Ich muss jetzt leider gehen.
4. Ein Freund von mir geht ins Ausland.
5. Der nächste Zug geht erst in zwei Stunden.
6. Am Anfang ging alles ganz gut.
7. Geht Ihre Uhr richtig?
8. Geht das bis morgen? – Nein, das geht nicht. Ich brauche mehr Zeit.
9. Der Mantel geht nicht mehr in den Koffer.
10. Das Fenster geht auf die Straße.
11. Geht es hier zum Zentrum?
12. Wie geht es Ihnen heute?
13. Ist das sehr teuer? – Es geht.
14. Um was geht es denn?
15. Warum geht das Licht nicht?
16. Ich weiß nicht, wie das geht.

gehören, gehört, gehörte, hat gehört — Gehört Ihnen das Haus?

der Gehsteig (D, A) → CH: Trottoir — Das Fahrradfahren auf dem Gehsteig ist nicht erlaubt.

das Geld
1. Ich habe nicht genug Geld dabei.
2. Sie haben mir zu viel Wechselgeld gegeben.

der Geldautomat, -en (D) → A, CH: Bancomat/Bankomat — Ich hole noch Geld vom Geldautomaten.

die Geldbörse, -n (A) → Brieftasche; D, CH: Portemonnaie/Portmonee — Ich habe nur Kleingeld in meiner Geldbörse.

die Gelegenheit, -en — Das Fest ist eine gute Gelegenheit, unsere Freunde zu sehen.

gelingen, gelingt, gelang, ist gelungen — Es ist mir gelungen, meinen Chef zu überzeugen.

gelten, gilt, galt, hat gegolten	1. Mein Pass gilt noch ein Jahr. 2. Bitte diesen Zettel gut aufheben: Er gilt als Garantie.
gemeinsam	1. Du musst die Wohnung renovieren? Ich helfe dir. Wir können das gemeinsam machen. 2. Wir benutzen die Garage gemeinsam mit dem Nachbarn.
die Gemeinschaft, -en	Rauchen ist in den Gemeinschafts-räumen nicht erlaubt.
das Gemüse	Wir kaufen das Gemüse direkt beim Bauern.
gemütlich	1. Wir haben eine sehr gemütliche Wohnung. 2. Es ist sehr gemütlich bei dir.
genau	1. Haben Sie die genaue Zeit? 2. Sind Sie sicher, dass heute Ruhetag ist? – Ja, das weiß ich genau. 3. Die Uhr geht genau. 4. Es ist genau acht Uhr.
genauso	Katarina sieht genauso aus wie ihre Schwester.
genehmigen, genehmigt, genehmigte, hat genehmigt	Mein Chef hat mir sechs Wochen Urlaub genehmigt.
die Generation, -en	In diesem Haus wohnen drei Generationen zusammen.
genießen, genießt, genoss, hat genossen	1. Er kann das Essen leider nicht genießen, weil es zu scharf ist. 2. Sie hat eine gute Ausbildung genossen.
genug	1. Es ist noch genug Suppe da. 2. Ich habe jetzt lange genug gewartet. 3. Ich verdiene nicht genug.
genügen, genügt, genügte, hat genügt	Wie viele Zimmer brauchen Sie? – Mir genügt eine 2-Zimmer-Wohnung.
das Gepäck	Ich habe mein Gepäck am Bahnhof gelassen.
gerade	1. Das Bild hängt nicht gerade. 2. Kannst du später noch mal anrufen? Wir sind gerade beim Essen.
geradeaus	Fahren Sie geradeaus bis zur nächsten Kreuzung.
das Gerät, -e	Ich kaufe meine Elektrogeräte immer gebraucht. Das ist viel billiger.
gerecht	Lass uns den Kuchen gerecht verteilen.

das Gericht, -e	1. Ich habe heute Vormittag einen Termin beim Gericht. 2. Mein Lieblingsgericht ist Pizza.
gering	1. Unsere Mannschaft hatte nur eine geringe Chance. 2. Wenn Sie ein geringes Einkommen haben, zahlen Sie nur wenig Steuern.
gern/gerne	1. Ich helfe Ihnen gern. 2. Kaffee oder Tee? – Ich möchte lieber einen Tee. 3. Am liebsten trinke ich Kaffee.
gesamt-/Gesamt-	1. Ich habe meine gesamten Bücher verschenkt. 2. z. B. Gesamtgewicht, Gesamtsumme
das Geschäft, -e	1. Die Geschäfte schließen um 18.30 Uhr. 2. Wissen Sie, wo hier ein Schuhgeschäft ist?
geschehen, geschieht, geschah, ist geschehen	Vielen Dank für Ihre Hilfe. – Gern geschehen.
das Geschenk, -e	Vielen Dank für das Geschenk.
die Geschichte, -n	1. Ich interessiere mich nicht für Geschichte. 2. Abends erzähle ich meinen Kindern immer eine Geschichte.
geschieden	Ich bin seit drei Jahren geschieden.
das Geschirr	Für die Geburtstagsfeier brauche ich Geschirr für zwölf Personen.
das Geschlecht, -er	Bitte kreuzen Sie an: „Geschlecht: weiblich/männlich".
der Geschmack	Ich möchte bitte Kaugummi mit Erdbeergeschmack.
die Geschwindigkeit, -en	Das Auto fuhr mit zu hoher Geschwindigkeit.
die Geschwindigkeitsbe-schränkung, -en	Bitte beachten Sie die Geschwindig-keitsbeschränkungen.
die Geschwister (Pl.)	Die Geschwister sehen sich nur selten.
die Gesellschaft, -en	1. Er will die Gesellschaft verändern. 2. Meine Frau arbeitet bei einer Versicherungsgesellschaft. 3. Ich fühle mich in großer Gesellschaft wohl.
das Gesetz, -e	Das Parlament hat ein neues Gesetz beschlossen.
das Gesicht, -er	1. Wasch dir bitte das Gesicht. 2. Mach doch kein so trauriges Gesicht!

gespannt	Ich bin gespannt, wer bei diesem Spiel gewinnt.
das Gespräch, -e	1. Herr Müller ist gerade in einem Gespräch. 2. Ich erwarte ein Gespräch aus Berlin.
gestern	Ich bin erst gestern zurückgekommen.
gesund	1. Ich hatte Grippe. Jetzt bin ich wieder gesund. 2. Zu viel Zucker ist nicht gesund.
die Gesundheit	1. Sie müssen mehr auf Ihre Gesundheit achten. 2. Gesundheit! Sind Sie erkältet?
das Getränk, -e	1. Besorgst du bitte die Getränke? 2. Bitte die Getränkekarte! 3. Mein Lieblingsgetränk ist Tomatensaft.
die Gewalt, -en	1. Ich mag keine Filme, in denen Gewalt vorkommt. 2. Die Tür ließ sich nur mit Gewalt öffnen.
die Gewerkschaft, -en	Die Gewerkschaft vertritt die Interessen der Arbeitnehmer.
das Gewicht, -e	1. Wie teuer ist das Päckchen? – Das hängt vom Gewicht ab. 2. Sie dürfen Gepäck bis zu einem Gewicht von 15 kg mitnehmen.
gewinnen, gewinnt, gewann, hat gewonnen	1. Ich möchte so gern einmal im Lotto gewinnen. 2. Unsere Mannschaft hat gewonnen.
der Gewinn, -e	Ich habe bei einem Ratespiel mitgemacht. Der Hauptgewinn ist ein Auto.
das Gewissen	Ich habe deinen Geburtstag vergessen. Ich habe ein ganz schlechtes Gewissen.
das Gewitter, -	Es wird gleich ein Gewitter geben.
gewöhnen, gewöhnt, gewöhnte, hat gewöhnt/ ist gewöhnt	1. Wir haben uns an das Leben hier gewöhnt. 2. Ich bin daran gewöhnt, früh aufzustehen.
die Gewohnheit, -en	1. Er hat die Gewohnheit, morgens zuerst die Post zu erledigen. 2. Aus alter Gewohnheit treffen wir uns jeden Samstagabend.
gewohnt	Ich bin gewohnt, früh ins Bett zu gehen.
gewöhnlich	Um die Zeit ist er gewöhnlich zu Hause.
das Gewürz, -e	Von den scharfen Gewürzen bekommt man Durst.
gießen, gießt, goss, gegossen	Es hat nicht geregnet. Ich muss meine Blumen gießen.
das Gift, -e	Vorsicht, das Gift dieser Pflanze ist für Menschen gefährlich!
giftig	Vorsicht, das ist giftig!
die Gitarre, -n	Ich spiele seit drei Jahren Gitarre.
die/das Glace/Glacé, -n (CH) → D, A: Eis	Zum Dessert gibt es Schokoladenglace.
das Glas, ¨-er	1. Vorsicht, die Kanne ist aus Glas! 2. Eine Flasche Mineralwasser und zwei Gläser bitte! 3. Ein Glas Bier bitte.
glatt	Fahr vorsichtig! Es ist glatt.
glauben, glaubt, glaubte, hat geglaubt	1. Ich glaube, der Chef ist heute nicht im Büro. 2. Er glaubt mir nicht, dass ich schon um 8 Uhr hier war. 3. Glaubst du an Zufälle?
gleich	1. Ich komme gleich. 2. Wir sind gleich alt. 3. Es ist mir ganz gleich, was Sie von mir denken. 4. Wir haben das gleiche Hemd an.
gleichfalls	Schöne Feiertage! – Danke, gleichfalls.
gleichberechtigt	Mann und Frau sind gleichberechtigt.
gleichzeitig	Ich kann nicht alles gleichzeitig machen.
das Gleis, -e	Der Zug fährt heute von Gleis 7 ab.
das Glück	1. Du hast dich nicht verletzt. Da hast du Glück gehabt. 2. Viel Glück bei der Prüfung! 3. Es hat geregnet. Zum Glück hatte ich einen Regenschirm dabei.
glücklich	1. Meine Schwester hat geheiratet und ist sehr glücklich. 2. Ich wünsche Ihnen ein glückliches neues Jahr. 3. Ich bin glücklich verheiratet.
der Glückwunsch, ¨-e	Herzlichen Glückwunsch zum Geburtstag!
das Gold	Ist der Ring aus Gold? Nein, der sieht nur so aus.
Golf, das Golfspiel	Kannst du Golf spielen?

der Gott, ¨-er	1. Glaubst du an Gott?
	2. Gott sei Dank ist ihm nichts passiert.
die Grafik, -en	Die Grafik zeigt die Temperaturen im letzten Jahr.
das Gras	Wir lagen den ganzen Tag im Gras.
gratulieren, gratuliert, gratulierte, hat gratuliert	Ich gratuliere euch zur Geburt eurer Tochter.
die Gratulation, -en	Herzliche Gratulation! Sie haben gewonnen!
gratis	Diese Reparatur kostet Sie gar nichts, wir machen das gratis für Sie.
greifen, greift, griff, hat gegriffen	Greifen Sie doch zu!
die Grenze, -n	An der Grenze musst du deinen Ausweis zeigen.
grillen, grillt, grillte, hat gegrillt (D, A) → CH: grillieren	Heute wollen wir im Garten grillen.
grillieren, grilliert, grillierte, hat grilliert (CH) → D, A: grillen	Heute wollen wir im Garten grillieren.
der Grill	Kannst du mir deinen Grill leihen? Wir wollen am Wochenende ein Picknick machen.
die Grippe	Ich habe eine Grippe und kann leider nicht kommen.
groß	1. Wir haben einen großen Garten.
	2. Wie groß sind Sie?
	3. Die Jacke ist mir zu groß.
	4. Wenn die Kinder groß sind, haben wir wieder mehr Zeit.
	5. Ich habe keinen großen Hunger.
Groß-	z.B. die Großeltern, die Großmutter, der Großvater
die Größe, -n	1. Welche Größe haben Sie?
	2. Größe: 170 cm
	3. Haben Sie das Hemd auch in Größe 40?
gründen, gründet, gründete, hat gegründet	Frau Bauer hat eine eigene Firma gegründet.
der Grund, ¨-e	1. Sie haben Ihre Stelle gekündigt. Aus welchem Grund?
	2. Sie haben keinen Grund, sich zu beschweren.

gründlich	1. Ich möchte die Wohnung gründlich reinigen, bevor der Besuch kommt.
	2. Waschen Sie sich gründlich die Hände.
das Grundstück, -e	Wir wollen ein Haus bauen und suchen ein günstiges Grundstück.
die Gruppe, -n	Für Gruppen gibt es eine Ermäßigung.
grüßen, grüßt, grüßte, hat gegrüßt	1. Wer war die Frau, die du eben gegrüßt hast?
	2. Ich soll Sie von Frau Meier grüßen.
der Gruß, ¨-e	1. Schönen Gruß an Ihren Mann.
	2. Viele Grüße an Ihre Frau.
	3. Mit freundlichen Grüßen
gucken, guckt, guckte, hat geguckt	1. Guck doch mal! Es schneit.
	2. Was bedeutet dieses Wort? – Guck doch im Wörterbuch nach.
gültig	Mein Pass ist nur noch zwei Monate gültig.
günstig	Ich suche eine günstige Ferienwohnung.
gut	1. Ich kenne ein gutes Lokal.
	2. Maria kann gut tanzen.
	3. Ich glaube, die Wurst ist nicht mehr gut.
	4. Mir ist heute gar nicht gut.
	5. Wir hatten im Urlaub gutes Wetter.
	6. Heute ist das Wetter wieder besser.
	7. Christine ist meine beste Freundin.
	8. Ich komme um 13 Uhr. – Gut!
	9. Guten Morgen!
	10. Ein gutes neues Jahr!
	11. Guten Appetit!
die Gymnastik	Ich mache jeden Morgen Gymnastik.

H

das Haar, -e	1. Meine Freundin hat langes schwarzes Haar.
	2. Die Haare unseres Hundes liegen überall in der Wohnung.
haben, hat, hatte, hat gehabt	1. Wir haben Hunger.
	2. Heute habe ich keine Zeit.
	3. Wir haben ein neues Auto.
	4. Kann ich bitte eine Suppe haben?
	5. Unsere Wohnung hat vier Zimmer.
	6. Ich habe heute viel zu tun.
	7. Du hast es gut. Du kannst in Urlaub fahren.

das Hackfleisch (D, CH) → A: Faschierte | Geben Sie mir bitte 500g Hackfleisch.

der Hafen, ¨- | Wenn du in Hamburg bist, musst du dir unbedingt den Hafen ansehen.

hageln, hagelt, hagelte, hat gehagelt | Bei Gewitter kann es auch hageln.

das Hähnchen/Hühnchen, - (D) → A: Hend(e)l; Poulet, -s (CH) | Zum Mittagessen gibt es Hühnchen mit Reis.

halb
1. Treffen wir uns um halb neun?
2. Bei dieser Firma habe ich ein halbes Jahr gearbeitet.
3. Ich gebe Ihnen die Tomaten zum halben Preis.
4. Die Flasche ist ja noch halb voll.

die Halbpension | Wir möchten ein Hotel mit Halbpension.

halbtags | Ich habe ein kleines Kind und kann nicht acht Stunden am Tag arbeiten. Deshalb möchte ich halbtags arbeiten.

die Hälfte, -n
1. Bitte teilt euch die Schokolade. Jeder bekommt die Hälfte.
2. Die Hälfte vom Urlaub ist schon vorbei.
3. Was hat der Mann gesagt? Ich habe nur die Hälfte verstanden.

die Halle, -n | Die Stadt baut eine neue Sporthalle.

das Hallenbad, ¨-er | Sie geht jeden Tag zum Schwimmen ins Hallenbad.

hallo | Hallo, wie geht's? – Danke, gut, und dir?

der Hals, ¨-e
1. Mir tut der Hals weh.
2. Ich habe seit gestern Halsschmerzen.

halt | Es gibt leider keine Karten mehr. – Schade. Da kann man nichts machen. Das ist halt so.

haltbar | Diese Tomaten sind mindestens 2 Wochen haltbar.

halten, hält, hielt, hat gehalten
1. Kannst du mal kurz meine Handtasche halten?
2. Entschuldigung, hält dieser Zug auch in Darmstadt?
3. Halten Sie bitte im Keller die Fenster geschlossen.
4. Alle Mieter müssen sich an die Hausordnung halten.
5. Die Stadt will einen neuen Flughafen bauen. Was halten Sie davon?

6. Halt, Polizei! Fahren Sie bitte an den Straßenrand.
7. Die Wurst hält sich noch ein paar Tage.

der Halt | Nächster Halt ist am Südbahnhof.

die Haltestelle, -n | An der nächsten Haltestelle müssen wir aussteigen.

der Hammer, ¨- | Ich möchte ein Bild aufhängen. Hast du einen Hammer für mich?

die Hand, ¨-e
1. Wasch dir bitte die Hände vor dem Essen.
2. Gib mir bitte deine Hand. Wir gehen jetzt über die Straße.

der Handwerker, - die Handwerkerin, -nen | Morgen sind bei uns die Handwerker. Wir bekommen eine neue Badewanne.

handeln, handelt, handelte, hat gehandelt
1. Herr Huber hat ein kleines Geschäft. Er handelt mit Obst und Gemüse.
2. Kann ich Sie bitte mal sprechen? – Worum handelt es sich denn?
3. Auf diesem Markt kannst du handeln und bekommst die Sachen billiger.

der Handel | Der Handel mit Computern ist ein gutes Geschäft.

der Händler, - die Händlerin, -nen | Ich gehe zum Gemüsehändler, soll ich dir etwas mitbringen?

das Handy, -s
1. Ich habe kein Festnetztelefon, aber ein Handy.
2. Soll ich Ihnen meine Handynummer geben?

hängen, hängt, hing/hängte, hat gehangen/gehängt
1. Das Bild hängt schief.
2. Hast du den Anzug wieder in den Schrank gehängt?

hart
1. Das Bett im Hotel war mir zu hart.
2. Die Brötchen sind ja ganz hart.
3. Ich habe eine harte Woche vor mir. Ich muss jeden Tag Überstunden machen.
4. Wir haben hart gearbeitet, um die Wohnung zu bezahlen.

hassen, hasst, hasste, hat gehasst
1. Ich hasse Autofahren.
2. Ich hasse es, zu spät zu kommen.

hässlich
1. Das ist aber eine hässliche Lampe!
2. Dieses Kleid finde ich hässlich.

häufig | Haben Sie häufig Kopfschmerzen? Dann sollten Sie nicht so lange am Computer sitzen.

Haupt-
die Hauptstadt, ¨-e | Berlin ist die Hauptstadt von Deutschland.

der Hauptbahnhof, ¨-e	Treffen wir uns am Hauptbahnhof?
das Haus, ¨-er	1. Wir haben ein Haus gemietet. 2. Ich komme gerade von zu Hause. 3. Ich muss jetzt nach Hause. 4. Paul ist nicht zu Hause.
die Hausaufgabe, -n	Kannst du mir bei den Hausaufgaben helfen?
die Hausfrau/der Haus-mann	Meine Frau ist Hausfrau und kümmert sich um die Kinder./Mein Mann ist Hausmann und kümmert sich um die Kinder.
der Haushalt, -e	Ich kümmere mich um den Haushalt, d. h. ich putze, wasche, koche etc.
der Hausmeister, - die Hausmeisterin, -nen (D, A) → CH: Abwart	Der Hausmeister hat mir geholfen, den Schrank in die Wohnung zu tragen.
die Haut	Haben Sie eine Creme für trockene Haut?
heben, hebt, hob, hat gehoben	1. Kannst du mir helfen? Das Paket kann ich allein nicht heben. 2. Wenn Sie für diesen Vorschlag sind, heben Sie bitte die Hand!
das Heft, -e	Ich hätte gern ein Schreibheft.
heim	Ich will jetzt heim.
das Heim, -e	Meine Oma wohnt in einem Seniorenheim.
die Heimat	Ich lebe jetzt hier in Deutschland. Das ist meine neue Heimat.
heimlich	Gestern habe ich gehört, dass mein Sohn heimlich raucht.
das Heimweh	Ich habe oft Heimweh nach meiner Familie.
heiraten, heiratet, heiratete, hat geheiratet	1. Unsere Freunde heiraten nächsten Monat in Italien. 2. Wir haben 1980 geheiratet. 3. Meine Schwester heiratet einen Japaner.
heiß	1. Für die Jahreszeit ist es zu heiß. 2. Ich mache dir einen heißen Tee.
heißen, heißt, hieß, hat geheißen	1. Wie heißen Sie? 2. Wie heißt das auf Deutsch? 3. Die Erklärung verstehe ich nicht. Was heißt das?
heizen, heizt, heizte, hat geheizt	1. Wir heizen mit Öl. 2. Ziehen Sie sich warm an. In der Halle ist nicht geheizt.
die Heizung, -en	Es ist kalt. Ist die Heizung kaputt?
der Held, -en die Heldin, -nen	1. Er spielt gern den Helden. 2. Sie ist die Heldin des Tages.
helfen, hilft, half, hat geholfen	1. Kannst du mir helfen? Ich muss nächsten Monat umziehen. 2. Die Tabletten haben mir gut geholfen.
die Hilfe	1. Vielen Dank für Ihre Hilfe. 2. Haben Sie einen Kurs für Erste Hilfe gemacht? Das müssen Sie, wenn Sie den Führerschein machen wollen. 3. Hilfe! Jemand hat mir die Handtasche gestohlen. Bitte helfen Sie mir!
hell	1. Im Sommer wird es um 5 Uhr schon hell. 2. Mein Zimmer ist schön hell. 3. Ich habe mir einen hellblauen Pullover gekauft.
das Hemd, -en	Nikos trägt heute ein weißes Hemd.
das Hend(e)l, - (A) → D: Hähnchen/Hühnchen; CH: Poulet	Zum Mittagessen gibt es Hendl mit Reis.
her/her-	1. Wir haben uns lange nicht gesehen. – Ja, das ist wirklich lange her. 2. Komm her zu mir!
heraus-, raus- (heraus-) finden, findet heraus, fand heraus, hat herausgefunden	Hast du schon rausgefunden, wann und wo man sich für den Kurs anmelden muss?
die Herausforderung, -en	Das Spiel ist eine Herausforderung.
der Herd, -e	In der neuen Küche fehlt noch der Herd.
herein-, rein-	Kommt doch herein!
die Herkunft	Viele Leute fragen mich nach meiner Herkunft.
der Herr, -en	1. Da ist ein Herr, der möchte Sie sprechen. 2. Guten Tag, Herr Müller!
herstellen, stellt her, stell-te her, hat hergestellt	In unserer Firma stellen wir Schokolade her.
der Hersteller, -	Ihr Handy ist kaputt? Wir schicken es an den Hersteller zurück und lassen es reparieren.
herunter-, runter- (herunter-)laden, lädt herunter, lud herunter, hat heruntergeladen	Ich habe mir Musik aus dem Internet (he)runtergeladen.

(herunter-)fahren, fährt herunter, fuhr herunter, hat heruntergefahren	Zum Schluss musst du den Computer herunterfahren.
das Herz, -en	1. Ich bin ganz nervös. Mir klopft das Herz. 2. Wir müssen Ihr Herz untersuchen.
herzlich	Herzlichen Glückwunsch!
heute	1. Heute kann ich etwas früher nach Hause gehen. 2. Ab heute bleibt unser Büro nachmittags geschlossen. 3. Frau Müller kommt heute in acht Tagen zurück. 4. Heute kann man sich eine Welt ohne Internet nicht mehr vorstellen.
heutig-	Die heutigen Computer können viel mehr als noch vor ein paar Jahren.
hier/hier-	1. Hier wohne ich. 2. Von hier hat man eine herrliche Aussicht. 3. Hier sind die Schlüssel für meine Wohnung. Kannst Du meine Blumen gießen? 4. Hier ist Pamela Linke. Bitte hinterlassen Sie eine Nachricht.
hierher	Ich komme oft hierher. In diesem Café gibt es guten Kuchen.
der Himmel	Wir hatten im Urlaub so tolles Wetter. Immer Sonne und blauer Himmel.
(hinunter) runterwerfen, wirft runter, warf runter, hat runtergeworfen	Kannst du mir bitte den Schlüssel runterwerfen? Ich habe meinen vergessen.
hinten	1. Wo möchtest du sitzen? Hinten oder vorne? 2. Bitte hinten aussteigen!
hinter/hinter-	1. Hinter dem Haus haben wir einen Garten. 2. Fahren Sie Ihren Wagen bitte hinter das Haus. 3. Auf den hinteren Plätzen kann man nicht sehr viel sehen.
hinterlassen, hinterlässt, hinterließ, hat hinterlassen	Möchten Sie eine Nachricht hinterlassen?
hinterher	Vor der Prüfung habe ich so viel gelernt. Hinterher habe ich vieles wieder vergessen.
hinweisen, weist hin, wies hin, hat hingewiesen	Wir möchten Sie darauf hinweisen, dass das Rauchen am Bahnsteig nicht gestattet ist.

der Hinweise, -e	Die Polizei hat viele Hinweise zum Unfall bekommen.
historisch	Wir waren mit unserer Klasse im Historischen Museum.
die Hitze	Gestern war eine schreckliche Hitze!
das Hobby, -s	Ich habe keine Zeit mehr für meine Hobbys.
hoch	1. Der Berg ist fast 3000 m hoch. 2. Das Hotel liegt hoch über dem See. 3. Die Benzinpreise sind sehr hoch.
die Höhe	1. Mein Tisch hat folgende Maße: Länge: 1,20 m, Breite: 0,60 m, Höhe: 0,80 m. 2. Wir fliegen jetzt in 6000 m Höhe.
hochladen, lädt hoch, lud hoch, hat hochgeladen	Kannst du bitte die Datei für die Hausaufgabe hochladen?
höchstens	Ich habe wenig Zeit. Ich kann höchstens eine Viertelstunde bleiben.
die Hochzeit, -en	1. Claudia und Peter wollen ihre Hochzeit groß feiern. 2. Zu dieser Hochzeit kommen mehr als fünfzig Gäste.
der Hof, ¨-e	Die Kinder spielen am liebsten im Hof.
der Bauernhof, ¨-e	Meine Großeltern hatten einen Bauernhof.
hoffen, hofft, hoffte, hat gehofft	1. Ich hoffe, dass ihr zu meinem Geburtstag kommen könnt. 2. Wir alle hoffen auf besseres Wetter.
hoffentlich	Hoffentlich hat unser Zug keine Verspätung.
die Hoffnung, -en	Man darf die Hoffnung nicht verlieren.
höflich	Unser Nachbar ist sehr höflich. Er sagt immer als Erster Guten Tag.
holen, holt, holte, hat geholt	1. Soll ich uns was zu trinken holen? 2. Warum haben Sie nicht sofort einen Arzt geholt?
das Holz	Möchten Sie ein Regal aus Holz oder aus Metall?
der Honig	Ich esse gern Brötchen mit Honig und Butter zum Frühstück.
hören, hört, hörte, hat gehört	1. Ich kann nicht mehr so gut hören. 2. Ich höre jeden Tag die Nachrichten. 3. Dieses Wort habe ich noch nie gehört. 4. Ich habe gehört, dass Herr Müller im Krankenhaus liegt.

der Hörer, -; die Hörerin, -nen der Zuhörer		Die Sendung hat viele Hörer und Hörerinnen.
die Hose, -n		Können Sie die Hose etwas kürzer machen?
das Hotel, -s		Im Urlaub sind wir in einem Hotel am Meer.
hübsch	1.	Wir haben eine hübsche Wohnung gefunden.
	2.	Dietmars neue Freundin ist sehr hübsch.
der Hügel, -		Auf diesem Hügel machen wir eine Pause.
der Humor	1.	Wir mögen Paul, weil er so viel Humor hat.
	2.	Den Humor des Komikers verstehe ich nicht.
der Hunger		Möchtest du Suppe? – Nein danke, ich habe keinen Hunger.
hungrig		Ich bin sehr hungrig.
hupen, hupt, hupte, hat gehupt		Hier ist ein Krankenhaus. Hier darfst du nicht hupen.
husten, hustet, hustete, hat gehustet		Der Junge hat die ganze Nacht gehustet.
der Husten		Haben Sie ein Medikament gegen Husten?
der Hut, ¨-e		Sie sollten im Sommer nicht ohne Hut in die Sonne gehen.
die Hütte, -n		Wir übernachten in der Hütte auf dem Berg.

I

ideal		Eine Wohnung mit Garten wäre für uns ideal.
die Idee, -n		Du willst ein Picknick machen? Ich finde die Idee toll.
illegal		Ohne Steuerkarte zu arbeiten ist illegal. Wenn es herauskommt, musst du Strafe zahlen.
der Imbiss, -e (D) → A: Jause, CH: Znüni/Zvieri		Es ist Zeit für einen kleinen Imbiss.

immer	1.	Frau Bast kommt immer zu spät.
	2.	Mein Kollege liegt immer noch im Krankenhaus.
	3.	Die Schmerzen werden immer schlimmer.
der Import, -e	1.	Im dritten Stock ist die Firma Schmidt & Co, Import und Export.
	2.	Der Import von Zigaretten ist nur bis zu einer bestimmten Menge erlaubt.
in	1.	Ich wohne in Frankfurt.
	2.	Meine Wohnung ist im dritten Stock.
	3.	Wollen wir heute ins Einkaufszentrum gehen?
	4.	Rufen Sie bitte in fünf Minuten noch einmal an.
	5.	Im Mai war ich in Urlaub. (D) (A: auf)
	6.	Wir sind in einer schwierigen Lage.
	7.	Meine Tochter kommt nächstes Jahr ins Gymnasium. (A) (D: aufs)
indem		Du kannst die Datei öffnen, indem du hier klickst.
individuell		Die Lehrerin versucht, jedes Kind individuell zu fördern.
die Industrie, -n		In dieser Gegend gibt es viel Industrie.
die Infektion, -en		Sie haben eine Infektion. Sie müssen Tabletten nehmen.
informieren, informiert, informierte, hat informiert	1.	Wir informieren Sie rechtzeitig über die neuen Prüfungstermine.
	2.	Du musst dich vor der Reise genau über die Bedingungen informieren.
die Information, -en	1.	Bitte lesen Sie diese Informationen genau.
	2.	Wenn Sie Fragen haben, gehen Sie zur Information.
der Ingenieur, -e		Hans will Bauingenieur werden.
der Inhalt, -e		Geben Sie den Inhalt der Packung in einen Liter kochendes Wasser.
inklusive		Der Zimmerpreis ist inklusive Frühstück.
innen		Der Lichtschalter ist innen links.
inner-		Wir müssen Sie untersuchen. Es kann sein, dass Sie innere Verletzungen haben.
innerhalb	1.	Diese Fahrkarte gilt nur innerhalb der Stadt.
	2.	Nach dem Umzug müssen Sie sich innerhalb einer Woche ummelden.

die Insel, -n	Ich würde dieses Mal gern auf einer Insel Ferien machen.
das Inserat, -e	Was kostet ein Inserat in der Zeitung?
insgesamt	Insgesamt haben sich 20 Teilnehmer für die Prüfung angemeldet.
installieren, installiert, installierte, hat installiert	Können Sie mir helfen, meinen Computer zu installieren?
das Institut, -e	Ich besuche einen Sprachkurs in einem kleinen Sprachinstitut.
das Instrument, -e	Ich spiele Klavier. Spielen Sie auch ein Musikinstrument?
integrieren, integriert, integrierte, hat integriert	1. Sie ist schon sehr gut im Team integriert. 2. Die Leute aus dem Ausland sollen besser integriert werden.
die Integration, -en	Gute Deutschkenntnisse sollen bei der Integration helfen.
intelligent	Maria ist sehr intelligent. Sie kann sehr gut rechnen.
die Intelligenz	Meine Kinder haben in der Schule einen Intelligenztest gemacht.
intensiv	Ich möchte intensiv Deutsch lernen.
der Intensivkurs, -e	Der Intensivkurs findet täglich von 9 bis 12 Uhr statt.
interessieren, interessiert, interessierte, hat interessiert	1. Das Thema Kindererziehung interessiert mich sehr. 2. Ich interessiere mich sehr für Fußball.
interessant	1. Ich habe einen interessanten Bericht gelesen. 2. Den Artikel über Brasilien finde ich sehr interessant.
das Interesse, -n	Ich habe viele Interessen: Sport, Lesen, Handarbeit, Tanzen
interessiert	Mein Nachbar zieht nächsten Monat aus. Sind Sie noch an der Wohnung interessiert?
interkulturell	Wir haben in der Sprachschule ein interkulturelles Fest gefeiert.
international	1. Die Teilnehmenden in unserem Kurs sind ganz international: Silvana kommt aus Italien, Conchi aus Spanien, Yin aus China … 2. Der Professor war international bekannt.

das Interview, -s	Ich habe im Fernsehen ein interessantes Interview mit zwei Schauspielern gesehen.
inzwischen	Herr Müller kommt gleich zurück. Sie können inzwischen in seinem Büro warten.
irgend-	
irgendein	Was für einen Saft möchten Sie? – Ganz egal, irgendeinen.
irgendwann	Ich habe Sie irgendwann schon mal gesehen.
sich irren, irrt sich, irrte sich, hat sich geirrt	1. Du irrst dich. Das Auto war nicht grün, sondern rot. 2. Ich habe mich in der Hausnummer geirrt.

J

ja	1. Sind Sie verheiratet? – Ja. 2. Hallo? – Ja, bitte? Wer spricht denn da? 3. Denk bitte daran, die Tür abzuschließen. – Ja, ja, mach´ ich. 4. Heute Morgen um fünf hat es geschneit. – Ja, wirklich? 5. Ich würde ja gern kommen, aber es geht wirklich nicht. 6. Du weißt ja, dass ich kein Bier trinke. Gib mir bitte einen Tee. 7. Du bist hier in Berlin? – Das ist ja eine Überraschung. 8. Steige bitte ja nicht auf den Stuhl!
die Jacke, -n	Zieh dir eine Jacke an. Es ist kalt.
die Jause, -n (A) → D: Imbiss; CH: Znüni/Zvieri	Es ist Zeit für eine kleine Jause.
je	1. Die Pullover kosten je nach Qualität zwischen 40 und 60 Euro. 2. Fahren Sie im Juni oder im Juli? – Je nachdem, wann mein Mann Urlaub bekommt.
je … desto …	Je länger ich Deutsch lerne, desto besser kann ich es verstehen.
die Jeans (Pl.)	Nicht nur junge Leute tragen Jeans.
jeder, jedes, jede	1. Das Restaurant hat jeden Tag geöffnet. 2. Jedes Kind bekommt ein Spiel. 3. Die Prospekte bekommen Sie in jedem Reisebüro. 4. Im Supermarkt gibt es keine Schmerztabletten. Das weiß doch jeder.

jederzeit	Sie können mich jederzeit anrufen.	
jedes Mal	Inge erzählt die Geschichte jedes Mal anders.	
jedoch	Sie ruft immer wieder an, jedoch ohne Erfolg.	
jemals	Hast du jemals von dem Problem gehört? – Nein, nie.	
jemand	1. Hat jemand einen Bleistift für mich? 2. Kennst du jemand, der mir ein Fahrrad leihen kann?	
jetzt	1. Ich muss jetzt gehen. 2. Bis jetzt hat alles gut geklappt. 3. Ab jetzt werde ich wieder öfter ins Fitness-Studio gehen. 4. Ich habe jetzt schon dreimal bei meinem Bruder angerufen. Aber er ist nie da. 5. Über viele Dinge denke ich jetzt anders als früher.	
jeweils	Der Kurs findet jeweils montags und donnerstags um 18 Uhr statt.	
der Journalist, -en die Journalistin, -nen	Meine Tochter möchte Journalistin werden.	
die Jugend	In meiner Jugend habe ich mich sehr für Musik interessiert.	
der Jugendliche, -n die Jugendliche, -nen	1. Die Jugendlichen gehen gerne in die Disko. 2. Der Eintritt ist für Kinder und Jugendliche bis 16 Jahre frei.	
die Jugendherberge, -n	Wo habt ihr übernachtet? – In einer Jugendherberge.	
jung	1. Für diesen Film bist du noch zu jung. 2. Meine Mutter ist jung geblieben. 3. Claudia ist 21. – Was? Noch so jung? 4. Ich habe sehr jung geheiratet. 5. Bei uns im Haus wohnen viele junge Leute. 6. Mein Bruder ist zehn Jahre jünger als ich. 7. Ich bin in unserer Familie die Jüngste.	
der Junge, -n (D) → A, CH: Bub	In der Schulklasse sind 15 Jungen und 10 Mädchen.	

K

das Kabel, -	1. Wo ist das Kabel für das Aufnahmegerät? 2. Mit Kabel bekommen Sie über 30 Fernsehkanäle.	
die Kabine, -n	Um zu wählen, gehen Sie bitte in diese Kabine.	
der Kaffee	1. Bring bitte noch eine Packung Kaffee mit. 2. Zum Frühstück trinke ich gerne Kaffee. 3. Wir sind bei Müllers zum Kaffee eingeladen. 4. Einen Kaffee, bitte.	
das Kaffeehaus, ¨-er (A)	Hier in der Nähe ist ein Kaffeehaus. Lass uns einen Kaffee trinken.	
der Kakao, -s	Zum Frühstück trinke ich immer einen Kakao.	
der Kalender, -	1. Ich habe den Termin in meinem Kalender notiert. 2. Haben Sie am Montag Zeit? – Moment. Ich muss erst in meinem Terminkalender nachschauen.	
kalt	1. Es ist kalt heute. 2. Du hast ja ganz kalte Hände. 3. Das Mittagessen ist kalt geworden. 4. Abends essen wir immer kalt. 5. Wir hatten einen kalten Winter. 6. Mir ist kalt. Mach bitte die Heizung an.	
die Kälte	Bei dieser Kälte fahre ich nicht mit dem Fahrrad.	
die Kamera, -s	Ich habe eine ganz neue Kamera.	
kämpfen, kämpft, kämpfte, hat gekämpft	Die Frauen kämpfen für mehr Rechte.	
der Kampf, ¨-e	Im Schulbus gibt es immer einen Kampf um die Sitzplätze.	
der Kanal, ¨-e	Mit Kabel bekommen Sie über 30 Fernsehkanäle.	
der Kandidat, -en	Wie viele Kandidaten kommen zur Prüfung?	
die Kanne, -n	1. Das ist aber eine schöne Teekanne. – Ja, die ist aus China. 2. Bitte einen Kaffee! – Eine Tasse oder ein Kännchen?	
die Kantine, -n	In unserer Kantine kann man günstig essen.	
das Kapitel, -	Die Lehrerin hat gesagt, wir sollen zwei Kapitel im Buch wiederholen.	

kaputt	1.	Unsere Waschmaschine ist kaputt.
	2.	Ich bin noch ganz kaputt von der Reise.
kaputtgehen	1.	Pass bitte mit diesem Glas auf. Es geht leicht kaputt.
	2.	Der Fernseher ist gestern kaputt-gegangen.
kaputtmachen		Wer hat die Lampe kaputtgemacht?

der Karneval, -s/-e (D) → D, A: Fasching; CH: Fas-nacht — Dort hängt mein Kostüm für den Karnevals(um)zug.

die Karotte, -n → D: Möh-re; CH: Rüebli — Hasen fressen gern Karotten.

die Karriere, -n — Mein Bruder hat große Pläne. Er will Karriere machen.

die Karte, -n	1.	Schreibst du mir eine Karte aus dem Urlaub?
	2.	Diese Karte gilt nur für die 2. Klasse.
	3.	Hast du schon die Karten für das Konzert abgeholt?
	4.	Haben Sie eine Karte von Nord-deutschland?
	5.	Herr Ober, bitte die Speisekarte.
	6.	Spielen Sie Karten?

die Chipkarte, -n — Ich habe eine Chipkarte für diesen Automaten.

die Fahrkarte, -n → CH: Billett — Fahrkarten können Sie am Schalter kaufen.

die Kartoffel, -n → A: Erdapfel — Kann ich bitte noch Kartoffeln bekommen?

der Käse — Möchtest du Käse aufs Brot?

die Kasse, -n — Zahlen Sie bitte an der Kasse.

die Kassette, -n — Meine Eltern besitzen noch viele Musikkassetten.

der Kasten, ¨- (D) → Kiste (A, D) — Ich habe zwei Kästen Bier gekauft.

der Kasten, ¨- (A, CH) → D, CH: Schrank — Die Handtücher liegen im Kasten.

der Katalog, -e — Ich habe mir ein Kleid aus dem Katalog bestellt.

die Katastrophe, -n — Der Urlaub war eine Katastrophe. Es hat nur geregnet.

(sich etwas) kaufen, kauft, kaufte, hat gekauft	1.	Im Supermarkt kauft man sehr günstig ein.
	2.	Ich habe mir einen Pullover gekauft.

der Kauf — Der neue Esstisch war ein guter Kauf.

der Käufer, - die Käuferin, -nen — Ich habe schon einen Käufer für den alten Tisch.

kaum	1.	Ich kann Sie kaum verstehen. Bitte sprechen Sie lauter.
	2.	Es hat letzte Woche kaum geregnet.
	3.	Die Fahrt hat nicht lange gedauert. Kaum 20 Minuten.

kein-	1.	Ich habe leider heute keine Zeit.
	2.	Jetzt habe ich noch keinen Hunger.
	3.	Ich habe keine Kinder.
	4.	Was für ein Auto haben Sie? – Ich habe keins.

der Keller, - — Unser Keller ist nicht besonders groß.

der Kellner, - die Kellnerin, -nen → D, A: Ober; CH: Serviceangestellter — Ich bin Kellnerin von Beruf.

kennen, kennt, kannte, hat gekannt	1.	Kennen Sie hier in der Nähe ein gemütliches Café?
	2.	Kennen Sie diese Frau? – Nein, leider nicht.
	3.	Kennen Sie Berlin? – Ja, eine tolle Stadt.

kennenlernen, lernt kennen, lernte kennen, hat kennengelernt	1.	Wo habt ihr euch kennengelernt?
	2.	Ich möchte gern reisen und andere Länder kennenlernen.

die Kenntnisse (Pl.)	1.	In vielen Berufen braucht man heute Sprachkenntnisse.
	2.	Ich möchte meine Deutschkenntnisse verbessern.

das Kennzeichen, - — Das Auto hat ein Schweizer Kennzeichen.

die Kerze, -n — Für den Geburtstagstisch brauchen wir viele Blumen und Kerzen.

die Kette, -n — Ich habe zum Geburtstag eine goldene Kette bekommen.

das Kind, -er	1.	Mein Bruder hat zwei Kinder.
	2.	Wir haben ein Kind bekommen.
	3.	Die Kinder spielen Fußball.

der Kindergarten, ¨- — Morgens bringe ich meinen Sohn in den Kindergarten.

die Kindheit — In meiner Kindheit war ich oft auf dem Land bei meinen Großeltern.

das Kino, -s — Wollen wir ins Kino gehen?

der Kiosk, -e — Zeitungen bekommst du am Kiosk.

die Kirche, -n — Diese Kirche ist aus dem 12. Jahrhun-dert.

die Kiste, -n (A, D) → D: Kasten	Ich habe zwei Kisten Bier gekauft.	klingeln, klingelt, klingelte, hat geklingelt	1. Ich glaube, es hat an der Tür geklingelt. 2. Das Telefon klingelt.
das Kissen, -	Ohne Kopfkissen kann ich nicht schlafen.	die Klingel, -n	Drück bitte auf die Klingel!
klagen, klagt, klagte, hat geklagt	Sie klagt über Kopfschmerzen.	klingen, klingt, klang, hat geklungen	Wollen wir einkaufen gehen und danach zusammen kochen? – Ja, das klingt gut.
klappen, klappt, klappte, hat geklappt	Wie war die Reise? – Gut. Es hat alles prima geklappt.	die Klinik, -en	Ich muss in die Klinik, um meinen kranken Onkel zu besuchen.
klar	1. Sie müssen noch mehr Deutsch lernen. – Ja, das ist mir klar. 2. Kommst du mit? – Klar! 3. Ich komme zu deinem Geburtstag, das ist doch klar. 4. Leider haben wir bei der Bahn keine klare Auskunft bekommen.	klopfen, klopft, klopfte, hat geklopft	1. Da klopft jemand ans Fenster. 2. Hat es nicht eben geklopft? 3. Bitte klopfen Sie an.
		der Kloß, ¨-e (D) → D, A: Knödel	Möchten Sie zum Fleisch Kartoffeln oder Klöße? – Klöße, bitte.
klären, klärt, klärte, hat geklärt	Ich hoffe, wir können dieses Problem bald klären.	klug	1. Ich halte sie für klug. 2. Er hat sich in der Diskussion nicht besonders klug verhalten. 3. Das ist ein kluger Hund.
klasse	Ich finde unseren Lehrer klasse.		
die Klasse, -n	1. In der Klasse sind 24 Schülerinnen und Schüler. 2. Im Herbst komme ich in die 7. Klasse. 3. Einmal nach Frankfurt, 1. Klasse, bitte.	knapp	1. Mach schnell. Die Zeit ist knapp. 2. Unser Geld wird knapp. Wir müssen sparen. 3. Die Fahrt war kurz. Nur knapp eine Stunde. 4. Die Wohnung hat nur knapp 30 m². 5. Der Tisch hat nur knapp 50 Euro gekostet.
die Klassenarbeit, -en (D) → A: Schularbeit	Mein Sohn schreibt bei Klassenarbeiten immer gute Noten.		
das Klavier, -e	Meine Tochter möchte Klavier spielen lernen.	die Kneipe, -n (D)	Gehen wir noch in eine Kneipe ein Bier trinken?
kleben, klebt, klebte, hat geklebt	1. Die Briefmarke klebt nicht mehr. 2. Ich klebe Ihnen ein Pflaster darauf.	das Knie, -	Ich habe mich am Knie verletzt. Jetzt kann ich nicht laufen.
das Kleid, -er	Ich habe mir ein neues Kleid gekauft.	der Knochen, -	Ich bin hingefallen. Jetzt tun mir alle Knochen weh.
die Kleidung	Hier brauchen Sie auch im Sommer warme Kleidung.	der Knödel, - (D, A) → D: Kloß	Möchten Sie zum Fleisch Erdäpfel oder Knödel? – Knödel bitte.
klein	1. Unsere Wohnung ist klein. 2. Unser Kind ist noch klein. 3. Wir machen am Sonntag einen kleinen Ausflug.	der Knopf, ¨-e	1. An meiner Jacke fehlt ein Knopf. 2. Der Fahrstuhl kommt nicht. – Sie müssen auf den Knopf drücken.
klettern, klettert, kletterte, ist geklettert	Die Kinder sind auf den Baum geklettert.	kochen, kocht, kochte, hat gekocht	1. Ich koche gern. 2. Das Wasser kocht. 3. Der Reis muss etwa 20 Minuten kochen.
klicken, klickt, klickte, hat geklickt	Wenn du die Datei öffnen willst, musst du mit der Maus zweimal klicken.		
der Klick, - s	Um das Wort zu markieren, genügt ein Doppelklick mit der linken Maustaste.	der Koch, ¨-e die Köchin, -nen	Ein Freund von mir ist Koch in einem teuren Restaurant.
das Klima	Alle sagen, dass sich das Klima ändert.	der Koffer, -	Ich habe den Koffer schon gepackt.
die Klimaanlage, -n	Im Sommer brauchen wir eine Klimaanlage.	der Kollege, -n die Kollegin, -nen	1. Ich habe guten Kontakt zu meinen Kollegen. 2. Mein neuer Kollege ist sehr nett.

komisch
1. Das Essen schmeckt komisch. Probier mal.
2. Der Film war sehr komisch. Wir haben viel gelacht.
3. Eine grüne Hose und gelbe Schuhe? Das sieht komisch aus.

kommen, kommt, kam, ist gekommen
1. Woher kommen Sie? – Aus Frankreich.
2. Wir gehen heute Abend ins Konzert. Kommen Sie auch?
3. Kommen Sie doch mal wieder zu uns.
4. Wenn Sie mal nach Köln kommen, besuchen Sie uns.
5. Steffi kommt im Herbst in die Schule.
6. Die Straßenbahn muss gleich kommen.
7. Wer kommt als Nächster dran?
8. Die Handtücher kommen in den Schrank.
9. Wie sind Sie denn auf diese Idee gekommen?

die Kommunikation
Die Kommunikation zwischen den Abteilungen ist gut.

komplett
1. Ich habe den Termin komplett vergessen.
2. Die Wohnung ist jetzt komplett eingerichtet.

kompliziert
Er schreibt viel zu kompliziert.

der Kompromiss, -e
Alle wollen etwas anderes. Wir müssen einen Kompromiss finden.

die Konferenz, -en
Die Konferenz findet in Raum 19 statt.

die Konfitüre, -n (CH)
Bring bitte noch ein Glas Konfitüre mit.

der Konflikt, -e
1. Das ist ein alter Konflikt.
2. Ich habe einen Konflikt mit meinen Eltern.

der König, -e
Der spanische König ist in Deutschland zu Besuch.

die Konkurrenz
1. Die Reparatur ist mir hier zu teuer. Bei der Konkurrenz bekomme ich sie für die Hälfte.
2. Es ist schwer, ein Geschäft aufzumachen. Die Konkurrenz ist groß.

können, kann, konnte, hat gekonnt (hat können *als Modalverb*)
1. Ich kann den schweren Koffer nicht tragen.
2. Sie können mit dem Bus zum Bahnhof fahren.
3. Kann ich jetzt nach Hause gehen?
4. Können Sie mir helfen?
5. Ich kann sehr gut Englisch und Deutsch.
6. Es kann sein, dass es heute noch regnet.

das Konsulat, -e
Ein Visum bekommst du auch im Konsulat.

konsumieren, konsumiert, konsumierte, hat konsumiert
Die Europäer haben im letzten Jahr mehr Fleisch konsumiert.

der Konsum
Der Konsum von Lebensmitteln steigt.

der Kontakt, -e
Ich habe wenig Kontakt zu meinen Kollegen.

das Konto, Konten
1. Ich möchte ein Konto eröffnen.
2. Das Geld überweisen wir am 1. März auf Ihr Konto.

das Girokonto, -en
Mein Girokonto kostet gar nichts.

kontrollieren, kontrolliert, kontrollierte, hat kontrolliert
Beim Auto müssen Sie regelmäßig das Öl kontrollieren.

die Kontrolle, -n
1. An den Grenzen gibt es kaum noch Kontrollen.
2. Fahrkartenkontrolle! Bitte Ihre Fahrkarten!

sich konzentrieren, konzentriert sich, konzentrierte sich, hat sich konzentriert
Bitte stör mich jetzt nicht. Ich muss mich auf meine Arbeit konzentrieren.

das Konzert, -e
Für das Konzert am Sonntag gibt es noch Karten.

der Kopf, ¨-e
1. Ich habe Kopfschmerzen.
2. Michael kann gut im Kopf rechnen.

kopieren
1. Kann ich mir diesen Artikel kopieren?
2. Ich kopiere dir die Datei auf die Speicherkarte.
3. Ich kann dir die CD kopieren.

die Kopie, -n
Machst du mir bitte eine Kopie?

der Kopierer, -
Der Kopierer ist schon wieder kaputt.

der Körper, -
Der Arzt sagt, ich muss etwas für meinen Körper tun, z. B. schwimmen oder Fahrrad fahren.

körperlich
Körperliche Arbeit macht mir nichts aus.

korrekt
Ich habe die Rechnung geprüft. Alles ist korrekt.

der Korridor, -e (D, CH) → Gang; D: Flur
Wir warten draußen im Korridor.

korrigieren, korrigiert, korrigierte, hat korrigiert
1. Können Sie bitte meinen Brief korrigieren?
2. Der Lehrer hat meine Fehler korrigiert.

kosten, kostet, kostete, hat gekostet	1. Wie viel kostet das T-Shirt? – 15 Euro. 2. Eine Wohnung zu finden, kostet viel Zeit.
die Kosten (Pl.)	Die Kosten für die Reise bekomme ich von der Firma.
kostenlos	Diese Zeitschrift kostet nichts. Sie ist kostenlos.
kosten, kostet, kostete, hat gekostet (A) → D, CH: probieren	Möchten Sie den Käse mal kosten?
das Kostüm, -e	In dem Film tragen die Leute bunte Kostüme.
die Kraft, ¨-e	Für diese Arbeit braucht man viel Kraft.
kräftig	1. Der Mann ist kräftig. Er macht viel Sport und isst viel. 2. Die Suppe musst du kräftig würzen.
das Kraftfahrzeug, -e	Auf dieser Straße sind Kraftfahrzeuge nicht erlaubt.
das Kraftwerk, -e	Die Menschen protestieren gegen das Kraftwerk.
krank	1. Ich war zwei Wochen krank. 2. Ich muss mich um meine kranke Großmutter kümmern.
der Kranke, -n die Kranke, -n	Kranke brauchen viel Ruhe.
das Krankenhaus, ¨-er	Er hat sich verletzt und musste ins Krankenhaus.
die Krankenkasse, -n	Die Krankenkasse bezahlt die Medikamente.
der Krankenpfleger, -	Mein Bruder arbeitet als Krankenpfleger im Krankenhaus.
die Krankenschwester, -n	Meine Cousine möchte gern Krankenschwester werden.
der Krankenwagen, -	Wir mussten einen Krankenwagen rufen.
die Krankheit, -en	1. Gegen welche Krankheiten sollte ich mich impfen lassen? 2. Was für eine Krankheit hat Herr Brandner?
kreativ	1. Die Kinder sind beim Basteln sehr kreativ. 2. Wir brauchen eine kreative Lösung für dieses Problem.

der Kredit, -e	1. Ich habe den Wagen auf Kredit gekauft. 2. Wir haben von der Bank einen Kredit bekommen.
die Kreditkarte, -n	Kann ich mit Kreditkarte zahlen?
der Kreis, -e	1. Die Kinder sitzen im Kindergarten im Kreis. 2. Bitte malt jetzt alle einen Kreis in euer Heft. 3. Unser Ort gehört zum Kreis Neuss.
das Kreuz, -e	Was bedeutet dieses Kreuz hier?
die Kreuzung, -en	Fahren Sie an der nächsten Kreuzung rechts.
der Krieg, -e	1. Es herrscht noch immer Krieg in diesem Land. 2. Der Lehrer spricht über den Zweiten Weltkrieg.
kriegen, kriegt, kriegte, hat gekriegt	1. Haben Sie meinen Brief gekriegt? 2. Was kriegen Sie? – Ein Schwarzbrot, bitte.
Kriminal- die Kriminalpolizei	Ein Nachbar von uns arbeitet bei der Kriminalpolizei.
der Krimi, -s	Heute Abend kommt ein spannender Krimi im Fernsehen.
die Krise, -n	Die Wirtschaft steckt in einer schweren Krise.
kritisieren, kritisiert, kritisierte, hat kritisiert	Kritisiere mich nicht so oft.
die Kritik, -en	1. Es gibt viel Kritik an der Politik der Regierung. 2. Dieser Film hat sehr gute Kritiken bekommen.
kritisch	Es gab eine Diskussion über die Lebensmittelpreise. Ein Journalist hat kritische Fragen gestellt.
die Küche, -n	1. Ich suche eine Wohnung mit drei Zimmern, Küche und Bad. 2. Ich mag die deutsche Küche.
der Kuchen, -	Ich habe einen Kuchen gebacken.
der Kugelschreiber, -	Mein Kugelschreiber ist weg.
der Kuli, -s	Hast du einen Kuli für mich?
kühl	Es ist kühl draußen. Zieh dir eine Jacke an.
der Kühlschrank, ¨-e	Stell die Milch in den Kühlschrank!

die Kultur, -en	Ich interessiere mich für andere Länder und Kulturen.
kulturell	Es gibt große kulturelle Unterschiede zwischen den Ländern.
sich kümmern, kümmert sich, kümmerte sich, hat sich gekümmert	1. Ich kann nicht arbeiten. Ich muss mich um die Kinder kümmern. 2. Ich habe keine Zeit. Ich muss mich um das Essen kümmern.
der Kunde, -n die Kundin, -nen	1. Sie ist schon lange bei mir Kundin. Ich habe ihr einen Sonderpreis gegeben. 2. Einen Augenblick, bitte. Ich habe einen Kunden.
kündigen, kündigt, kündigte, hat gekündigt	1. Ich war mit meiner Stelle nicht zufrieden und habe gekündigt. 2. Hast du deine Wohnung schon gekündigt? 3. Ich möchte die Zeitschrift nicht mehr. – Dann musst du schriftlich kündigen.
die Kündigung, -en	Ich habe die Kündigung bekommen. Jetzt bin ich arbeitslos.
die Kunst, ¨-e	Ich verstehe nichts von moderner Kunst.
der Künstler, - die Künstlerin, -nen	In diesem Stadtteil wohnen viele Künstlerinnen. Neben uns wohnt eine Musikerin.
künstlich	Ich mag kein künstliches Licht.
der Kunststoff, -e	Der Stuhl ist aus Kunststoff.
der Kurs, -e	Ich besuche regelmäßig einen Deutschkurs.
der Kursleiter, - die Kursleiter, -nen	Die Kursleiterin ist mit unserer Kursgruppe manchmal in den Computerraum gegangen.
die Kurve, -n	1. Fahr bitte nicht so schnell in die Kurven. 2. Achtung. Das Stauende ist gleich hinter einer Kurve.
kurz	1. Ricardo hat kurze Haare. 2. Kann ich Sie kurz sprechen? 3. Kurz vor 8 Uhr hat das Telefon geklingelt. 4. Mein Mann ist kurz nach mir gekommen. 5. Ich bin vor Kurzem nach München gezogen. 6. Ich wohne seit Kurzem in München. 7. Ich habe das Kleid kürzer machen lassen.
kürzlich	Wir haben doch kürzlich darüber gesprochen, dass wir am Wochenende wegfahren wollen.

küssen, küsst, küsste, hat geküsst	1. Er nahm sie in die Arme und küsste sie. 2. Beim Verabschieden haben wir uns alle geküsst.
der Kuss, ¨-e	Gib der Mama einen Kuss!
die Küste, -n	Unser Dorf liegt direkt an der Küste.
das Kuvert, -s (A) → der Briefumschlag; CH: Couvert	Ich hätte gern 50 Kuverts und Briefmarken dazu.

L

lächeln, lächelt, lächelte, hat gelächelt	Schauen Sie in die Kamera. Bitte lächeln!
lachen, lacht, lachte, hat gelacht	1. Lachen ist gesund. 2. Wir haben viel gelacht. 3. Die Kinder haben über den Witz gelacht.
der Laden, ¨-	1. Dieses Kleid habe ich in einem Laden im Zentrum gekauft. 2. Ich kaufe meine Zeitung immer beim Zeitungsladen am Eck.
die Lage	Wir suchen eine Wohnung an/in zentraler Lage.
das Lager, -	1. Ich weiß nicht, ob wir diesen Schuh in Ihrer Größe haben. Ich sehe mal im Lager nach. 2. Unsere Kinder fahren im Sommer ins Zeltlager.
die Lampe, -n	1. Ich habe mir eine neue Lampe gekauft. 2. Mach doch bitte die Lampe an. Es ist so dunkel hier.
das Land, ¨-er	1. Deutschland ist ein schönes Land. 2. Möchten Sie lieber auf dem Land oder in der Stadt wohnen? 3. Wir haben ein Stück Land gekauft und wollen dort bauen. 4. In welchen Ländern warst du schon?
die Landwirtschaft	Auf dem Land arbeiten die meisten Leute in der Landwirtschaft.
die Landschaft, -en	Die Landschaft ist sehr hügelig.
landen, landet, landete, ist gelandet	1. Wir sind erst um 20 Uhr in München gelandet. 2. Wegen starken Nebels konnte die Maschine nicht in Frankfurt landen.

die Landung, -en	Bei der Landung müssen Sie sich anschnallen.
lang	1. Der Teppich ist 3 m lang und 2 m breit. 2. Meine Schwester hat mir einen langen Brief geschrieben. 3. Die Hose ist zu lang. Können Sie sie kürzer machen?
die Länge	Mein Schreibtisch hat folgende Maße: Länge 1.20 m, Breite: 0,85 m, Höhe: 0,75 m.
lange, lang	1. Wie lange dauert die Fahrt von Hamburg nach Berlin? 2. Wie lange bist du schon in Deutschland? 3. Wartest du schon lange? 4. Wir sind noch lange nicht fertig mit der Arbeit. 5. Wir haben lange gefrühstückt. 6. Beim Arzt muss man oft lange warten. 7. Ich komme gleich. Es dauert nicht lange.
langsam	1. Könnten Sie bitte etwas langsamer sprechen? 2. Es wird langsam kalt. Es wird Herbst.
längst	Wann reparierst du die Heizung. – Die habe ich schon längst repariert.
langweilig	Der Film war sehr langweilig.
sich langweilen, langweilt, langweilte, hat gelangweilt	Langweilst du dich?
die Langeweile	Es ist aus Langeweile eingeschlafen.
der Lärm	Die Flugzeuge machen einen schrecklichen Lärm.
lassen, lässt, ließ, hat gelassen	1. Ich habe mein Gepäck am Bahnhof gelassen. 2. Am Samstag lasse ich mir die Haare schneiden. 3. Ich lasse meine Kinder abends nur eine Stunde fernsehen. 4. Kann ich mein Auto hier stehen lassen? 5. Wo habe ich nur meine Brille gelassen? 6. Ich habe meinen Anzug reinigen lassen. 7. Ich kann meine kleine Tochter noch nicht allein lassen. 8. Lass mich in Ruhe. Ich muss arbeiten.
der Laster, -	Auf der Autobahn waren so viele Laster. Deshalb hat es so lange gedauert.

laufen, läuft, lief, ist gelaufen	1. Ich bin gestern 100 m in 10,4 Sekunden gelaufen. 2. Bist du mit dem Auto hier? – Nein, ich bin gelaufen. 3. Jeden Morgen gehe ich eine halbe Stunde laufen. 4. Wann läuft der Film? 5. Wie geht´s beruflich? – Danke, das Geschäft läuft gut.
das Laufwerk, -e	Für meinen Computer habe ich mir ein neues Laufwerk gekauft.
die Laune, -n	Heute geht es mir besser, aber gestern hatte ich richtig schlechte Laune.
laut	1. Lass uns gehen. Hier ist es mir zu laut. 2. Können Sie bitte etwas lauter sprechen? 3. Laut Wetterbericht gibt es morgen Regen.
der Lautsprecher, -	Bitte achten Sie auch auf die Lautsprecher-Ansagen am Bahnhof.
lecker	Das Essen war sehr lecker.
leben, lebt, lebte, hat gelebt	1. Leben Ihre Großeltern noch? 2. Herr Müller hat lange im Ausland gelebt. 3. Von der Rente allein kann meine Tante nicht leben. 4. Ich lebe noch bei meinen Eltern.
das Leben	1. Ich habe mich an das Leben auf dem Land gewöhnt. 2. Hier ist das Leben teuer.
der Lebenslauf, ¨-e	Hast du den Lebenslauf für die Bewerbung schon geschrieben?
die Lebensmittel (Pl.)	1. Lebensmittel werden immer teurer. 2. Meine Lebensmittel kaufe ich im Supermarkt.
das Leder	Ist die Tasche aus Leder?
ledig	Wie ist Ihr Familienstand? – Ledig.
leer	1. Das Restaurant war fast leer. 2. Die Kanne ist fast leer. Ich mache uns neuen Tee.
legen, legt, legte, hat gelegt	1. Ich habe Ihnen die Briefe auf den Schreibtisch gelegt. 2. Legen Sie die Zeitungen bitte dort ins Regal.
die Lehre	Mein Cousin will eine dreijährige Lehre machen.
die Lehrstelle, -n	Es sind noch viele Lehrstellen frei.

der Lehrer, - die Lehrerin, -nen	Die Lehrerin hat heute viele Hausaufgaben gegeben.
der Lehrling, -e	Als Lehrling verdient man nicht sehr viel Geld.
leicht	1. Der Koffer ist ganz leicht. Ich kann ihn allein tragen. 2. Es ist nicht leicht, bei diesem Arzt einen Termin zu bekommen.
leid tun, tut leid, tat leid, hat leidgetan	1. Die Frau tut mir leid. 2. Wie komme ich zum Bahnhof? - Tut mir leid, das weiß ich nicht. 3. Es tut mir leid, dass ich Ihnen nicht helfen kann.
leiden, leidet, litt, hat gelitten	1. Er leidet an einer schweren Krankheit. 2. Sie leidet sehr unter den Verhältnissen.
leider	1. Da kann ich Ihnen leider nicht helfen. 2. Hast du schon eine Antwort auf deinen Brief? – Leider nicht. 3. Leider kann ich nicht kommen. Ich muss zum Arzt.
leihen, leiht, lieh, hat geliehen	1. Ich habe mir von meinem Bruder 50 Euro geliehen. 2. Ich kann dir mein Fahrrad leihen. 3. Sie können das Buch in der Bibliothek ausleihen.
leise	1. Seid leise. Die anderen schlafen schon. 2. Könntest du das Radio bitte etwas leiser stellen?
leisten, leistet, leistete, hat geleistet	1. So ein teures Auto kann ich mir leider nicht leisten. 2. Bei einem Unfall muss jeder Erste Hilfe leisten.
die Leistung, -en	Meine Leistungen in der Schule sind ganz gut.
leiten, leitet, leitete, hat geleitet	Wer leitet den Kurs?
der Leiter, - die Leiterin, -nen	Wie heißt die Leiterin der Schule?
die Leitung, -en	1. Ab 1. Juli übernimmt Herr Meier die Leitung der Abteilung. 2. Tut mir leid, alle Leitungen sind besetzt. 3. Wir müssen eine neue Leitung legen lassen.
die Leiter, -n	Haben Sie eine Leiter für mich? Ich will die Fenster putzen.
lernen, lernt, lernte, hat gelernt	Wie lange lernen Sie schon Deutsch?

der Lerner, - die Lernerin, -nen	Sie ist eine fleißige Lernerin.
lesen, liest, las, hat gelesen	1. Ich habe gelesen, dass es ab heute Sonderangebote gibt. 2. Deine Schrift kann ich nicht gut lesen. 3. In der Schule lesen wir ein Buch von Goethe.
der Leser, - die Leserin, -nen	1. Die Leserinnen und Leser sind mit der Zeitung zufrieden. 2. Ich werde einen Leserbrief schreiben.
letzt-	1. Was hast du letzte Woche gemacht? 2. Ich wohne im letzten Haus auf der rechten Seite. 3. Wann haben Sie Ihre Familie das letzte Mal gesehen?
die Leute (Pl.)	Auf der Party waren viele Leute.
das Lexikon, -Lexika	Wir könnten im Lexikon nachsehen.
das Licht, -er	1. Kannst du bitte Licht machen? Ich kann so nichts sehen. 2. Es ist so dunkel. Wo macht man hier das Licht an?
lieben, liebt, liebte, hat geliebt	1. Ich liebe meine Familie. 2. Meine Frau liebt ihren Beruf. 3. Wir sind schon lange verheiratet, aber wir lieben uns immer noch.
lieb	1. Die Kinder waren heute sehr lieb. 2. Vielen Dank für deine Hilfe. Das ist sehr lieb von dir. 3. Liebe Frau Meier!
die Liebe	1. Wir haben aus Liebe geheiratet. 2. Für mich ist das Wichtigste die Liebe zu meiner Familie und zu meinen Kindern. 3. Die Kinder haben die Geschenke mit viel Liebe gemacht.
Lieblings-	z. B. Lieblingsfarbe, Lieblingsfilm, Lieblingsessen Mein Lieblingsessen ist Pizza.
das Lied, -er	Zu deinem Geburtstag singen wir dir ein Lied.
liefern, liefert, lieferte, hat geliefert	Wir liefern Ihnen das Regal direkt ins Haus.
die Lieferung, -en	Sie bezahlen erst bei der Lieferung.
liegen, liegt, lag, hat/ist gelegen	1. Der Brief liegt schon auf Ihrem Schreibtisch. 2. Judith liegt noch im Bett. 3. Er liegt schon seit drei Wochen im Krankenhaus. 4. Frankfurt liegt am Main.

	5. In den Bergen liegt schon Schnee.
der Lift, -e → D, A: Aufzug	Im Büro ist leider der Lift kaputt.
die Limonade, -n	Die Limonade ist sehr süß.
die Linie, -n	Zum Hauptbahnhof können Sie mit der Linie 8 fahren.
links	1. An der Kreuzung müssen Sie nach links abbiegen. 2. Gehen Sie die nächste Straße links.
link-	1. Er hat sich das linke Bein gebrochen. 2. Das Haus ist auf der linken Seite.
die Lippe, -n	Es ist sehr kalt. Meine Lippen sind ganz trocken.
die Liste, -n	Was brauchen wir für die Party? – Mach doch eine Einkaufsliste.
die Literatur	Ich interessiere mich für Literatur.
loben, lobt, lobte, hat gelobt	Ich habe alle Hausaufgaben gemacht. Der Lehrer hat mich heute gelobt.
das Loch, ¨-er	1. Ich habe ein Loch im Zahn. Ich muss zum Zahnarzt. 2. Deine Hose hat ein Loch. – Ich weiß, sie ist schon alt.
locker	Lassen Sie bitte die Arme ganz locker und atmen Sie tief ein.
der Löffel, -	Bitte, bringen Sie mir einen Löffel.
der Lohn, ¨-e	1. Sie bekommen Ihren Lohn immer am Ende des Monats. 2. Die Löhne sind hier sehr niedrig.
sich lohnen, lohnt sich, lohnte sich, hat sich gelohnt	Für drei Tage zu meinen Eltern fahren lohnt sich nicht. Es ist zu weit.
das Lokal, -e	Gibt es hier in der Nähe ein gemütliches Lokal?
los/los-	1. Los! Beeilt euch! 2. Gibt es ein Problem? Was ist denn los? 3. Achtung – fertig – los!
losfahren, fährt los, fuhr los, ist losgefahren	Wir fahren um 8 Uhr los. Sei bitte pünktlich.
löschen, löscht, löschte, hat gelöscht	1. Du kannst die Datei löschen. Ich brauche sie nicht mehr. 2. Das Feuer wurde schnell gelöscht.
lösen, löst, löste, hat gelöst	1. Wir müssen dieses Problem lösen. 2. Sie können die Fahrkarten auch am Automaten lösen.

die Lösung, -en	1. Wir fahren alle zusammen mit dem Zug. Das ist die beste Lösung. 2. Die Aufgabe ist nicht schwer. Die Lösung ist ganz einfach.
die Luft	1. Oh, hier ist aber schlechte Luft. 2. Die Seeluft tut mir gut. 3. Bitte mach das Fenster auf. Ich brauche frische Luft.
lügen, lügt, log, hat gelogen	1. Du sollst nicht lügen. 2. Glaube nicht alles, was man dir sagt. Es ist oft gelogen.
die Lüge, -n	Das ist eine Lüge!
die Lust	1. Ich habe keine Lust zu grillen. 2. Hast du Lust auf einen Tee?
lustig	1. Ich habe einen lustigen Film gesehen. 2. Mir ist heute etwas Lustiges passiert.

M

machen, macht, machte, hat gemacht	1. Was machst du am Wochenende? 2. Ich muss jetzt das Essen machen. 3. Ich habe die Betten noch nicht gemacht. 4. Soll ich dir die Suppe noch einmal warm machen? 5. Meine Arbeit macht mir viel Spaß. 6. Mach dir bitte keine Sorgen. 7. Was würden Sie an meiner Stelle machen? 8. Tut mir leid. Die Küche hat schon geschlossen. – Da kann man nichts machen. 9. Entschuldigung! – Das macht doch nichts. 10. Das macht zusammen 20 Euro.
das Mädchen, -	Familie Kurz hat zwei Mädchen und einen Jungen.
das Magazin, -e	Jugendliche lesen dieses Magazin gern.
der Magen, ¨-	Mit tut der Magen weh. Ich habe Magenschmerzen.
mager	Bitte 1 kg mageres Fleisch.
die Mahlzeit, -en	1. Die Tropfen bitte immer nach den Mahlzeiten einnehmen. 2. In Deutschland gibt es meist nur einmal am Tag eine warme Mahlzeit.
die Mahnung, -en	Wenn du die Rechnung nicht pünktlich bezahlst, bekommst du eine Mahnung.

mal	(siehe einmal)	
das Mal, -e	1. Das machen wir nächstes Mal. 2. Das erste Mal war ich vor fünf Jahren in England. 3. Bis zum nächsten Mal.	
malen, malt, malte, hat gemalt	Das Bild hat mein Vater gemalt.	
der Maler, - die Malerin, -nen	1. Wir haben die Maler im Haus. Wir lassen die Wände neu streichen. 2. Picasso ist vielleicht der bekannteste Maler der Welt.	
man	1. Wie schreibt man das? 2. Hier darf man nicht parken.	
manch-	1. Manche Nachbarn sind unfreundlich. 2. An manchen Tagen ist das Zugfahren billiger.	
manchmal	1. Manchmal gehe ich mit meiner Frau ins Café. 2. Rauchen Sie? – Manchmal.	
der Mangel, ¨-	1. In dieser Stadt gibt es einen großen Mangel an Wohnungen. 2. Die Maschine hat technische Mängel.	
der Mann, ¨-er	1. In unserer Firma arbeiten fast nur Männer. 2. Mein Mann arbeitet bei der Post.	
männlich	Kreuzen Sie bitte an: „weiblich" oder „männlich".	
die Mannschaft, -en	Unsere Mannschaft hat 0:1 verloren.	
der Mantel, ¨-	Es ist sehr kalt. Zieh deinen Mantel an.	
die Mappe, -n	Mein Pass ist in dieser Mappe.	
das Märchen, -	Meine Großmutter hat uns viele Märchen erzählt.	
die Margarine	Meine Frau isst nur Margarine und keine Butter.	
die Marille, -n (A) → D, CH: Aprikose	Schmecken dir die Marillen?	
die Marke, -n	1. Ich brauche bitte fünf Briefmarken zu 1 Euro. 2. Markenschuhe sind mir zu teuer.	
markieren, markiert, markierte, hat markiert	Hier ist unser Hotel. Ich markiere Ihnen auf dem Plan den Weg zum Bahnhof.	
der Markt, ¨-e	1. Ich gehe heute auf den Markt. 2. Mittwochs und samstags ist bei uns Markt.	

die Marmelade, -n (D, A)	Bring bitte noch ein Glas Marmelade mit.
die Maschine, -n	1. Ich habe eine neue Kaffeemaschine. 2. Unsere Maschine soll um 7 Uhr 10 starten.
das Material	Aus welchem Material ist der Schrank? – Aus Holz.
die Matura (A, CH) → D: Abitur	Meine Tocher hat gerade die Matura gemacht.
die Mauer, -n	Die Kinder sind über die Mauer geklettert.
maximal	1. Wie lange braucht ein Brief? – Maximal zwei Tage. 2. Wie schwer darf der Brief sein? – Maximal 20 g.
der Mechaniker, - die Mechanikerin, -nen	1. Das kann nur ein Mechaniker reparieren. 2. Karim ist Automechaniker. Er arbeitet bei Opel.
die Medien (Pl.)	Umweltschutz ist in den Medien ein großes Thema.
das Medikament, -e	1. Dieses Medikament gibt es nur auf Rezept. 2. Der Arzt hat mir ein Medikament verschrieben. 3. Für dieses Medikament müssen Sie fünf Euro dazu zahlen. 4. Dieses Medikament hat mir sehr gut geholfen.
die Medizin	1. Du musst noch deine Medizin nehmen. 2. Mein Sohn will Medizin studieren.
das Meer, -e	Wir machen immer Urlaub am Meer.
das Mehl	Ich möchte einen Kuchen backen. Ist noch genug Mehl da?
mehr (siehe auch viel)	1. Ich habe diesmal mehr gelernt als bei der letzten Prüfung. 2. Mehr kann ich nicht essen!
mehrere	1. Ich habe mehrere Leute gefragt. Aber niemand konnte mir helfen. 2. Viele Wörter haben mehrere Bedeutungen.
die Mehrheit, -en	Die Mehrheit der Menschen in Deutschland besitzt ein Handy.
die Mehrwertsteuer	Die Mehrwertsteuer bei diesem Produkt beträgt 20 %.
meinen, meint, meinte, hat gemeint	1. Dieser Film ist gut. Was meinst du? 2. Ich meine, du solltest weniger rauchen.

meinetwegen	Meinetwegen kannst du heute das Auto haben.
die Meinung, -en	1. Ich bin der Meinung, dass du recht hast. 2. Ich habe meine Meinung geändert. 3. Meiner Meinung nach gibt es hier zu viele Autos.
meist-, die meisten	1. Wie gut kannst du Deutsch? – Das Meiste verstehe ich. 2. Ich bin neu im Haus. Die meisten Nachbarn kenne ich noch nicht.
meist(ens)	1. Meistens trinke ich zum Frühstück nur einen Kaffee. 2. Seid ihr am Wochenende zu Hause? – Ja, meistens.
der Meister, -	1. Ich weiß nicht, wie man das macht. – Dann frag doch den Meister. 2. Unsere Mannschaft ist deutscher Meister geworden.
melden, meldet, meldete, hat gemeldet	1. Ich habe schon zweimal angerufen. Aber es meldet sich niemand. 2. Den Unfall müssen Sie der Versicherung melden. 3. Warum hast du dich so lange nicht gemeldet? Warst du krank?
die Meldung, -en	Hast du die Meldung im Radio gehört? Es wird starken Sturm geben.
die Menge, -n	1. Diesen Preis gibt es nur, wenn Sie große Mengen kaufen. 2. Wir haben noch eine Menge Zeit. 3. Ich kenne schon eine Menge Leute in der Stadt. 4. Das Auto hat bestimmt eine Menge Geld gekostet.
die Mensa, -s/-en	Ich esse fast jeden Tag in der Mensa.
der Mensch, -en	Die Menschen sind hier ein bisschen anders als im Süden.
menschlich	Fehler zu machen ist menschlich.
das Menü, -s	Nimm doch das Menü, das sieht gut aus.
merken, merkt, merkte, hat gemerkt	1. Ich habe nicht gemerkt, dass es schon so spät ist. Ich muss gehen. 2. Ich kann mir keine Zahlen merken. Ich vergesse sie sofort wieder.
merkwürdig	Das ist eine merkwürdige Geschichte.
die Messe, -n	1. Kommst du mit zur Automobilmesse? 2. Vielleicht kann ich auf der Messe einen Job bekommen.
messen, misst, maß, hat gemessen	1. Haben Sie schon Fieber gemessen? 2. Ich habe das Zimmer ausgemessen. Es sind genau 20 m².
das Messer, -	Das Messer schneidet nicht gut.
das Metall, -e	Dieser Tisch hier ist ganz aus Metall.
die Methode, -n	Weißt du eine gute Methode, um schnell gut Deutsch zu lernen?
die Metropole, -n	Berlin und Wien sind Metropolen.
der Metzger, - → A: Fleischhauer	Dieser Metzger hat sehr gute Wurst.
mieten, mietet, mietete, hat gemietet	1. Wir haben die Wohnung für drei Jahre gemietet. 2. Im Urlaub haben wir ein Auto gemietet.
die Miete, -n	1. Unsere Miete ist sehr hoch. 2. Wie viel Miete bezahlst du?
der Mieter, - die Mieterin, -nen	Sie hat heute neue Mieter für die Wohnung gefunden.
der Migrant, -en die Migrantin, -nen	Viele Migranten kommen aus Osteuropa.
die Migration	Gestern gab es im Fernsehen eine Diskussion zum Thema Migration.
die Milch	Stellst du bitte die Milch in den Kühlschrank?
mild	1. Möchten Sie die Soße scharf? – Nein, bitte ganz mild. 2. Wie wird das Wetter? – Es soll etwas milder werden.
die Minderheit, -en	Frauen sind in unserer Firma in der Minderheit.
mindestens	1. Ein guter Fernsehapparat kostet mindestens 500 Euro. 2. Bitte kommen Sie mindestens eine Stunde vor Abflug zum Flughafen.
das Mineralwasser	Kann ich bitte ein Mineralwasser haben?
minimal	Da ist nur ein minimaler Unterschied.
mischen, mischt, mischte, hat gemischt	1. Ich möchte ein gemischtes Eis mit Sahne. 2. Wie möchten Sie das Geld? – Bitte gemischt, große und kleine Scheine.
miss-	1. Die Konferenz war ein Misserfolg. 2. Das Misstrauen zwischen den beiden Parteien ist weiterhin groß. 3. Sie haben mich missverstanden.

	4. Das ist ein Missverständnis. Das habe ich nicht gesagt.
mit	1. Ich gehe heute Abend mit Maria aus. 2. Wir suchen eine Dreizimmerwohnung mit Küche und Bad. 3. Ich hätte gern einen Tee mit Zitrone. 4. Mit meiner Mutter sind wir acht Personen. 5. Ich bin mit dem Fahrrad gekommen.
der Mitarbeiter, - die Mitarbeiterin, -nen	Unsere Firma hat sieben Mitarbeiter.
miteinander	Sprechen Sie bitte miteinander.
das Mitglied, -er	Für Mitglieder ist der Eintritt zum Konzert gratis.
die Mitte	1. Wo möchten Sie sitzen? – In der Mitte. 2. Bis Mitte der Woche bin ich fertig. 3. Ich habe Urlaub bis Mitte August. 4. Den Schrank stellen wir ans Fenster, den Tisch in die Mitte.
mitteilen, teilt mit, teilte mit, hat mitgeteilt	Den Prüfungstermin teilen wir Ihnen noch mit.
das Mittel, -	1. Haben Sie ein Mittel gegen Magenschmerzen? 2. Der Arzt hat mir ein Mittel gegen Grippe verschrieben. 3. Das neue Waschmittel ist sehr gut.
mitten	1. Wir haben eine Wohnung mitten in der Stadt. 2. Das Flugzeug hatte Verspätung. Wir sind erst mitten in der Nacht angekommen.
mittler-	In den mittleren Reihen sind noch Plätze frei.
mittlerweile	Am Anfang war die Arbeit schwer. Mittlerweile habe ich mich daran gewöhnt.
das Möbel, -	Wir haben uns neue Möbel gekauft.
möbliert	Ich suche ein möbliertes Zimmer.
möchten, möchte, mochte, hat gemocht	1. Möchtest du auch einen Kaffee? 2. Im Sommer möchten wir gern ans Meer fahren.
mobil/mobil-	Mit dem Fahrrad bin ich in der Stadt sehr mobil.
die Mobilbox, -en	Ich habe zwei Nachrichten auf meiner Mobilbox.
die Mobilität, -en	Sprachen zu lernen fördert die Mobilität.

das Mobiltelefon, -e	Wie kann ich Sie erreichen? Haben Sie ein Mobiltelefon?
die Mode, -n	1. Wie findest du die neue Mode? 2. Welche Farbe ist denn jetzt gerade in Mode?
das Modell, -e	Wie findest du dieses Auto? – Dieses Modell gefällt mir nicht.
modern	1. Die Wohnung ist modern eingerichtet. 2. Das Stadtzentrum von Frankfurt ist ganz modern.
mögen, mag, mochte, hat gemocht	1. Ich mag keinen Reis. 2. Möchtest du noch ein Stück Kuchen? 3. Ich möchte gern Herrn Schmidt sprechen. 4. Herr Müller, Sie möchten bitte sofort zum Chef kommen.
möglich	Kann ich bitte sofort einen Termin haben? – Das ist leider nicht möglich.
die Möglichkeit, -en	Sie wollen ans Meer? Da gibt es mehrere Möglichkeiten.
möglichst	1. Sagen Sie mir bitte möglichst bald, ob Ihnen der Termin passt. 2. Wir suchen eine Wohnung, möglichst im Erdgeschoss.
die Möhre, -n (D) → Karotte; CH: Rüebli	Hasen fressen gern Möhren.
der Moment, -e	1. Warten Sie bitte einen Moment. 2. Einen Moment bitte. 3. Ich habe im Moment sehr viel zu tun.
der Mond, -e	Bei Vollmond kann ich nicht schlafen.
der Monitor, -e	Ich habe mir einen größeren Monitor gekauft. Das ist besser für meine Augen.
der Motor, -en	Der Motor ist kaputt. Das Auto fährt nicht mehr.
das Motorrad, ¨-er	Oskar fährt jeden Tag mit dem Motorrad zur Arbeit.
müde	Ich bin müde. Ich gehe schlafen.
die Mühe	1. Vielen Dank für Ihre Mühe. 2. Mit ein bisschen mehr Mühe können wir das schaffen.
der Müll	1. Bringst du bitte noch den Müllsack raus? 2. Wir müssen den Müll trennen.
die Müllabfuhr	Die Müllabfuhr kommt zweimal pro Woche.

die Mülltonne, -n	Die Mülltonne ist voll.
der Mund, ¨-er	Sie haben Halsschmerzen? Bitte machen Sie mal den Mund auf.
mündlich	Die mündliche Prüfung ist erst nächste Woche.
die Münze, -n	Der Automat nimmt nur Münzen.
das Museum, Museen	Wir waren mit unserer Klasse im Museum.
die Musik	1. Wie findest du die Musik? 2. Spanische Musik mag ich sehr. 3. Was für Musik hörst du gern?
musikalisch	1. Sie ist sehr musikalisch: Sie spielt Klavier, Flöte und Geige. 2. Das musikalische Angebot gefällt mir.
der Musiker, - die Musikerin, nen	Mein Bruder möchte Musiker werden.
der Muskel, -n	Im Fitness-Studio trainieren wir unsere Muskeln.
das Müesli/Müsli, -	Zum Frühstück gibt es Müsli mit Obst.
müssen, muss, musste, hat gemusst (hat müssen als Modalverb)	1. Wie lange müssen Sie arbeiten? 2. Sie müssen die Miete pünktlich überweisen. 3. Ich muss jeden Tag von 8 bis 18 Uhr arbeiten. 4. Du musst mich nicht abholen. Nur wenn du willst.
der Mut	Man braucht viel Mut, um in einem fremden Land ganz neu anzufangen.
mutig	Es war sehr mutig von dir, deine Meinung laut zu sagen.
die Mutter, ¨-	1. Meine Mutter heißt Klara. 2. Dieser Raum ist für Mütter mit kleinen Kindern reserviert.

N

nach	1. Ich fahre morgen nach Hamburg. 2. Ich muss jetzt nach Hause. 3. Wir treffen uns nach dem Essen. 4. Es ist schon nach acht. Wir müssen uns beeilen.
der Nachbar, -n die Nachbarin, nen	Meine neue Nachbarin ist sehr nett.

nachdem	Nachdem wir gegessen hatten, sind wir spazieren gegangen.
nachdenken, denkt nach, dachte nach, hat nachgedacht	Ich weiß nicht, was ich machen soll. Ich muss nachdenken.
die Nachfrage, -n	Die Nachfrage für dieses Produkt ist groß.
nachher	Ich rufe nachher nochmal an.
die Nachhilfe, -n	Der Schüler braucht Nachhilfe in Mathematik.
die Nachricht, -en	1. Ich habe eine gute Nachricht für Sie. Sie haben die Prüfung bestanden. 2. Ich habe im Radio die Nachrichten gehört. 3. Im Moment bin ich nicht zu Hause. Aber Sie können eine Nachricht hinterlassen.
nachschlagen, schlägt nach, schlug nach, hat nachgeschlagen	Ich kenne das Wort nicht. Das musst du im Wörterbuch nachschlagen.
die Nachspeise, -n (D, A) → Dessert	Nach dem Essen gab es noch eine leckere Nachspeise
nächst-	1. Wo ist hier die nächste Apotheke? 2. Rufen Sie bitte nächste Woche noch einmal an. 3. Wann fährt der nächste Zug nach Frankfurt? 4. Wer ist der Nächste bitte?
der Nachteil, -e	Einen Nachteil hat die Wohnung. Sie liegt nicht zentral.
der Nachwuchs	1. Der Nachwuchs bei Forschern soll gefördert werden. 2. Die Katze hat Nachwuchs bekommen.
die Nadel, -n	Hast du eine Nadel für mich? Ich muss einen Knopf annähen.
der Nagel, ¨-	1. Kannst du mir den Nagel in die Wand schlagen? 2. Ich muss mir die Fingernägel schneiden.
nah(e)	Wie weit ist es zum Bahnhof? – Das ist ganz nah, nur zwei Minuten von hier.
die Nähe	Die Post ist ganz in der Nähe vom Bahnhof.
nähen, näht, nähte, hat genäht	1. Meine Mutter näht ihre Kleider selbst. 2. Wir müssen die Wunde nähen.
sich nähern, nähert sich, näherte sich, hat sich genähert	Er nähert sich dem Unfallort ganz langsam.

das Nahrungsmittel, -	In diesen Ländern fehlen vor allem Nahrungsmittel.
der Name, -n	1. Wie ist Ihr Name? 2. An den Namen kann ich mich nicht mehr erinnern.
der Familienname, -n	Ludin ist mein Familienname.
der Vorname, -n	Mein Vorname ist Thomas.
nämlich	Ich muss leider gehen. Ich habe nämlich noch einen Termin beim Zahnarzt.
die Nase, -n	Haben Sie Nasentropfen? Ich bin stark erkältet.
nass	1. Es hat schrecklich geregnet. Ich bin ganz nass geworden. 2. Geh nicht mit den nassen Schuhen ins Wohnzimmer.
national/national-	1. Das ist ein nationaler Wettbewerb. 2. Die Nationalmannschaft ist ziemlich stark.
die Natur	Ich bin gern draußen in der Natur.
natürlich	1. Natürlich helfen wir dir. 2. Kommst du auch wirklich zu meiner Party? – Natürlich.
der Nebel, -	1. Wegen Nebels konnten wir gestern nicht in Frankfurt landen. 2. Fahren Sie bei Nebel besonders vorsichtig!
neblig	Fahr vorsichtig! Es ist neblig.
neben	1. Neben mir ist noch ein Platz frei. 2. Darf ich mich neben dich setzen? 3. Die Apotheke ist gleich links neben der Post.
nebenan	Das ist José, er wohnt nebenan.
nebenbei	1. Mein Freund studiert Geschichte. Und nebenbei arbeitet er in einer Kneipe. 2. Ich mache die Hausarbeit und nebenbei höre ich Radio.
der Neffe, -n	Meine Schwester hat zwei Kinder. Meine Neffen sind drei und fünf Jahre alt.
negativ	Du solltest nicht alles negativ sehen.
nehmen, nimmt, nahm, hat genommen	1. Was möchten Sie? – Ich nehme einen Salat. 2. Nehmen Sie die Tabletten vor dem Essen! 3. Wer hat die Flasche aus dem Kühlschrank genommen?

	4. Sollen wir ein Taxi nehmen? 5. In diesem Jahr kann ich meinen Urlaub erst im Oktober nehmen.
nein	1. Noch ein Bier? – Nein, danke. 2. Kommst du auch mit nach München? – Nein, ich habe keine Zeit.
nennen, nennt, nannte, hat genannt	1. Mein Freund heißt Alexander, aber alle nennen ihn Alex. 2. Wie nennt man dieses Gerät?
der Nerv, -en	1. Er leidet an einer Nervenkrankheit. 2. Mach bitte das Radio aus. Die Musik geht mir auf die Nerven.
nervös	1. Das Warten macht mich ganz nervös. 2. Bei Prüfungen bin ich immer sehr nervös.
nett	1. Die Leute sind hier sehr nett. 2. Ich habe viele nette Kollegen. 3. Vielen Dank! Das ist sehr nett von Ihnen. 4. Die Nachbarn waren sehr nett zu uns.
das Netz, -e	1. Bitte bring ein Netz Orangen. 2. Der Ball berührte das Netz. 3. Seid ihr schon ans Netz angeschlossen?
das Netzwerk, -e	1. Soziale Netzwerke sind wichtig. 2. Das Telefonnetzwerk wird ständig erweitert.
neu	1. Mein Wagen ist noch ganz neu. 2. Wir haben eine neue Wohnung. 3. Man darf hier nicht mehr rauchen? Das ist mir ganz neu.
die Neuigkeit, -en	In dieser Sache gibt es keine Neuigkeiten.
neugierig	Die Nachbarn sind ziemlich neugierig.
neulich	Ich war neulich bei der Bank und habe einen alten Freund getroffen.
nicht	1. Zigarette? – Danke, ich rauche nicht. 2. Wie geht es dir? – Nicht so gut. 3. Das Essen in der Kantine ist gar nicht schlecht. 4. Du kommst immer zu spät! – Das stimmt nicht.
die Nichte, -n	Die Tasche ist ein Geschenk von meiner Nichte.
der Nichtraucher, - die Nichtraucherin, -nen	1. In unserer Familie sind alle Nichtraucher. 2. Möchten Sie einen Tisch im Nichtraucherbereich?

nichts	1. Ich habe noch nichts gegessen. 2. Ich weiß auch nichts Genaues. 3. Ich habe nichts zum Schreiben dabei. 4. Entschuldigung! – Das macht nichts.
nie	1. Der Chef ist nie da. 2. Warum bist du nie zufrieden? 3. Bis morgen Abend schaffe ich die Arbeit nie. 4. Ich gehe nie wieder in dieses Restaurant.
niedrig	1. Die Räume hier sind mir zu niedrig. 2. Für die Jahreszeit sind die Temperaturen zu niedrig. 3. Die Firma zahlt sehr niedrige Löhne.
niemand	Ich habe geklingelt. Aber es war niemand zu Hause.
nirgends	1. Ich kann die Quittung nirgends finden. 2. Hier kann man nirgends parken.
nirgendwo	Die Schlüssel kann ich nirgendwo finden.
noch	1. Mein Bruder geht noch zur Schule. 2. Bist du fertig. – Nein, noch nicht ganz. 3. Haben Sie noch einen Wunsch? – Ja, bitte noch ein Bier. 4. Sonst noch etwas? – Nein, danke. 5. Ich komme später. Ich muss erst noch einkaufen. 6. Meine Freundin studiert, und abends arbeitet sie noch als Kellnerin. 7. Es ist nicht mehr viel Zeit. Nur noch fünf Minuten. 8. Ich habe nur noch 20 Euro. 9. Ist das Essen schon fertig. – Nein, es dauert noch ein paar Minuten. 10. Ist Amadeo schon da? – Vielleicht kommt er noch.
noch mal	1. Vielen Dank nochmal. 2. Bitte sagen Sie das nochmal.
nochmals	Nochmals vielen Dank!
normal	Fehler zu machen ist doch ganz normal.
normalerweise	Wann haben Sie normalerweise Pause?
Not-	
die Notaufnahme, -n	Die Notaufnahme ist gleich hier links.
der Notausgang, ¨-e	Der Notausgang ist gleich hier bei der Treppe.
der Notfall, ¨-e	1. Wir haben einen Notfall. Bitte schicken Sie einen Krankenwagen. 2. Im Notfall rufen Sie bitte diese Nummer an.

der Notruf	Der Notruf hat die Nummer 110.
die Note, -n	1. Eva hat immer sehr gute Noten in Mathematik. 2. Meine Kinder lernen im Musikunterricht gerade Noten lesen.
notieren	Ich habe mir den Termin notiert.
nötig	1. Wenn es nötig ist, nehmen Sie noch eine Tablette. 2. Kann ich Ihnen helfen? – Danke, nicht nötig.
die Notiz, -en	1. Ich habe Ihnen eine Notiz geschrieben. 2. Hast du einen Notizzettel für mich?
notwendig	Muss ich nochmal wiederkommen? – Nein, das ist nicht notwendig.
die Nudel, -n	Möchten Sie Nudeln oder Reis? – Lieber Nudeln.
die Nummer, -n	1. Ich habe mich in der Hausnummer geirrt. 2. Ich habe die falsche Nummer gewählt. 3. Der Wagen hatte eine Münchner Nummer. 4. Sie haben Zimmer Nummer zwölf. 5. Bitte geben Sie mir Ihre Kontonummer. 6. Haben Sie die Bluse eine Nummer kleiner?
nun	1. Schade, dass du arbeiten musst. – Das ist nun mal so. 2. Was ist jetzt? Kommst du nun endlich?
nur	1. Im Kaufhaus gibt's T-Shirts für nur fünf Euro. 2. Ich habe keinen Hunger. Ich möchte nur etwas trinken. 3. Ich habe nur heute Abend Zeit. 4. Kannst du mir Geld leihen? Tut mir leid. Ich habe nur fünf Euro dabei.
nutzen, nutzt, nutzte, hat genutzt	Ich möchte das schöne Wetter nutzen und spazieren gehen.
nützen, nützt, nützte, hat genützt	Ich habe jeden Tag eine Tablette genommen. Aber es hat nichts genützt.
nützlich	Danke für den Tipp. Das war sehr nützlich.

O

ob	Ich weiß noch nicht, ob ich kommen kann.
oben	1. Wir wohnen oben im 4. Stock. 2. Die Butter liegt im Kühlschrank ganz oben.
ober-	Die Wohnung im oberen Stockwerk ist vermietet.
der Ober, - (D, A) → Kellner; CH: Serviceangestellter	Ich bin Ober von Beruf.
das/der (Schlag-)Obers (A) → D: (Schlag-)Sahne; CH: (Schlag-)Rahm	Ich hätte gern ein Stück Torte mit (Schlag-)Obers.
das Obst (D, A) → CH: Früchte	Obst kaufe ich am liebsten auf dem Markt.
obwohl	Obwohl meine Kollegin krank ist, geht sie arbeiten.
oder	1. Möchten Sie Kaffee oder Tee? 2. Entweder wir fahren mit dem Bus oder wir gehen zu Fuß.
der (Back-)Ofen, ¨ - (D, CH) → A: (Back-)Rohr	Ich habe gerade eine Pizza gemacht. Sie ist ganz frisch aus dem Ofen.
offen	1. Komm rein. Die Haustür ist offen. (A) (D: auf) 2. Ich glaube, der Supermarkt ist jetzt noch offen. 3. Im Sommer schlafe ich immer bei offenem Fenster. 4. Ich habe mit meinem Kollegen ganz offen über mein Problem gesprochen. 5. Einzelne Fragen sind noch offen.
öffentlich	1. In der Stadt fahre ich immer mit öffentlichen Verkehrsmitteln. 2. In öffentlichen Gebäuden darf man nicht rauchen.
die Öffentlichkeit	1. Von solchen Dingen erfährt die Öffentlichkeit nur selten. 2. Ich möchte in der Öffentlichkeit nicht streiten.
veröffentlichen, veröffentlicht, veröffentlichte, hat veröffentlicht	Das Buch wurde gestern veröffentlicht.
offenbar	Das Restaurant ist heute offenbar geschlossen.
offiziell	Sie bekommen von uns eine offizielle Einladung.

öffnen, öffnet, öffnete, hat geöffnet	1. Wann öffnen die Geschäfte? 2. Kannst du bitte das Fenster öffnen? 3. Kannst Du mir helfen? Ich kann die Dose nicht öffnen. 4. Du öffnest die Datei mit einem Doppelklick. 5. Der Laden ist samstags bis 16 Uhr geöffnet.
oft/öfter	1. Ich treffe mich oft mit meiner Freundin. 2. In letzter Zeit muss ich öfter Überstunden machen.
ohne	1. Bitte eine Pizza ohne Zwiebeln. 2. Ohne Auto ist es schwer, zur Arbeit zu kommen. 3. Mein Sohn ist einfach mit dem Auto weggefahren, ohne mich zu fragen. 4. In diesem Haus kann man nichts machen, ohne dass die Nachbarn darüber reden.
das Ohr, -en	1. Ich habe Ohrenschmerzen. 2. Das Baby hat aber kleine Ohren!
Öko- (ökologisch)	z.B. Ökoladen, Ökostrom, ökologischer Anbau
das Öl, -e	1. Es fehlt Öl am Salat. 2. Wir heizen mit Öl. 3. Können Sie bei meinem Auto bitte das Öl kontrollieren?
die Oma, -s	Meine Oma ist achtzig Jahre alt geworden.
der Onkel, -	Nächste Woche fahre ich zu meinem Onkel nach Berlin.
der Opa, -s	Mein Opa heißt Hans.
die Oper, -n	1. Ich mag Opern. 2. Warst du schon mal in der Oper?
operieren, operiert, operierte, hat operiert	Wir müssen das Knie sofort operieren.
die Operation, -en	Seit der Operation kann ich mein Knie nicht mehr bewegen.
das Opfer, -	Bei der Schiffskatastrophe gab es viele Opfer.
optimistisch	Glaubst du, dass du den Job bekommst. – Ja, ich bin ganz optimistisch.
die Orange, -n	Ich esse gern Orangen.
das Orchester, -	Auf unserer Hochzeit hat ein kleines Orchester gespielt.

ordentlich	1. Mein Bruder ist ein sehr ordentlicher Mensch.
	2. Auf seinem Schreibtisch sieht es immer sehr ordentlich aus.
die Ordination, -en (A) → Praxis	Die Ordination bleibt bis zum 7. Jänner geschlossen.
die Ordination, -en (A) → Sprechstunde	Frau Dr. Berger hat von 8 bis 12 Uhr Ordination.
ordnen, ordnet, ordnete, hat geordnet	Letztes Wochenende habe ich meine Papiere geordnet.
der Ordner, -	Für meine Übungen im Deutschkurs habe ich mir einen Ordner gekauft.
die Ordnung	1. Mach mal etwas Ordnung in deinem Zimmer!
	2. Bitte beachten Sie die Hausordnung.
	3. Mit dem Motor ist etwas nicht in Ordnung.
organisieren, organisiert, organisierte, hat organisiert	Für den nächsten Sommerurlaub habe ich schon alles organisiert.
die Organisation, -en	1. Die Organisation des Festes war sehr gut.
	2. Sind Sie Mitglied in einer Organisation?
das Original, -e	Das Original ist für Sie. Wir bekommen die Kopie.
original	Ich muss das originale Dokument abgeben.
der Ort, -e	Vergessen Sie Ort und Datum nicht.
der Vorort, -e	Mein Bruder wohnt in einem Vorort von Hamburg.
der Wohnort, -e	Tragen Sie bitte auch Ihren Wohnort ein.
der Ozean, -e	Dieses Schiff fährt über den Atlantischen Ozean.

P

(ein) paar	1. Ich komme gleich. Es dauert nur ein paar Minuten.
	2. Wir fahren mit ein paar Freunden in Urlaub.
das Paar, -e	1. Ina und Pedro sind ein Paar.
	2. Gestern habe ich mir ein Paar neue Schuhe gekauft.

packen, packt, packte, hat gepackt	Ich muss noch meinen Koffer packen.
das Paket, -e	Hast du das Paket zur Post gebracht?
die Panne, -n	1. Kurz vor München hatten wir eine Panne mit dem Auto.
	2. Die Reise war schlecht organisiert, es gab mehrere Pannen.
das Papier, -e	1. Hast du ein Blatt Papier für mich?
	2. Bitte bringen Sie zu dem Termin alle Papiere mit.
der Paradeiser, - (A) → Tomate	Kauf bitte noch Paradeiser auf dem Markt.
parallel	Die Goethestraße ist parallel zur Hauptstraße.
das Parfüm, -s	Zum Geburtstag habe ich von meinem Mann ein Parfüm bekommen.
der Park, -s	Ich gehe gern im Park spazieren.
parken, parkt, parkte, hat geparkt (D, A) → CH: parkieren	1. Hier dürfen Sie nicht parken.
	2. Hier ist das Parken verboten.
parkieren, parkiert, parkierte, hat parkiert (CH) → D, A: parken	1. Hier dürfen Sie nicht parkieren.
	2. Hier ist das Parkieren verboten.
der Partner, - die Partnerin, -nen	1. Wir haben das Geschäft zusammen. Wir sind Partner.
	2. Beide Partner kümmern sich um die Kinder.
	3. Herr Aydin ist mein Geschäftspartner.
die Party, -s	Letzte Woche war ich auf einer Geburtstagsparty.
der Pass, ¨-e	1. Ich muss meinen Pass verlängern lassen.
	2. Im Hotel brauchst du bei der Anmeldung deinen Pass.
der Passagier, -e die Passagierin, -nen	Die Passagiere Schulz und Kaufmann sollen bitte zur Information kommen.
passen, passt, passte, hat gepasst	1. Der Pullover passt mir nicht mehr.
	2. Wann soll ich kommen? Passt es Ihnen morgen Abend?
	3. Passt das T-Shirt zu diesem Rock?
passieren, passiert, passierte, ist passiert	1. Entschuldigung! – Kein Problem. Es ist nichts passiert.
	2. Wie ist der Unfall passiert?
	3. Man hat mir die Brieftasche gestohlen. – Das ist mir auch schon passiert.
passiv	Man sollte im Kurs nicht passiv sein, sondern mitdiskutieren.

der Patient, -en die Patientin, -nen	Ich bin Patientin bei Dr. Hausner. Ich möchte bitte einen Termin.
pauschal	Sie haben die Reise pauschal gebucht.
die Pause, -n	Wir machen zehn Minuten Pause.
das Pech	1. Es regnet. Unser Picknick fällt leider aus. – So ein Pech! 2. Wir hatten im Urlaub Pech mit dem Wetter.
peinlich	1. Das muss dir nicht peinlich sein. 2. Das war eine peinliche Situation.
die Pension, -en	Im Urlaub haben wir in einer kleinen Pension gewohnt.
die Pension, -en (A, CH) → D, CH: Rente	Sie ist 67 und bekommt jetzt eine gute Pension.
in Pension gehen/sein (D, A) → D: in Rente gehen/ sein; D, CH: pensioniert werden/sein	1. Ich gehe Ende des Jahres in Pension. 2. Mein Nachbar ist seit zehn Jahren in Pension.
pensioniert werden/sein (D, CH) → D, A: in Pension gehen/sein; D: in Rente gehen/sein	1. Ich werde Ende des Jahres pensioniert. 2. Mein Nachbar ist seit zehn Jahren pensioniert.
der Pensionist, -en / die Pensionistin, -nen (A) → D, CH: Rentner	Meine Großmutter arbeitet nicht mehr. Sie ist Pensionistin.
per	Wie kann ich mich für den Kurs anmelden? – Per Fax oder E-Mail.
perfekt	Die Reiseorganisation war perfekt.
der Perron, -s (CH) → D, A: Bahnsteig	Auf Hauptbahnhöfen gibt es meist viele Perrons.
die Person, -en	Eintritt pro Person: 2 Euro.
persönlich	1. Hier gibt es zu viele Autos. Das ist meine persönliche Meinung. 2. Ich muss Herrn Meier persönlich sprechen.
die Personalien (Pl.)	Mein Kollege wird Ihre Personalien aufnehmen.
der Personenstand → D, A: Familienstand; CH: Zivilstand	Bei „Personenstand" musst du „ledig" ankreuzen.
das Personal	Dieser Eingang ist nur für das Personal.
die Pfanne, -n (CH) → D, A: Topf	Hast du keine größere Pfanne? Ich möchte Kartoffeln kochen.

der Pfeffer	Bringen Sie uns bitte Pfeffer und Salz.
pflanzen, pflanzt, pflanzte, hat gepflanzt	Lass uns einen Baum pflanzen!
die Pflanze, -n	Wenn wir im Urlaub sind, gießt die Nachbarin unsere Pflanzen.
das Pflaster, -	Hast du ein Pflaster? Ich habe mich geschnitten.
die Pflaume, -n	Ich esse gern Pflaumen und noch lieber Pflaumenkuchen.
pflegen, pflegt, pflegte, hat gepflegt	Meine Mutter ist sehr krank. Ich muss sie pflegen.
der Pfleger, - die Pflegerin, -nen	Meine Freundin ist Pflegerin in einem Altersheim.
die Pflicht, -en	Als Autofahrer müssen Sie eine Versicherung haben. Das ist Pflicht.
die Phantasie/Fantasie, -n	Mein Sohn malt sehr gut. Er hat viel Phantasie.
das Picknick, -s die Pille, -n	Am Sonntag machen wir ein Picknick. Der Arzt hat mir neue Pillen verschrieben.
der Pilz, -e → A: Schwammerl	Haben Sie frische Pilze?
die Pizza, -s/Pizzen	Lass uns eine Pizza bestellen!
das Plakat, -e	Im Unterricht haben wir ein Plakat gemacht.
planen, plant, plante, hat geplant	1. Wir haben geplant, diesmal im Urlaub nach Österreich zu fahren. 2. Unser Familientreffen ist für Juni geplant.
der Plan, ¨-e	1. Was macht ihr im Sommer? – Ich weiß noch nicht, wir haben noch keine Pläne. 2. Haben Sie einen Plan von Berlin?
die Planung, -en	Unsere Planung für das Sommerfest steht schon lange.
das Plastik	Was für ein Spielzeug möchten Sie? Aus Plastik oder aus Holz?
der Platz, ¨-e	1. In unserer Wohnung haben wir nicht genug Platz. 2. Ist dieser Platz noch frei? 3. Nehmen Sie bitte Platz. 4. Die Post ist auf dem Platz, direkt am Markt.
plötzlich	Es war zuerst so schön. Plötzlich hat es angefangen zu regnen.

die Politik — Ich interessiere mich nicht für Politik.

der Politiker, - / die Politikerin, -nen — Weißt du, wie dieser Politiker heißt?

politisch — 1. Ich diskutiere mit meinem Mann oft über politische Probleme.
2. Die politischen Meinungen zum Thema Umwelt sind sehr verschieden.

die Polizei — 1. Rufen Sie bitte die Polizei.
2. Er arbeitet bei der Polizei.

der Polizist, -en / die Polizistin, -nen — Die Ampel war kaputt. Ein Polizist hat den Verkehr geregelt.

die Pommes frites (Pl.) — Die Kinder essen gern Würstchen mit Pommes frites.

populär — Diese Musik ist bei Jugendlichen populär.

das Portemonnaie/Portmonee, -s (D, CH) → Brieftasche; A: Geldbörse — Ich habe nur Kleingeld in meinem Portemonnaie.

die Portion, -en — Bitte, eine große Portion Sahne!

positiv — 1. Wir haben eine positive Nachricht für Sie. Sie bekommen die Stelle.
2. Man muss positiv denken.

die Post — 1. Die Post macht erst um 8 Uhr auf.
2. Meine Frau arbeitet bei der Post.
3. Ist Post für mich da?

die Postleitzahl, -en — Weißt du die Postleitzahl der Kollwitzstraße in Berlin?

der Pöstler, - / die Pöstlerin, -nen (CH) → Briefträger — War die Pöstlerin schon da?

das Poulet, -s (CH) → D: Hähnchen/Hühnchen; A: Hend(e)l — Zum Mittagessen gibt es Poulet mit Reis.

das Praktikum, Praktika — Ich mache diesen Sommer drei Monate ein Praktikum bei einer Firma.

der Praktikant, -en / die Praktikantin, -nen — Bei dieser Firma habe ich zwei Jahre als Praktikantin gearbeitet.

praktisch — 1. Ich finde diese Küchenmaschine sehr praktisch.
2. Ich habe letzte Woche den Führerschein gemacht. Jetzt fehlt mir noch praktische Erfahrung.
3. Dieses Handy kann praktisch alles, was ein Computer kann.

präsentieren — Präsentieren Sie Ihre Ergebnisse bitte im Kurs.

die Präsentation, -en — Die Schülerin hat für ihre Präsentation eine gute Note bekommen.

die Praxis — Das ist die Theorie. In der Praxis ist vieles ganz anders.

die Praxis, Praxen → A: Ordination — Die Arztpraxis bleibt bis zum 7. Januar geschlossen.

der Preis, -e — 1. Die Preise sind schon wieder gestiegen.
2. Wer hat den ersten Preis gewonnen?

preiswert — Die Jacke ist sehr preiswert.

die Presse — Darüber konnte sich jeder in der Presse informieren.

prima — Mit diesen Leuten verstehe ich mich prima.

privat — 1. Hier meine Nummer im Büro und meine private Nummer.
2. Über meine Probleme möchte ich nicht sprechen. Das ist privat.
3. Ich treffe meine Arbeitskollegen auch privat.

pro — Eintritt pro Person: zwei Euro.

probieren, probiert, probierte, hat probiert — 1. Haben Sie dieses Waschmittel schon einmal probiert?
2. Ich habe probiert, die Zeitung zu lesen, aber es war zu schwer.
3. Darf ich die Schuhe anprobieren?

probieren, probiert, probierte, hat probiert (D, CH) → A: kosten — Möchten Sie den Käse mal probieren?

das Problem, -e — José spricht nicht gern über seine Probleme.

produzieren, produziert, produzierte, hat produziert — Unsere Firma produziert Feuerzeuge.

das Produkt, -e — 1. Unsere Produkte haben eine hohe Qualität.
2. Der Arzt sagt, ich soll keine fertigen Produkte essen.

die Produktion — Die Produktion von Käse dauert oft viele Wochen.

der Professor, -en / die Professorin, -nen — Unsere Nachbarin ist Professorin an der Universität.

der Profi, -s — Keine Angst. Mein Bruder kann die Heizung bestimmt reparieren. Er ist doch ein Profi.

der Profisportler, - / die Profisportlerin, -nen — Mein Sohn möchte Profisportler werden.

das Programm, -e — 1. Hast du schon ins Programm geguckt? Gibt es heute im Fernsehen einen schönen Film?
2. Mit welchen Programmen arbeitest du am Computer?

das Projekt, -e — Der Staat fördert Projekte für Kinder und Jugendliche.

der Prospekt, -e — Bitte schicken Sie mir einen Prospekt von Ihrem Hotel.

Prost — Wir trinken auf Ihre Gesundheit! Prost!

protestieren, protestiert, protestierte, hat protestiert — Wir protestieren gegen den Bau der Autobahn.

der Protest, -e — Alle Proteste haben nichts genützt.

der Prozess, -e — Der Prozess wird direkt aus dem Gerichtssaal im Fernsehen übertragen.

prüfen, prüft, prüfte, hat geprüft — Bitte prüfen Sie sofort, ob die Rechnung stimmt.

die Prüfung, -en — Mein Freund hat die Prüfung bestanden.

das Publikum — Es war ein tolles Konzert. Das Publikum war begeistert.

der Pullover, - — Ich habe mir einen Pullover gekauft.

der Punkt, -e — 1. Das Konzert beginnt um Punkt 20 Uhr.
2. Beim letzten Satz fehlt der Punkt.
3. Diesen Punkt haben wir noch nicht besprochen.

pünktlich — 1. Seien Sie bitte pünktlich.
2. Der Bus fährt pünktlich um acht Uhr.

die Puppe, -n — Unsere kleine Tochter bekommt zum Geburtstag eine Puppe.

putzen, putzt, putzte, hat geputzt — 1. Ich muss heute noch die Wohnung putzen.
2. Hast du dir schon die Zähne geputzt?

Q

die Qualifikation, -en — Für diese Arbeit haben Sie gute Qualifikationen.

die Qualität, -en — Für mich ist nicht nur der Preis wichtig, sondern auch die Qualität.

das Quartier, -e (CH) → D, A: Viertel — Wir wohnen in einem schönen Quartier.

quer — Ich muss zu meiner Arbeit quer durch die ganze Stadt fahren.

die Quittung, -en — Brauchen Sie eine Quittung?

das Quiz — Er hat beim Quiz gewonnen.

R

der Rabatt, -e — Sie bekommen zehn Prozent Rabatt.

das Rad, ¨-er — Hast du noch ein Rad? Ich bin durch Glas gefahren und jetzt ist mein Rad kaputt.

das Rad, ¨-er (D, A) → Fahrrad; CH: Velo — 1. Sie fährt jeden Morgen mit dem Rad zur Arbeit.
2. Am Sonntag fahren wir oft Rad.

der Radfahrer, - / die Radfahrerin, -nen — Achtung! Da kommt eine Radfahrerin.

das Radio, -s — 1. Ich möchte mir ein neues Radio kaufen.
2. Ich höre gern Radio.

der (Schlag-)Rahm (CH) → D: (Schlag-)Sahne, A: (Schlag-)Obers — Ich hätte gern ein Stück Torte mit (Schlag-)Rahm.

der Rand, ¨-er — Wir wohnen am Rand der Innenstadt. Dort ist es billiger und ruhiger.

der Rasen, - — Bitte den Rasen nicht betreten!

(sich) rasieren, rasiert, rasierte, hat rasiert — Dein Bart ist aber lang! Du solltest dich mal wieder rasieren.

raten, rät, riet, hat geraten — 1. Ich möchte billig Urlaub machen. Was raten Sie mir?
2. Rate mal, wen ich heute getroffen habe! Deinen Lehrer.

der Rat — Was soll ich machen? Können Sie mir einen Rat geben?

Ratschlag, ¨-e — Meine Tochter nimmt meine Ratschläge nicht an.

das Rätsel, - — Ich kann dieses Rätsel nicht lösen.

das Rathaus, ¨-er — 1. Hier links sehen Sie das Rathaus.
2. Die Wahl findet im Rathaus statt.

rauchen, raucht, rauchte, hat geraucht — 1. Hier ist das Rauchen verboten!
2. Stört es Sie, wenn ich rauche?

der Raucher, - 1. Gibt es hier ein Zimmer für Raucher?
die Raucherin, -nen 2. Ich bin keine Raucherin. Ich bin Nichtraucherin.

der Raum, ̈-e   Getränke gibt es im Raum nebenan.

rauf/rauf-   1. Hier ist die Treppe, also los, schnell rauf!
2. Möchtest du nicht raufkommen?

raus/raus-   1. Willst du rein oder raus?
2. Er ist gerade rausgelaufen.

reagieren, reagiert, reagierte, hat reagiert   Ich habe dem Vermieter geschrieben, aber er hat noch nicht reagiert.

die Reaktion, -en   Diese Reaktion ist typisch für ihn.

realisieren, realisiert, realisierte, hat realisiert   1. Diese Pläne sind nicht zu realisieren.
2. Ich habe nicht realisiert, dass die Zeit schon um ist.

die Realität, -en   Das gefällt dir nicht? Aber das ist die Realität.

realistisch   Ich glaube nicht, dass du für das Auto noch so viel Geld bekommst. Das ist nicht realistisch.

die Recherche, -n   Für diesen Bericht waren viele Recherchen nötig.

rechnen, rechnet, rechnete, hat gerechnet   1. Meine Tochter kann gut rechnen.
2. Im/In Rechnen hat sie eine Eins.
3. Mit solchen Schwierigkeiten hatten wir nicht gerechnet.

der Rechner, -   Mein Rechner ist kaputt.

die Rechnung, -en   1. Bitte, die Rechnung!
2. Brauchen Sie für diese Reparatur eine Rechnung?

das Recht, -e   1. Nach deutschem Recht kann er dafür nicht bestraft werden.
2. Ich hatte Vorfahrt. Ich war im Recht.
3. Die Rechnung stimmt nicht? Dann haben Sie das Recht, das Geld zurückzubekommen.

rechtlich   Wir beraten Sie in rechtlichen Fragen.

recht   1. Ist es Ihnen recht, wenn ich morgen vorbeikomme?
2. Da haben Sie recht.
3. Da muss ich Ihnen recht geben.

rechts   1. An der nächsten Kreuzung müssen Sie rechts abbiegen.
2. Der Bahnhof ist da vorne rechts.

recht-   Ich habe mir den rechten Arm gebrochen.

rechtzeitig   Bitte weck mich rechtzeitig. Ich muss pünktlich sein.

reden, redet, redete, hat geredet   Worüber habt ihr gestern geredet?

die Rede, -n   Der Präsident hat eine Rede gehalten.

reduzieren, reduziert, reduzierte, hat reduziert   1. Wir haben jetzt unsere Preise reduziert.
2. Ist dieser Pullover auch reduziert?

das Referat, -e   Vielen Dank für dieses interessante Referat.

die Reform, -en   Die Regierung plant für nächstes Jahr eine Reform. Die Steuern sollen steigen.

das Regal, -e   Das Buch steht im Regal oben rechts.

die Regel, -n   1. Im Straßenverkehr sind viele Regeln zu beachten.
2. Wie geht dieses Spiel? Kennst du die Regeln?
3. In der Regel geht sie um sieben Uhr aus dem Haus.

regelmäßig   Sie müssen die Tabletten regelmäßig nehmen.

regeln, regelt, regelte, hat geregelt   Die Ampel ist kaputt. Ein Polizist regelt den Verkehr.

regnen, es regnet, es regnete, es hat geregnet   Es hat gestern den ganzen Tag geregnet.

der Regen   Bei Regen fällt das Konzert aus.

die Region, -en   1. In der Rhein-Main-Region sind die Mieten sehr hoch.
2. Die Milch ist aus der Region.

regional   Du kannst mit einer Regionalbahn fahren. Das ist billiger.

reich   Wenn ich reich wäre, würde ich eine Weltreise machen.

reichen, reicht, reichte, hat gereicht   1. Ich nehme nur eine Suppe. Das reicht mir.
2. Wie lange reicht das Papier noch? Ich glaube, wir müssen neues bestellen.

reif   Die Banane kannst du nicht essen. Sie ist noch nicht reif.

der Reifen, -   Ihr Wagen braucht neue Reifen.

die Reihe, -n   1. Ich habe Karten für das Konzert. Wir sitzen in der dritten Reihe.
2. Wer ist jetzt an der Reihe?

die Reihenfolge, -n

Achten Sie auf die Reihenfolge der Inhaltspunkte.

rein

1. Der Pullover ist aus reiner Wolle.
2. Es war reiner Zufall, dass ich die Uhr wiedergefunden habe.
3. Das Wasser ist so rein, dass man es trinken kann.

reinigen, reinigt, reinigte, hat gereinigt

Ich möchte diesen Anzug reinigen lassen.

die Reinigung, -en

1. Die Reinigung des Büros ist nicht teuer.
2. Kannst du bitte die Bluse in die Reinigung bringen?

der Reis

Eine Portion Huhn mit Reis, bitte.

reisen, reist, reiste, ist gereist

Ich reise gern nach Spanien.

die Reise, -n

1. Wir haben eine Reise nach Österreich gebucht.
2. Auf der Reise haben wir nette Leute kennengelernt.

das Reisebüro, -s

Wir haben die Reise im Reisebüro gebucht.

reiten, reitet, ritt, ist geritten

Möchtest du gerne reiten lernen?

die Reklame, -n

Ich möchte keine Reklame im Briefkasten.

der Rekord, -e

Es gibt einen neuen Rekord im Schwimmen.

relativ

Die Wohnung ist relativ groß, aber sehr teuer.

die Religion, -en

Religion ist für manche Menschen sehr wichtig.

rennen, rennt, rannte, ist gerannt

Ich bin sehr schnell gerannt, aber der Bus war schon weg.

die Rente, -n (D, CH) → A, CH: Pension

Sie ist 67 und bekommt jetzt eine gute Rente.

in Rente gehen/sein (D) → D, A: in Pension gehen/ sein; CH, D: pensioniert werden/sein

1. Ich gehe Ende des Jahres in Rente.
2. Mein Nachbar ist seit zehn Jahren in Rente.

der Rentner, - die Rentnerin, -nen (D, CH) → A: Pensionist

Meine Großmutter arbeitet nicht mehr. Sie ist Rentnerin.

reparieren, repariert, reparierte, hat repariert

Das Fahrrad kann man leider nicht mehr reparieren.

die Reparatur, -en

Eine Reparatur wäre zu teuer.

die Reportage, -n

Hast du die Reportage über Afrika gesehen?

der Reporter, - die Reporterin, -nen

Die Reporterin macht gerade ein Interview.

reservieren, reserviert, reservierte, hat reserviert

1. Dieser Tisch ist reserviert.
2. Bitte reservieren Sie mir ein Doppelzimmer.

die Reservierung, -en

Was kostet eine Reservierung?

der Respekt

1. Ich habe großen Respekt vor meinem Lehrer.
2. Du solltest ihr mehr Respekt entgegenbringen.
3. Ich habe bei der Prüfung alle Punkte erreicht! – Respekt!

der Rest, -e

1. Hier sind 100 Euro. Den Rest gebe ich dir später.
2. Es ist noch ein Rest Wein da. Möchtest du noch?

das Restaurant, -s

Wir essen heute im Restaurant.

retten, rettet, rettete, hat gerettet

Der Arzt konnte das Kind noch retten.

das Rezept, -e

1. Diese Schmerztabletten gibt es nur auf Rezept.
2. Weißt du ein gutes Rezept für Gemüsesuppe?

die Rezeption/Reception, -en

Geben Sie bitte den Schlüssel an der Rezeption ab.

der Richter, - die Richterin, -nen

Der Richter hat noch kein Urteil gesprochen.

richtig

1. Was Sie da sagen, ist richtig.
2. Geht Ihre Uhr richtig?
3. Das ist nicht die richtige Größe.

die Richtung, -en

1. Der Zug in Richtung Köln hat Verspätung.
2. Wo ist der Bahnhof? In welche Richtung muss ich fahren?

riechen, riecht, roch, hat gerochen

1. Dieses Parfüm riecht sehr gut.
2. Im ganzen Haus riecht es nach Farbe.
3. Ich bin erkältet. Ich kann nichts riechen.

riesig

1. Die Stadt ist riesig.
2. Ich habe mich über das Geschenk riesig gefreut.

das Rind, -er

Ich esse nur Fleisch vom Rind.

der Ring, -e

Ich habe meinen Ring verloren.

das Risiko, Risiken — Ich nehme keinen Kredit auf. Das Risiko ist mir zu hoch.

der Rock, ¨-e — Diese Bluse passt nicht zu meinem Rock.

roh — Du kannst das nicht essen. Das Fleisch ist noch roh.

das (Back-)Rohr, -e (A) → D, CH: (Back-)Ofen — Ich habe gerade eine Pizza gemacht. Sie ist ganz frisch aus dem Rohr.

die Rolle, -n
1. Die Schauspielerin hat ihre Rolle sehr gut gespielt.
2. Geld spielt in diesem Fall keine Rolle.

der Roman, -e — Ich lese gern Romane.

die Rose, -n — Rote Rosen sind ein schönes Geschenk.

der Rucksack, ¨-e — Ich brauche nicht viel. Ich nehme nur meinen Rucksack mit.

rück-
   die Rückfahrt, -en — Auf der Rückfahrt besuche ich meine Eltern.

   die Rückkehr — Nach meiner Rückkehr haben wir ein großes Fest gefeiert.

   rückwärts — Ich bin rückwärts aus der Garage gefahren.

der Rücken, - — Mir tut der Rücken weh.

die Rücksicht, -en — Nehmen Sie bitte Rücksicht auf die anderen Gäste.

das Rüebli, - (CH) → Karotte; D: Möhre — Hasen fressen gern Rüebli.

rufen, ruft, rief, hat gerufen
1. Ich habe die Kinder gerufen, aber sie haben mich nicht gehört.
2. Wir haben sofort einen Arzt gerufen.

   die Rufnummer, -n — Wir möchten Sie gerne anrufen. Wie ist Ihre Rufnummer?

die Ruhe
1. Ruhe, bitte!
2. Lass mich jetzt endlich in Ruhe!
3. Ich brauche meine Ruhe.

   ruhig
1. Ich suche ein ruhiges Zimmer.
2. Nachts ist es hier in der Straße sehr ruhig.
3. Du kannst ruhig rauchen.

rund
1. Wir haben für unser Wohnzimmer einen runden Tisch gekauft.
2. Bis Berlin sind es noch rund 40 Kilometer.

die Runde, -n
1. Ich laufe jeden Tag fünf Runden im Park.
2. Wir müssen über die Probleme sprechen. Am besten mit allen in einer Runde.

die Rundfahrt, -en — Am zweiten Tag haben wir eine Rundfahrt durch den Hafen gemacht.

S

der Saal, Säle — Für unsere Familienfeier haben wir einen kleinen Saal gemietet.

die Sache, -n
1. Wir haben unsere Sachen im Hotel gelassen.
2. Er hat zum Geburtstag viele Sachen bekommen.
3. Das geht mich nichts an. Das ist Ihre Sache.

der Sack, ¨-e
1. Ich hätte gern einen Sack Kartoffeln.
2. Wo soll ich die Säcke mit dem Müll hinstellen?

der Saft, ¨-e — Ich trinke gern Apfelsaft.

sagen, sagt, sagte, hat gesagt
1. Entschuldigung! Was haben Sie gesagt?
2. Können Sie mir bitte sagen, wo hier ein Geldautomat ist?
3. Wie sagt man „sorry" auf Deutsch?
4. Sag mal, wie geht's dir denn?

die (Schlag-)Sahne (D) → A: (Schlag-)Obers; CH: (Schlag-)Rahm — Ich hätte gern ein Stück Torte mit Sahne.

die Saison, -s — Urlaub in den Schulferien ist immer teurer. Das ist die Saison mit den höchsten Preisen.

der Salat, -e — Möchten Sie zum Fisch einen Salat?

die Salbe, -n — Diese Salbe gibt es nur auf Rezept.

der Salon, -s — Sie arbeitet als Friseurin in einem Salon.

das Salz, -e — Gib mir bitte mal das Salz!

   salzig — Dieses Essen ist zu salzig für mich.

sammeln, sammelt, sammelte, hat gesammelt
1. Mein Bruder sammelt Briefmarken.
2. Im Herbst sammeln wir im Wald Pilze.

sämtliche — Sämtliche Fenster müssen geschlossen bleiben.

der Sand — Die Kinder spielen gern im Sand.

der Sänger, -
die Sängerin, -nen

Wie findest du diesen Sänger? – Ich finde seine Stimme toll.

satt

Möchten Sie noch etwas? – Nein danke, ich bin satt.

der Satz, ¨-e

Den letzten Satz verstehe ich nicht.

sauber

1. Bringen Sie mir bitte ein sauberes Glas!
2. Ich muss noch das Bad sauber machen.

sauer

1. Die Äpfel sind mir zu sauer.
2. Die Milch ist sauer.
3. Immer kommst du zu spät. Ich bin wirklich sauer auf dich.

die Schachtel, -n

1. Ich hätte gern eine Schachtel Zigaretten.
2. Meiner Mutter schenke ich eine Schachtel Pralinen.

schade

1. Ich kann leider nicht mitkommen. – Das ist aber schade!
2. Schade, dass du nicht mitkommen kannst.

schaden, schadet, schadete, hat geschadet

Ein kleines Glas Wein kann nicht schaden.

der Schaden, ¨-

Ich hatte einen Unfall mit dem Auto. Jetzt muss ich den Schaden der Versicherung melden.

schädlich

Rauchen ist schädlich für die Gesundheit.

schaffen, schafft, schaffte, hat geschafft

Kannst du mir helfen, die Party vorzubereiten? Ich schaffe das nicht allein.

schalten, schaltet, schaltete, hat geschaltet

1. Schalten Sie bitte das Licht aus, wenn Sie gehen.
2. Kannst du bitte den Fernseher einschalten. Jetzt kommen gleich die Nachrichten.
3. Du musst jetzt in den ersten Gang schalten.

der Schalter, -

1. Der Lichtschalter ist rechts neben der Tür.
2. Briefmarken bekommen Sie am Schalter 3.

scharf

1. Bei uns zu Hause essen wir immer sehr scharf.
2. Hast du kein schärferes Messer?

der Schatten, -

Gestern hatten wir 25 Grad im Schatten.

schätzen, schätzt, schätzte, hat geschätzt

1. Wie alt ist der Chef? – Ich weiß nicht, ich schätze, um die Fünfzig.
2. Ich schätze deine gute Arbeit.

schauen, schaut, schaute, hat geschaut

Schau mal! Da vorne ist noch ein Platz frei.

zuschauen

Möchtest du beim Fußballspiel zuschauen?

das Schaufenster, -

Ich habe im Schaufenster eine schicke Bluse gesehen.

der Schauspieler, -
die Schauspielerin, -nen

Der Film war toll. Die Schauspieler waren sehr gut.

die Scheibe, -n

1. Fünf Scheiben Käse, bitte.
2. Die Scheiben sind ganz schmutzig. Ich muss die Fenster putzen.

sich scheiden lassen, lässt sich scheiden, ließ sich scheiden, hat sich scheiden lassen

Meine Nachbarn haben sich scheiden lassen.

geschieden

Meine Kollegin ist geschieden.

die Scheidung, -en

Wann war die Scheidung?

der Schein, -e

1. Kannst du einen Schein in Kleingeld wechseln?
2. Hast du Kleingeld für den Automaten? Ich habe nur Scheine.

scheinen, scheint, schien, hat geschienen

1. Gestern hat es geregnet. Heute scheint wieder die Sonne.
2. Mein Kollege scheint krank zu sein. Er war heute nicht im Büro.

schenken, schenkt, schenkte, hat geschenkt

Wir wollen dir zum Geburtstag etwas schenken.

die Schere, -n

Die Schere hier schneidet schlecht. Hast du noch eine andere?

schicken, schickt, schickte, hat geschickt

1. Ich habe meinen Freunden eine Einladung zur Hochzeit geschickt.
2. Schick mir doch eine E-Mail.
3. Ich habe die Kinder einkaufen geschickt. Wir haben keine Milch mehr zu Hause.

schieben, schiebt, schob, hat geschoben

1. Leider ist mein Fahrrad kaputtgegangen. Ich musste es nach Hause schieben.
2. Wir können den Schrank links an die Wand schieben; dann haben wir mehr Platz.

schief

Der Spiegel hängt ganz schief.

schießen, schießt, schoss, hat geschossen

Unsere Mannschaft hat ein Tor geschossen.

das Schiff, -e

Sind Sie mit dem Schiff oder mit dem Flugzeug gekommen?

das Schild, -er

1. Kannst du lesen, was dort auf dem Schild steht?
2. Machen Sie bitte das Schild ab? Der Pullover ist ein Geschenk.

schimpfen, schimpft, schimpfte, hat geschimpft

1. Der Arzt hat mit mir geschimpft, weil ich zu wenig Sport mache.
2. Alle schimpfen über/auf das Wetter.

der Schinken, -

Bitte, ein Brötchen mit Schinken.

der Schirm, -e

Es regnet. Hast du einen Schirm dabei?

schlafen, schläft, schlief, hat geschlafen

1. Haben Sie gut geschlafen?
2. Wenn Sie mal nach München kommen, können Sie bei uns schlafen.

der Schlaf

1. Das Kind macht jeden Tag nach dem Mittagessen einen kurzen Schlaf.
2. Genügend Schlaf ist wichtig für die Gesundheit.

schlagen, schlägt, schlug, hat geschlagen

1. Wer hat den Weltmeister geschlagen?
2. Ich muss einen Nagel in die Wand schlagen. Wo ist der Hammer?
3. Das Herz schlug mir bis zum Hals.

der/das (Schlag-)Obers (A) → D: (Schlag-)Sahne; CH: (Schlag-)Rahm

Ich hätte gern ein Stück Torte mit Schlagobers.

die Schlange, -n

Auf der Post gibt es immer eine lange (Warte-)Schlange.

schlank

In diesem Kleid siehst du sehr schlank aus.

schlecht

1. Das Wetter ist schlecht.
2. Du siehst aber schlecht aus. Bist du krank?
3. Es geht mir schlecht. Ich habe Fieber.
4. Ich habe zu viel gegessen. Jetzt ist mir schlecht.
5. Hier ist schlechte Luft. Mach bitte das Fenster auf.
6. Stell die Milch in den Kühlschrank. Sonst wird sie schlecht.
7. Die Bezahlung in dieser Firma ist schlecht.
8. Die Verbindung ist schlecht. Ich höre dich nicht gut.
9. Der Film war nicht schlecht. Er hat mir ganz gut gefallen.

schließen, schließt, schloss, hat geschlossen

1. Bitte, schließen Sie die Tür.
2. Die Tür schließt automatisch.
3. Die Banken sind am Samstag geschlossen.
4. Wir schließen um 20.00 Uhr.
5. Wann können wir den Mietvertrag abschließen?
6. Ich hatte die Papiere in den Schreibtisch eingeschlossen.
7. Du kannst die Datei schließen. Ich bin fertig.
8. Sie mussten die Firma leider schließen.

schließlich

1. Ich musste lange warten. Aber schließlich habe ich den Job doch noch bekommen.
2. Ich helfe dir natürlich. Du bist schließlich mein Freund.

schlimm

1. Die Wunde sieht schlimm aus.
2. Keine Angst. Das ist nicht so schlimm.

das Schloss, ¨-er

1. An unserer Wohnungstür ist das Schloss kaputt.
2. Wir haben am Wochenende ein Schloss besichtigt.

der Schluss

1. Ich muss jetzt Schluss machen. Es klingelt an der Tür.
2. Zum Schluss nochmals herzlichen Dank.

der Schlüssel, -

Ich kann meine Schlüssel nicht finden.

schmal

Hier kannst du nicht parken. Die Straße ist zu schmal.

schmecken, schmeckt, schmeckte, hat geschmeckt

1. Hat es Ihnen geschmeckt?
2. Die Suppe schmeckt nach Knoblauch.

der Schmerz, -en

1. Haben Sie Schmerzen?
2. Ich kann vor Schmerzen nicht laufen.

das Schmerzmittel, -

Sie haben Zahnschmerzen? Ich verschreibe Ihnen ein Schmerzmittel.

schminken, schminkt, schminkte, hat geschminkt

Du bist heute sehr schön geschminkt.

der Schmuck

Dieser Schmuck ist von meiner Großmutter.

der Schmutz

Du hast Schmutz an deinen Schuhen.

schmutzig

1. Leg bitte die schmutzige Wäsche in die Waschmaschine.
2. Das Handtuch ist schmutzig.

verschmutzen, verschmutzt, verschmutzte, hat verschmutzt

Die Fabrik verschmutzt den Fluss.

der Schnee

Im Februar gibt es oft viel Schnee.

schneien, es schneit, es schneite, es hat geschneit

Heute Nacht hat es geschneit.

(sich) schneiden, schneidet, schnitt, hat geschnitten

1. Das Messer schneidet nicht.
2. Hast du ein Pflaster? Ich habe mich geschnitten.

3. Wann lässt du deine Haare schneiden?

schnell
1. Warum fährst du so schnell?
2. Bitte sagen Sie mir so schnell wie möglich Bescheid.
3. Ich bin gleich fertig, ich muss nur noch schnell telefonieren.

das Schnitzel, -
Bitte ein Schnitzel mit Kartoffeln und Salat.

der Schnupfen
Ich habe Schnupfen. Welches Medikament empfehlen Sie?

die Schokolade
1. Ich habe eine Tafel Schokolade gegessen.
2. Bringen Sie mir bitte eine Tasse heiße Schokolade.

schon
1. Ist das Essen schon fertig?
2. Mirko ist erst fünf. Aber er kann schon lesen.
3. Karl ist schon über 60. Aber er ist noch sehr fit.
4. Mach schon, ich kann nicht länger warten.
5. Keine Sorge. Es wird schon klappen.
6. Kommst du mit spazieren? – Ich hätte schon Lust, aber ich muss arbeiten.
7. Ich mag keine Kartoffeln. Und du? – Ich schon.

schön
1. Ich finde eure Wohnung sehr schön.
2. Es ist schön heute.
3. Wir wünschen Ihnen einen schönen Aufenthalt in Kiel.
4. Schöne Grüße von Herrn Meier.
5. Möchten Sie noch eine Tasse Kaffee? – Nein, danke schön.
6. Schön, dass du kommst.
7. Ich muss noch arbeiten. – Schön, dann bleiben wir zu Hause.

der Schrank, ⸚-e (D, CH) → A, CH: Kasten
Die Handtücher liegen im Schrank.

der Schreck(en)
Ich habe einen großen Schreck bekommen.

schrecklich
1. Heute ist eine schreckliche Hitze.
2. Das Restaurant war schrecklich voll.
3. Ich finde dieses Kleid schrecklich.
4. Auf der Autobahn ist ein schrecklicher Unfall passiert.

schreiben, schreibt, schrieb, hat geschrieben
1. Ich habe dir einen Brief geschrieben.
2. Ich schreibe dir eine E-Mail.
3. Mein Kugelschreiber schreibt nicht mehr.

aufschreiben
Ich habe mir deine Telefonnummer aufgeschrieben.

das Schreiben, -
Haben Sie mein Schreiben vom 3. März erhalten?

schreien, schreit, schrie, hat geschrien
1. Kinder, hört bitte auf, so laut zu schreien. – Ich muss arbeiten.
2. Unser Baby hat heute Nacht viel geschrien.

die Schrift, -en
Ich kann leider deine Schrift nicht lesen.

schriftlich
1. Die schriftliche Prüfung dauert einen halben Tag.
2. Wir brauchen von Ihnen eine schriftliche Bestätigung.
3. Sie müssen sich schriftlich anmelden.

der Schriftsteller, - die Schriftstellerin, -nen
Kennst du diese Schriftstellerin? Ich liebe ihre Bücher.

der Schritt, -e
1. Die Sprachschule ist nur ein paar Schritte von hier.
2. Du musst der Anleitung Schritt für Schritt folgen.

der Schuh, -e
Die neuen Schuhe sind mir zu eng.

die Schuld
Es ist nicht meine Schuld, dass das nicht geklappt hat.

schuld
Ich hatte einen Unfall. Aber ich war nicht schuld.

die Schulden (Pl.)
Jetzt habe ich alle meine Schulden bezahlt.

schuldig
Was bin ich Ihnen schuldig? – 50 Euro, bitte.

die Schule, -n
1. Meine Tochter geht schon in die Schule.
2. Nächste Woche fängt die Schule wieder an.
3. Die Schule ist gleich hier um die Ecke.

die Schularbeit, -en (A) → D: Klassenarbeit
Mein Sohn schreibt bei Schularbeiten immer gute Noten.

der Schüler, - die Schülerin, -nen
In der Klasse sind 25 Schülerinnen.

die Schulter, -n
Ich habe Schmerzen in der rechten Schulter.

die Schüssel, -n
Gibst du mir bitte eine Schüssel für den Salat?

schütteln, schüttelt, schüttelte, hat geschüttelt
Die Flasche muss man vor dem Öffnen schütteln.

schützen, schützt, schützte, hat geschützt
Diese Impfung schützt vor Grippe.

der Schutz
1. Das ist ein guter Schutz gegen Kälte.
2. Alle reden heute über den Schutz der Umwelt.

schwach
1. Ich bin noch nicht gesund. Ich fühle mich noch sehr schwach.
2. Die Tabletten sind zu schwach. Sie helfen nicht.

das Schwammerl, -n (A)
→ Pilz
Haben Sie frische Schwammerln?

schwanger
Meine Frau ist im dritten Monat schwanger.

die Schwangerschaft, -en
Sie dürfen während der Schwangerschaft nicht rauchen.

schweigen, schweigt, schwieg, hat geschwiegen
Sie sprach viel, aber ihr Mann schwieg den ganzen Abend lang.

schwer
1. Der Koffer ist viel zu schwer.
2. Die Prüfung war schwer.
3. Das ist eine schwere Arbeit.
4. Dieses Wort ist schwer zu erklären.

die Schwester, -n
1. Ich habe eine ältere Schwester und einen jüngeren Bruder.
2. Schwester Anna hat mir eine Schmerztablette gegeben.

Schwieger-
1. Wir besuchen morgen meine Schwiegereltern.
2. Mein Schwiegervater ist Lehrer.
3. Ich verstehe mich gut mit meiner Schwiegertochter.

schwierig
Die Prüfung war sehr schwierig.

die Schwierigkeit, -en
Ich hatte große Schwierigkeiten einen Parkplatz zu bekommen.

schwimmen, schwimmt, schwamm, ist geschwommen
1. Ich gehe regelmäßig schwimmen.
2. Kannst du schwimmen?

das Schwimmbad, ¨-er
Kommst du mit ins Schwimmbad?

schwitzen, schwitzt, schwitzte, hat geschwitzt
Es war sehr heiß. Wir haben alle sehr geschwitzt.

der See, -n
Unser Hotel war direkt am See.

die See
die Nord-/Ostsee
Im Sommer fahren wir immer an die See.

sehen, sieht, sah, hat gesehen
Warst du schon mal an der Nord/Ostsee?

1. Ich sehe nicht gut. Ich brauche eine Brille.
2. Ich habe einen schönen Film gesehen.
3. Wir haben uns lange nicht gesehen.
4. Darf ich mal Ihren Ausweis sehen?
5. Sieh mal! Es schneit.
6. Ich komme gleich wieder, ich muss mal schnell nach dem Essen sehen.
7. Was machst du im Urlaub? – Ich weiß noch nicht. Mal sehen.
9. Du siehst deiner Mutter sehr ähnlich.

die Sehenswürdigkeit, -en
Welche Sehenswürdigkeiten gibt es hier?

sehr
1. Ich habe mich sehr über Ihren Besuch gefreut.
2. Hier ist Ihr Essen. - Danke sehr.
3. Das Wetter ist heute sehr schön.

die Seife, -n
Hier gibt es keine Seife.

sein, ist, war, ist gewesen
1. Ich bin Mechaniker.
2. Das sind meine Kollegen.
3. Ich bin müde.
4. Das Auto ist jetzt fünfzehn Jahre alt.
5. Heute ist Montag.
6. Der Termin beim Zahnarzt ist erst übermorgen.
7. Um 11 Uhr ist Pause.
8. Herr Müller ist in seinem Zimmer.
9. Das Auto ist mir zu teuer.
10. Das ist schwer zu verstehen.
11. Mir ist kalt.
12. Mit Präposition wie: Das Licht ist an/aus.

seit
1. Wir wohnen seit dem 1. März in Dortmund.
2. Seit ich in Deutschland wohne, lerne ich Deutsch.

seitdem
Ich bin vor zwei Jahren nach Deutschland gekommen. Seitdem lerne ich Deutsch.

die Seite, -n
1. Das hier ist die Goethestraße. Ich wohne auf der linken Seite.
2. Der Text steht auf Seite 20.

der Sekretär, -e
die Sekretärin, -nen
Der neue Sekretär hat sich gestern vorgestellt.

selb-
Ich habe am selben Tag Geburtstag wie du.

selbst
Den Kuchen habe ich selbst gebacken.

selber
Sie will das selber machen.

selbstständig
1. Jetzt bin ich angestellt. Früher war ich selbstständig.
2. Wir suchen eine Sekretärin, die selbstständig arbeiten kann.

selbstverständlich
Selbstverständlich sagen wir Ihnen sofort Bescheid.

selten	Ich gehe ganz selten ins Kino.
seltsam	1. Es ist seltsam, dass mein Bruder noch nicht hier ist. 2. Sie hörte ein seltsames Geräusch.
das Semester, -	Mein Neffe studiert im 7. Semester Medizin.
das Seminar, -e	Ich möchte dieses Seminar unbedingt besuchen.
die Semmel, -n (A) → D: Brötchen; CH: Brötli	Ich hole schnell ein paar Semmeln zum Frühstück.
senden, sendet, sendete/ sandte, hat gesendet/ gesandt	1. Bitte senden Sie uns die Unterlagen per E-Mail. 2. Können Sie uns die Post bitte nachsenden?
der Sender, -	1. Welchen Sender siehst du am liebsten? 2. Ich höre im Radio am liebsten Sender mit moderner Musik.
die Sendung, -en	1. Wir wiederholen die Sendung am 11. Mai. 2. Ich warte auf eine Postsendung.
die Senioren (Pl.)	Dieser Computerkurs ist für Senioren.
senkrecht	Ziehen Sie bitte eine senkrechte Linie.
die Serie, -n	Meine Tochter liebt es, im Fernsehen Serien zu schauen.
der Service	1. Rufst du beim Pizza-Service an? 2. Ich war mit dem Service in der Werkstatt nicht zufrieden.
der Serviceangestellte, -n / die Serviceangestellte, -n (CH) → Kellner; D, A: Ober	Ich bin Serviceangestellte von Beruf.
der Sessel, - (D, CH) → A, CH: Fauteuil	Ich hätte gern einen bequemen Sessel.
der Sessel, - (A) → D, CH: Stuhl	Da hinten ist noch ein Sessel frei.
(sich) setzen, setzt, setzte, hat gesetzt	1. Darf ich mich zu Ihnen setzen? 2. Bitte setzen Sie sich, wohin Sie wollen!
sicher	1. Dieses Auto ist besonders sicher. 2. Bist du sicher, dass die Bank heute geöffnet ist? 3. Das weiß ich ganz sicher. 4. Du bist jetzt sicher müde.
die Sicherheit, -en	Sicherheit ist für mich sehr wichtig.
sichern, sichert, sicherte, hat gesichert	Du musst immer alle Daten im Computer sichern.

sichtbar	Es gibt keine sichtbaren Verletzungen. Aber wir müssen das Bein trotzdem untersuchen.
siegen, siegt, siegte, hat gesiegt	Die Mannschaft siegte mit 2:0.
der Sieg, -e	Unsere Mannschaft hat gewonnen. Wir freuen uns über den Sieg.
der Sieger, - die Siegerin, -nen	Wer hat gewonnen? Wie heißt die Siegerin?
(sich) siezen, siezt, siezte, hat gesiezt	Obwohl sie sich schon lange kennen, siezen sie sich.
singen, singt, sang, hat gesungen	1. Ich singe gern. 2. Ich kann heute nicht singen, ich bin erkältet.
sinken, sinkt, sank, ist gesunken	1. Das Schiff ist vor der Küste gesunken. 2. Der Preis ist um 3 % gesunken.
der Sinn	Es hat keinen Sinn, noch ein Spiel zu beginnen. Es ist schon spät.
sinnlos	So ein sinnloses Buch habe ich schon lange nicht mehr gelesen.
sinnvoll	Es funktioniert einfach nicht. Es ist sinnvoll, es noch einmal zu versuchen.
die Situation, -en	Ich bin in einer schwierigen Situation.
sitzen, sitzt, saß, hat/ist gesessen	1. Wo möchten Sie sitzen? – Bitte ganz hinten. 2. Die Jacke sitzt sehr gut.
der Sitz, -e	Ich suche für meinen Sohn einen Sitz fürs Auto. Erst ist erst drei Jahre alt.
der Ski/Schi, -er/-	1. Gehen wir am Wochenende Ski laufen? 2. Das sind aber schöne Skier!
so	1. Wie macht man das? – So! 2. Sie müssen das so machen. Nicht so! 3. Sie sind auch hier! So ein Zufall! 4. Ich melde mich, so schnell ich kann. 5. Wann treffen wir uns? – So gegen 10 Uhr. Ist dir das recht? 6. Dauert es lange? – Eine Stunde oder so kann es schon dauern. 7. Ich hatte kein Geld dabei. Da haben sie mich so hineingelassen. 8. So, jetzt bin ich fertig. Was machen wir jetzt? 9. Fahren Sie bitte nicht so schnell! 10. Meine Frau ist so groß wie ich. 11. Was macht ihr denn so?
sobald	Sobald ich den Termin weiß, gebe ich Ihnen Bescheid.

WORTSCHATZ 195

die Socke, -n	Im Winter brauche ich warme Socken.
sodass	Der Zug hatte zwei Stunden Verspätung, sodass ich erst um 23 Uhr nach Hause kam.
das Sofa, -s	Wir hätten gern ein modernes Sofa.
sofort	1. Warum sind Sie nicht sofort zum Arzt gegangen? 2. Karten für das Konzert bekommen Sie ab sofort im Kartenbüro.
sogenannt-	1. Studenten, die lange studieren, sind sogenannte Langzeitstudierende. 2. Wo bleiben denn deine sogenannten Freunde?
sogar	Auf dem Berg war es so kalt. Es hat sogar geschneit.
der Sohn, ¨-e	Mein jüngster Sohn ist vier.
solange	Solange Sie Fieber haben, dürfen Sie auf keinen Fall arbeiten gehen.
solch-	Solche Schuhe finde ich toll.
sollen, soll, sollte, hat gesollt (hat sollen *als Modalverb*)	1. Wann soll ich kommen? 2. Ich habe im Radio gehört, es soll morgen regnen. 3. Sollten Sie mit dem Vorschlag nicht einverstanden sein, rufen Sie mich an.
Sonder- das Sonderangebot, -e	Das ist ein Sonderangebot: 25 % reduziert.
sondern	Unser Besuch kommt nicht heute, sondern morgen.
die Sonne	1. Das Wetter ist schön. Die Sonne scheint. 2. Ich habe zu lange in der Sonne gelegen.
sonnig	Das Wetter morgen: sonnig und warm.
sonst	1. Haben sie sonst noch einen Wunsch? – Nein, danke. Das ist alles. 2. Wir müssen jetzt gehen, sonst wird es zu spät. 3. Heute ist der Chef nicht mehr da. Sonst ist er um diese Zeit immer im Büro.
sorgen, sorgt, sorgte, hat gesorgt	1. Wer sorgt denn für die Kinder? 2. Können Sie bitte dafür sorgen, dass die Heizung funktioniert?
die Sorge, -n	Um Ihre Zukunft brauchen Sie sich keine Sorgen zu machen.
die Soße/Sauce, -n	Gibst du mir bitte mal die Soße?

das Souvenir, -s	Ich habe ein paar Souvenirs aus dem Urlaub mitgebracht.
soviel	Soviel ich weiß, hat dieses Restaurant heute Ruhetag.
so viel/so viel wie	1. Ich habe so viel gegessen. Jetzt ist mir schlecht. 2. Ich verdiene nur halb so viel wie er.
sowieso	Willst du mir den Brief mitgeben? Ich gehe sowieso zur Post.
sowohl ... als auch	Sowohl Sie als auch Ihre Frau müssen unterschreiben.
sozial	1. Das System ist nicht sozial. 2. Es gibt viele soziale Probleme.
der Sozialarbeiter, - die Sozialarbeiterin, -nen	Die Sozialarbeiterin kommt einmal in der Woche.
spannend	Das Spiel war spannend bis zur letzten Minute.
sparen, spart, sparte, hat gespart	1. Ein Auto ist mir zu teuer, ich muss sparen. 2. Um Strom zu sparen, schalten wir die Heizung nachts aus.
sparsam	1. Wir haben fünf Kinder. Wir müssen sehr sparsam sein. 2. Mein Auto ist sehr sparsam. Es verbraucht nur 5 Liter auf 100 km.
der Spaß	1. Meine Arbeit macht mir viel Spaß. 2. Viel Spaß bei der Party!
spät	1. Wie spät ist es? 2. Es ist schon spät, ich muss gehen. 3. Ich muss mich beeilen. Sonst komme ich zu spät. 4. Sonntags stehen wir immer spät auf. 5. Am späten Nachmittag ist der Verkehr besonders stark. 6. Können Sie später noch mal anrufen? 7. Was willst du denn später mal werden?
spätestens	Ich muss spätestens um 9 Uhr bei der Arbeit sein.
spazieren gehen, geht spazieren, ging spazieren, ist spazieren gegangen	Wir gehen sonntags immer spazieren.
der Spaziergang, ¨-e	Abends mache ich oft einen Spaziergang durch das Viertel.
speichern, speichert, speicherte, hat gespeichert	Sie müssen die Datei speichern.

Speise-/-speise, -n	Als Vorspeise nehme ich eine Suppe, aber dafür nehme ich keine Nachspeise. (D, A)
die Speisekarte, -n	Bitte, die Speisekarte.
der Speisewagen, -	Wo ist der Speisewagen?
Spezial-	Ich brauche eine Spezialpflege für trockenes Haar.
der Spezialist, -en die Spezialistin, -nen	Mein Arzt hat mich zur Spezialistin geschickt.
speziell	Ich suche einen ganz speziellen Ring für meine Freundin.
der Spiegel, -	Ich möchte gerne sehen, wie mein Kleid sitzt. Hast du einen Spiegel?
spielen, spielt, spielte, hat gespielt	1. Wir haben einen großen Garten, da können die Kinder spielen. 2. Am Sonntag spielen wir gegen die Fußballmannschaft der Nachbarschule. 3. Spielen Sie ein Instrument? 4. Spielen Sie Karten?
das Spiel, -e	1. Monopoly ist ein ganz bekanntes Spiel. 2. Nach 20 Minuten stand das Spiel 2:1.
der Spieler, - die Spielerin, -nen	1. Für dieses Spiel braucht man zwei bis vier Spieler. 2. Beim Fußball gibt es elf Spieler.
der Spielplatz, ¨-e	Die Kinder sind auf dem Spielplatz.
das Spielzeug, -e	Zu Weihnachten wünschen sich die Kinder vor allem Spielzeug.
spitz	Der Bleistift ist nicht spitz.
der Sport	1. Für Sport interessiere ich mich sehr. 2. Ich mache viel Sport.
die Sportart, -en	Welche Sportart findest du am besten?
der Sportler, - die Sportlerin, -nen	Sie ist eine gute Sportlerin.
sportlich	1. Ich bin nicht sehr sportlich. 2. Ich mag bequeme und sportliche Kleidung.
die Sprache, -n	Franco spricht mehrere Sprachen.
die Fremdsprache, -n	Ich spreche drei Fremdsprachen.
die Muttersprache, -n	Was ist Ihre Muttersprache?
die Zweitsprache, -n	Deutsch ist seine Zweitsprache.
sprechen, spricht, sprach, hat gesprochen	1. Können Sie bitte etwas lauter sprechen? 2. Jean spricht sehr gut Deutsch.

	3. Ich möchte nicht darüber sprechen. 4. Die Bundeskanzlerin spricht heute Abend im Fernsehen. 5. Kann ich bitte Herrn Müller sprechen?
die Sprechstunde, -n → A: Ordination	Frau Dr. Berger hat von 8 bis 12 Uhr Sprechstunde.
springen, springt, sprang, ist gesprungen	1. Wir waren im Schwimmbad. Mein Sohn ist immer wieder ins Wasser gesprungen. 2. Wie weit bist du heute gesprungen? – 3,40 m.
die Spritze, -n	Ich habe heute vom Arzt eine Spritze gegen die Schmerzen bekommen.
spülen, spült, spülte, hat gespült	1. Hast du das Geschirr gespült? 2. Spülen Sie bitte jetzt den Mund aus.
die Spur, -en	Fahren Sie bitte auf der linken Spur, wenn Sie schneller fahren.
spüren, spürt, spürte, hat gespürt	Wo tut es weh? Spüren Sie das hier?
das Stadion, Stadien	Ich möchte am Samstag ins Stadion gehen. Da spielt meine Mannschaft.
die Stadt, ¨-e	1. Heidelberg ist eine alte Stadt. 2. Ich wohne lieber auf dem Land als in der Stadt. 3. Gehst du mit mir in die Stadt?
städtisch	Ich gehe gern in die städtische Bibliothek.
der Stadtplan, ¨-e	Haben Sie einen Stadtplan?
stammen, stammt, stammte, hat gestammt	Ich stamme aus einer kleinen Stadt an der Donau.
ständig	Ich habe schon ein paar Mal bei meiner Freundin angerufen. Es ist ständig besetzt.
der Standpunkt, -e	Von seinem Standpunkt aus hat er recht.
der Star, -s	Diese Sängerin ist ein großer Star in Deutschland.
stark	1. Der Kaffee ist sehr stark. 2. Am späten Nachmittag ist der Verkehr besonders stark. 3. Ich habe starke Kopfschmerzen. 4. Können Sie mir kein stärkeres Mittel verschreiben? 5. Es hat stark geregnet.
starten, startet, startete, ist gestartet	Das Flugzeug ist pünktlich gestartet.

der Start, -s	Bleiben Sie bitte während des Starts sitzen.	
die Station, -en	1. Sie müssen an der nächsten Station aussteigen. 2. Meine Nachbarin liegt auf Station III.	
die Statistik, -en	Die Statistik zeigt, dass jeder zweite ein Fahrrad besitzt.	
statistisch	Die statistischen Ergebnisse zeigen eine gute Entwicklung.	
statt	Kann ich diese Woche statt Donnerstag am Freitag kommen?	
stattfinden, findet statt, fand statt, hat stattgefunden	Das Spiel findet auch bei Regen statt.	
der Stau, -s	1. Auf der A3 gibt es wegen eines Unfalls 5 km Stau. 2. Wir standen eine Stunde im Stau.	
der Staub	Ich habe überall Staub gewischt.	
staubsaugen, staubsaugt, staubsaugte, hat gestaubsaugt	Ich muss heute in meiner Wohnung noch staubsaugen.	
stechen, sticht, stach, hat gestochen	Stefan wird beim Zelten immer von den Mücken gestochen.	
stecken, steckt, steckte, hat gesteckt	1. Wo ist denn mein Pass? Ich hatte ihn doch in die Handtasche gesteckt. 2. Du kannst reingehen. Der Schlüssel steckt. 3. Die Zeitung steckt im Briefkasten.	
die Steckdose, -n	Es gibt drei Steckdosen in diesem Zimmer.	
der Stecker, -	Der Stecker passt nicht in diese Steckdose.	
stehen, steht, stand, hat/ist gestanden	1. In meinem Beruf muss ich viel stehen. 2. Als wir kamen, stand das Essen schon auf dem Tisch. 3. Der Bus steht schon an der Haltestelle. 4. Was steht heute in der Zeitung? 5. Nach 20 Minuten stand das Spiel 1:1. 6. Die neue Bluse steht dir gut.	
stehen bleiben	1. Bitte bleiben Sie stehen. 2. Meine Uhr ist stehen geblieben.	
stehlen, stiehlt, stahl, hat gestohlen	Gestern hat mir jemand im Zug meine Uhr gestohlen.	
steigen, steigt, stieg, ist gestiegen	1. Die Preise für Milch und Gemüse sind schon wieder gestiegen. 2. Gegen Abend ist das Fieber wieder gestiegen.	

steil	Die Straße zu unserem Haus ist sehr steil.	
der Stein, -e	Die Kinder werfen Steine ins Wasser.	
die Stelle, -n	1. Wir treffen uns hier an dieser Stelle. 2. Ich habe eine neue Stelle. 3. Diese Stelle in seinem Brief ist mir nicht ganz klar. 4. An Ihrer Stelle würde ich den Vertrag nicht unterschreiben.	
stellen, stellt, stellte, hat gestellt	1. Stell das Bier in den Kühlschrank! 2. Ich hole noch Milch. Stell dich bitte schon mal in die Schlange an der Kasse. 3. Wo kann ich mein Auto hinstellen? 4. Würden Sie das Radio bitte etwas leiser stellen. 5. Haben Sie einen Moment Zeit? Wir möchten Ihnen ein paar Fragen stellen. 6. Ich habe den Wecker auf 5 Uhr gestellt.	
der Stempel, -	Der Poststempel trägt das Datum von letzter Woche. Das Paket war lange unterwegs.	
sterben, stirbt, starb, ist gestorben	Mein Kollege kommt heute nicht. Sein Vater ist gestern gestorben.	
der Stern, -e	Heute sieht man viele Sterne am Himmel.	
die Steuer, -n	Wir müssen immer mehr Steuern zahlen.	
der Steward, -s die Stewardess, -en	Die Stewardess bringt das Mittagessen.	
der Stift, -e	Kannst du mir bitte einen Stift geben?	
der Stil, -e	1. Ihr Stil ist sehr elegant. 2. Das Gebäude gefällt mir. Welcher Baustil ist das?	
stilistisch	Der Text ist stilistisch sehr schön.	
still	1. Sei doch mal einen Moment still! 2. Maria kann nicht still sitzen.	
der Stiefel, -	Ich habe mir für den Winter ein Paar warme Stiefel gekauft.	
die Stiege, -n (A) → D, CH: Treppe	1. Wo ist die Toilette? – Die Stiege hoch und dann links. 2. Meine Oma kann nicht gut Stiegen steigen.	
das Stiegenhaus, ¨-er (A) → D, CH: Treppenhaus	Im Stiegenhaus ist kein Licht.	

die Stimme, -n	Ich habe dich sofort an der Stimme erkannt.
stimmen, stimmt, stimmte, hat gestimmt	1. Meine Adresse stimmt nicht mehr. 2. Das Wetter in Deutschland könnte besser sein. – Das stimmt.
die Stimmung, -en	Es war eine tolle Party. Die Stimmung war sehr gut.
stinken, stinkt, stank, hat gestunken	Was stinkt denn hier so? – Das ist der Fisch. Er ist nicht mehr frisch.
der Stock → D, CH: Etage	Das Büro ist im 3. Stock, Zimmer 305.
das Stockwerk, -e	Das Gebäude hat zwanzig Stockwerke.
der Stoff, -e	1. Was für ein Stoff ist das? – Wolle. 2. In manchen Farben sind giftige Stoffe.
stolz	Ich bin stolz auf dich. Das hast du sehr gut gemacht.
stoppen, stoppt, stoppte, hat gestoppt	Die Polizei hat mich gestoppt, weil ich bei Rot über die Ampel gefahren bin.
stören, stört, störte, hat gestört	1. Darf ich Sie einen Augenblick stören? 2. Du kannst das Radio anlassen. Das stört mich nicht.
die Störung, -en	Entschuldigen Sie bitte die Störung.
(sich) stoßen, stößt, stieß, hat gestoßen	Wie haben Sie sich denn verletzt? – Ich habe mich an der Autotür gestoßen.
die Strafe, -n	Schwarzfahren kostet 60 Euro Strafe.
strafbar	Was du da machst, ist strafbar.
der Strafzettel, -	So ein Pech! Ich habe einmal falsch geparkt und sofort einen Strafzettel bekommen.
der Strand, ¨-e	Im Urlaub bin ich am liebsten am Strand.
die Straße, -n	1. Wir wohnen in einer sehr kleinen Straße. 2. Unser Haus ist eine Straße weiter.
die Straßenbahn, -en (D, A) → CH: Tram	Fahren wir mit der Straßenbahn oder der U-Bahn?
die Strecke, -n	1. Sind Sie die ganze Strecke zu Fuß gegangen? 2. Auf der Strecke München – Salzburg: 8 km Stau. 3. Ich möchte nach Hamburg fahren. Können Sie mir sagen, welche Strecke am besten ist?

das Streichholz, ¨-er → Zündholz; A: Zünder	Ich hätte gern eine Schachtel Streichhölzer.
streiken, streikt, streikte, hat gestreikt	Die Arbeiter streiken für höhere Löhne.
der Streik, -s	Es gab einen Streik am Flughafen. Deshalb hatte unsere Maschine Verspätung.
(sich) streiten, streitet, stritt, hat gestritten	Die Kinder streiten sich oft.
der Streit	Ich möchte keinen Streit mit den Nachbarn.
streng	Unsere Tochter hat einen sehr strengen Lehrer.
der Stress	Ich habe bei der Arbeit viel Stress.
der Strom	Wie kann ich im Haushalt Strom sparen?
der Strumpf, ¨-e	Wo sind meine roten Strümpfe?
das Stück/-stück, -e	1. Ich nehme zwei Stück Zucker in den Kaffee. 2. Möchten Sie noch ein Stück Kuchen? 3. Was kosten die Kulis? – Ein Euro pro Stück. 4. Ich begleite dich ein Stück. 5. Er spielt in dem Stück die Hauptrolle.
die Studie, -n	1. Wir führen eine Studie über Arbeitslosigkeit durch. 2. Eine aktuelle Studie zeigt, dass die Umweltverschmutzung zunimmt.
studieren, studiert, studierte, hat studiert	1. Mein Sohn will Medizin studieren. 2. Ich studiere in Mainz.
der Student, -en die Studentin, -nen	Schüler und Studenten zahlen die Hälfte.
der Studierende, -n die Studierende, -n	Zehn Studierende besuchen das Seminar.
das Studium, Studien	Sie brauchen für diese Stelle ein abgeschlossenes Studium.
das Studio, -s	Zu Gast im Studio sind heute ...
die Stufe, -n	1. Vorsicht, Stufe! 2. Die Volkshochschule bietet Sprachkurse auf verschiedenen Stufen an.
der Stuhl, ¨-e	Da hinten ist noch ein Stuhl frei.
stumm	Stell bitte dein Handy leise oder auf stumm.

die Stunde, -n	1. Ich bin in einer Stunde wieder zurück. 2. Wir haben heute nur vier Stunden Schule. 3. Ich warte seit zwei Stunden auf dich.
der Sturm, ¨-e	Im Radio haben sie Regen und Sturm angesagt.
stürzen, stürzt, stürzte, ist gestürzt	1. Ich bin auf der Straße gestürzt und habe mir den Fuß gebrochen. 2. Bitte pass auf der Treppe auf, dass du nicht hinunterstürzt!
suchen, sucht, suchte, hat gesucht	1. Ich suche meine Brille. 2. Wir suchen eine größere Wohnung. 3. Wen suchen Sie?
die Sucht, ¨-e	1. Die Sucht nach Medikamenten nimmt zu. 2. Er kämpft gegen seine Alkoholsucht. 3. Das Internet kann zur Sucht werden.
süchtig	1. Ich bin süchtig nach Schokolade. 2. Fernsehen kann süchtig machen.
das Suchtmittel, -	Manche Medikamente sind auch Suchtmittel.
die Summe, -n	Die Summe scheint mir zu hoch!
super	1. Das war ein super Film! 2. Er kann super tanzen. 3. Weißt du was? Ich komme mit. – Super!
der Supermarkt, ¨-e	Donnerstags gehe ich immer in den Supermarkt.
die Suppe, -n	Schmeckt dir die Suppe?
süß	1. Ich esse gern süße Sachen. 2. Das ist aber ein süßes Baby!
das Symbol, -e	1. Das Herz ist ein Symbol für die Liebe. 2. Auf dem Bildschirm finden Sie viele Symbole.
sympathisch	Ich finde unsere neue Kollegin sehr sympathisch.
das System, -e	1. Welches Betriebssystem hast du? 2. Ich kenne Ihr System nicht. Können Sie es mir erklären?
die Szene, -n	1. In dieser Szene des Films stirbt der Held. 2. Ich kenne mich in der Szene nicht aus. Ich bin zu alt. 3. Bitte mach keine Szene!

T

die Tabelle, -n	Tragen Sie die richtige Information in die Tabelle ein.
die Tablette, -n	Nehmen Sie dreimal täglich eine Tablette.
die Tafel, -n	1. Der Lehrer schreibt das neue Wort an die Tafel. 2. Sie finden am Eingang eine Tafel mit Informationen. 3. Ich hätte gern zwei Tafeln Schokolade.
der Tagesablauf, ¨-e	Wie ist Ihr Tagesablauf?
das Tal, ¨-er	Unser Dorf liegt in einem Tal.
das Talent, -e	Sie hat großes Talent für Musik.
tanken, tankt, tankte, hat getankt	1. Wir müssen unbedingt tanken. Wir haben fast kein Benzin mehr. 2. Bitte einmal volltanken!
die Tankstelle, -n	Wo ist die nächste Tankstelle?
die Tante, -n	Die Familie meiner Mutter ist sehr groß, daher habe ich viele Tanten.
tanzen, tanzt, tanzte, hat getanzt	Auf der Hochzeit haben wir viel getanzt.
der Tanz, ¨-e	Diese modernen Tänze kann ich nicht.
die Tasche, -n	1. Ich habe nicht viel Gepäck, nur eine Tasche. 2. Meine Jacke hat keine Taschen.
das Taschengeld, -er	Wie viel Taschengeld bekommst du im Monat?
das Taschentuch, ¨-er	Hast du ein Taschentuch für mich?
die Tasse, -n	1. Die Tassen sind von meiner Großmutter. 2. Möchten Sie eine Tasse Kaffee?
die Tastatur, -en	Die Tastatur an meinem Computer ist ganz neu.
die Taste, -n	1. An der Fernbedienung ist eine Taste kaputt. 2. Du musst jetzt die Stopp-Taste drücken.
die Tat, -en	Dieser Mensch hat mit vielen guten Taten geholfen.
der Täter, - die Täterin, -nen	Die Polizei hat den Täter endlich gefasst.
die Tätigkeit, -en	Welche Tätigkeit würde Ihnen Spaß machen?

die Tatsache, -n	Das widerspricht den Tatsachen.
tatsächlich	Die Hose ist tatsächlich zu klein, obwohl sie so groß aussieht.
taub	1. Sie hört schlecht, sie ist schon fast taub. 2. Bist du taub? Ich spreche mit dir!
tauchen, taucht, tauchte, ist/hat getaucht	Ich möchte im Urlaub wieder tauchen gehen.
tauschen, tauscht, tauschte, hat getauscht	1. Ich würde meinen Kuchen gegen dein Brot tauschen. 2. Wollen wir die Plätze tauschen?
die Technik, -en	1. Ich verstehe nicht viel von Technik. 2. Um die Aufgaben zu lösen, brauchst du eine gute Arbeitstechnik.
technisch	1. Es gab ein technisches Problem. 2. Sind Sie technisch interessiert?
die Technologie, -n	Große Fortschritte gab es in der Technologie.
der Tee	1. Bitte einen Tee mit Zitrone. 2. Was kostet dieser Tee hier?
Tee ziehen lassen	Diesen Tee sollte man 10 Minuten ziehen lassen.
teilen, teilt, teilte, hat geteilt	1. Mein Mann und ich teilen uns die Arbeit. 2. Wollen wir uns eine Pizza teilen? 3. Was machst du mit dem Gewinn? – Ich teile ihn mit meiner Familie.
das Teil, -e	Dieses Teil müssen wir erst bestellen.
der Teil, -e	1. Was steht in dem Brief? Ich habe den ersten Teil nicht verstanden 2. Der Film hat zwei Teile. Heute kommt Teil 1. 3. Gefällt dir der neue Job? – Nur zum Teil.
die Teilzeit	Ich arbeite im Moment nur Teilzeit.
teilnehmen, nimmt teil, nahm teil, hat teilgenommen	Leider konnte ich an dem Kurs nicht regelmäßig teilnehmen.
die Teilnahme, -n	Die Teilnahme am Gewinnspiel ist kostenlos.
der Teilnehmer, - die Teilnehmerin, -nen	Die Teilnehmerinnen aus unserem Kurs kommen aus verschiedenen Ländern.
telefonieren, telefoniert, telefonierte, hat telefoniert	1. Ich muss kurz telefonieren. 2. Mein Mann telefoniert gerade. Können Sie später noch einmal anrufen?

das Telefon, -e	1. Darf ich bitte Ihr Telefon benutzen?
der Teller, -	1. Stell bitte schon mal die Teller auf den Tisch! 2. Willst du noch einen Teller Suppe?
die Temperatur, -en	Die Temperaturen steigen heute um 10 Grad.
das Tempo	1. Hier darfst du nur Tempo 30 fahren. 2. Achtung, hier ist eine Tempo-30-Zone!
das Tennis	Ich spiele gern Tennis.
der Teppich, -e	1. Ich habe mir einen neuen Teppich gekauft. 2. Habt ihr in eurer neuen Wohnung Teppich oder einen Holzfußboden?
der Termin, -e	Als Termin schlage ich den 3. Mai vor.
der Terminkalender, -	Hast du unser Treffen schon in deinen Terminkalender eingetragen?
die Terrasse, -n	Setzen wir uns auf die Terrasse!
testen, testet, testete, hat getestet	Testen Sie unsere Angebote kostenlos.
der Test, -s	Ich bin ganz sicher: Du wirst den Test schaffen.
teuer	Ich finde das Geschäft nicht teuer.
der Text, -e	Lesen Sie den Text.
das Theater, -	Wir gehen nächste Woche ins Theater.
das Thema, Themen	Wir haben im Kurs viel über das Thema Umwelt gesprochen.
theoretisch	Ich habe die theoretische Prüfung bestanden. Nach der praktischen habe ich den Führerschein.
die Theorie, -n	Das ist die Theorie. In der Praxis ist vieles ganz anders.
die Therapie, -n	Die Therapie hat geholfen. Es geht mir schon viel besser.
das Ticket, -s	1. Wir müssen die Tickets für unseren Flug ausdrucken. 2. Ich kaufe heute Tickets für das Konzert.
tief	1. Vorsicht, Kinder! Das Wasser ist hier sehr tief. 2. Der Schrank ist drei Meter breit und 60 Zentimeter tief. 3. Bitte jetzt tief einatmen!
das Tier, -e	Er mag Tiere sehr und geht darum oft in den Zoo.

das Haustier, -e	Hat deine Familie ein Haustier? – Ja, wir haben einen Hund.
der Tierpark, -s	Wollen wir am Samstag mit den Kindern in den Tierpark gehen?
der Tipp, -s	Kannst du mir einen Tipp geben? Wo finde ich billige Möbel?
tippen, tippt, tippte, hat getippt	Wie schnell kannst du tippen?
der Tisch, -e	Das Essen steht schon auf dem Tisch.
der Titel, -	1. Wie heißt der Film? – Ich weiß den Titel nicht mehr. 2. Haben Sie einen Titel? – Ja, Doktor.
die Tochter, ¨-	Das ist meine Tochter Katharina.
der Tod	Ich habe ihn vor seinem Tod noch einmal gesehen.
tödlich	Dieses Gift kann für den Menschen tödlich sein.
die Toilette, -n	Wo ist die Toilette, bitte?
tolerant	Die Nachbarn hören oft laut Musik. Wir müssen sehr tolerant sein.
toll	1. Ich habe mir ein tolles Kleid gekauft. 2. Unser Urlaub war toll.
die Tomate, -n → A: Paradeiser	Kauf bitte noch Tomaten auf dem Markt.
der Topf, ¨-e (D, A) → CH: Pfanne	1. Dieses Jahr haben wir keine Töpfe mit Blumen auf dem Balkon. 2. Hast du keinen größeren Topf? Ich möchte Kartoffeln kochen. → (CH: Pfanne)
das Tor, -e	1. Hinter dem Tor geht es zur Fabrik. 2. Die Mannschaft konnte vier Tore schießen.
die Torte, -n	Zum Geburtstag backe ich dir eine Torte.
tot	Meine Großeltern sind schon lange tot.
der Tote, -n die Tote, -n	Bei dem Unfall gab es zwei Tote.
total	Der Film war total langweilig.
der Tourismus	In dieser Gegend gibt es viel Tourismus.
der Tourist, -en die Touristin, -nen	Es kommen immer mehr Touristen in unsere Stadt.

die Tradition, -en	Eine große Hochzeit mit vielen Leuten ist bei uns Tradition.
traditionell	Ich mag die traditionelle Küche.
tragen, trägt, trug, hat getragen	1. Lass mich den Koffer tragen. Der ist zu schwer für dich. 2. Mein Bruder trägt eine Brille. 3. Die Kosten trägt die Krankenkasse.
trainieren, trainiert, trainierte, hat trainiert	Wir trainieren einmal pro Woche im Sportverein.
der Trainer, - die Trainerin, -nen	Ich finde unseren Trainer sehr nett.
das Training, -s	1. Jeden Dienstag ist Training. 2. Ich gehe jede Woche zum Training.
das Tram, -s → D, A: Straßenbahn	Fahren wir mit dem Tram oder dem Bus?
die Träne, -n	Sie trocknet dem Kind die Tränen.
transportieren, transportiert, transportierte, hat transportiert	Wie willst du die Möbel denn transportieren?
der Transport, -e	Was kostet der Transport?
träumen, träumt, träumte, hat geträumt	1. Ich habe schlecht geträumt. 2. Ich träume von einem großen Haus mit Garten.
der Traum, ¨-e	Mein Traum ist ein eigenes Geschäft.
Traum-	Mein Traumberuf ist Feuerwehrmann.
traurig	1. Ich bin traurig. Ich darf nicht mitfahren. 2. Das war ein sehr trauriger Film.
treffen, trifft, traf, hat getroffen	1. Wir treffen uns immer freitags. 2. Ich habe Petra zufällig in der Stadt getroffen.
der Treffpunkt, -e	Unser Treffpunkt ist um 17 Uhr am Hauptbahnhof.
treiben, treibt, trieb, hat getrieben	Welchen Sport treibst du?
(sich) trennen, trennt, trennte, hat getrennt	1. Wir leben getrennt. 2. Meine Freundin und ihr Mann haben sich getrennt. 3. Wir müssen den Müll trennen. Das kommt zum Altpapier.
die Trennung, -en	1. Die Trennung von der Familie war schwierig. 2. Meine Kollegin ist noch nicht geschieden, aber sie lebt in Trennung.
getrennt leben	Ich lebe getrennt von meiner Frau.

die Treppe, -n (D, CH) →
A: Stiege

1. Wo ist die Toilette? – Die Treppe hoch und dann links.
2. Meine Oma kann nicht gut Treppen steigen.

das Treppenhaus, ¨-er (D, CH) → A: Stiegenhaus

Im Treppenhaus ist kein Licht.

treten, tritt, trat, hat/ist getreten

1. Ich bin in ein Stück Glas getreten.
2. Au! Du hast mich getreten!

treu

Herr Maier ist ein treuer Kunde von uns.

trinken, trinkt, trank, hat getrunken

Trinken Sie einen Tee mit uns?

das Trinkgeld, -er

Ich habe dem Kellner zwei Euro Trinkgeld gegeben.

trocken

1. Die Wäsche ist noch nicht trocken.
2. Hoffentlich regnet es bald. Alles ist ganz trocken.
3. Bitte einen trockenen Wein.

trocknen, trocknet, trocknete, hat/ist getrocknet

1. Ich habe mir die Haare getrocknet.
2. Die Farbe ist schnell getrocknet.

die Tropfen (Pl.)

1. Hast du die Tropfen schon genommen?
2. Wegen der paar Regentropfen brauchst du doch keinen Schirm.

das Trottoir, -s (CH) → Gehsteig (D, A)

Das Velofahren auf dem Trottoir ist nicht erlaubt.

trotz

Trotz Grippe bin ich zur Arbeit gegangen.

trotzdem

Es war ziemlich kalt. Trotzdem bin ich schwimmen gegangen.

das Tuch, ¨-er

1. Wo hast du dieses schöne Tuch gekauft?
2. Die Handtücher sind im Schrank ganz oben.
3. Hast du ein Taschentuch für mich?

tun, tut, tat, hat getan

1. Ich habe heute viel zu tun.
2. Was kann ich für Sie tun?
3. Ich habe zu viel Zucker in den Kaffee getan.
4. Es tut mir leid. Ich kann nicht kommen.
5. Der Arm tut mir weh.
6. Ich habe endlich mal ausgeschlafen. Das hat gut getan.

die Tür, -en

Machen Sie bitte die Tür zu! Es zieht.

der Turm, ¨-e

Kommen Sie auf den Turm, von hier sieht man die ganze Stadt.

die Tüte, -n

Brauchen Sie eine Tüte für den Salat?

der Typ, -en

1. Mein Nachbar ist ein netter Typ.
2. Was für ein Typ bist du? Was machst du gerne?
3. Kennen Sie sich mit den verschiedenen Typen aus? Auch mit meinem Auto?

typisch

1. Im Hotel gab es typisch deutsches Essen.
2. Er kommt wieder zu spät, das ist typisch.
3. Diese Musik ist typisch für dieses Land.

U

die U-Bahn, -en

Ich fahre mit der U-Bahn.

üben

Ich lerne gerade Gitarre spielen. Ich übe jeden Tag zwei Stunden.

die Übung, -en

1. Diese Übung war sehr schwer.
2. Ich fahre nicht oft Auto. Mir fehlt die Übung.

über

1. Die Müllers wohnen direkt über uns.
2. Pass bitte auf, wenn du über die Straße gehst.
3. Fahren Sie über Stuttgart oder über Würzburg?
4. Übers Wochenende fahren wir in die Berge.
5. Kinder über zehn Jahre müssen voll bezahlen.
6. Ich suche ein Buch über die deutsche Küche.

überall

Ich habe überall gesucht, aber meine Brille ist weg.

überfahren, überfährt, überfuhr, hat überfahren

Gestern hat ein Autofahrer einen Hund überfahren.

überhaupt

1. Die Suppe schmeckt mir überhaupt nicht.
2. Tut mir leid. Ich habe überhaupt keine Zeit.
3. Du willst mit meinem Auto fahren? Hast du überhaupt einen Führerschein?

überholen, überholt, überholte, hat überholt

Hier dürfen Lkws nicht überholen.

überlegen, überlegt, überlegte, hat überlegt

1. Ich kann mich nicht entscheiden. Ich muss mir das noch überlegen.
2. Ich habe mir überlegt, ein Auto zu kaufen.

übermorgen	Morgen kann ich nicht. Wir sehen uns übermorgen.
übernachten, übernachtet, übernachtete, hat übernachtet	Wir haben auf dem Campingplatz übernachtet.
die Übernachtung, -en	In diesem Hotel kostet die Übernachtung mit Frühstück 90 Euro.
übernehmen, übernimmt, übernahm, hat übernommen.	Ich habe das Geschäft von meinem Vater übernommen.
überprüfen, überprüft, überprüfte, hat überprüft	Bitte überprüfen Sie, ob Ihr Name richtig geschrieben ist.
überqueren, überquert, überquerte, hat überquert	Bitte die Straße nur an der Ampel überqueren.
überraschen, überrascht, überraschte, hat überrascht	Ich bin ganz überrascht, dass die Wohnung so billig ist.
die Überraschung,-en	1. Ich habe eine Überraschung für dich. 2. Das ist ja eine Überraschung. Ich dachte, du bist im Urlaub.
überreden, überredet, überredete, hat überredet	Zuerst wollte ich nicht, aber mein Bruder hat mich überredet, einen Englischkurs zu machen.
die Überschrift, -en	1. Der Artikel erschien unter der folgenden Überschrift: „…" 2. Die Überschrift passt überhaupt nicht zum Inhalt des Artikels.
übersetzen, übersetzt, übersetzte, hat übersetzt	Können Sie mir bitte diesen Brief übersetzen?
der Übersetzer, - die Übersetzerin, -nen	Meine Tochter möchte als Übersetzerin arbeiten.
die Übersetzung, -en	Die Übersetzung des Buches ist sehr gut.
die Überstunde, -n	Ich muss heute Überstunden machen.
über- übertreiben, übertreibt, übertrieb, hat übertrieben	Ein bisschen Sport ist gesund. Aber man sollte es nicht übertreiben.
überweisen, überweist, überwies, hat überwiesen	1. Ich überweise dir das Geld. 2. Der Arzt hat mich ins Krankenhaus überwiesen.
die Überweisung, - en	1. Sie können bar oder per Überweisung bezahlen. 2. Der Hausarzt hat mir eine Überweisung fürs Krankenhaus gegeben.

(sich) überzeugen, überzeugt, überzeugte, hat überzeugt die Überzeugung, -en	1. Ihr Vorschlag überzeugt mich gar nicht. 2. Ich bin fest davon überzeugt, dass meine Entscheidung richtig ist. Wie bist du zu dieser Überzeugung gekommen?
üblich	In Deutschland ist es üblich, früh zu Abend zu essen.
übrig	Ist noch etwas zu essen übrig?
übrigens	Übrigens, kennst du schon die neuen Nachbarn?
das Ufer, -	1. Er schwimmt ans Ufer zurück. 2. Am Seeufer ist es schön spazieren zu gehen.
die Uhr, -en	1. Wie viel Uhr ist es? 2. Es ist vier Uhr. 3. Um wie viel Uhr müssen wir gehen? 4. Meine Uhr ist stehen geblieben.
um	1. Wir treffen uns um 8 Uhr. 2. Die Apotheke ist gleich um die Ecke. 3. Die Benzinpreise sind schon wieder um 3 % gestiegen.
umarmen, umarmt, umarmte, hat umarmt	Lass dich zum Abschied umarmen.
um … zu	Um gesund zu bleiben, musst du Sport machen und Gemüse essen.
(sich) umdrehen, dreht um, drehte um, hat umgedreht	1. Dreh dich mal um. Da hinten liegt das Buch doch. 2. Dreh das Blatt um; die Lösung steht auf der Rückseite.
die Umfrage, -n	Wir machen eine Umfrage zum Thema Umweltschutz.
die Umgebung, -en	In der Umgebung von Berlin kann man schöne Ausflüge machen.
umgehen, geht um, ging um, ist umgegangen	Er kann sehr gut mit Kindern umgehen.
umgekehrt	Nein, umgekehrt: erst der Vorname, dann der Nachname.
die Umleitung, -en	Es gibt wegen des Unfalls eine Umleitung.
umso	1. Je früher wir dort sind, umso besser sind unsere Chancen auf einen guten Sitzplatz. 2. Ich kann dir nicht nur heute, sondern auch morgen helfen. – Umso besser!
umsonst	1. Ich musste nichts bezahlen. Die Reparatur war umsonst.

2. Nichts hat geholfen, es war alles umsonst.

umsteigen, steigt um, stieg um, ist umgestiegen

In Ulm müssen Sie umsteigen.

umtauschen, tauscht um, tauschte um, hat umgetauscht

1. Ich möchte diese Bluse umtauschen. Sie passt mir nicht.
2. Wo kann ich Geld umtauschen?

der Umtausch, ¨-e

Ein Umtausch ist leider nicht möglich.

die Umwelt

Alte Autos sind ein Problem für die Umwelt.

der Umweltschutz

Das Land muss mehr Geld für Umweltschutz ausgeben.

die Umweltverschmutzung, -en

Die Umweltverschmutzung nimmt weiter zu.

umziehen, zieht um, zog um, ist umgezogen

Familie Meier ist letzten Monat umgezogen. Sie wohnen nicht mehr hier.

der Umzug, ¨-e

Der Umzug ist nächste Woche.

sich umziehen, zieht sich um, zog sich um, hat sich umgezogen

Bevor wir zur Party gehen, möchte ich mich umziehen.

un-

1. Der Verkäufer war sehr unfreundlich.
2. Dieses Geräusch ist mir unangenehm.
3. Er kam wie immer unpünktlich.

unbedingt

Ich muss unbedingt mit dir sprechen.

und

1. Ich habe heute und morgen frei.
2. Ich kaufe ein und mein Mann kocht.

der Unfall, ¨-e

Ich hatte letzte Woche einen Unfall.

ungefähr

Wie weit ist es bis zum Bahnhof? – Nicht weit, ungefähr zehn Minuten zu Fuß.

ungewöhnlich

Ich finde diese Speise ungewöhnlich, aber sie schmeckt gut.

unglaublich

Es ist unglaublich. Schon wieder so ein Unglück.

das Unglück, -e

Bei dem Unglück gab es viele Verletzte.

unheimlich

1. Ich mag dieses Haus nicht. Es sieht unheimlich aus.
2. Diese Person ist mir unheimlich.
3. Lass uns umkehren. Mir wird im Dunkeln unheimlich.
4. Die Prüfung war unheimlich schwer.

die Uniform, -en

In der Schule, die sie besucht, trägt man Uniformen.

die Universität, -en

Mein Sohn studiert an der Universität.

unten

1. Wir wohnen im 3. Stock, meine Eltern unten im 1. Stock.
2. Sie ist mal kurz nach unten gegangen.

unter

1. Unter uns wohnt eine Familie mit drei Kindern.
2. Die CDs sind im Regal unter dem Fernseher.

unter-

Mein Pass ist im unteren Regal.

unterbrechen, unterbricht, unterbrach, hat unterbrochen

1. Wir unterbrechen die Sendung für eine wichtige Nachricht.
2. Bitte unterbrich mich nicht, wenn ich spreche.

(sich) unterhalten, unterhält, unterhielt, hat unterhalten

1. Wir haben uns über das Fußballspiel unterhalten.
2. Ich habe mich bei der Party sehr gut unterhalten.

die Unterhaltung, -en

Wir wünschen Ihnen gute Unterhaltung.

die Unterkunft, ¨-e

1. Ich komme drei Tage nach Hamburg und suche eine günstige Unterkunft.
2. Ist dieser Preis inklusive Unterkunft und Essen?

die Unterlagen (Pl.)

Ich schicke Ihnen alle Unterlagen mit der Post zu.

unterlassen, unterlässt, unterließ, hat unterlassen

Das Rauchen auf den Gängen ist zu unterlassen.

unternehmen, unternimmt, unternahm, hat unternommen

Wollen wir heute Abend noch etwas unternehmen?

der Unternehmer, -
die Unternehmerin, -nen

Sie ist erfolgreiche Unternehmerin.

unterrichten, unterrichtet, unterrichtete, hat unterrichtet

Meine Frau unterrichtet Spanisch.

der Unterricht

Der Unterricht dauert von 17 bis 19 Uhr.

untersagt

Es ist untersagt, hier zu rauchen.

unterscheiden, unterscheidet, unterschied, hat unterschieden

Ihr seid euch sehr ähnlich. Auf dem Foto kann man euch beide nicht unterscheiden.

der Unterschied, -e

Können Sie mir sagen, was der Unterschied ist? Welche Fahrkarte ist günstiger?

unterschiedlich	Mein Bruder und ich sind sehr unterschiedlich. Er interessiert sich für Mathematik, ich mich für Sprachen.
unterschreiben, unterschreibt, unterschrieb, hat unterschrieben	Unterschreiben Sie bitte hier unten rechts.
die Unterschrift, -en	Auf dem Schreiben fehlt die Unterschrift.
unterstreichen, unterstreicht, unterstrich, hat unterstrichen	Wir sollen alle wichtigen Wörter unterstreichen.
unterstützen, unterstützt, unterstützte, hat unterstützt	Sie unterstützen mich, wo sie nur können.
die Unterstützung, -en	Ich nehme Ihre Unterstützung gern an.
untersuchen, untersucht, untersuchte, hat untersucht	Sie sollten sich vom Arzt untersuchen lassen.
die Untersuchung, -en	Ich habe morgen eine Untersuchung im Krankenhaus.
unterwegs	1. Warte auf mich. Ich bin unterwegs und komme gleich. 2. Unterwegs können wir noch etwas essen. 3. Stell dir vor, der Brief war zwei Wochen unterwegs.
die Urkunde, -n	Wenn wir das Spiel gewinnen, bekommen wir eine Urkunde.
der Urlaub, -e (D, A) → CH: Ferien	Ich habe noch drei Tage Urlaub.
die Ursache, -n	1. Kennt man schon die Unfallursache? 2. Vielen Dank! – Keine Ursache!
verursachen, verursacht, verursachte, hat verursacht	Dieser Busfahrer verursachte den Unfall.
ursprünglich	Ursprünglich wollte ich in einem Restaurant arbeiten. Aber dann bin ich Busfahrerin geworden.
das Urteil, -e	1. Dein Urteil ist für mich sehr wichtig. 2. Das Urteil des Gerichts erscheint mir zu hart.

V

die Vase, -n	Hast du eine Vase für die Blumen?
der Vater, ¨-	1. Mein Vater arbeitet in einem Restaurant. 2. Herr Müller ist Vater geworden.
vegetarisch	1. Ich mag kein Fleisch. Ich esse am liebsten vegetarisch. 2. Haben Sie auch vegetarische Gerichte?
das Velo, -s (CH) → Fahrrad; D, A: Rad	1. Sie fährt jeden Morgen mit dem Velo zur Arbeit. 2. Am Sonntag fahren wir oft Velo.
(sich) verabreden, verabredet, verabredete, hat verabredet	Wir haben uns mit Freunden verabredet. Wir wollen zusammen essen.
verabredet	Tut mir leid, ich habe keine Zeit. Ich bin mit meiner Freundin verabredet.
die Verabredung, -en	Ich habe um 15 Uhr eine Verabredung mit Klaus.
(sich) verabschieden, verabschiedet, verabschiedete, hat verabschiedet	1. Ich wurde von meinen Freunden sehr nett verabschiedet. 2. Es ist schon 23 Uhr. Ich möchte mich verabschieden.
der Abschied, -e	Der Abschied von meinen Freunden fiel mir schwer.
(sich) verändern, verändert, veränderte, hat verändert	1. Das geht so nicht. Wir müssen die Organisation verändern. 2. Wir haben uns lange nicht gesehen. Aber du hast dich gar nicht verändert.
die Veranstaltung, -en	Am Samstag ist unser Lokal geschlossen. Wir haben eine Veranstaltung.
verantwortlich	Sie sind für Ihre Kinder verantwortlich.
die Verantwortung	Sie tragen die Verantwortung für Ihre Kinder.
(sich) verbessern, verbessert, verbesserte, hat verbessert	1. Ich habe mein Deutsch verbessert. 2. Meine Kinder haben sich in der Schule verbessert.
verbieten, verbietet, verbot, hat verboten	Ich werde meinen Kindern das Rauchen verbieten.
das Verbot, -e	Ich bin für das Verbot dieses neuen Videospiels.
verboten	In den meisten Restaurants ist Rauchen verboten.
verbinden, verbindet, verband, hat verbunden	1. Wir müssen die Wunde sofort verbinden.

2. Sie sind falsch verbunden! Hier ist Müller, nicht Meyer.

die Verbindung, -en 1. Die Verbindung ist sehr gut. Ich kann direkt mit diesem Zug fahren und muss nicht umsteigen.
2. Kannst du bitte lauter sprechen? Die Verbindung ist sehr schlecht.

verbrauchen, verbraucht, verbrauchte, hat verbraucht — Wie viel Benzin verbraucht dein Auto?

der Verbrecher, - die Verbrecherin, -nen — Die Polizei hat den Verbrecher verhaftet.

(sich) verbrennen, verbrennt, verbrannte, hat verbrannt
1. Ich werde alle Briefe verbrennen.
2. Der Herd war noch heiß. Ich habe mich verbrannt.

verbringen, verbringt, verbrachte, hat verbracht — Wie haben Sie Ihren Urlaub verbracht?

der Verdacht
1. Wer hat das Geld aus der Kasse genommen? – Ich weiß es nicht, aber ich habe einen Verdacht.
2. Wen haben Sie in Verdacht?

verdächtig
1. Die Tür war nicht abgeschlossen. Das ist verdächtig.
2. Haben Sie etwas Verdächtiges gesehen?

verdienen, verdient, verdiente, hat verdient
1. In diesem Beruf verdient man gut.
2. Er hat den Urlaub wirklich verdient.

der Verein, -e — Ich bin schon seit 15 Jahren Mitglied in diesem Verein.

vereinbaren, vereinbart, vereinbarte, hat vereinbart — Können wir einen Termin vereinbaren?

die Vergangenheit — In der Vergangenheit war das anders.

vergeblich — Ich habe vergeblich versucht dich anzurufen.

vergessen, vergisst, vergaß, hat vergessen
1. Ich habe den Termin ganz vergessen.
2. Ich habe meinen Pass vergessen.

vergleichen, vergleicht, verglich, hat verglichen — Vergleichen Sie die Angebote.

der Vergleich, -e
1. Ein Vergleich ist schwer möglich.
2. Im Vergleich zum Wetter letzte Woche ist es heute warm.

sich vergnügen, vergnügt sich, vergnügte sich, hat sich vergnügt — Auf der Party habe ich mich sehr vergnügt.

das Vergnügen, -
1. Es ist ein Vergnügen, den Kindern beim Spielen zuzusehen.
2. Ich wünsche dir viel Vergnügen bei der Party!

vergnügt — Er kam mit einem vergnügten Grinsen herein.

vergrößern, vergrößert, vergrößerte, hat vergrößert
1. Können Sie das Foto vergrößern?
2. Wir wollen unser Geschäft vergrößern.

verhaften, verhaftet, verhaftete, hat verhaftet — Die Polizei hat 23 Menschen verhaftet.

sich verhalten, verhält sich, verhielt sich, hat sich verhalten — Der Mann hat sich uns gegenüber merkwürdig verhalten.

das Verhalten — Ich bewundere dein Verhalten in der schwierigen Situation.

das Verhältnis, -se — Ich habe ein gutes Verhältnis zu meinen Eltern.

verheiratet
1. Mit wem sind Sie verheiratet?
2. Meine Eltern sind seit 30 Jahren verheiratet.

verhindern, verhindert, verhinderte, hat verhindert — Wir konnten den Unfall nicht verhindern.

verkaufen, verkauft, verkaufte, hat verkauft — Ich habe unser altes Auto verkauft.

der Verkäufer, - die Verkäuferin, -nen — Die Verkäuferin wird Ihnen gleich helfen.

der Verkehr — Morgens ist hier immer viel Verkehr.

das Verkehrsmittel, - — Es gibt kaum Parkplätze. Sie sollten mit öffentlichen Verkehrsmitteln fahren.

der Verlag, -e (A: ¨-e) — Von welchem Verlag ist dieses Buch?

verlangen, verlangt, verlangte, hat verlangt
1. Jeden Tag Überstunden? Das können Sie nicht verlangen.
2. Wie viel verlangen Sie für das Auto?
3. Frau Müller, Sie werden am Telefon verlangt.

verlängern, verlängert, verlängerte, hat verlängert
1. Ich muss meinen Pass verlängern lassen.
2. Die U-Bahn Linie U4 wird verlängert.

verlassen, verlässt, verließ, hat verlassen
1. Ich habe die Party um 3 Uhr verlassen.
2. Du kannst dich auf mich verlassen. Ich helfe dir auf jeden Fall.

sich verlaufen,
verläuft sich, verlief sich,
hat sich verlaufen

Gestern haben wir uns im Wald verlaufen. Wir haben erst eine Stunde später den richtigen Weg gefunden.

(sich) verletzen, verletzt,
verletzte, hat verletzt

1. Ich habe mich an der Hand verletzt.
2. Ich habe mir den Arm verletzt.

die Verletzung, -en

Keine Angst. Die Verletzung ist nicht so schlimm.

sich verlieben, verliebt
sich, verliebte sich,
hat sich verliebt

Ich habe mich verliebt.

verliebt

Ich bin in Francesco verliebt.

verlieren, verliert, verlor,
hat verloren

1. Ich habe meine Brieftasche verloren.
2. Jennifer hat ihre Stelle verloren.
3. Sie dürfen den Mut nicht verlieren.
4. Unsere Mannschaft hat 3:5 verloren.

der Verlierer, -
die Verliererin, -nen

Sie ist eine gute Verliererin.

der Verlust, -e

Der Verlust meiner Uhr ärgert mich sehr.

vermeiden, vermeidet,
vermied, hat vermieden

Der Arzt sagt, ich soll Stress vermeiden.

vermieten, vermietet, ver-
mietete, hat vermietet

1. Bei uns im Haus ist ein Zimmer zu vermieten.
2. Die Wohnung ist schon vermietet.

der Vermieter, -
die Vermieterin, -nen

Unsere Vermieterin ist eine sehr nette, ältere Frau.

die Vermietung, -en

Mit der Vermietung von Wohnungen kann man viel Geld verdienen.

vermissen, vermisst,
vermisste, hat vermisst

Ich vermisse meine Familie.

die Vermittlung, -en

1. Du suchst ein Zimmer? Dann frag bei der Vermittlung am Bahnhof nach.
2. Rufen Sie die Vermittlung an und fragen Sie nach der Telefonnummer von Herrn Fischer.

vermuten, vermutet,
vermutete, hat vermutet

Ich vermute, sie wird heute nicht kommen.

vermutlich

Vermutlich sagt er die Wahrheit.

vernünftig

1. Seien Sie doch vernünftig!
2. Das ist ein ganz vernünftiger Vorschlag.

verpacken, verpackt,
verpackte, hat verpackt

Hast Du die Pakete gut verpackt?

verpassen, verpasst,
verpasste, hat verpasst

1. Ich habe den Zug verpasst.
2. Ich habe die 12-Uhr-Nachrichten verpasst.

verpflegen, verpflegt,
verpflegte, hat verpflegt

Wir werden hier sehr gut mit Essen verpflegt.

verpflichtet

Sie sind verpflichtet, den Unfall zu melden.

verraten, verrät, verriet,
hat verraten

1. Wer hat dir das Geheimnis verraten?
2. Sein Blick verriet mir, dass er verletzt ist.

verreisen, verreist,
verreiste, ist verreist

Frau Dr. Müller ist zurzeit verreist.

verrückt

1. Bist du verrückt geworden?!
2. So eine verrückte Idee.

die Versammlung, -en

Der Minister hielt bei der Versammlung eine Rede.

versäumen, versäumt,
versäumte, hat versäumt

Tut mir leid, ich habe die Anmeldefrist versäumt.

verschieben, verschiebt,
verschob, hat verschoben

Leider muss ich den Termin verschieben.

verschieden

1. Unsere beiden Kinder sind sehr verschieden.
2. Wir haben dieses Kleid in verschiedenen Farben.

verschreiben, verschreibt,
verschrieb,
hat verschrieben

Die Ärztin hat mir Tabletten verschrieben.

verschwinden,
verschwindet,
verschwand,
ist verschwunden

Mein Ausweis ist verschwunden. Hast du ihn vielleicht gesehen?

versichern, versichert,
versicherte,
hat versichert

1. Wollen Sie Ihr Gepäck versichern?
2. Wie sind Sie versichert?

die Versichertenkarte, -n
(D) → A: e-card

Haben Sie Ihre Versichertenkarte dabei?

die Versicherung, -en

1. Sie sollten eine Versicherung für Ihr Gepäck abschließen.
2. Sie müssen den Unfall der Versicherung melden.

die Verspätung, -en

Unser Zug hatte 10 Minuten Verspätung.

versprechen, verspricht,
versprach,
hat versprochen

Meine Mutter hat mir versprochen, mich abzuholen.

verständlich

Nach acht Stunden Schule haben die Kinder keine Lust mehr, die Hausaufgaben zu machen. Ich finde das verständlich.

das Verständnis — Wir bitten um Ihr Verständnis.

(sich) verstecken, versteckt, versteckte, hat versteckt
1. Ich habe das Geld hinter dem Regal versteckt.
2. Die Kinder verstecken sich im Wald.

(sich) verstehen, versteht, verstand, hat verstanden
1. Ich kann Sie kaum verstehen. Sprechen Sie bitte lauter.
2. Den Satz verstehe ich nicht.
3. Ich verstehe nichts von Computern.
4. Unsere beiden Kinder verstehen sich sehr gut.

versuchen, versucht, versuchte, hat versucht
1. Haben Sie es schon mal mit diesem Mittel versucht?
2. Ich habe immer wieder versucht, Sie zu erreichen.
3. Versuchen Sie doch mal meinen Apfelkuchen.

der Versuch, -e
1. In der Forschung werden viele Versuche gemacht.
2. Mein Versuch, etwas zu ändern, blieb ohne Erfolg.

verteilen, verteilt, verteilte, hat verteilt — Kannst du bitte schon mal die Gläser verteilen?

der Vertrag, ¨-e — Sie beide müssen den Vertrag unterschreiben.

vertrauen, vertraut, vertraute, hat vertraut — Ich kenne dich gut. Ich vertraue dir.

das Vertrauen — Ich habe Vertrauen zu Ihnen.

vertreten, vertritt, vertrat, hat vertreten — Wer vertritt Sie, wenn Sie Urlaub machen?

der Vertreter, - die Vertreterin, -nen
1. Als Herr Dr. Müller in Urlaub war, bin ich zu seiner Vertreterin gegangen.
2. Die Elternvertreter treffen sich morgen Abend in der Schule.

die Vertretung, -en — Herr Dr. Meyer macht für mich die Vertretung.

verurteilen, verurteilt, verurteilte, hat verurteilt — Das Gericht hat den Täter zu einer Geldstrafe verurteilt.

die Verwaltung, -en — Sprechen Sie bitte mit der Verwaltung. Die können Ihnen helfen.

verwandt — Sind Sie mit Frau Meyer verwandt?

der Verwandte, -n die Verwandte, -n — Zu meinem Geburtstag kommen alle Verwandten.

verwechseln, verwechselt, verwechselte, hat verwechselt — Entschuldigen Sie, ich habe Sie mit jemandem verwechselt.

verwenden, verwendet, verwendete, hat verwendet — Dieses Wort wird oft verwendet.

verzeihen, verzeiht, verzieh, hat verziehen — Das werde ich ihm nie verzeihen können.

Verzeihung — Verzeihung! Ich habe die falsche Nummer gewählt.

verzichten, verzichtet, verzichtete, hat verzichtet — Ich verzichte heute auf den Kaffee.

das Video, -s
1. Ich habe den Film auf Video aufgenommen.
2. Lass uns ein Video vom Fest machen!

viel/viele
1. Ich habe schon viel gelernt.
2. Ich wünsche Ihnen viel Spaß.
3. Hier regnet es viel.
4. Das ist mir viel zu teuer.
5. Im Winter sind viele Leute erkältet.

vielleicht
1. Kommst du mit in die Stadt? - Ich weiß noch nicht. Vielleicht.
2. Vielleicht bekomme ich den Job.
3. Die Fahrkarte war vielleicht teuer!
4. Hast du vielleicht Kleingeld für mich?

das Viertel, - (D, A) → CH: Quartier — Wir wohnen in einem schönen Viertel.

virtuell — Auf dieser Website kann man an einer virtuellen Stadtrundfahrt teilnehmen.

der Virus, Viren — Ich habe mal wieder einen Virus auf meinem Computer.

die Visitenkarte, -n — Darf ich Ihnen meine Visitenkarte geben?

das Visum, Visa — Das Visum ist für drei Monate gültig.

das Vitamin, -e — Der Arzt sagt, ich soll viele Vitamine essen.

voll
1. Die Flasche ist noch ganz voll.
2. Vor den Feiertagen sind die Züge immer sehr voll.
3. Bitte unterschreiben Sie mit Ihrem vollen Namen.

die Vollzeit — Ich möchte gerne Vollzeit arbeiten.

Volleyball — Im Sommer spiele ich gern Volleyball.

völlig — Das halte ich für völlig ausgeschlossen.

von
1. Ich komme gerade vom Zahnarzt.
2. Emil ist ein Freund von mir.
3. Haben Sie noch eine Zeitung von heute?

	4. Von jetzt an müssen wir sparen.
	5. Das Büro ist von 13 bis 15 Uhr geschlossen.
voneinander	Wir haben lange nichts voneinander gehört.
vor	1. Ich bin vor einer Woche zurück-gekommen.
	2. Das Auto steht vor der Tür.
	3. Ich konnte vor Schmerzen nicht schlafen.
vor allem	Grüßen Sie alle von mir, vor allem Frau Meier.
voraus	1. Gehen Sie schon voraus.
	2. Ich danke Ihnen im Voraus für Ihre Mühe.
die Voraussetzung, -en	1. Gesunde Ernährung ist die Voraussetzung für ein langes Leben.
	2. Er will die Arbeit nur unter der Voraussetzung annehmen, dass ihm die Firma eine Wohnung organisiert.
voraussichtlich	Der Zug hat voraussichtlich 20 Minuten Verspätung.
vorbei/vorbei-	1. Die Linie 8 fährt am Krankenhaus vorbei.
	2. Keine Sorge! Die Schmerzen sind in ein paar Minuten vorbei.
	3. Kommst du um 3 Uhr bei mir vorbei?
(sich) vorbereiten, bereitet vor, bereitete vor, hat vorbereitet	1. Am Sonntag machen wir ein kleines Fest. Ich muss noch viel dafür vor-bereiten.
	2. Ich muss mich auf meine Prüfung vor-bereiten.
die Vorbereitung, -en	Nächste Woche beginnen wir mit der Vorbereitung für die Prüfung.
vorder-	In den vorderen Reihen sind noch Plätze frei.
die Vorfahrt	Achtung! Das Auto rechts hat Vorfahrt!
vorgestern	Er hat mich vorgestern angerufen.
vorhaben, hat vor, hatte vor, hat vorgehabt	Haben Sie morgen Abend schon etwas vor?
vorher	Ich komme mit ins Café. Vorher muss ich aber noch zur Bank.
vorhin	Vorhin hat Heidrun angerufen. Du sollst sie zurückrufen.
vorkommen, kommt vor, kam vor, ist vorgekommen	Kein Problem. Das kann vorkommen.

vorläufig	1. Ich habe noch keine Wohnung. Ich wohne vorläufig bei einem Freund.
	2. Das ist eine vorläufige Entscheidung.
vorlesen, liest vor, las vor, hat vorgelesen	Ich lese meinen Kindern oft etwas vor.
vorn, vorne	1. Bitte vorn beim Fahrer einsteigen!
	2. Zwei Kinokarten, bitte. – Wo möchten Sie sitzen, vorne oder hinten?
	3. Das war noch nicht ganz richtig. Bitte noch mal von vorne.
der Vorort, -e	Wir wohnen in einem Vorort von Köln.
vorschlagen, schlägt vor, schlug vor, hat vorgeschlagen	Ich schlage vor, dass wir eine Pause machen.
der Vorschlag, ¨-e	Ich mache dir einen Vorschlag: Du hilfst mir beim Deutschlernen, und ich lade dich zum Essen ein.
die Vorschrift, -en	Beachten Sie bitte die Vorschriften für das Benutzen der Bibliothek.
die Vorsicht	Vorsicht! Der Teller ist heiß.
vorsichtig	Bitte fahr vorsichtig, die Straße ist glatt.
(sich) vorstellen, stellt vor, stellte vor, hat vorgestellt	1. So schwierig habe ich mir die Arbeit nicht vorgestellt.
	2. Darf ich dir meine Frau vorstellen?
	3. Ich möchte mich vorstellen: Mein Name ist Schuster.
die Vorstellung, -en	Wann läuft der Film? – Die nächste Vorstellung ist um 15 Uhr.
das Vorstellungsgespräch, -e	Wann hast du dein Vorstellungs-gespräch?
der Vorteil, -e	Der Vorteil von dieser Wohnung ist, dass sie direkt im Zentrum liegt.
der Vortrag, ¨-e	Ihr Vortrag war sehr interessant.
die Vorwahl, -en	Wie ist die Vorwahl von Hamburg?
vorwärts	Ich kann nicht vorbei. Bitte fahr noch ein Stück vorwärts.
der Vorwurf, ¨-e	Eva kann nichts dafür. Mach ihr keine Vorwürfe.

W

waagerecht
Ziehen Sie bitte einen waagerechten Strich.

wach
1. Bist du schon lange wach?
2. Ich bin gerade wach geworden.

wachsen, wächst, wuchs, ist gewachsen
1. Mein Sohn ist sehr gewachsen. Er ist jetzt schon größer als ich.
2. Ich will mir die Haare wachsen lassen.
3. In meinem Garten wachsen Tomaten und Kartoffeln.

der Wagen, -
1. Ich habe meinen Wagen in die Werkstatt gebracht.
2. Im zweiten Wagen befindet sich das Zugrestaurant.

wählen, wählt, wählte, hat gewählt
1. Sie können wählen: Als Vorspeise gibt es Suppe oder Salat.
2. Sie müssen erst eine Null wählen.
3. Ich habe diese Partei nicht gewählt.

die Wahl, -en
1. Sie haben die Wahl: mit Vollpension oder Halbpension?
2. Die nächste Wahl ist im Herbst.

wahnsinnig
1. Du fährst viel zu schnell. Bist du wahnsinnig?!
2. Diese Musik gefällt mir wahnsinnig gut.

wahr
1. Was ich sage, ist wahr.
2. Es ist eine wahre Geschichte.
3. Es ist doch schön hier, nicht wahr?

die Wahrheit, -en
Sag mir bitte die Wahrheit. Hast du wieder geraucht?

während
1. Während ich arbeite, höre ich oft Musik.
2. Während der Prüfung dürfen wir unsere Handys nicht benutzen.

wahrscheinlich
Wahrscheinlich mache ich im Herbst noch einen Deutschkurs.

der Wald, ¨-er
1. Hinter unserem Haus fängt der Wald an.
2. Ich gehe gern im Wald spazieren.

die Wand, ¨-e
1. Ich stelle das Regal rechts an die Wand.
2. Die Wände sind hier sehr dünn. Man hört alles.

wandern, wandert, wanderte, ist gewandert
Wir gehen oft wandern.

die Wanderung, -en
Wir haben in den Ferien eine schöne Wanderung gemacht.

wann
1. Wann kommst du?
2. Wissen Sie, wann der Kurs beginnt?
3. Bis wann muss ich mich anmelden?
4. Ab wann haben Sie geöffnet?

die Ware, -n
Wir liefern Ihnen die Ware direkt ins Haus.

warm
1. Hier ist es sehr warm.
2. Abends essen wir oft warm.
3. Du musst dich warm anziehen.
4. Mittags möchte ich gern ein warmes Essen.
5. Für den Winter brauche ich einen warmen Pullover.

die Wärme
Wärme ist gut gegen meine Schmerzen.

warnen, warnt, warnte, hat gewarnt
Ich warne Sie. Der Hund ist gefährlich.

warten, wartet, wartete, hat gewartet
1. Können Sie ein paar Minuten warten?
2. Ich warte seit einer Stunde auf den Bus.

warum
1. Warum besuchst du mich nicht?
2. Ich weiß nicht, warum es hier so kalt ist.

was
1. Was ist das?
2. Was möchten Sie?
3. Wissen Sie, was das ist?
4. Hast du schon (et)was gegessen?

was für ein-
Ich will mir ein Auto kaufen. – Was denn für eins?

(sich) waschen, wäscht, wusch, hat gewaschen
1. Ich habe die Bluse gerade frisch gewaschen.
2. Wo kann ich mir die Hände waschen?

die Wäsche
1. Ich muss heute noch Wäsche waschen.
2. Kannst du bitte die Wäsche aufhängen?

das Waschmittel, -
Diese Bluse darfst du nicht mit jedem Waschmittel waschen.

das Wasser
1. Kann ich bitte ein Glas Wasser haben?
2. Eine Cola und zwei Wasser, bitte!
3. Gibt es hier kein warmes Wasser?

wechseln, wechselt, wechselte, hat gewechselt
1. Können Sie 50 Euro in Kleingeld/in Dollar wechseln?
2. Kannst du Reifen wechseln?
3. Ich werde den Arzt wechseln. Dieser hier ist zu teuer.

wecken, weckt, weckte, hat geweckt
Können Sie mich morgen früh um sechs wecken?

der Wecker, -
Hast du den Wecker schon gestellt?

weder … noch — Für Urlaub haben wir weder Zeit noch Geld.

der Weg, -e
1. Dieser Weg ist sehr breit und angenehm.
2. Wir wohnen im/am Oberweg 10.
3. Können Sie mir den Weg zum Bahnhof erklären?

weg/weg-
1. Meine Handtasche ist weg!
2. Den Brief darfst du nicht wegwerfen.

wegen
1. Wegen Nebels konnte unser Flugzeug nicht landen.
2. Ich rufe wegen meiner Tochter an.

wehtun, tut weh, tat weh, hat wehgetan
1. Wo tut es weh?
2. Mir tut der Rücken weh.
3. Hast du dir wehgetan?

weiblich — Kreuzen Sie bitte an: „weiblich" oder „männlich".

weich
1. Ich möchte zum Frühstück ein weiches Ei.
2. Das Bett im Hotel war mir zu weich.

sich weigern, weigert sich, weigerte sich, hat sich geweigert — Ich weigere mich diese Arbeit zu tun.

weil — Ich kann nicht kommen, weil ich krank bin.

der Wein, -e — In diesem Restaurant gibt es sehr guten Wein.

weinen, weint, weinte, hat geweint — Bitte nicht weinen. Du bekommst eine neue Puppe.

-weise
1. War der Test schwierig? – Teilweise.
2. Das ist möglicherweise nicht so einfach.

weit
1. Wie weit ist es noch bis München?
2. Wie weit sind Sie mit der Arbeit?
3. Die Jacke ist mir zu weit.

weiter/weiter-
1. Ich möchte nicht stören. Bitte essen Sie ruhig weiter.
2. Haben Sie noch weitere Fragen?

die Weiterbildung, -en — Ich möchte eine Weiterbildung machen.

welcher, welche, welches
1. Welcher Tag ist heute?
2. Welchen Kurs hast du gemacht?

die Welt
1. Überall auf der Welt gibt es Probleme.
2. Ich habe die besten Eltern der Welt.

weltweit
1. Unsere Firma produziert für den weltweiten Markt.
2. Das Zertifikat B1 wird weltweit angeboten.

wenden, wendet, wendete, hat gewendet — Sie müssen zurückfahren, aber hier dürfen Sie nicht wenden.

wenig/wenige
1. Essen Sie immer so wenig?
2. Ich habe nur wenig geschlafen.
3. Hier gibt es nur wenige Geschäfte.

wenigstens — Ich habe keinen Hunger. – Ach, essen Sie wenigstens ein Stück Kuchen.

wenn — Kommst du zu der Party? - Vielleicht, wenn ich nicht arbeiten muss.

wer
1. Wer ist das? Kennst du die Frau?
2. Wer will die Prüfung machen?

die Werbung, -en
1. Ich sehe gern Werbung im Fernsehen.
2. Ich möchte keine Werbung im Briefkasten.

werden, wird, wurde, ist geworden
1. Es wird kalt.
2. Ich habe morgen Geburtstag. – Wie alt wirst du denn?
3. Warum fährst du so schnell? Bist du verrückt geworden?!
4. Mein Sohn möchte Polizist werden.
5. Wohin fahren Sie in Urlaub? – Ich glaube, wir werden dieses Jahr zu Hause bleiben.

werfen, wirft, warf, hat geworfen — Die Kinder haben Steine ins Wasser geworfen.

das Werk, -e — Wir haben gestern das Werk besichtigt.

die Werkstatt, ̈-en — Mein Wagen ist zurzeit in der Werkstatt.

das Werkzeug, -e — Wir hatten kein Werkzeug für die Reparatur dabei.

wert — Das Auto ist vielleicht noch 1000 Euro wert.

der Wert, -e
1. Das Haus hat einen Wert von ca. 1 Mio. Euro.
2. Es hat ja doch keinen Wert.
3. Auf Ihr Urteil lege ich großen Wert.

wertlos — Diese alten Geldscheine sind heute völlig wertlos.

wertvoll — Ich habe einen sehr wertvollen Ring von meiner Großmutter.

weshalb
1. Weshalb rufst du an?
2. Ich bekomme Besuch, weshalb ich leider nicht zur Party gehen werde.

der Wettbewerb, -e — Meine Tochter hat bei einem Wettbewerb gewonnen. Sie hat das beste Bild gemalt.

wetten, wettet, wettete, hat gewettet
1. Wir haben gewettet, dass sie wieder zu spät kommt.
2. Wetten, dass es bald regnet?

das Wetter
1. Ich habe Radio gehört. Das Wetter soll schön werden.
2. Wir hatten im Urlaub schlechtes Wetter.
3. Bei schönem Wetter könnten wir ein Picknick machen.

der Wetterbericht, -e — Hast du schon den Wetterbericht gehört?

die Wettervorhersage, -n — Die Wettervorhersage für morgen: trocken und sonnig.

wichtig
1. Die Prüfung ist sehr wichtig für mich.
2. Morgen habe ich einen wichtigen Termin.

widersprechen, widerspricht, widersprach, hat widersprochen
1. Da muss ich Ihnen widersprechen.
2. Das widerspricht sich aber.

wie
1. Wie heißt du?
2. Wie lange bist du schon hier?
3. Meine Frau ist so alt wie ich.
4. Wie schreibt man das?
5. Wie bitte?
6. Wie gefällt dir unsere Wohnung?

wieder/wieder-
1. Wann kommst du wieder?
2. Meine Mutter war krank. Jetzt ist sie aber wieder gesund.
3. Mein Bruder kommt schon wieder zu spät.
4. Meine Eltern sind zu Besuch gekommen. Morgen fahren sie wieder zurück.

wiederholen, wiederholt, wiederholte, hat wiederholt — Ich wiederhole: Die Nummer ist 3487.

die Wiederholung, -en — Eine Wiederholung der Prüfung ist möglich.

wiegen, wiegt, wog, hat gewogen
1. Wie viel wiegst du?
2. Der Brief wiegt mehr als 20 Gramm.

wild
1. Das ist ein wilder Fluss.
2. Spielt nicht so wild!

die Wiese, -n — Vor unserem Haus ist eine Wiese mit Bäumen.

wieso — Wie lange sind Sie hier? – Wieso fragen Sie?

wie viel(e)
1. Wie viel Geld hast du dabei?
2. Wie viel ist ein Euro hier wert?
3. Wie viele Kinder haben Sie?

willkommen — Herzlich willkommen in Köln.

der Wind, -e — Der Wind kommt heute von Westen.

windig — Es ist heute sehr windig.

winken, winkt, winkte, hat gewinkt — Alle standen auf dem Bahnsteig und winkten zum Abschied.

wirken, wirkt, wirkte, hat gewirkt — Die Tabletten haben nicht gewirkt.

die Wirkung, -en — Welche Wirkungen hat dieses Medikament? Muss ich vorsichtig sein?

wirklich
1. Du glaubst mir nicht? Es ist aber wirklich so.
2. Im Bahnhofsrestaurant isst man wirklich sehr gut.

die Wirklichkeit
1. Das Buch beschreibt die Wirklichkeit um 1900 sehr gut.
2. Man sagte mir, das Buch kostet nur 9 Euro. In Wirklichkeit kostet es 14 Euro.

der Wirt, -e
die Wirtin, -nen — Ich kenne die Wirtin von diesem Lokal. Sie ist sehr nett.

die Wirtschaft — In der Schule lernen die Kinder viel über Wirtschaft und Politik.

wissen, weiß, wusste, hat gewusst
1. Weißt du, wie der Hausmeister heißt?
2. Ich habe nicht gewusst, dass Pascal verheiratet ist.
3. Woher wissen Sie das?

das Wissen
1. Es hat ein großes Wissen über Pflanzen.
2. Ich tue nichts ohne dein Wissen.

die Wissenschaft, -en — Vertreter von Kunst und Wissenschaft treffen sich heute in Berlin.

der Wissenschaftler, -
die Wissenschaftlerin, -nen — Sie ist Wissenschaftlerin an der Universität.

der Witz, -e — Wir haben Witze erzählt und viel gelacht.

wo
1. Wo waren Sie im Urlaub?
2. Wo wohnen Sie?
3. Wo ist denn meine Uhr?

woher
1. Woher kommst du?
2. Unsere Nachbarn ziehen nach Berlin. – Woher wissen Sie das?

wohin
1. Wohin kommt der Schrank?
2. Wohin fährt dieser Bus?

wohl	1. Kann ich nach Hause gehen? Ich fühle mich nicht wohl. 2. Das wird wohl etwas länger dauern als geplant.
wohnen, wohnt, wohnte, hat gewohnt	1. Wir wohnen in einem alten Haus. 2. Ich wohne in München. 3. Wohnst du noch bei deinen Eltern?
der Wohnort, -e	Tragen Sie bitte Straße und Wohnort ein.
der Wohnsitz, -e	Er hat einen festen Wohnsitz in dieser Stadt.
die Wohnung, -en	Wir suchen eine möblierte Wohnung, möglichst im Zentrum.
das Wohnzimmer, -	Wir sitzen im Wohnzimmer und sehen fern.
die Wolke, -n	Es sind viele Wolken am Himmel.
bewölkt	Heute ist es stark bewölkt.
die Wolle	Dieser Pullover ist aus reiner Wolle.
wollen, will, wollte, hat gewollt (hat wollen *als Modalverb*)	1. Peter will Arzt werden. 2. Wollen Sie einen Kaffee? 3. Meine Eltern wollten nicht mitfahren. 4. Was hast du als Kind werden wollen? 5. Tut mir leid. Ich wollte das nicht.
worüber	Worüber lachen Sie?
worum	Kann ich Herrn Meier sprechen? – Worum geht es denn?
das Wort, ¨-er	Ich kenne diese beiden Wörter nicht.
das Wort, -e	Sie hat mit wenigen Worten viel gesagt.
das Wörterbuch, ¨-er	Ich muss das Wort im Wörterbuch nachschlagen.
die Wunde, -n	Die Wunde müssen wir sofort verbinden.
das Wunder, -	1. Ich bin mit dem Fahrrad gestürzt. Es war ein Wunder, dass nichts Schlimmes passiert ist. 2. Du isst zu viel Schokolade. Kein Wunder, dass die Hose nicht mehr passt.
wunderbar	1. Im ganzen Urlaub hatten wir wunderbares Wetter. 2. Diese Schokolade schmeckt wunderbar.

wunderschön	1. Wir haben einen Ausflug gemacht. Es war wunderschön. 2. Ich habe mir ein wunderschönes Kleid gekauft.
sich wundern, wundert sich, wunderte sich, hat sich gewundert	1. Es hat mich gewundert, dass das Essen hier so günstig ist. 2. Ich wundere mich, dass du schon so früh aus der Schule kommst. Was ist los?
(sich) wünschen, wünscht, wünschte, hat gewünscht	1. Ich wünsche Ihnen alles Gute. 2. Was wünschst du dir zum Geburtstag? 3. Wünsch mir Glück!
der Wunsch, ¨-e	1. Haben Sie sonst noch einen Wunsch? 2. Mit den besten Wünschen für Sie und Ihre Familie.
die Wurst, ¨-e	Diese Wurst ist mir zu fett.
wütend	Warum bist du so wütend?

Z

die Zahl, -en	1. Können Sie die Zahl bitte wiederholen? 2. Die Zahl der Internetnutzer wird immer größer.
die Anzahl, -en	Die Anzahl der Teilnehmer war groß.
zahlreich	Die Gäste sind zahlreich gekommen. Es gibt zahlreiche Beispiele für gute Zusammenarbeit.
zahlen, zahlt, zahlte, hat gezahlt	1. Herr Ober, zahlen bitte! 2. Ich hatte keinen Fahrschein und musste 60 Euro Strafe zahlen. 3. Wir müssen im nächsten Jahr mehr Steuern zahlen.
die Zahlung, -en	Bitte geben Sie bei der Zahlung die Rechnungsnummer an.
zählen, zählt, zählte, hat gezählt	1. Bitte zählen Sie das Wechselgeld sofort nach. 2. Mein Sohn kann schon bis 100 zählen. 3. Ich zähle auf dich!
der Zahn, ¨-e	Der Zahn tut mir schon lange weh.
die Zahncreme/-pasta	Die neue Zahncreme riecht sehr gut.
die Zange, -n	Um das Fahrrad zu reparieren, brauchst du eine Zange.
das Zeichen, -	Bitte fangen Sie erst an, wenn ich Ihnen ein Zeichen gebe.

das Verkehrszeichen, - | Meine Kinder lernen in der Schule gerade die Verkehrszeichen.

zeichnen, zeichnet, zeichnete, hat gezeichnet | Meine Tochter kann sehr gut zeichnen.

die Zeichnung, -en | Das ist eine schöne Zeichnung.

zeigen, zeigt, zeigte, hat gezeigt
1. Zeig mir bitte deine Hausaufgaben.
2. Der Bahnhof ist nicht weit entfernt. Ich zeige Ihnen den Weg.
3. Komm her! Ich zeige dir etwas.

die Zeile, -n | Das Wort steht in der fünften Zeile von oben.

die Zeit
1. Ich habe heute keine Zeit.
2. Es ist noch früh. Wir haben noch viel Zeit.
3. Um welche Zeit sind Sie normalerweise zu Hause?
4. Um diese Zeit ist hier wenig los.

der Zeitpunkt, -e | Er ist krank. Das ist kein guter Zeitpunkt für einen Besuch.

zurzeit | Zurzeit habe ich sehr viel zu tun.

die Zeitschrift, -en | Diese Zeitschrift kaufe ich jede Woche.

die Zeitung, -en | Ich lese manchmal Zeitung.

das Zelt, -e | Wir machen Camping-Urlaub und nehmen ein Zelt mit.

zelten, zeltet, zeltete, hat gezeltet | Ich habe noch nie gezeltet.

zentral | Wir suchen eine Zweizimmerwohnung in zentraler Lage.

das Zentrum, Zentren
1. Im Zentrum gibt es fast keine Parkplätze.
2. Es gibt ein neues Zentrum mit vielen Geschäften. Es wird am Samstag eröffnet.

zerstören, zerstört, zerstörte, hat zerstört | Der Sturm hat viele Häuser zerstört.

das Zertifikat, -e | Wenn ich die Prüfung schaffe, bekomme ich ein Zertifikat.

der Zettel, - | Hast du einen Zettel für mich? Ich muss etwas aufschreiben.

das Zeug/-zeug | Was hast du mit meinen Sachen gemacht? – Ich habe dein ganzes Zeug in dein Zimmer getan.

der Zeuge, -n
die Zeugin, -nen | Die Polizei sucht noch Zeugen für den Unfall.

das Zeugnis, -se | Wenn Sie die Prüfung schaffen, bekommen Sie ein Zeugnis.

ziehen, zieht, zog, hat/ist gezogen
1. Sie müssen ziehen, nicht drücken.
2. Wir sind vor drei Wochen nach Hamburg gezogen.
3. Machen Sie bitte die Tür zu, es zieht.

das Ziel, -e | Ich will die Prüfung unbedingt schaffen. Das ist mein Ziel.

ziemlich
1. Ich bin schon ziemlich müde. Ich gehe ins Bett.
2. Ich musste beim Arzt ziemlich lange warten.

die Zigarette, -n | Wie viele Zigaretten rauchst du am Tag?

das Zimmer, -
1. Die Wohnung hat drei Zimmer.
2. Ich habe ein Zimmer im Hotel Eden reserviert.

die Zinsen (nur Pl.) | Wie viele Zinsen bekomme ich für mein Sparkonto?

der Zirkus, -se | Heute gehen wir mit den Kindern in den Zirkus.

die Zitrone, -n | Ich hätte gern einen Tee mit Zitrone.

der Zivilstand (CH) → Personenstand; D, A: Familienstand | Bei „Zivilstand" musst du „ledig" ankreuzen.

der Zoll, ¨-e | Das war die Passkontrolle. Wir müssen jetzt noch durch den Zoll.

die Zone, -n | Hier können wir nicht fahren. Das ist eine Fußgängerzone.

der Zoo, -s | Am Sonntag gehen wir mit den Kindern in den Zoo.

zu
1. Ich bringe Sie zum Bahnhof.
2. Wann sind Sie zu Hause?
3. Am besten gehen Sie zu Fuß.
4. Gehen Ihre Kinder schon/noch zur Schule?
5. Das Kleid ist mir zu teuer.
6. Bitte zwanzig Briefmarken zu 55 Cent.
7. Ich trinke zum Essen ein Bier.
8. Unsere Mannschaft hat 2 zu 1 gewonnen.
9. Ich habe vor, mir ein neues Auto zu kaufen.
10. Hast du etwas zu trinken für mich?

zubereiten, bereitet zu, bereitete zu, hat zubereitet | Sie bereitet das Fleisch mit Kartoffeln zu.

der Zucker | Nehmen Sie Zucker in den Tee?

zuerst	1. Wer war zuerst? – Der Herr hier.
	2. Zuerst gibt es Mittagessen. Dann könnt ihr Schokolade essen.
	3. Zuerst hat mir die Arbeit gar nicht gefallen. Jetzt geht es besser.
der Zufall, ¨-e	1. So ein Zufall, dass ich dich hier treffe.
	2. Durch Zufall habe ich gehört, dass die Wohnung frei ist.
zufällig	1. Wir haben uns zufällig am Bahnhof getroffen.
	2. Hast du zufällig meine Brille gesehen?
zufrieden	1. Meine Kinder haben heute Zeugnisse bekommen. Ich bin zufrieden.
	2. Ich bin mit der Wohnung zufrieden. Sie ist nicht so groß, aber sie hat einen Balkon.
der Zugang, ¨-e	1. Der Zugang zu diesem Haus ist schwierig.
	2. Hast du Zugang zum Internet?
zugänglich	Der Park ist für alle zugänglich.
der Zug, ¨-e	1. Unser Zug hatte 40 Minuten Verspätung.
	2. Ich fahre gern mit dem Zug.
zugehen, geht zu, ging zu, ist zugegangen	Die Tür geht nicht zu. Kannst du mir helfen?
das Zuhause	Ich fühle mich hier wohl. Das ist mein Zuhause.
zuhören, hört zu, hörte zu, hat zugehört	Hör mir doch mal zu!
der Zuhörer, - die Zuhörerin, -nen	Liebe Zuhörerinnen und Zuhörer, Ihre Meinung interessiert uns. Bitte rufen Sie an!
die Zukunft	1. Du musst mehr für die Schule lernen. Denk an die Zukunft.
	2. In Zukunft werde ich vorsichtiger sein.
zukünftig	Ich bitte dich, zukünftig früher zu kommen.
zuletzt	1. Die Kleider packen wir zuletzt ein.
	2. Wir haben uns vor drei Jahren zuletzt gesehen.
zumachen, macht zu, machte zu, hat zugemacht	Mach bitte die Tür zu!
zumindest	Ich möchte nicht in der Stadt wohnen, zumindest jetzt nicht, wenn die Kinder noch so klein sind.
zunächst	Zunächst möchte ich alle begrüßen!

die Zünder (A) (Pl.) → Streichholz; Zündholz	Ich hätte gern eine Schachtel Zünder.
das Zündholz, ¨-er → Streichholz; A: Zünder	Ich hätte gern eine Schachtel Zündhölzer.
zunehmen, nimmt zu, nahm zu, hat zugenommen	Ich habe im Urlaub 1 Kilo zugenommen.
zurechtkommen, kommt zurecht, kam zurecht, ist zurechtgekommen	Soll ich Ihnen helfen? - Danke. Ich komme allein zurecht.
zurück/zurück-	1. Bitte eine Fahrkarte nach Frankfurt und zurück!
	2. Wann wirst du zurückkommen?
	3. Wann muss ich das Buch zurückgeben?
zurzeit	Zurzeit ist kein Zimmer frei.
zusagen, sagt zu, sagte zu, hat zugesagt	Meine Eltern haben uns zum Essen eingeladen. Ich habe zugesagt.
zusammen/zusammen-	1. Wir haben als Kinder oft zusammen gespielt.
	2. Zahlen bitte. - Zusammen oder getrennt?
	3. Das macht zusammen 10 Euro 80.
	4. Fuß und Ball musst du zusammenschreiben – Fußball!
die Zusammenarbeit	Sie sind der neue Kollege? Auf gute Zusammenarbeit!
zusammenfassen, fasst zusammen, fasste zusammen, hat zusammengefasst	Können Sie das bitte noch einmal kurz zusammenfassen?
der Zusammenhang, ¨-e	1. In diesem Zusammenhang möchte ich Sie auf zwei Bücher aufmerksam machen.
	2. Was ist der Zusammenhang zwischen diesen beiden Themen?
zusätzlich	Sie müssen in Zukunft eine Stunde zusätzlich arbeiten.
zuschauen, schaut zu, schaute zu, hat zugeschaut	Willst du mitspielen? – Nein, ich schaue lieber nur zu.
der Zuschauer, - die Zuschauerin, -nen	Liebe Zuschauer, wir wünschen Ihnen gute Unterhaltung.
der Zuschlag, ¨-e	Für diesen Zug müssen Sie einen Zuschlag zahlen.

zu sein, ist zu, war zu, ist zu gewesen	1. Am Sonntag sind die die meisten Läden zu. 2. Das Fenster war nicht zu.
der Zustand, ¨-e	Als wir in die Wohnung eingezogen sind, war sie in sehr schlechtem Zustand.
zuständig	Wir haben ein Problem mit der Heizung. Wer ist dafür zuständig?
zustimmen, stimmt zu, stimmte zu, hat zugestimmt	1. Ich stimme dir in dieser Sache völlig zu. 2. Er nickt zustimmend.
die Zustimmung, -en	Wir brauchen Ihre Zustimmung, um Ihnen Werbung zu schicken.
die Zutaten (Pl.)	Welche Zutaten braucht man für diesen Kuchen?
zuverlässig	Der Kollege kommt bestimmt gleich. Er ist immer sehr zuverlässig.
das/der Zvieri/Znüni, -s (CH) → D: Imbiss; A: Jause	Es ist Zeit für ein kleines Zvieri.
zwar	1. Diese Schuhe sind zwar teuer, aber gut. 2. Ich kriege jetzt doch eine Woche Urlaub, und zwar nächsten Monat.

der Zweck, -e	Ich glaube, es hat keinen Zweck, sich zu bewerben. Der Job ist sicher schon weg.
zweifeln, zweifelt, zweifelte, hat gezweifelt	Ich zweifle nicht daran, dass Sie recht haben.
der Zweifel, -	1. Da ist ohne Zweifel die beste Lösung. 2. Allmählich bekomme ich Zweifel daran.
die Zwiebel, -n	Eine Zwiebel in kleine Stücke schneiden und zusammen mit dem Fleisch braten.
(sich) zwingen, zwingt, zwang, hat gezwungen	1. Bitte zwing mich nicht etwas zu essen. Ich bin wirklich nicht hungrig. 2. Das schlechte Wetter zwang uns umzukehren.
zwischen	1. Das Regal stellen wir zwischen die beiden Schränke. 2. Heidelberg liegt zwischen Frankfurt und Stuttgart. 3. Zwischen 8 und 10 Uhr bin ich zu Hause.

9 Strukturen

Diese Liste enthält sprachliche Strukturen des Deutschen, die Prüfungsteilnehmende aktiv und passiv beherrschen sollen. Frequente grammatikalische Strukturen sollen dabei nicht um ihrer selbst willen gelehrt und gelernt werden, sondern als notwendiges Repertoire für die Ausführung sprachlicher Handlungen. Die aktive Beherrschung von weniger frequenten Strukturen wie Konjunktiv I oder Partizip I wird daher nicht verlangt.

Wenn von Tempus der Verben oder Numerus der Nomen etc. die Rede ist, dann beziehen sich diese auf die Einträge der alphabetischen Wortliste. Bezugswerke sind die Listen aus *Start Deutsch, Zertifikat Deutsch, Fit in Deutsch* und *Profile Deutsch*. Außerdem wurden zum Abgleich die Curricula der Sprachkurse der Goethe-Institute in Deutschland für die Stufen A1, A2 und B1 sowie neuere Lehrwerke, die auf der Grundlage des *Referenzrahmens* entstanden sind, herangezogen.

- **Verb**
  - Tempus
  - Modus
  - Modalverben
  - Verben mit trennbarem Präfix
  - Verbvalenz

- **Nomen**
  - Genus
  - Numerus
  - Kasus

- **Artikelwörter / Pronomen**
  - Artikel
  - Pronomen

- **Adjektiv**
  - attributiv
  - prädikativ
  - adverbial
  - Komparation
  - Zahlwörter

- **Präposition**
  - temporal
  - lokal
  - andere

- **Satz**
  - Verbzweitstellung
  - Verbergänzung
  - Satzklammer
  - Negation
  - Satzverbindungen
  - Hauptsatz + Hauptsatz
  - Hauptsatz + Nebensatz
  - Fragesatz
  - Relativsatz
  - Infinitivsatz
  - Doppelkonjunktion

9.1   Verb

9.1.1   TEMPUS

Präsens – alle Verben, Modalverben
Perfekt – alle Verben, Modalverben
Präteritum
passiv: alle Verben, Modalverben
Präteritum
aktiv: haben, sein,
kommen, es gibt, gehen,
finden

Ich **hatte** keine Zeit.
Wir **waren** sehr müde.
Zu meinem Geburtstag **kamen**
viele Leute.
Es **gab** kein Brot mehr.
Ich **wollte** das Fenster auf-
machen, aber es **ging** nicht.
Ich **fand** den Film toll.

Modalverben und
gebräuchlichste Verben
Plusquamperfekt
passiv: alle Verben

Er **konnte** noch kein Deutsch.

Wir **hatten** gerade **gegessen**,
als er kam.

Futur I:
Versprechen

Ich **werde** dich bestimmt
besuchen.

Vorhersage
Vermutung

Es **wird regnen**.
Ronald **wird** schon noch
kommen.

9.1.2   MODUS

Indikativ – alle Verben
Konjunktiv II
haben
sein
sollen
können

würd-
Passiv (Präsens, Präteritum,
Perfekt)
passivisch mit Modalverb

Ich hätte gerne ein Brot, bitte.
Ich wäre jetzt gern zu Hause!
Du solltest mehr schlafen.
Wir könnten uns doch heute
Abend treffen.
Ich würde gern etwas trinken.

Unser Auto ist kaputt und
muss repariert werden.
Die Wohnung muss noch
geputzt werden.

9.1.3   VERBVALENZ

Verb + Akkusativ	Ich habe **dich** leider nicht gesehen.
Verb + Dativ	Wir helfen **dir** gern.
Verb + Dativ / Akkusativ	Herr Weber hat gestern **seiner Frau einen Blumenstrauß** geschenkt. Er hat **ihn ihr** gestern geschenkt.
Verb + Präposition	Ich freue mich auf **euren Besuch**.

9.1.4   WORTBILDUNG

Vorsilben
Her--

	heraus, raus	*herausfinden, rausfinden*
	herein, rein	*hereinkommen, reinkommen*
	herunter, runter	*herunterladen, runterladen*
	herauf, rauf	*heraufkommen, raufkommen*
hin		*hinfahren, hinkommen*
	hinauf, rauf	*hinaufgehen, raufgehen*
	hinaus, raus	*hinausgehen, rausgehen*
	hinüber, rüber	*hinübergehen, rübergehen*
	hinunter, runter	*hinunterwerfen, runterwerfen*
mit		*mitarbeiten*
vorbei		*vorbeigehen*
weg		*wegwerfen*
weiter		*weitergehen*
zurück		*zurückkommen*
zusammen		*zusammenfassen*

9.2   Nomen

9.2.1   GENUS

	der Apfel/**die** Sonne/**das** Kind
der/die/das	

9.2.2   NUMERUS

	Drei Fahrkarten nach Berlin Bahnhof Zoo und **eine Fahrkarte** nach Berlin Hauptbahnhof, bitte!
Singular/Plural	

9.2.3 KASUS

Nominativ	**der** Mann
Genitiv	**des** Mann**es**
Genitiv bei Eigennamen im Singular	Ali**s** Freunde kommen heute Nachmittag.
Dativ	**dem** Mann
Akkusativ	**den** Mann
n-Deklination	Hast du die Rede des Präsident**en** gehört?

9.2.4 WORTBILDUNG

Komposita – gleiches Grundwort	Fernsehsender, Radiosender, Nachrichtensender
Komposita – gleiches Bestimmungswort	Arbeitsstelle, Arbeitserlaubnis, Arbeitsplatz Krankenhaus, Krankenkasse, Krankenpfleger
Nominalisierung	das Essen, der Fahrer, die Langeweile, die Schwierigkeit, die Unterstützung
Partizipien	Reisende, Teilnehmende
feminine Formen	Arbeiterin, Kollegin, Kundin, Lehrerin
Nachsilbe: -chen	das Brötchen, das Hähnchen

9.3 Artikelwörter/Pronomen

9.3.1 ARTIKEL

Definitartikel

der/die/das/die dieser/diese/dieses/diese derselbe/dieselbe/dasselbe/ dieselben	Hast du **denselben** Lehrer wie letztes Jahr?
jeder/jede/jedes/alle	Sie steht **jeden** Morgen um 7 Uhr auf.

Indefinitartikel

ein/eine/ein wenige ein paar	Wir haben nur **wenige** Freunde. Kaufst du bitte noch **ein paar** Flaschen Saft?
einige/manche	**Einige / Manche** Schüler haben ihre Hausaufgaben nicht gemacht.
interrogativ – welch- possessiv – alle	**Welche DVD** meinst du? **Alle** Kursteilnehmer machen mit.
negativ – kein	Ich habe leider **keine** Zeit.

9.3.2 PRONOMEN

Personalpronomen

Nominativ	**Ich** gehe jetzt.
Akkusativ	Ich liebe **dich/ihn/sie.**
Dativ	Ich danke **Ihnen** sehr. Ich brauche das Salz. Gib **es mir** bitte.

Indefinitpronomen

jemand	Hat **jemand** für mich angerufen?
irgendjemand	Hat **irgendjemand** unseren Nachbarn gesehen?
man	Kann **man** hier Fahrkarten kaufen?

Reziprokpronomen

sich	Hanna und Chris lieben **sich** sehr.
uns	Wir sehen **uns** morgen.

Präpositionalpronomen

da(r) –	Vielen Dank für Ihren Brief. Ich habe mich sehr **darüber** gefreut.
wo(r)-	**Worüber** habt ihr gesprochen?
niemand	Hier ist **niemand**.
etwas	Möchten Sie **etwas** trinken?
nichts	Ich esse jetzt **nichts**.
mehr	Möchten Sie noch **mehr**?
alles	Luigi versteht **alles**.

9.4 Adjektiv

9.4.1 ATTRIBUTIV

nach definitem Artikel im Nominativ/Akkusativ/Dativ
nach indefinitem Artikel im Nominativ/Akkusativ/Dativ
nach Nullartikel im Nominativ/Akkusativ/Dativ

*der **neue** Arbeitsplatz/die **neue** Stelle/das **neue** Haus*
*ein **neuer** Arbeitsplatz/eine **neue** Stelle/ein **neues** Haus*
*Ich esse gerne **frischen** Fisch.*

9.4.2 PRÄDIKATIV

*Das Haus ist **modern**.*

9.4.3 ADVERBIAL

*Ich lese **gern**.*
*Kannst du bitte **lauter** sprechen.*

9.4.4 KOMPARATION

*Mein Bruder ist jüng**er** als ich.*
*Ich bin ält**er** als er.*
*Mein **jüngster** Bruder ist 17.*

gern/lieber/am liebsten
*Ich höre **gern** Musik.*
*Ich trinke **lieber** Tee als Kaffee.*

viel/mehr/am meisten
*Peter hat von uns allen **am meisten** gegessen.*

gut/besser/am besten
*Ich verstehe jetzt **besser** Deutsch als vor drei Monaten.*

Ordinalzahlen:
der erste/der zweite …
der zwanzigste
*Gestern war **der erste** Februar.*
*Heute ist **der Erste**.*

9.4.5 WORTBILDUNG

Vorsilbe: -*un*
unfreundlich, unangenehm, unpünktlich

Nachsilbe: -*los*, -*bar*, -*wert*, -*lich*, -*ig*
arbeitslos, wunderbar, preiswert, ängstlich, eilig

Komposita
weltweit

---

¹ Die Einträge mit Sternchen gelten nur für die Niveaustufe B1.

9.5 Präposition

9.5.1 TEMPORAL

ab		***Ab** Montag ist das Büro wieder geöffnet.*
an	+ Dativ	***Am** Morgen/**Am** Dienstag haben wir geschlossen.*
bis	+ Akkusativ	***Bis** nächsten Montag./**Bis** morgen.*
in	+ Dativ	***Im** Sommer/**In** dieser Woche/**Im** Februar habe ich Urlaub.*
mit	+ Dativ	*Gina hat **mit** 22 Jahren geheiratet.*
nach	+ Dativ	***Nach** dem Essen treffe ich einen Freund.*
seit	+ Dativ	***Seit** einer Woche lerne ich Englisch.*
um	+ Akkusativ	***Um** halb sieben/**Um** 18.30 Uhr geht mein Zug.*
vor	+ Dativ	***Vor** dem Konzert muss ich meine Frau abholen.*
während	+ Genitiv/Dativ	***Während** des Essens/dem Essen sollst du nicht lesen!*
über	+ Akkusativ	*Ich habe **über** eine Stunde gewartet.*
zwischen	+ Dativ/Akkusativ	***Zwischen** Weihnachten und Neujahr ist das Geschäft geschlossen.*
zu	+ Dativ	***Zum** Frühstück hole ich Brötchen*

9.5.2 LOKAL

an	+ Dativ/Akkusativ	*Wir machen Ferien **am** Meer. Wir fahren **ans** Meer.*
auf	+ Dativ	*Mein Auto steht **auf** dem Marktplatz. Die Blumen stehen **auf** dem Tisch.*
aus	+ Dativ	*Das ist Francesco **aus** Italien.*
außerhalb	+ Genitiv	*Mein Hotel liegt **außerhalb** der Stadt.*
bei	+ Dativ	*Dilek arbeitet **bei** Familie Müller/**bei** Siemens.*
gegen	+ Akkusativ	*Sie ist mit dem Fahrrad **gegen** ein Auto gefahren.*
hinter	+ Dativ/Akkusativ	***Hinter** dem Haus ist ein Garten. Er geht **hinter** das Haus.*
in	+ Dativ/Akkusativ	***Im** Park spielen Kinder. Ich fahre **in** die Stadt.*

gegenüber	+ Dativ	Das Geschäft liegt **gegenüber** dem Bahnhof.
nach	+ Dativ	Ich fahre **nach** Paris/**nach** Deutschland.
neben	+ Dativ/Akkusativ	Sakari wohnt in der Wohnung **neben** mir. Setz dich **neben** mich.
unter	+ Dativ/Akkusativ	**Unter** dem Tisch steht der Computer. Ich stelle den Computer **unter** den Tisch.
über	+ Dativ/Akkusativ	**Über** dem Tisch hängt eine Lampe. Ich hänge die Lampe **über** den Tisch.
um	+ Akkusativ	Gehen Sie **um** die Ecke. Dort ist eine Bäckerei.
um … (herum)	+ Akkusativ	Gehen Sie bitte **um** das Haus (**herum**)!
von	+ Dativ	Ich komme gerade **von** der Arbeit/**vom** Arzt.
zu	+ Dativ	Ich gehe **zur** Schule/**zu** meiner Freundin.
zwischen	+ Dativ/Akkusativ	Der Ort liegt **zwischen** Frankfurt und Stuttgart. Er sitzt **zwischen** den Frauen.

9.5.3 MODAL

aus	+ Dativ	Der Tisch ist **aus** Plastik.
für	+ Akkusativ	Das Geschenk ist **für** meinen Freund/**für** dich.
mit	+ Dativ	Wir fahren **mit** dem Auto.
ohne	+ Akkusativ	**Ohne** Hilfe/**ohne** dich kann ich den Schrank nicht tragen.
wie	+ Nominativ	Ich bin genauso müde **wie** du. Martha ist **wie** eine Mutter zu mir.

9.5.4 WEITERE PRÄPOSITIONEN

nach		Alles läuft **nach** Plan.
wegen	+ Dativ/Genitiv	**Wegen** dir haben wir den Zug verpasst. Mein Vater kommt nicht, **wegen** des schlechten Wetters.
zum		**Zum** Lesen brauche ich eine Brille.

9.6 Satz

9.6.1 SATZKLAMMER

	Der Unterricht **fängt** um 9 Uhr **an**.
	Ich **will** meine Tante **besuchen**.
	Ich **habe** schon **gegessen**.

9.6.2 NEGATION

kein	Wir haben jetzt **keine** Zeit
nicht	Leider verstehe ich dich **nicht**.

9.6.3 FRAGESATZ

Entscheidungsfrage	**Kaufst** du heute ein?
Ergänzungsfrage	**Wo** ist Peter?

9.6.4 WORTBILDUNG

deshalb	Peter muss lernen, **deshalb/**
darum	**darum/deswegen/daher**
deswegen	kommt er heute nicht mit.
daher	
trotzdem	Das Wasser im See ist kalt, **trotzdem** geht Katharina jeden Morgen schwimmen.

9.6.5 HAUPTSATZ + NEBENSATZ

ob	Weißt du, **ob** Ali noch kommt?
wo/wohin	Weißt du, **wo** Ali ist oder wohin er gegangen ist?
da	**Da** es kalt war, bin ich sofort nach Hause gegangen.
als	**Als** ich Kind war, lebten wir auf dem Land.
nachdem	**Nachdem** wir gegessen hatten, gingen wir nach Hause.
bevor	Ruf bitte an, **bevor** du kommst.
seit(dem)	**Seitdem** ich verheiratet bin, lebe ich in Berlin.
um … zu	Wir sind nach Berlin gekommen, **um zu** arbeiten.

damit	Ich rufe meine Freundin an, **damit** sie auch mitkommt.
so ... dass	Es wurde **so** kalt, **dass** wir nach Hause mussten.
obwohl	Ich muss meine Großmutter besuchen, **obwohl** ich wenig Zeit habe.
wenn	Kommen Sie uns doch besuchen, **wenn** Sie Zeit haben!
wie	Ich weiß nicht, **wie** das funktioniert.
(an)statt	Komm doch mit uns an den See, **(an)statt** den ganzen Tag zu lernen.

9.6.6 RELATIVSATZ

der/die/das	Wer ist die Frau, **die** dort rechts steht?
der/die/das + Präposition	Wie heißt das Restaurant, **in dem** ihr gestern wart? Das ist der Moment, **auf den** ich gewartet habe.
wo	In Ankara, **wo** ich geboren bin, habe ich nur vier Jahre gelebt.
was	Das ist alles, **was** ich weiß.

9.6.7 INFINITIVSATZ

| (nicht) brauchen zu | Hast du Lust, mit mir einkaufen **zu** gehen? Diese Übung **brauchen** Sie nicht **zu** machen! |

9.6.8 DOPPELKONJUNKTIONEN

entweder ... oder	Meine Eltern kommen **entweder** am Samstag **oder** am Sonntag.
weder ... noch	Ich trinke **weder** Kaffee **noch** schwarzen Tee.
sowohl ... als auch	Ich trinke **sowohl** Kaffee **als auch** Tee sehr gern.
nicht nur ... sondern auch	Pedro lernt **nicht nur** Deutsch, **sondern** besucht **auch** einen Englischkurs.
je ... desto	**Je** mehr du übst, **desto** besser wird dein Deutsch.

10 Literatur

ALTE (Hg.) (1994): The ALTE Code of practice. ALTE Document 3. Cambridge: University of Cambridge Local Examinations Syndicate.

Ammon, U. (1995): Die deutsche Sprache in Deutschland, Österreich und der Schweiz. Das Problem der nationalen Varietäten. Berlin/New York: de Gruyter.

Ammon, U./Bickel, H./Ebner, J./Esterhammer, R./Gasser, M./Hofer, L. (2004): Variantenwörterbuch des Deutschen. Die Standardsprache in Österreich, der Schweiz und Deutschland sowie in Liechtenstein, Luxemburg, Ostbelgien und Südtirol. Berlin/ New York: de Gruyter.

Bachman, L. F. (1990): Fundamental considerations in language testing. Oxford: Oxford University Press.

Bachman, L.F./Palmer, A. S. (1996): Language Testing in Practice. Oxford: Oxford University Press.

Bachman, L. F./Palmer, A. S. (2010): Language Assessment Practice: Developing Language Assessments and Justifying their Use in the Real World. Oxford: Oxford University Press.

Baldegger, M./Schneider, G./Müller, M. (1980): Kontaktschwelle Deutsch als Fremdsprache. Berlin u.a.: Langenscheidt.

Bolton, S./Glaboniat, M./Lorenz, H./Müller, M./Perlmann-Balme, M./Steiner, S. (2008): Mündlich: Mündliche Produktion und Interaktion Deutsch. Illustration der Niveaustufen des Gemeinsamen europäischen Referenzrahmens. Berlin: Langenscheidt.

Buck, G. (2001): Assessing Listening. Cambridge: Cambridge University Press.

Bygate, M. (2000): Speaking. In: Byram, M. (Hg.): Routledge Encyclopedia of language teaching and learning. London: Routledge, S. 563-566.

Canale, M. (1983): From communicative competence to communicative, language pedagogy. In: Richards, J. C./Schmidt, R. W. (Hg.): Language and Communication. New York: Longman, S. 2-27.

Canale, M./Swain, M. (1980): Theoretical bases of communicative approaches to second language teaching and testing. In: Applied Linguistics 1, S. 1-47.

Council of Europe (2009): Relating Language Examinations to the Common European Framework of Reference for Languages: learning, teaching, assessment (CEFR). A Manual. Strasbourg: Council of Europe. (Online: http://www.coe.int/t/DG4/Portfolio/documents/Manual%20Revision%20-%20proofread%20-%20FINAL.pdf)

Council of Europe (Hg.) (2005): Relating Language Examinations to the Common European Framework of References for Languages: Learning, Teaching, Assessment. Reading and Listening Items and Tasks: Pilot Samples illustrating the common reference levels in English, French, German, Italian and Spanish. CD-ROM. Strasbourg: Council of Europe Publishing.

Ehlers, S. (1998): Lesetheorie und Fremdsprachliche Lesepraxis aus der Perspektive des Deutschen als Fremdsprache. Tübingen: Narr.

Ehlers, S. (2006): Inferentielle Aktivitäten beim Lesen narrativer Texte. In: Wolf, D. (Hg.): Mehrsprachige Individuen - vielsprachige Gesellschaften. Frankfurt/Main: Peter Lang, S. 121-133.

Ericsson, K./Simon, H. (1993): Protocol Analysis: Verbal Reports as Data (2nd ed.). Boston: MIT Press.

Europarat (Hg.) (2001): Gemeinsamer europäischer Referenzrahmen für Sprachen: lernen, lehren, beurteilen. Berlin: Langenscheidt.

Gass, S.M./Mackey, A. (2000): Stimulated Recall Methodology in Second Language Research. Mahwah, N.J.: Erlbaum.

Glaboniat, M./Müller, M./Rusch, P./Schmitz, H./Wertenschlag, L. (2005): Profile deutsch. A1 – C2 (Version 2.0). Berlin: Langenscheidt.

Goethe-Institut (Hg.) (2011): Goethe-Zertifikat A1. Start Deutsch 1. Wortliste. 2., aktualisierte Auflage. München: Goethe-Institut.

Guess, J. (2012): Goethe-Zertifikat B1. Deutschprüfung für Jugendliche und Erwachsene. Trainingsmaterial für Prüfende. Schreiben. München: Goethe-Institut (Internes Dokument).

Hamp-Lyons, L./Kroll, B. (1997): TOEFL 2000 – Writing: Composition, Community, and Assessment. Princeton, NJ: Educational Testing Service.

Hayes, J.R. (1996): A new framework for understanding cognition and effect in writing. In: Levy, C.M./Ransdell, S. (Hg.): The science of writing. Theories, methods, individual differences and applications. NJ: LEA, S. 1-27.

Hymes, D. (1972): On Communicative Competence. In: Pride, J. B./Holmes, J. (Hg.): Sociolinguistics. Harmondsworth: Penguin, S. 269-293.

Johnstone, B. (2002): Discourse Analysis. Malden, Oxford: Blackwell Publishers.

Jones, R.L./Tschirner, E. (2006): A Frequency Dictionary of German – Core Vocabulary for Learners. New York: Routledge.

Joyce, P. (2011): Componentiality in L2 listening. In: O'Sullivan, B. (Hg.): Language testing: theories and practices. New York: Palgrave Macmillan, 71-93.

Kane, M.T. (2008): Terminology, Emphasis, and Utility in Validation. In: Educational Researcher March 37, S. 65-75.

Khalifa, H./Weir, C. J. (2009): Examining reading. Research and practice in assessing second language reading. Studies in Language Testing 29, Cambridge: UCLES/Cambridge University.

Lenz, P./Studer, T. (2004): Sprachkompetenzen von Jugendlichen einschätzbar machen. In: Babylonia 2, S. 21-25.

Lenz, P./Studer, T. (2007): lingualevel. Instrumente zur Evaluation von Fremdsprachen-kompetenzen. Bern: Schulverlag blmv.

Levelt, W. J. M. (1989): Speaking: from intention to articulation. Cambridge, Mass.: MIT Press.

Lutjeharms, M. (2010): Der Leseprozess in Mutter- und Fremdsprache. In: Lutjeharms, M./Schmidt, C. (Hg.): Lesekompetenz in Erst-, Zweit- und Fremdsprache. Tübingen: Narr, S. 11 – 26.

Milanovic, M. (Hg.) (1998): Multilingual glossary of language testing terms.
Cambridge: Cambridge University Press.

Nold, G./Rossa, H. (2006): Anforderungsprofile von Aufgaben: Task-based assessment und task-based language learning. In: Hosenfeld, I./Schrader, F.-W. (Hg.): Unterricht und schuli-sche Leistung. Grundlagen, Konsequenzen, Perspektiven. Münster: Waxmann, S. 65-86.

North, B. (2000): The Development of a Common Framework Scale of Language Proficien-cy. New York: Peter Lang.

Perlmann-Balme, M./Höhn, S./van der Werff, F./Gerbes, J. (2003): Fit in Deutsch 2. Hand-buch. Prüfungsziele und Test-beschreibung. München: Goethe-Insitut.

Perlmann-Balme, M./Kiefer, P. (2004): Start Deutsch. Deutschprüfungen für Erwachsene. A1. A2. Prüfungsziele, Testbeschreibung. München: Goethe-Institut.

Perlmann-Balme, M./Plassmann, S./Zeidler, B. (2009): Deutsch-Test für Zuwanderer A2 – B1. Prüfungsziele. Testbeschreibung. Berlin: Cornelsen.

Rost, M. (2002): Teaching and Researching Listening. Harlow: Pearson.

Schneider, G./North, B. (2000): Fremdsprachen können – was heisst das? Skalen zur Beschreibung, Beurteilung und Selbsteinschätzung der fremdsprachlichen Kommunikati-onsfähigkeit. Chur/Zürich: Rüegger.

Schweizerische Konferenz der kantonalen Erziehungsdirektoren (Hg.) (1999): Europäisches Sprachenportfolio – Portfolio européen des langues – Portfolio europeo delle lingue – Eu-ropean Language Portfolio, Schweizer Version, Bern. (vgl.: http://www.coe.int/t/dg4/educa-tion/elp/ELP-REG/Default_EN.asp)

Scovel, T. (1998): Psycholingustics. Oxford: Oxford University Press.

Shafer, Naomi (2011): Welche Wege führen nach Rom? Zur qualitativen Validierung des Moduls Leseverstehen einer neuen standardisierten B1-Prüfung für Deutsch als Fremdsprache. MA-Arbeit Universität Freiburg (unveröffentlicht).

Solmecke, G. (2000): Verständigungsprobleme im Englischunterricht. In: Düwell, H. Gnutzmann, C./Königs, F.G. (Hg.): Dimensionen der didaktischen Grammatik. Bochum: AKS, S- 305-326.

Van der Werff, F. (2012): Goethe-Zertifikat B1. Deutschprüfung für Jugendliche und Erwachsene. Trainingsmaterial für Prüfende. Sprechen. München: Goethe-Institut (Internes Dokument).

Van Ek, J.A./Trim, J.L.M. (1998): Threshold Level 1990. Cambridge: Cambridge University Press.

Weir, C. J. (2005): Language testing and validation. An evidence-based approach. Basingstoke: Palgrave Macmillan.

Weiterbildungs-Testsysteme GmbH/Goethe-Institut/Österreichisches Sprachdiplom Deutsch/Schweizerische Konferenz der kantonalen Erziehungsdirektoren (1999) (Hg.): Zertifikat Deutsch. Lernziele und Testformat. Frankfurt/Main: Weiterbildungs-Testsysteme GmbH.

11 Abbildungen